reinhardt

Beiträge zur Kinderpsychotherapie, Band 11
Herausgegeben von Gerd Biermann
und Manfred Endres

Virginia Mae Axline

Kinder-Spieltherapie im nicht-direktiven Verfahren

10. Auflage

Ernst Reinhardt Verlag München Basel

Titel der Originalausgabe:
Play Therapy. The Inner Dynamics of Childhood
Hougthon Mifflin, Boston

Übersetzung aus dem Amerikanischen von Ruth Bang

Titelbild:
Robert Delaunay: Rythme, joie de vivre, 1931

Die Deutsche Bibliothek – CIP-Einheitsaufnahme

Axline, Virginia Mae:
Kinder-Spieltherapie im nicht-direktiven Verfahren /
Virginia Mae Axline. [Übers. aus dem Amerikan. von Ruth Bang]. –
10. Aufl. – München ; Basel : E. Reinhardt, 2002
(Beiträge zur Kinderpsychotherapie ; Bd. 11)
Einheitssacht.: Play therapy < dt. >
ISBN 3-497-01623-3
ISSN 0067-5105

Printed in Germany
Reihenkonzeption: Oliver Linke, Augsburg

Ernst Reinhardt Verlag, Postfach 38 02 80, D-80615 München
Net: www.reinhardt-verlag.de Mail: info@reinhardt-verlag.de

Geleitwort

Ich begrüße es sehr, daß dieses Buch von Virginia Axline durch eine deutsche Ausgabe einem größeren Kreis von Eltern, Kindergärtnerinnen, Heimerziehern und Lehrern zugänglich gemacht wird.

Die psychologische Wissenschaft hat in den letzten Jahrzehnten beträchtliche Fortschritte gemacht. Wie kommt es, daß dieses vor 25 Jahren geschriebene Buch in seinem Wert eher zugenommen hat? Ich denke, es ist in folgendem begründet: Virginia Axline hat die Grundhaltungen der von Carl Rogers vor 3 Jahrzehnten entwickelten klienten-zentrierten Psychotherapie im Umgang mit Kindern verwirklicht. Diese von Carl Rogers damals weitgehend intuitiv konzipierte Psychotherapie ist in den vergangenen 15 Jahren in zahlreichen empirischen Untersuchungen bestätigt worden: Es sind in erster Linie bestimmte humane Grundqualitäten von Psychotherapeuten, Erziehern und Lehrern, die bei einer Verwirklichung in hohem Ausmaß zur Förderung der psychologischen Funktionsfähigkeit und Verminderung von Psychoneurotizismus bei erwachsenen Klienten und Kindern führen. Insbesondere sind es die Dimensionen Wertschätzung – positive Zuwendung – emotionale Wärme, verständnisvolles Eingehen auf die Gefühle des Partners sowie Echtheit-Offenheit. Diese humanen Grundqualitäten der psychotherapeutischen Orientierung von Rogers haben sich in einer Vielzahl von empirischen Untersuchungen als generelle Grundqualitäten in der Beziehung zwischen Erwachsenen und Kindern sowie der Erwachsenen untereinander erwiesen. Aus diesem Grunde geht der Inhalt des Buches weit über den eng gefaßten Titel hinaus.

Virginia Axline war in fast einmaliger Weise fähig, die psychischen Vorgänge der Kinder und Schüler, denen sie mit ihren humanen Grundqualitäten begegnete, einfühlend zu erfassen und allgemein verständlich anderen mitzuteilen. Dies wird dem Leser eine große Hilfe sein. Auf der anderen Seite wird es ihm nicht leicht fallen, sein bisheriges Verhalten gegenüber Kindern in dieser Richtung zu ändern. Der Leser wird ferner erfahren, daß sich das Wort »nicht-direktiv« im Untertitel auf das Unterlassen von häufigen Befehlen, Anordnungen, Ratschlägen und Direktiven bezieht, daß jedoch zur Verwirklichung der humanen Grundqualitäten ein hohes Ausmaß von Aktivität nicht-dirigierender Art des Erziehers notwendig wird.

Ich bin überzeugt, daß das Buch wesentlich dazu mit beitragen wird, die Beziehungen zwischen Erwachsenen und Kindern, insbesondere in Kindergärten, Vorschulen und in vielen Familien, humaner, tiefer und befriedigender zu gestalten.

September 1971

Universität Hamburg
Psychologisches Institut

Dr. Reinhard Tausch
Prof. f. Psychologie

Inhalt

I. TEIL
Einführung

II. TEIL
Die nicht-direktive Spieltherapie
Situation und Teilnehmer

III. TEIL
Die Grundprinzipien der nicht-direktiven Spieltherapie

IV. TEIL
Die Anwendung der therapeutischen Grundprinzipien in der Erziehung

V. TEIL

Therapieberichte mit Kommentaren

I. TEIL

Einführung

1. Kapitel

So können Kinder sein!

1. Kampf, Kampf, Kampf – von morgens bis abends

Die Lehrerin raste verzweifelt die Treppe hinunter zum Direktorzimmer; immer war sie Thomas, der ihr mit mürrischem Gesicht folgte, um einige Schritte voraus.

„Du wartest hier draußen!", sagte sie kurz angebunden, während sie, mit dem Vorrecht des Lehrers, eintrat, um sich beim Direktor zu beschweren. Dieser vertrotzte, ungehorsame 12jährige Bengel machte sie rasend. Er hielt die Klasse ständig in einem Zustand von Aufruhr. Dauernd gab er ihr zu verstehen, daß „sie ja bloß zur Vertretung da sei" und erklärte, daß er sich von niemandem herumkommandieren lasse.

Thomas war begabt genug, um seine Schularbeiten richtig zu machen, aber er weigerte sich, irgendwelche Aufträge auszuführen. Wenn es nach ihm ginge, würde er immer nur lesen. Er war empfindlich gegen Kritik und verhielt sich anderen Kindern gegenüber streitsüchtig, – er beklagte sich darüber, daß ihn alle immer ärgern würden.

Die Klasse war gerade eben aus den Ferien gekommen, und schon hatte es wieder eine Rauferei gegeben. Thomas behauptete, alle wären gegen ihn, und die Jungen sagten, Thomas habe die Fahne angespuckt. Als die Kinder wieder in die Klasse zurückgekommen waren, zeigte Thomas Spuren einer handfesten Prügelei. Die Lehrerin tadelte die Klasse, weil sie sich auf dem Spielplatz gerauft hatte. Die anderen Kinder entschuldigten sich und wiesen auf die Sache mit der Fahne hin. Aber Thomas sah die Jungen nur mit wilden Blicken herausfordernd an und sagte mit einer Geste äußerster Verachtung und Wut: „Ich werde tun, was mir paßt. Die anderen haben angefangen, sie haben sich alle gegen mich verschworen. Ich kann die ganze Bande nicht leiden. Zum Teufel mit ihnen!" Seine Augen blitzten, seine Stimme bebte. Ja, er weinte sogar, obwohl er äußerlich ein großer und kräftiger Junge war. Mit solchen Szenen brachte er die Klasse vollkommen durcheinander und machte die Lehrerin derartig nervös, daß sie zitterte und schließlich weinte. Sie konnte es nicht mehr aushalten, nein, sie konnte es einfach nicht!

Als sie fertig war mit ihrer Beschwerde, wurde Thomas gerufen, um das Heiligtum des Direktorenzimmers zu betreten.

„Fräulein Weiss hat mir gesagt, daß du dich schon wieder gerauft hast."

„Aber sie waren doch alle gegen mich."

„Sie sagt mir, du habest dich nicht ehrerbietig unserer Fahne gegenüber verhalten."

„Ich hab' sie ja überhaupt nicht angespuckt, ich hatte das bloß so gesagt."

„Sie sagt, du habest dich aufsässig in der Klasse benommen, dein Buch auf den Boden geworfen und geflucht."

„Ich kann's hier nicht mehr aushalten", schrie Thomas, und wieder traten ihm die Tränen in die Augen. „Jeder hackt auf mir herum und alle sagen Lügen über mich und ..."

„Nun langt's mir aber. Ich fange an, die Geduld zu verlieren bei all den Scherereien, die wir mit dir haben. Jeden Tag bringt man dich zu mir. Jeden Tag kommen neue Berichte über dein schlechtes Benehmen. Nichts als Kampf, Kampf, den ganzen Tag über. Mit Worten scheint man dir nicht beizukommen. Nun, vielleicht hiermit!" Der Direktor nahm seinen Ledergürtel ab und machte, zwar innerlich widerstrebend, aber wirkungsvoll von ihm Gebrauch, d. h. er schlug den Jungen auf die Körperteile, von denen er annahm, daß das Thomas am besten bekommen würde.

Thomas und die Lehrerin gingen wieder ins Klassenzimmer, und der Direktor nahm die Arbeiten wieder auf, die ein Schuldirektor eben zu tun hat. Nachmittags berichtete die Lehrerin, daß Thomas fehle. Der Direktor rief bei ihm zu Hause an. Die Mutter konnte nicht sagen, wo der Junge steckte. Sie hatte angenommen, er sei wieder zur Schule gegangen. Drei Tage blieb Thomas weg, von zu Hause und von der Schule.

Jeder, der mit dem Fall zu tun hatte, kam sich einigermaßen rat- und hilflos vor. Man hatte offensichtlich nicht die richtige Lösung für das Problem gefunden. Aber was sollte man tun? Ordnung, Disziplin und Aufsicht mußten sein, wenn die Schule nicht zum Tollhaus werden sollte. Thomas war bestimmt ein schwieriges „Problem-Kind".

2. *„Du gehst also nach Hause, nicht wahr?"*

Die Hausmutter eines Kinderheims stand am Nebeneingang eines der kleinen Häuschen und beobachtete Emma und die anderen Kinder auf dem Hof. Emma trug ihr Sonntagskleid. Sie hatte ihren

Übernachtungskoffer gepackt und wartete nun am Eingang. Die anderen Kinder standen etwas weiter weg. Sie schnitten Emma Grimassen und Emma ihnen. Emma war so voll innerer Spannung, daß fast so etwas wie Bitterkeit von ihr ausging, als sie so dastand und wartete. Sie hatte ihr Taschentuch zu einem Strick zusammengedreht. Mal stand sie auf dem einen, mal auf dem anderen Bein.

„Emma bildet sich was drauf ein, daß sie nach Hause darf ...“, rief spöttisch eines der Kinder.

„Halt dein freches Mundwerk“, gab Emma zurück. „Ihr alten Stänkerer ihr! Ihr Dreckskerle!“

„Untersteh' dich, mich zu beschimpfen!“ schrie wütend das erste Kind. Emma ging auf ihre Quälgeister zu.

„Jawohl, anspucken werde ich dich, da hast du's.“ Sie tat es wirklich. Sofort gab es eine Keilerei.

„Aber Kinder! Kinder!“ rief die Hausmutter. Sie zerstreuten sich. Emma warf herausfordernd ihren Kopf zurück. Sie beobachtete die Straße und hielt sehnsüchtig Ausschau nach dem Wagen, der sie abholen sollte. Ihre Mutter hatte versprochen, zu kommen und sie für ein paar Ferientage mitzunehmen.

Da wurde die Tür geöffnet, und eine andere Hausmutter ging zu der ersten. Beide unterhielten sich für ein paar Minuten miteinander. Dann ergriff die erste Emmas Köfferchen und rief das Kind zu sich.

„Emma, mein Kleines! Eben hat deine Mutter angerufen und gesagt, sie könne dich an diesem Wochenende nicht abholen.“ Wie elektrisiert drehte sich Emma nach der Hausmutter um. Ihre grünen Augen funkelten. Sie starrte die Hausmutter wütend an.

„Komm, Emma, und zieh deine guten Kleider wieder aus.“

Die anderen Kinder kreischten vor Vergnügen.

„Alter Angeber! Ich denke du fährst nach Hause?“

„Aber Kinder, Kinder!“ riefen beide Hausmütter.

Emma drehte sich um und rannte mit der Schnelligkeit eines Hirsches quer über den Hof, bis sie eine stille Ecke gefunden hatte, wo sie sich mit dem Gesicht zur Erde auf den Boden warf und stocksteif liegen blieb. Die Hausmutter fand sie, und es gelang ihr schließlich, Emma durch gutes Zureden mit ins Haus zu bekommen.

Dies alles hatte sich bereits viele, viele Male wiederholt: Die Mutter versprach, Emma zu holen, dann enttäuschte sie das Kind; nie hielt sie ihr Versprechen.

Emma konnte weder essen noch schlafen, nicht einmal weinen. Sie wurde krank und kam ins Krankenzimmer. Als es ihr wieder besser ging und sie sich unter die anderen Kinder mischte, war sie voller Haß und mürrisch. Auch sie ist ein „Problemkind".

3. *„Dieser Junge braucht keine Medizin"*

Timm und Robert hatten den festen Boden unter den Füßen verloren, als ihre Eltern sich getrennt hatten und die Kinder in eine Pflegefamilie gegeben wurden.

Als die Mutter einmal dort hinkam, um Timm für einen kurzen Besuch mitzunehmen, wehrte sich der Junge; er wollte nicht mit ihr gehen, aber sie bestand darauf. Timm mochte nichts essen, und das, was er aß, konnte er nicht bei sich behalten. Es paßte durchaus nicht recht zu einem 8jährigen Jungen, keinen Appetit zu haben und sich zu benehmen wie ein Baby. Er weinte viel, und es war schwer, mit ihm fertigzuwerden. Er raufte sich auch mit seinem jüngeren Bruder. Es war, wie wenn er unter einem inneren Druck stünde.

Timms Mutter ging mit ihm zum Arzt. Die Diagnose lautete: Nervosität.

Während die Mutter mit dem Arzt sprach, kaute Timm an seinen Fingernägeln. Als sie ihr Gespräch einmal unterbrachen, rief Timm schnell und mit schriller, hoher Stimme: „Gestern habe ich meinen Papa gesehen. Er kam bis ans Haus. Sie wollen sich scheiden lassen und nicht mehr zusammen leben. Mein Vater kann meine Mutter nicht leiden, und meine Mutter mag meinen Vater nicht. Es kann auch sein, daß er wieder heiratet, und dann werden wir nie wieder etwas von ihm zu sehen bekommen. Meine Mutter hat nämlich gesagt, sie würde weder mich noch Robert jemals zu meinem Vater lassen, und Papa sagte, er würde es ihr schon geben!"

„Ich nehme an, daß dies alles vor Timms Ohren besprochen wurde", sagte der Arzt in fragendem Ton.

Die Mutter verteidigte sich und sagte: „Und wenn schon, früher oder später muß er's ja doch erfahren, dann kann er es ebenso gut jetzt schon wissen."

„Robert und ich leben jetzt in einer Pflegefamilie", sagte Timm. Er schrie den Arzt förmlich an: „Wir leben bei Mutter R., und es gefällt uns dort."

„Können Sie mir nicht ein Rezept oder so etwas geben", fragte Timms Mutter. Er schläft nachts schlecht und bricht fast alles wieder aus, was er ißt. Die Frau, bei der er jetzt ist, sagt, er sei nervös und sehr wild."

„Ich werde Ihnen ein Rezept geben, sagte der Arzt. „Aber dieser Junge braucht eigentlich keine Medizin."

Widerwillig stellte der Arzt ein Rezept aus. Als er es der Mutter übergab, fügte er in scharfem Ton hinzu:

„Mehr als Beruhigungsmittel braucht der Junge ein Zuhause und Eltern, die einander verstehen."

Timm ging zurück zu seiner Pflegemutter und suchte Robert. „Mama und Papa wollen sich scheiden lassen, und sie hat gesagt, sie würde schon dafür sorgen, daß er uns niemals bekommt."

Auch Timm und Robert sind „Problemkinder".

Thomas und Emma, Timm und Robert – sie alle gelten als „Problemkinder". Sie stehen unter einem inneren Druck, sie sind durch und durch unglückliche und trostlose Kinder, denen das Leben oft unerträglich schwer zu sein scheint. Alle, denen die soziale Anpassung dieser Kinder am Herzen liegt, machen sich große Sorgen um sie. Ihre Umwelteinflüsse sind ungünstig; von den Eltern und anderen Beziehungspersonen, die für sie verantwortlich sind, ist wenig Hilfe zu erwarten. Wie, wenn überhaupt, kann etwas für sie getan werden, damit sie lernen, sich selbst zu helfen?

Es gibt eine Methode, solche Kinder dahin zu führen, mit ihren Schwierigkeiten selbst fertig zu werden, – eine Methode, die mit Erfolg bei Thomas und Emma, Timm und Robert und vielen anderen Kindern angewandt worden ist. Diese Methode wird als *Spieltherapie* bezeichnet. Dieses Buch verfolgt den Zweck, deutlich zu machen, was Spieltherapie ist. Es wird die Theorie von der Persönlichkeitsstruktur erklären, die ihr zugrunde liegt. Es will in allen Einzelheiten die Einrichtung einer Spieltherapie und alle am therapeutischen Prozeß beteiligten Personen beschreiben; ferner wird es die Prinzipien schildern, die das Fundament einer erfolgreich angewandten Spieltherapie bilden; es wird Fallberichte wiedergeben, die die Effektivität einer Hilfe bei sogenannten Problemkindern aufzeigt, bei einer Hilfe, die die Kinder in die Lage versetzt, sich selbst zu helfen in bezug auf ihre soziale Anpassung, und letztlich soll es die Tragweite einer Spieltherapie für die gesamte Erziehung dartun.

2. Kapitel

Spieltherapie

Eine Methode zur Selbsthilfe bei Problemkindern

Die Spieltherapie geht davon aus, daß das Spiel ein natürliches Mittel zur Selbstdarstellung der Kinder ist. Sie gibt dem Kind Gelegenheit, seine Gefühle und Konflikte „auszuspielen“, – genauso wie der Erwachsene sich in bestimmten Arten von Therapie über seine Schwierigkeiten ausspricht.

Es gibt zwei Verfahrensweisen in der Spieltherapie: einmal eine direktive, bei welcher der Therapeut die Verantwortung für die Führung und Interpretation übernimmt, und eine nicht-direktive, in welcher der Therapeut Verantwortung und Führung dem Kinde überläßt. Wir werden uns hier vorwiegend mit dieser letzteren Art beschäftigen.

Bevor wir die eigentliche Spieltherapie beschreiben, sollten wir uns allerdings mit den in jedem Menschen vorhandenen seelischen Kräften befassen. Es geht dabei um die Persönlichkeitsstruktur, die der Spieltherapie zugrunde liegt.

Es gibt viele Informationsquellen, über die grundlegende Persönlichkeitsstruktur des Individuums; sie zeigt faszinierende, wenn nicht gar verwirrende Aspekte des menschlichen Wesens. Viele Persönlichkeitstheorien wurden entwickelt, wieder verworfen, neu überprüft und von neuem studiert. Es wurden Versuche unternommen, den Begriff Persönlichkeit zu „testen“, um Wesenszüge vorauszusagen und Persönlichkeits-Strukturen zu erklären. Und doch ist das ganze Gebiet noch weitgehend unerforscht. Die bis jetzt erarbeiteten Theorien reichen nicht aus, um in befriedigender Weise alles zu erklären, was an dynamischen Vorgängen im Inneren des Menschen beobachtet wurde.

Wir wollen deshalb bei unseren Aussagen über die Persönlichkeitsstruktur innerhalb eines Rahmenprogrammes vorgehen, das fortschrittlich ist und Versuchscharakter hat und sich sowohl der Kritik wie der Auswertung stellt, das aber auf Beobachtung und Studium sowohl von Kindern wie Erwachsenen beruht.

Die Theorie der Persönlichkeitsstruktur, die der nicht-direktiven Spieltherapie zugrunde liegt

Es hat den Anschein, als wären in jedem Individuum mächtige Kräfte am Werk, die unerbittlich nach Selbstverwirklichung drängen. Man kann diese Kräfte als einen dauernden Trieb zur Reifung, zur Unabhängigkeit und Selbstbestimmung charakterisieren. Unbeirrbar strebt er nach Verwirklichung, aber es bedarf eines „fruchtbaren Bodens", damit eine gut ausgewogene Persönlichkeitsstruktur entsteht. Genauso wie die Pflanze Sonne, Regen und guten Humus benötigt, um zu optimalem Wachstum zu gelangen, braucht das Individuum die Freiheit, es selbst zu sein und das Gefühl des Angenommenseins von sich selbst und von anderen. Es muß sich als ein Wesen mit dem Recht auf Würde, dem angeborenen Recht eines Menschen empfinden. Nur dann erlebt es seine Wachstumsimpulse mit Befriedigung.

Alles Wachstum vollzieht sich in einem spiralartig verlaufenden Vorgang der Veränderung. Erfahrungen wandeln Perspektive und Blickpunkt des Individuums, – relativ und dynamisch. Im Zuge der Wandlung und Integration seiner Einstellungen, seiner Gedanken und Gefühle übernimmt der Mensch in unterschiedlichem Ausmaß gewisse Verantwortungen.

Das Aufeinanderstoßen der Lebenskräfte, die Wechselwirkung der Individuen aufeinander und die menschliche Natur an sich führen zu dieser ständig wechselnden Integration des Individuums. Alles ist relativ, und das, was entsteht, ist ein sich veränderndes und sich neuordnendes Gebilde, vergleichbar einem Muster, das man durch ein Kaleidoskop sieht, durch das winzige Guckloch einer Röhre, in der sich ungleiche bunte Glasteilchen befinden. Dreht man die Röhre, fällt das Muster auseinander und ordnet sich anders, in einer neuen Zusammensetzung. Dadurch, daß sich verschiedene einzelne Teilchen des Musters berühren, entsteht ein neues Gebilde. Wie immer man die Röhre bewegt, das Muster hält sich im Gleichgewicht, weil alle Veränderungsmöglichkeiten in ihm selbst liegen; manchmal fällt das Muster kompakt aus und läßt Kräfte vermuten, manchmal scheint es eher zerbrechlich und ohne Substanz.

Immer entsteht ein rhythmischer und harmonischer Entwurf, kein Muster gleicht dem anderen. Die Unterschiede ergeben sich einmal aus dem einfallenden Licht und aus der Festigkeit, mit der die Hand das Kaleidoskop hält und zum anderen aus dem Positionswechsel der bunten Glasstückchen.

So scheint es auch mit der Persönlichkeitsbildung zu sein. Im lebenden Organismus befinden sich die „Teilchen“ von buntem Glas, und die „Struktur“ der Persönlichkeit ergibt sich aus der Anordnung der einzelnen „Teilchen“.

Die Lebenskräfte wirken sich so aus, daß jede Erfahrung, jede Haltung und jeder Gedanke des Individuums sich ständig verändern im Zuge des Zusammenspieles von psychologischen und umweltbedingten Kräften, so daß durch den Zusammenstoß verschiedener Lebenskräfte und durch die Wechselwirkung der Menschen aufeinander das, was gestern geschah, für das Individuum heute schon nicht mehr die gleiche Bedeutung hat. Genauso wird dieselbe Erfahrung morgen in anderer Weise integriert werden.

Dieses Charakteristikum aller Veränderungen gilt auch für Reaktionen im Verhalten. Reaktionen, die sich Tag für Tag ziemlich gleich bleiben, werden häufig als Angewohnheiten bezeichnet; aber derartige Angewohnheiten verschwinden plötzlich, wenn für sie keine Notwendigkeit mehr besteht, oder das Individuum eine befriedigendere Art des Verhaltens entdeckt hat.

Diese beobachtbare Beweglichkeit der Persönlichkeit und der Verhaltensweisen des Menschen haben uns die Möglichkeit gegeben, den Begriff der Hoffnung in unsere Überlegungen einzubeziehen. Wenn dem Menschen seine Fähigkeit bewußt wird, teilzunehmen an der Gestaltung seines Lebens, und wenn er die Verantwortung, die mit dieser inneren Freiheit verbunden ist, auf sich nimmt, dann gewinnt er eine klarere und exaktere Sicht für seine Handlungsmöglichkeiten.

Warum hofft und hofft und hofft Emma weiterhin, – allen Enttäuschungen und Zurückweisungen zum Trotz? Woher nimmt sie ihre Zuversicht, und wie gelingt es ihr, nach jeder niederschmetternden Erfahrung den Kopf über Wasser zu halten? Könnte das wohl auf eine Ansammlung von „Weisheit“ und Erfahrung und zunehmendem Wissen um ihre Fähigkeit zurückzuführen sein, selbst mit ihrer Situation fertig zu werden? Wächst in ihr das Vertrauen zu ihrer Fähigkeit, Enttäuschungen auszuhalten und auf eigenen Füßen zu stehen? Wächst in ihrem Innern allmählich ein Verständnis für die Mutter, das sie in die Lage versetzt, immer wieder vertrauensvoll auf sie zuzugehen, wenn ein entsprechender Ruf an sie ergeht?

Kinder neigen dazu, negative Erfahrungen zu vergeben und zu vergessen. Sind ihre Lebensbedingungen nicht zu schlecht, nehmen sie ihr Leben an, so wie es ist und ebenso die Menschen, mit denen sie zusammenleben. Sie sind durchdrungen und begeistert von einer intensiven Liebe zum Dasein; die einfachsten Vergnügungen erfüllen sie mit ausgesprochenem Lebenswillen, mit Neugierde und Lebenslust. Normalerweise hat ein Kind Freude daran, ins Leben hineinzuwachsen und strebt ständig danach, wobei es sich in seinem Eifer zuweilen überfordert. Es ist ebenso bescheiden wie stolz, mutig wie ängstlich, herrschsüchtig wie unterwürfig, neugierig wie befriedigt, eifrig wie gleichgültig. Es liebt und haßt, kämpft und schließt Frieden, ist himmelhochjauchzend und zu Tode betrübt. Woher kommt das? Es gibt Psychologen, die in solchen Reaktionen eine Antwort auf triebhafte Reize sehen. Ich möchte sie lieber als Reaktion auf ein natürliches Wachstum, auf ein Lernen durch Erfahrung, als ein Reifen im Hinblick auf Verstehen und Annehmen seiner selbst und seiner Welt erklären. Das Kind begreift alles, was in sein einmaliges individuelles Leben integriert wurde, was also seine „Persönlichkeit" ausmacht.

Vielfach wird die Ansicht vertreten, daß jeder Mensch gewisse Grundbedürfnisse habe, und daß sein Organismus ständig danach strebt, diese Bedürfnisse zu befriedigen. Man meint, es entstünde ein angepaßtes Individuum, wenn eine verhältnismäßig unmittelbare Befriedigung dieser Bedürfnisse erfolgt, und daß ein unangepaßter Mensch die Folge einer Blockierung seiner Bemühungen um ihre Befriedigung sei. In letzterem Fall versucht der Mensch, die Befriedigung seiner Bedürfnisse auf Umwegen zu erreichen. Eine solche Erklärung menschlicher Verhaltensweisen enthält aber zu wenig von Begriffen wie „Achtung vor dem Menschen" und der „Würde des Menschen als sein angeborenes Recht". Man ist tatsächlich geneigt, „unangepaßtes Verhalten" zu bewundern, weil es komplexer und einfallsreicher zu sein scheint als ein Verhalten, das auf unmittelbarer Befriedigung von Bedürfnissen beruht.

Der Begriff Persönlichkeit widersetzt sich jeder Klassifizierung, jeder Festlegung und der Einordnung in verschiedene Abteilungen. Ein Mensch, der sich in einer bestimmten Situation oder einer besonderen Person gegenüber stur und ängstlich verhält, reagiert unter anderen Umständen und im Rahmen einer anderen Beziehung häufig ganz anders. Das Verhalten des Menschen scheint immer von einem Drang nach totaler Selbstverwirklichung bestimmt zu werden. Wird dieser Drang durch Druck von außen blockiert, so hört das Wachstum auf dieses Ziel zu trotzdem nicht auf. Es geht vielmehr auf Grund der durch Frustration gesteigerten Triebkräfte und regenerierenden Spannungen weiter.

Stellt sich dem Menschen ein Hindernis in den Weg, das ihm seine Selbstverwirklichung erschwert, so führt das zu Widerständen, Reibungen und Spannungen. Das Streben nach Selbstverwirklichung bleibt, und das Verhalten des Individuums zeigt, daß es sich dieses triebhafte innere Streben dadurch zu befriedigen sucht, daß es sozusagen „außen kämpft"; auf diese Weise versucht es, die Vorstellungen, die es von sich hat, in der Welt der Wirklichkeit zu realisieren. Der Mensch kann seinen Selbstverwirklichungstrieb auch ganz in sein Inneres hineinnehmen; er findet dann auf weniger kämpferische Art eine Ersatzbefriedigung. Je mehr der Trieb zur Selbstverwirklichung nach innen gerichtet wird, desto gefährlicher ist das für die Persönlichkeitsbildung; und je weniger er den realen Gegebenheiten in der Umwelt gerecht wird, desto schwieriger ist es, ihn zu befriedigen.

Die äußeren Verhaltensweisen sind abhängig von der Integration aller früheren und gegenwärtigen Erfahrungen, von Umweltfaktoren und Beziehungen, aber immer stehen sie im Dienste des Wunsches nach Befriedigung dieses lebenslänglich wirksamen Triebes nach Selbstverwirklichung. Man könnte den Unterschied zwischen gut und schlecht angepaßtem Verhalten vielleicht folgendermaßen charakterisieren: Der Mensch macht einen gut angepaßten Eindruck, wenn er genügend Selbstvertrauen in sich entwickelt hat, um seine Vorstellung von sich selbst aus dem Land der Schatten in die Sonne heraustreten zu lassen, und wenn er seine Verhaltensweisen bewußt und sinnvoll so zu steuern vermag, daß sie durch Auswertung, Auswahl und richtige Anwendung seinem höchsten Lebensziel – der Selbstverwirklichung – dienen.

Schlecht angepaßt ist ein Mensch, dem es an ausreichendem Selbstvertrauen gebricht, um sich offen zu seiner Lebensweise zu bekennen, und der in sich eher eine vorgetäuschte als eine tatsächliche Selbstverwirklichung entwickelt, und der wenig oder nichts tut, um seinen Selbstverwirklichungstrieb in konstruktive und schöpferische Bahnen zu lenken.

Die verschiedenen Typen von schlecht angepaßtem Verhalten, wie z. B. Tagträumen, Isolierung, Kompensation, Identifizierung, Projektion, Regression, Verdrängung und alle anderen sogenannten „Mechanismen" mangelhafter Anpassung, legen Zeugnis ab für den Versuch des Ichs, die Vorstellung, die es von sich selbst hat, wenigstens annäherungsweise zu realisieren.

Aber diese Realisierung vollzieht sich in einer Art von „Untergrundbewegung". Das Verhalten des Individuums stimmt nicht überein mit der inneren Vorstellung des Selbst, die im Individuum bei dem Versuch seiner totalen Selbstverwirklichung entstanden ist. Je stärker Verhalten und Vorstellung voneinander abweichen, desto größer die Unangepaßtheit. Stimmen Verhalten und Vorstellung überein und findet die Vorstellung von sich selbst angemessene Ausdrucksmöglichkeiten, so spricht man von einem gut angepaßten Individuum. Dann gibt es keine getrübte Sicht und keine inneren Konflikte mehr.

Emma z. B. möchte ein Individuum sein, das als ein Wesen von Bedeutung geachtet und anerkannt wird. Sie möchte, daß man sie liebenswert findet und will das Gefühl haben, daß es lohnt, sich mit ihr abzugeben; sie möchte auch, daß man sie für tüchtig hält. Sie befindet sich aber in einer Situation, die ihr jene Umweltbedingungen vorenthält, die nötig sind, um nach außen hin eine selbstbewußte Persönlichkeit zu repräsentieren. Sie bedient sich deshalb verschiedener Ersatzlösungen; sie lügt, sucht Streit und zieht sich in die Welt ihrer Träume zurück. Das gleiche gilt für Thomas, Timm und Robert. Sie, wie alle anderen Kinder, brauchen das Gefühl von Selbstachtung. Dieses Gefühl entwickelt sich manchmal durch Liebe und Geborgenheit sowie Empfinden von Dazugehörigkeit; diese Faktoren repräsentieren für das Kind vor allem das Gefühl, als ein Wesen von Bedeutung angenommen zu sein und keineswegs nur die Befriedigung seiner Bedürfnisse nach Liebe um der Liebe und den Wunsch nach Sicherheit um der Sicherheit willen. Die Kinder, von denen hier berichtet wird, lebten in vielen Fällen ohne Beziehungen, durch die Liebe, Sicherheit und Empfinden von Zugehörigkeit erlebt werden konnten; und trotzdem gewannen sie durch den therapeutischen Prozeß das so notwendige Gefühl, persönlich etwas wert zu sein, ein Gefühl der Fähigkeit zur Selbstbestimmung und ein wachsendes Bewußtsein davon, daß sie in sich selbst die Möglichkeit haben, auf ihren eigenen zwei Beinen zu stehen, sich selbst anzunehmen und für sich selbst verantwortlich zu sein; auf diese Weise werden beide Widerspiegelungen der Persönlichkeit als ein Ganzes erlebt, nämlich als das, was das Individuum im Innern *ist*, und wie sich dieses innere Ich nach außen hin *manifestiert*.

Der Mensch reagiert auf Grund der inneren Konstellation, zu der all seine bisherigen Erfahrungen geführt haben. Seine Reaktionen sind etwas sehr Komplexes und Gewichtiges; sie verlangen nach Klärung und Objektivität. Sie wollen akzeptiert sein und rufen uns zu einem verantwortungsbewußten Umgang mit ihnen auf.

Die nicht-direktive Therapie

Diese Art der Spieltherapie fußt auf der Annahme, daß jeder Mensch in sich selber nicht nur die Fähigkeit besitzt, seine Probleme auf eine zufriedenstellende Weise zu lösen, sondern daß er auch einem Reifungsimpuls unterworfen ist, der ihm reifes Verhalten befriedigender erscheinen läßt als unreifes.

Die Therapie beginnt beim jeweiligen Entwicklungsstand des Klienten und geht bei der Arbeit von der im Augenblick gegebenen Konstellation aus, wobei jede Veränderung, wie sie im therapeutischen Kontakt von Minute zu Minute auftreten kann, berücksichtigt wird. Das Tempo und die Anzahl der Veränderungen hängen von der Verarbeitung der erworbenen Erfahrungen, Haltungen, Gedanken und Gefühle des Klienten ab. Es ist Aufgabe dieser Verarbeitung, zur Einsicht als der Vorbedingung für eine erfolgreiche Therapie zu führen.

Therapie im nicht-direktiven Verfahren erlaubt dem Menschen, er selbst zu sein. Sie nimmt dieses Selbst vollkommen an, ohne Wertung und ohne einen Druck auszuüben. Sie erkennt und klärt die zum Ausdruck gebrachten Gefühle durch eine Rückspiegelung dessen, was der Klient ausgedrückt hat. Auf diese Weise wird dem hilfsbedürftigen Kind die Möglichkeit gegeben, sich kennenzulernen. Die Therapie weist ihm den Weg zu Veränderungen und zeigt ihm, wie er „das Kaleidoskop“ neu einstellen kann, so daß er zu einer konstruktiveren Haltung seinem Leben gegenüber gelangt.

Wer sich mit Thomas und Emma, mit Timm und Robert konfrontiert sieht und die Gefahr einer Fehlentwicklung bei diesen Kindern erkennt, fühlt die Verpflichtung, ihnen zu helfen, sich selbst besser zu verstehen, sie von ihren inneren Spannungen und Frustrationen zu befreien und in ihnen ein Gefühl für die in ihnen ständig nach Wachstum, Reifung und Erfüllung drängenden Kräfte zu wecken.

Spieltherapie

Spieltherapie im nicht-direktiven Verfahren kann als eine Gelegenheit für das Kind angesehen werden, unter günstigsten Bedingungen eine Wachstums- und Reifungshilfe zu erfahren. Da das Spiel das natürliche Medium für seine Selbstdarstellung ist, wird dem Kind die Möglichkeit geboten, angesammelte Gefühle von Spannungen, Frustration, Unsicherheit, Angst, Aggression und Verwirrung „auszuspielen“.

Dadurch gelangen Emotionen an die Oberfläche: das Kind stellt sich ihnen, lernt sie beherrschen oder aufgeben. Ist eine psychische Druckentlastung erreicht, beginnt es, seine Fähigkeit zu entdecken, eine eigenständige Persönlichkeit zu sein, selber zu denken, zu entscheiden und zu reifen und dadurch sich selbst zu verwirklichen.

Das Spieltherapiezimmer ist für eine solche Reifung ein guter Nährboden. In der Geborgenheit dieses Raumes, in dem das Kind selber der Mittelpunkt ist, in dem es über sich selbst und über die Situation verfügen darf, in dem niemand ihm sagt, was es tun soll, niemand es kritisiert, an ihm herumnörgelt, es gängelt oder antreibt oder neugierige Blicke in seine kindliche Welt wirft, entdeckt es plötzlich, daß es sich entfalten kann und darf. Es kann sich selbst klar ins Auge sehen, denn hier wird es angenommen, so wie es ist – es kann seine Ideen ausprobieren und sich frei ausdrücken; es bewegt sich in seiner Welt und muß sich nicht mit der Überlegenheit der Erwachsenen oder mit gleichaltrigen Rivalen messen. Hier erlebt es nicht, daß es als Schachfigur in den Auseinandersetzungen der Eltern hin- und hergeschoben oder als Puffer für Frustrationen und Aggressionen eines anderen Menschen benutzt wird. Es ist ein selbständiger Mensch mit eigenen Rechten und wird ernstgenommen und geachtet. Es kann sagen, was es will – und es wird angenommen. Es kann hassen oder lieben oder so gleichgültig sein wie eine steinerne Wand – und immer noch wird es angenommen. Es kann so schnell sein wie der Wind oder so langsam wie eine Schnecke, – es wird weder zurückgehalten noch wird es angetrieben.

Für ein Kind ist es eine völlig neue Erfahrung, wenn plötzlich Vorschläge, Regelungen, Verbote und Zurechtweisungen der Erwachsenen, aber auch Einmischung und Unterstützung fortfallen. All das wird durch die Gewährungshaltung ersetzt, in der man dem Kinde erlaubt, so zu sein, wie es ist.

Kein Wunder, daß das Kind beim ersten Spielkontakt konsterniert ist. Was bedeutet das alles? Es ist mißtrauisch. Es ist neugierig. Immer ist jemand dagewesen, der ihm dabei helfen wollte, mit dem Leben fertig zu werden, – vielleicht sogar jemand, der entschlossen war, das Leben des Kindes nach seinen eigenen Vorstellungen zu gestalten. Auf einmal fällt diese Einmischung fort und es lebt nicht mehr im Schatten einer größeren Gestalt, die seinen Horizont verdunkelt. Es steht nun selber im Licht, und die einzigen Schatten sind die, die es selber wirft.

Hierin liegt eine Herausforderung, und tief in der kindlichen Seele antwortet etwas auf die Herausforderung, seiner Lebenskraft Ausdruck und Richtung zu geben, zielbewußter, entscheidungsfähiger und unabhängiger zu werden.

Das Kind beginnt mit tastenden Versuchen. Dann aber, wenn es die gleichbleibende Gewährungshaltung erlebt, werden diese Versuche immer mutiger. Weil es nicht mehr von äußeren Mächten eingeengt wird, braucht der dynamische Wachstumsantrieb in ihm keine Umwege mehr zu gehen.

Die Gegenwart eines verständnisvollen, freundlichen Menschen gibt ihm Sicherheit. Dazu tragen auch die wenigen Begrenzungen seiner Spiel- und Verhaltensfreiheit bei: sie verstärken das Realitätsbewußtsein. Auch das Mitgehen des Therapeuten im therapeutischen Kontakt erhöht das Sicherheitsgefühl des Kindes. Er fühlt, was das Kind durch sein Spiel oder in Worten ausdrücken will. Wie ein Spiegel reflektiert er die Gefühlseinstellungen des Kindes, so daß es sich selbst besser sehen und verstehen kann. Er hat Achtung vor dem Kind und seiner Fähigkeit, auf eigenen Füßen zu stehen und – falls man ihm die Gelegenheit dazu gibt – reifer und selbständiger zu werden. Abgesehen davon, daß er durch dieses Reflektieren dem Kind hilft, sich selber zu verstehen, gibt er ihm auch das sichere Gefühl, von ihm verstanden und unbedingt angenommen zu werden, was immer es sagt oder tut. Der Therapeut macht auf diese Weise dem Kind Mut, tiefer in seine eigene Welt einzudringen und sein wahres Selbst zu entfalten.

Durch die Therapie wird das ständige Streben des Kindes nach Selbstverwirklichung herausgefordert. In meiner Arbeit mit Kindern habe ich diese Herausforderung niemals übersehen. Das Tempo, in dem die Gelegenheit zu seiner Reifung vom Kinde genutzt wird, ist von Fall zu Fall verschieden, aber es hat sich viele Male erwiesen, daß während der Spieltherapie ein mehr oder weniger deutlich erkennbarer Entwicklungsfortschritt eingetreten ist.

Für den Therapeuten ist es eine Gelegenheit, die Hypothese zu erproben, nach welcher das Kind, falls man ihm die Möglichkeit gibt, reifer und positiver in seinem Verhalten werden kann und wird und schließlich auch lernt, seine inneren Antriebe schöpferisch zu nutzen.

Ich glaube, daß derselbe innere Drang nach Selbstverwirklichung, Erfüllung und Unabhängigkeit auch das hervorruft, was wir Unangepaßtheit nennen. Es scheint, daß dies beim Kind entweder zu einer aggressiv zum Ausdruck gebrachten Entschlossenheit führt, auf die eine oder andere Weise es selbst sein zu dürfen oder aber zu einem starken Widerstand gegen jede Art von Einengung seiner Wesensäußerungen. Wenn Thomas z. B. von seinen Eltern, Lehrern und Kameraden mißachtet wurde, weil sein Verhalten und Betragen für sie unannehmbar waren, so wird er trotzdem mit Konsequenz seine Art zu leben beibehalten, selbst wenn man ihn schlägt. Er wird den Kampf mit den Erwachsenen aufnehmen. Er wird ihnen trotzen und sie herausfordern. Er wird so tun, als wolle er die Fahne anspucken. Seine Frustrationen und Konflikte werden ihn dazu bringen, verzweiflungsvoll zu weinen. Das gleiche gilt für alle anderen Kinder, die in diesem Buch vorkommen. Sie alle kämpfen um ihre Reifung und Unabhängigkeit und um ihr Recht, sie selbst zu sein. Betrachtet der Leser alle diese Beispiele unter dem Aspekt der Frage: Was ist denn nun eigentlich in der betreffenden Therapiestunde vor sich gegangen?, so wird ihm die Antwort ins Auge springen: Dem Kinde wurde Gelegenheit gegeben, seine inneren Wachstumskräfte in konstruktive und positive Bahnen zu lenken. In der Therapiestunde kann es alle Schwierigkeiten auf eine Weise, die es selbst für richtig hält, lösen; es kann mehr Verantwortung für sich übernehmen als ihm das sonst gestattet wird.

Wenn ein Kind eine Therapiestunde beschreibt und spontan dazu Bemerkungen macht, so ist das in Bezug auf die Bedeutung einer solchen Stunde aufschlußreicher als alles, was der Therapeut über sie aussagen kann.

Drei Jungen im Alter von acht Jahren nahmen an einer Gruppentherapiestunde teil.* In der 8. Stunde fragte Herbert die Therapeutin plötzlich: „Mußt du das hier tun? Oder tust du das, weil es dir Spaß macht?“ Und er fuhr fort: „Ich könnte das nicht tun.“ Heinz fragte: „Wie meinst du das? Wir spielen doch einfach, weiter nichts.“ Otto stimmte Heinz zu: „Klar, wir spielen bloß.“ Aber Herbert griff das Thema noch einmal auf: „Ich könnte nicht tun, was sie tut. Ich weiß überhaupt nicht, was sie tut. Es sieht so aus, als täte sie überhaupt nichts. Aber ich fühle mich mit einem Male so frei, innen drin fühl’ ich mich frei.“ (Er schlägt mit den Armen um sich). „Ich bin Herbert und Klaus und Theo und ein Teufel.“ (Er lacht und schlägt sich an die Brust.) „Ich bin ein Riese und ein Held. Ich bin prima und schrecklich. Ich bin ein Depp und ein ganz Schlauer. Ich bin 2, 4, 6, 8, 10 Leute auf einmal. Ich kämpfe und morde.“ Die Therapeutin sagte zu Herbert: „In dir sind lauter verschiedene Menschen.“ Heinz

* Über Gruppentherapie wird später Näheres gesagt.

meinte: „Und stinken tust du auch.“ Herbert starrte Heinz an und sagte: „Ich stinke und du stinkst. Paßt nur auf, ich schlage euch alle zusammen.“ Die Therapeutin unterhielt sich weiter mit Herbert: „Lauter verschiedene Menschen sind hier. Ihr seid täppisch, schrecklich und schlau.“ Da unterbrach Herbert sie triumphierend: „Ich bin gut und ich bin schlecht, und immer bleibe ich Herbert. Ich kann dir sagen: »Ich bin ganz prima, ich kann alles sein, was ich will.« Herbert fühlte offensichtlich, daß er in dieser Stunde alle Gefühle und all seine inneren Einstellungen, die seine Persönlichkeit ausmachten, ausdrücken durfte, daß er angenommen wurde, daß er er selbst sein konnte. Er schien die Kraft zur Selbstbestimmung in sich zu spüren.

Ein anderer 12jähriger Junge äußerte in der ersten Therapiestunde: „Hier ist alles so anders und so komisch. Du sagst, hier kann ich machen, was ich will. Du sagst mir nicht, was ich tun soll. Wenn ich will, kann ich ein Bild verschmieren. Ich kann meine Zeichenlehrerin in Ton kneten und sie vom Krokodil auffressen lassen.“ Er lachte. „Alles darf ich tun, ich darf ich sein.“

Der 5jährige Gerd sprach immer nur in der 2. oder 3. Person von sich. Wenn er z. B. seinen Mantel ausziehen wollte, sagte er: „Du willst jetzt deinen Mantel ausziehen.“ Oder: „Du willst jetzt malen“ statt: „Ich will malen.“ Ganz allmählich wurde Gerd durch die Therapiestunden „Ich“, und schließlich sagte er eines Tages: „Heute fand ich den Sand sehr interessant.“ In der 6. Stunde wagte er sich endlich in die Sandkiste hinein und wühlte mit seinen Händen in dem schönen, sauberen Sand. In seiner Stimme schwang etwas von Erstaunen mit, als er sagte: „Heute bin ich in die Sandkiste gegangen, endlich bin ich an den Sand rangekommen.“ So war es tatsächlich gewesen.

Was während der Therapie in den Kindern vor sich gegangen war, ist folgendes: Sie fanden ihren eigenen Weg, prüften sich selbst, entfalteten ihre Persönlichkeiten und übernahmen Verantwortung für das, was sie taten.

Dutzende von ähnlichen Beispielen könnten hier angeführt werden. Jede therapeutische Erfahrung läßt sich auf den gleichen Grundnenner bringen: Die Kinder fanden den Mut, sich zu einem reiferen und unabhängigeren Individuum zu entwickeln.

Da das vorbehaltlose „Annehmen“ des Kindes offenbar von so entscheidender Bedeutung ist, verdient es eine gründliche Untersuchung. Was wird denn „angenommen“? Die Antwort muß heißen: Das Kind selbst wird angenommen, in dem festen Glauben an seine Fähigkeit zur Selbstentscheidung. Darin liegt die Achtung vor der

Fähigkeit des Kindes, ein denkendes, unabhängiges, konstruktives menschliches Wesen zu sein.

Das Annehmen enthält aber auch das Verständnis für den Trieb zur Selbstverwirklichung, zur vollständigen individuellen Wesenserfüllung, so daß alle Anlagen, – psychisch frei geworden – , zur Entfaltung kommen können. Ein gut angepaßter Mensch ist derjenige, dem nicht allzuviele Hindernisse den Weg versperren, und der in sich die Möglichkeit hat, sich frei und unabhängig zu entwickeln. Der unangepaßte Mensch hingegen ist einer, dem dies nur unter schweren Kämpfen möglich ist. Das hat sich bei der Durchsicht von Krankengeschichten immer wieder gezeigt. Manchmal ist der Mensch zurückgewiesen oder beiseitegeschoben worden. Manchmal wurde er von liebevoller Besorgtheit erdrückt und konnte sich nur schwer aus dieser Umklammerung befreien. Es scheint, als würden die Menschen nicht die Verhaltensweisen zeigen, die wir an ihnen beobachten, wenn sie nicht auf der Suche nach ihrem eigenen individuellen Status wären. Sie versuchen das auf die verschiedenste Art, immer aber wird der Widerstand gegen die Blockierung der Reifung und des Selbständigwerdens erkennbar. Selbst das streng erzogene, tyrannisierte Kind, das in eine starre Abhängigkeitshaltung geraten ist, erreicht auf diese Weise eine beherrschende Rolle in seiner Umgebung. Das in der Babyrolle zurückgehaltene Kind, das sich in der Schule weigert, Lesen und Schreiben zu lernen, scheint auf den ersten Blick gegen das Unabhängigwerden anzukämpfen. Es könnte aber sein, daß es in dieser Weigerung den einfachsten Weg sieht, die Situation weiterhin zu beherrschen und daß es ihm Befriedigung verschafft, seine Macht, „anders“ sein zu können, zu dokumentieren. Dies ist eine umstrittene Hypothese und soll hier nur als Deutungsversuch für die in der Spieltherapie immer wiederkehrende Erfahrung angewandt werden: daß nämlich im Menschen ein ununterbrochener Wachstumsprozeß vor sich geht, – manchmal in unvorstellbar kurzer Zeit.

Manche Fälle scheinen zu beweisen, daß das einzige Bedürfnis des Menschen darin besteht, von einengenden Fesseln befreit zu werden und die Möglichkeit zu bekommen, sich ohne kräfteverzehrende Selbstbefreiungsversuche entfalten und entwickeln zu können. Dies bedeutet nicht, daß der Mensch so egozentrisch wird, daß die Umwelt aufhört, für ihn zu existieren. Es bedeutet, daß er die Freiheit zur Selbstentfaltung gewinnen kann, ohne daß die Durchsetzung dieses inneren Antriebs für ihn zum Mittelpunkt seines Daseins wird, und ohne daß er all seine Kräfte dafür verbrauchen muß, gegen Barrieren anzurennen, die seiner Reifung im Wege stehen und dadurch seine Aufmerksamkeit ständig auf ihn selbst lenken.

Solange es Leben gibt, gibt es Wachstum. Wird der im Menschen vorhandene Drang nach immer größerer Reife naturgemäß und in konstanter Weise befriedigt, so entwickelt sich ein fortlaufender Prozeß. Das Individuum gelangt dann sowohl zu physischer wie psychischer Reife. Beides gehört zur Ganzheit einer Persönlichkeit.

Ebenso wie der Mensch seine wachsende physische Selbständigkeit dazu benutzt, seine körperlichen Fähigkeiten zu entwickeln, so benutzt er die wachsende psychische Selbständigkeit dazu, den Raum für seine geistigen Fortschritte zu erweitern.

Das Kind, das laufen kann, kommt besser voran als das Kleinkind, das nur kriechen kann. Das Kind, das sprechen gelernt hat, kann sich wirksamer verständlich machen als das Baby, das nur gurrt und lallt. Mit der Reifung strebt alles im Menschen einer Welt entgegen, die er erfassen möchte, so weit er sie in sein Blickfeld aufnehmen kann. So bleibt es das ganze Leben hindurch. Das im psychologischen Sinne freigewordene Kind kann mehr schaffen und gestalten als das Kind, das all seine Energien im aufreibenden Kampf um seine freie individuelle Entfaltung verschwenden muß.

Das Kind *will* zum Individuum werden. Und wenn es das nicht auf legitime Weise erreichen kann, so wird es durch Ersatzhaltungen einen Umweg dabei gehen: Das Kind bekommt dann z. B. Wutanfälle, es kommt zu Trotzphasen, Tagträumen oder ständigen Streitereien mit anderen Kindern. Es riegelt sich durch mißmutiges Schweigen ab, zieht sich zurück oder versucht, die Umwelt ständig durch sein Benehmen zu schockieren. Manche Lehrer meinen in bezug auf solche „Angeber“ unter den Kindern: „Gebt ihm doch einen legitimen Grund für sein Bedürfnis, sich in Szene zu setzen! Laßt ihn die Hauptrolle in einer Theateraufführung spielen oder gebt ihm in der Klasse einen Vertrauensposten!“ Auf viele Arten hat man versucht, dem Drang des Kindes, als Person anerkannt zu werden, entgegenzukommen. Ebenso wird in der Spieltherapie dem Kind die Gelegenheit gegeben, diese ihm innewohnende Fähigkeit, etwas „Eigenständiges“ zu sein, zu betätigen.

Spielmaterial ist das Werkzeug dieses Vorgangs, denn es ist das natürliche Ausdrucksmittel des Kindes. Im allgemeinen wird es auch als das Eigentum des Kindes anerkannt. Das freie Spiel drückt aus, wonach dem Kind zumute ist. In dieser seiner eigenen Welt ist es Alleinherrscher. Deshalb dirigiert der Therapeut sein Spiel niemals.

Er überläßt dem Kind, was des Kindes ist, in diesem Fall das Spielmaterial und den unbeeinflußten Gebrauch davon. Wenn das Kind unbeeinflußt und frei spielt, drückt es seine persönliche Wesensart aus. Es erlebt und erfährt eine Zeitspanne eigenen Überlegens, Planens und Handelns. Es läßt den Gefühlen und Neigungen freien Lauf, die sich in ihm angestaut haben.

Deshalb erscheint es uns nicht notwendig, daß das Kind von seinem Problem wissen muß, um einen Gewinn von der Spieltherapie zu haben. Schon manches Kind ist mit deutlichen Anzeichen eines reiferen Verhaltens aus der Spieltherapie hervorgegangen, ohne sich bewußt geworden zu sein, daß es sich um etwas anderes als um eine Spielstunde handelte.

Spieltherapie im nicht-direktiven Verfahren ist nicht als ein Mittel gedacht, daß ein von der Erwachsenenwelt unerwünschtes Verhalten durch ein von ihr gebilligtes ersetzt wird. Sie bedeutet auch nicht den Versuch, dem Kinde kraft der Erwachsenenautorität zu sagen: „Du hast ein Problem. Ich möchte, daß du es aus der Welt schaffst." Wenn das geschieht, leistet das Kind Widerstand – entweder aktiv oder passiv. Es will nicht „umgemodelt" werden. Es sucht nach seinem eigenen Weg, es möchte „werden, was es ist". Verhaltensmuster, die es nicht bejahen kann, sind oberflächliches Flickwerk und lohnen nicht die Zeit und Mühe, die investiert werden, um sie dem Kind aufzuzwingen.

Die hier beschriebene Therapie fußt auf einer positiven Einstellung zu den inneren Möglichkeiten des Individuums. Sie setzt dem Wachstum der Persönlichkeit keine Grenzen. Sie beginnt dort, wo der Mensch im Augenblick steht und läßt ihn sich so weit entwikkeln, wie es ihm möglich ist. Daher gibt es vor Beginn der Therapie keine diagnostische Voruntersuchung. Ungeachtet seiner Symptomatik wird der Mensch angenommen, so wie er im Augenblick ist. Deutungsversuche werden weitestgehend vermieden. Was in der Vergangenheit geschehen ist, gehört der Vergangenheit an. Da durch die Dynamik des Lebens die Dinge relativiert werden, sieht man zurückliegende Erlebnisse immer wieder unter neuen Aspekten; sie verändern sich dauernd. Alles, was sich der Reifung des Menschen hemmend in den Weg stellt, blockiert seine Entwicklung. Wenn die Therapie die Vergangenheit des Klienten in die Arbeit einbezieht, so wird damit die Möglichkeit ausgeschlossen, daß das Individuum in der Zwischenzeit an Reife gewonnen haben könnte. Der Vergangenheit kommt nicht mehr die gleiche Bedeutung zu. Aus diesem Grund wird auch gezieltes Fragen vermieden. Das Kind wird die Dinge, die ihm wichtig sind, dann zur Sprache bringen, wenn es bereit dazu ist. Der Therapeut vertritt in der nicht-direktiven Therapie die Überzeugung, daß seine Behandlung ganz auf den Klienten gerichtet sein sollte, denn für ihn liegt der Ursprung von allen Reifung bewirkenden Lebenskräften im Klienten selbst.

Während der Spieltherapie bildet sich zwischen dem Therapeuten und dem Kind eine Beziehung, die es dem Kind möglich macht, dem Therapeuten sein eigentliches Selbst zu zeigen. Ist dieses Selbst vom Therapeuten angenommen, und hat das Kind auf diese Weise etwas an Selbstvertrauen gewonnen, kann es die Grenzen für die Darstellung seiner Persönlichkeit weiter stecken.

Das Kind lebt in seiner eigenen Welt, nur wenige Erwachsene verstehen es wirklich. In unserer modernen Welt gibt es soviel Hast, soviel Leistungsdruck, daß es für ein Kind schwer ist, in eine auf Nähe und Vertrautheit gegründete Beziehung zu einem erwachsenen Menschen zu treten, – in eine Beziehung, in der es etwas von seinem inneren, heimlich gehüteten Leben preisgeben kann. Zu viele Menschen unterliegen der Versuchung, das Kind für ihre Zwecke zu benutzen, und darum verteidigt es seine Identität. Es hält sich abseits und geht ganz in den Dingen auf, die ihm so ungeheuer wichtig und interessant erscheinen.

Versunken in irgendeine Beschäftigung, lassen die Kinder ihrer unersättlichen Neugier und ihren Interessen freien Lauf. Erwachsene neigen dazu, ein Kind verächtlich auszulachen, wenn es mit erregter Stimme, wie ein Entdecker sie haben könnte, verkündet: „Dieser Sand ist grob und schmeckt nach gar nichts. Schmeckt so nichts?“ Oder: „Diese Fingerfarbe kleckert wie roter oder grüner Schlamm.“ Oder wenn ein Kind die Beobachtung macht: „Das sind Leute, die nach der Arbeit nach Hause gehen, – gehen sie nach Hause, gehen sie nach Osten, – dann gehen sie zum Abendbrot. Morgen kommen sie wieder, kommen sie wieder. Dann gehen sie nach Westen wieder zu ihrer Arbeit.“ Oder wenn ein kleiner 5jähriger, der zur Kirche hinüber aus dem Fenster sieht, vor sich hinredet: „Da ist die Kirche – die große, große Kirche. Die Kirche, die bis in den Himmel steigt. Die Kirche, die Musik macht. Die Glocke läutet ein, zwei, drei, vier Mal, wenn es vier Uhr ist. Eine große Kirche mit vielen Sträuchern drum ’rum.“ Und dann nach einer langen Pause: „Und Himmel! Soviel Himmel da oben. Und ein Vogel und ein Flugzeug. Und Rauch.“ Wieder eine lange Pause und dann: „Und Willi steht an einem kleinen Fenster und sieht 'raus auf alles, was da so groß ist."

Die Therapeutin sagt ganz ruhig: „Die Welt kommt dir sicher sehr groß vor. Du hast ganz recht, alles ist groß, riesengroß."

Willi geht vom Fenster weg und seufzt: „Nur ich nicht. Willi ist nicht so groß wie eine Kirche."

Willis Betrachtungen zeugen von einem gewissen Rhythmus, von Poesie und Kühnheit. Die Erwachsenen sind oft so abgehetzt, daß sie den Kindern nicht gerecht werden. Dieser kleine 5jährige war drei Monate zuvor als „sonderbar, komisch, langsam und kontaktgestört" beschrieben worden.

In den meisten Kindern besteht ein starkes Gefühl von Abhängigkeit, aber in ihrem Inneren hört das Streben nach Unabhängigkeit nicht auf. Haben sie erst einmal Vertrauen zu einem Therapeuten gefaßt und diesen ebenso angenommen wie er sie, dann gewähren sie ihm Einblick in ihre Gefühlswelt, wodurch der Horizont von beiden, vom Kind und vom Therapeuten, eine Ausweitung erfährt.

Die nicht-direktive Gruppentherapie

Es wurde bisher nur von der Einzeltherapie gesprochen. Die Technik der Einzeltherapie kann mehr oder weniger auf die Gruppentherapie übertragen werden. Gruppentherapie ist ebenfalls ein nichtdirektiver therapeutischer Vorgang. Hinzu kommt die Auswertung des Verhaltens der Gruppe und die Beobachtung der Reaktionen der einzelnen Teilnehmer aufeinander. Der gruppentherapeutische Prozeß bezieht ein realistisches Moment in die Arbeit ein: Das Kind lebt in den Spielstunden mit anderen Kindern zusammen und muß zwangsläufig dabei auf Reaktionen und Gefühle anderer Kinder Rücksicht nehmen. Aber eine nicht-direktive therapeutische Gruppe stellt nicht eine Art „Klub" dar und ist auch keine Freizeit- oder pädagogische Gruppe, ebensowenig wie ein Ersatz für eine Familiensituation.

Es liegt auf der Hand, daß in Fällen, in denen mangelnde soziale Anpassung die Hauptschwierigkeit des Kindes ausmacht, eine Gruppentherapie möglicherweise mehr Hilfe verspricht als eine Einzelbehandlung. Umgekehrt kann eine Einzelbehandlung erfolgversprechender sein, wenn tiefgehende emotionelle Probleme vorliegen. Da es oft schwer ist, zu erkennen, wo das Hauptgewicht der bestehenden Schwierigkeiten liegt, ist es im Idealfall am besten, dem Kinde beide Möglichkeiten zu bieten, also Einzel- und Gruppenkontakte.

Auf die Probleme der Gruppentherapie wird in Teil III dieses Buches näher eingegangen, in dem die Anwendung der nicht-direktiven Prinzipien im einzelnen beschrieben werden; außerdem im 18. Kapitel, in dem ein vollständiger gruppentherapeutischer Bericht wiedergegeben und ausgewertet wird; und schließlich im 19. Kapitel, das über die Einzel- und Gruppenkontakte mit Emma berichtet.

Ähnlichkeiten zwischen nicht-direktiver Spieltherapie und nicht-direktiver Beratung

Die Grundlagen der nicht-direktiven Spieltherapie, mit der sich dieses Buch hauptsächlich befaßt, beruhen auf der Technik einer nicht-direktiven Beratung wie sie Carl R. Rogers entwickelt und ausführlich in seinem Buch „Counseling and Psychotherapy"* beschrieben hat. Nicht-direktive Beratung ist mehr als eine Technik. Sie beruht auf der philosophischen Überzeugung von der Leistungsfähigkeit des Menschen und mißt dabei der Fähigkeit des Individuums, über sich selbst zu bestimmen, besondere Bedeutung bei. Es handelt sich um einen Vorgang zwischen zwei Personen, von denen die eine bewußt den Zweck verfolgt, dem hilfebedürftigen Partner das Gefühl von Ganzheit zu geben. Das Kind soll auf die bestmögliche Art und Weise seine Vorstellungen von sich selbst verwirklichen; es soll sich so entwickeln, daß es zu einer Persönlichkeit wird, mit der es in Frieden lebt. Alle irrigen Auffassungen zwischen dem *Ich* und dem *Selbst* und zwischen inneren Vorstellungen und äußerem Verhalten sollen in dieser Persönlichkeit zu einem integrierten Ganzen verschmelzen.

Da das Hauptgewicht in der Therapie auf die aktive Beteiligung des Selbst am Reifungsvorgang gelegt wird, ist die Bezeichnung „nicht-direktiv" eigentlich nicht ganz korrekt. Das Wort beschreibt zwar exakt die Rolle des Beratenden; es weist u. a. auf die notwendige Selbstdisziplin hin, die der Berater sich auferlegen muß, der sich z. B. zurückhalten muß, um nicht in falscher Weise Verantwortung für den Klienten zu übernehmen. Die Bezeichnung „nicht-direktiv" ist aber nicht exakt, wenn man sie auf den Klienten anwendet.

Die Beziehung, die zwischen dem Berater und dem Klienten in dieser Art von Therapie hergestellt wird, erwächst aus bestimmten Grundhaltungen des Beraters. Sie sind es, die ihm ermöglichen, die unveräußerlichen Rechte des Individuums auf Selbstbestimmung vor-

---

* Houghton Mifflin Company, Boston 1942

behaltlos anzuerkennen. Diese Grundhaltungen kann man nicht einfach an- und ausziehen wie einen Mantel, sie müssen vielmehr zu einem wesenseigenen Bestandteil der Beraterpersönlichkeit geworden sein.

Sind solche Grundhaltungen beim Berater vorhanden, so kann er den Klienten annehmen, so wie er ist und eine gewährende Einstellung in sich entwickeln, die u. a. dem Kind erlaubt, die Beratungsstunde so zu nutzen, wie es das für richtig hält. Es ist das Kind, das den Ablauf der Stunde bestimmt; das Kind wählt aus, was ihm wichtig erscheint; das Kind übernimmt die Verantwortung für seine Entscheidungen. Es interpretiert sein Verhalten selbst. Während es sich in einer Atmosphäre gegenseitiger Achtung mit seinen Problemen auseinandersetzt, wählt es unbewußt den Weg, den es gehen will, und zwar einen konstruktiven Weg, der in Einklang mit seinen Reifungsimpulsen steht.

Obwohl hier die Rolle des Klienten besonders betont wurde, fällt bei diesem Hilfsprozeß dem Berater keineswegs eine vollkommen passive Rolle zu. Er ist sozusagen die treibende und auslösende Kraft, die den Klienten befähigt, seine gefühlsmäßig übersteigerten Haltungen in sich zu ordnen und richtig einzuschätzen, um sie dann im Zuge einer inneren Neuorientierung entweder abzulegen oder anzunehmen. Der Berater erreicht dieses Ziel dadurch, daß er den Klienten gut genug versteht, um sich in dessen gefühlsgeladene Reaktionen einfühlen zu können. Durch ein differenziertes Auswerten der vom Kinde zum Ausdruck gebrachten Einstellungen, gelingt es dem Berater, dem Kind sein Verhalten erkennbar zu machen als das, was es ist. Als Folge davon entwickelt das Kind in sich eine orientierende Wertskala, die ihm ermöglicht, es selbst zu sein, wodurch es die notwendige Beständigkeit erhält, um konstruktive Beziehungen zu anderen Menschen herzustellen und aufrechtzuerhalten. Der Berater verhält sich äußerst zurückhaltend und geht nie schneller voran als sein Arbeitspartner, wohl wissend, daß der Klient immer Herr im eigenen Hause bleiben muß, und daß es der Wille des Klienten ist (und nicht der des Beraters), durch den Verhaltensweisen bestimmt werden sollten.

Die vom Berater hergestellte warme und freundliche Beziehung befähigt den Klienten, sich selbst und sein Verhalten realistischer zu betrachten, denn diese kooperative Beziehung gibt ihm die dazu nötige Sicherheit.

In seinem Bemühen um Selbstverständnis und Selbstannahme fühlt sich das Kind von einem Zusammengehörigkeitsgefühl getragen. Das

Ergebnis einer nicht-direktiven Beratung besteht in einer tragfähigen Lebensauffassung, die etwa auf Folgendes hinausläuft: Das Kind gewinnt durch das Gefühl, ein Wesen von Wert zu sein, an Selbstachtung. Es lernt, sich selbst anzunehmen und nimmt sich selbst gegenüber eine gewährende Haltung ein; auf dieser Basis kann es seine Fähigkeiten nutzen und Verantwortung für sich übernehmen. Umgekehrt wendet es gleichzeitig diese neue Haltung in seinen Beziehungen zu anderen Menschen an, d. h. es lernt, andere zu achten und anzunehmen, – so wie sie sind; es gewinnt Vertrauen in ihre Fähigkeiten und läßt sie diese ebenfalls nutzen und Verantwortung für ihre Entscheidungen übernehmen. Diesem Gedanken liegt die Überzeugung von der Integrität des Menschen zu Grunde. Der Hauptakzent liegt auf einer positiven und konstruktiven Lebensweise.

Die Erfolge einer bei Kindern angewandten nicht-direktiven Behandlungstechnik sind von großer Bedeutung. Wenn ein abgelehntes Kind, das unsicher und ungeliebt, in seinem Verhalten erfolglos und ohne ein Gefühl von Dazugehörigkeit es trotzdem fertig bringt, seine inneren Kräfte besser zu realisieren und Anzeichen für ein reiferes und verantwortungsvolleres Betragen zeigt, – dann werden Erzieher, Sozialarbeiter und Arbeitgeber empfinden, daß es sich lohnt, die Qualität ihrer Beiträge zur Entwicklung des Individuums einmal auf ihre Eignung hin zu überprüfen. Sie werden die Entwicklungsmöglichkeiten im Kinde erkennen lernen und außerdem dessen potentielle Fähigkeiten entdecken, seinerseits zur Verbesserung der zwischenmenschlichen Beziehungen beizutragen. Die Verantwortlichkeit des Individuums für andere und für die Gesellschaft steht auch hier in einem direkten Verhältnis zu dem Grad von Freiheit, den man ihm selbst konzediert.

Gelingt es dem Individuum, sich selbst besser kennenzulernen, bekommt es sich in die Hand und wird ein wirklich freier Mensch. Wenn die nicht-direktive Beratung oder Psychotherapie (wie immer man es nennen will) sich als ein Mittel zur Befreiung des Menschen zeigt, so daß er zu einem spontan und schöpferisch reagierenden glücklichen Wesen wird, dann wäre es wohl der Mühe wert, mehr Geld und Mühe in Forschung zu investieren und für eine Weiterverbreitung dieser Arbeitsweise zu sorgen.

Wenn tatsächlich die Betreuung eines gestörten oder gefährdeten Kindes bis in seinen Gefühlsbereich hinein möglich ist, dann sollte es selbstverständlich sein, entsprechende Versuche zu unternehmen.

Nach dieser allgemeinen Einführung in die Spieltherapie soll jetzt, ehe auf Einzelheiten eingegangen wird, ein praktischer Fall gebracht werden, um aufzuzeigen, wie die nicht-direktive Spieltherapie vor sich geht. Wir werden dazu Thomas nehmen, das schwierige Kind, das wir im 1. Kapitel kennengelernt haben.

Was geht in der Spieltherapie vor sich?

DER FALL THOMAS

Thomas war 12 Jahre alt, überdurchschnittlich intelligent und in seinem Äußeren ansprechend. Er zeigte aber ernsthafte Verhaltensstörungen, sowohl in der Schule wie zu Hause. Er kam zur Spieltherapie, weil er sich antisozial und aggressiv verhielt. Er behauptete, daß jeder ihm unrecht tue, wenn er in Schwierigkeiten geriet, was häufig der Fall war. Thomas hatte einen Stiefvater und eine sehr viel jüngere Halbschwester, sie war der Verzug der ganzen Familie.

Die meiste Zeit seines Lebens hatte Thomas bei seiner Großmutter zugebracht; aber zwei Jahre bevor er in Behandlung kam, hatte seine Mutter ihn zu sich zurückgeholt; jetzt lebte er bei ihr, dem Stiefvater und der Stiefschwester. Thomas wurde mit allen Dreien nicht fertig. Mit seinen Schulkameraden war es genauso; bis er zur Schule kam, hatte man ihm nie erlaubt, mit anderen Kindern zu spielen. Thomas tat sich auch im Kontakt mit anderen Menschen schwer.

Der Leser wird erstaunt sein, wie schnell Thomas seine ganzen Probleme „ausspielte“, hauptsächlich mit Hilfe von Marionetten. Es war interessant, zu beobachten, wie Thomas dieselben Marionetten zur Darstellung von verschiedenen Charakteren gebrauchte, die sich aber in ihrer Beziehung zu ihm alle glichen. Der Vater und der Schuldirektor waren für Thomas autoritäre Persönlichkeiten. Seine ambivalenten Gefühle dem Vater gegenüber kamen in der Doppelrolle der Marionetten zum Ausdruck: Erst besiegten sie den Vater, dann verteidigten sie ihn. Sein Spiel stand offensichtlich in Zusammenhang mit seiner inneren Einstellung und mit seinen Schwierigkeiten.

DIE ERSTE EINZELSTUNDE

Thomas kam in Hut und Mantel ins Zimmer und setzte sich an den Tisch. Er hatte eine kleine Blechpfeife in der Hand; das Mundstück schraubte er immer abwechselnd ab und wieder an. Sein Gesichtsausdruck war sehr ernst; er vermied es, der Therapeutin in die Augen zu sehen.

Thomas: Nun also, da bin ich. Ich bin bloß mal so da ... – so aus Neugierde, wissen Sie. Ich habe nicht verstanden, was Mutter mir gesagt hat. Sie sagte so was, wie wenn Sie mir bei meinen Schwierigkeiten helfen wollten. Ich habe aber keine.

Therapeutin: Du meinst, Schwierigkeiten hast du keine, dich hat nur die Neugier hergetrieben.

Thomas: Na ja, ich bin neugierig, stecke meine Nase überall rein. Dachte, ich könnte mir das hier ja mal ansehen.

Therapeutin: Und jetzt möchtest du gern wissen, was Beratung eigentlich bedeutet, nicht wahr?

Thomas: Ja, Beratung. Das ist das Wort, was ich nicht behalten konnte. Na ja, ich habe bloß keine Schwierigkeiten. (*Pause.*) Außer ... ja ... hm! Mein Vater ... eigentlich mein *Stief*vater ... Ich kann ihn nicht leiden, und er mich auch nicht. Und wenn er zu Hause ist, und ich bin auch zu Hause, dann gibt's nichts als Krach. Mal bin ich zu laut, mal bin ich ihm im Wege, mal trete ich auf irgendwas. Wir können uns eben einfach nicht leiden. Ich kann es zu Hause nur aushalten, wenn er weg ist.

Therapeutin: Du und dein Vater, ihr werdet beide nicht recht miteinander fertig, wie mir scheint.

Thomas: Mein *Stief*vater.

Therapeutin: Dein *Stief*vater.

Thomas: Aber Schwierigkeiten habe ich keine.

Therapeutin: Daß du mit deinem Stiefvater nicht klar kommst, macht dir das keine Schwierigkeiten?

Thomas: Nein. Und alle Kinder hacken auf mir herum, sie mögen mich alle nicht leiden. (*Pause.*) Ich weiß nicht, was ich sonst noch sagen soll. Mutter sagt, ich solle hier über meine Probleme sprechen, ich hab' aber keine.

Therapeutin: Nun denk mal gar nicht an das, was deine Mutter zur dir gesagt hat, Thomas. Sprich einfach, worüber du sprechen magst. Oder sprich gar nichts, wenn dir das lieber ist.

Thomas: Von so was wie der Fahnengeschichte letzte Woche? Wollen Sie davon was hören? Alle hatten sie sich gegen mich verschworen, weil ich gesagt habe: Ich spucke auf die Fahne. Und „Heil Hitler!“ habe ich auch gesagt. Alle waren gegen mich. In Wirklichkeit habe ich aber gar nicht auf die Fahne gespuckt. Ich wollte die anderen bloß ärgern. Und das habe ich auch, das können Sie mir glauben!

Therapeutin: Du hast sie ärgern wollen, und das ist dir auch geglückt. Wenn man so dolle Sachen sagt, da hören natürlich alle gleich nach einem hin.

Thomas: Ich weiß selbst nicht, warum ich das gesagt habe. Ich dachte gar nicht daran, auf die Fahne zu spucken. Hab' viel zu viel Achtung vor ihr, als daß ich auf sie gespuckt hätte. Aber gesagt hab' ich's. Sie waren alle gegen mich und haben mich verhauen. Sie waren ja in der Überzahl.

Therapeutin: Du weißt oft selbst nicht, warum du etwas tust.

Thomas: Jedenfalls nicht, weil ich dann verhauen werde. Ich wollte einfach ... Aber Schwierigkeiten habe ich keine.

Therapeutin: Ich glaube, du gibst es nicht gern zu, wenn du Schwierigkeiten hast.

Thomas (lachend): So wird's wohl sein. Ich habe mehr Scherereien, als mir lieb sind. Mein Stiefvater. Und unsere Vertretungslehrerin. Mensch, die kann vielleicht gemein sein! Und mich kann keiner leiden. Ich weiß auch nicht warum. Ich glaube, es gibt überhaupt niemanden, der keine Schwierigkeiten hat.

Therapeutin: Du glaubst also, daß jeder Schwierigkeiten hat, und daß du bist wie alle anderen.

Thomas: Ich geb's bloß zu. Viele Menschen würden es nicht zugeben.

Therapeutin: Dann gibst du also zu, daß du Schwierigkeiten hast.

Thomas: Ich kann Ihnen sagen: Mein Leben ist nicht zum Lachen.

Therapeutin: Du bist nicht glücklich.

Thomas: Wird jemand das erfahren, was ich hier sage? Meine Mutter oder jemand anderes? Schreiben Sie sich das alles auf, was ich sage?

Therapeutin: Ich mache mir nur ein paar Notizen, aber niemand wird etwas von dem erfahren, was du bei mir gesagt hast.

Thomas (mit einem tiefen Seufzer): Wissen Sie, das ist nämlich 'ne ganz kitzelige Situation. Schreiben Sie das auf?

Therapeutin: Nur einiges, damit ich's nicht vergesse.

Thomas: Na ja. (*Lange Pause.*) Den Lehrern ist das doch ganz egal, was einem Jungen passiert. Keiner kümmert sich darum, was mit einem Jungen los ist. Aber hier ist keine Schule, und Sie sind nicht meine Lehrerin, und ich langweile Sie nicht. Mit Ihnen brauche ich mich nicht zu zanken. (*Zuckt mit den Achseln.*)

Therapeutin: Du findest, daß andere Leute sich nicht genug darum kümmern, was mit einem Jungen los ist und trotzdem ...

Thomas: Ich war neugierig.

Therapeutin: Du warst neugierig.

Thomas: Na klar! Ich – – Es gibt nichts, was mir richtig Kummer macht, wirklichen Kummer, meine ich. Dafür sorge ich schon.

Therapeutin: Du denkst, du kannst dich ganz gut beherrschen.

Thomas: Klar. Nur daß ich ... Ach was, mir fällt nichts ein, worüber ich reden kann. Ich habe einfach nichts zu sagen.

Therapeutin: Du hast nichts zu sagen. Gar nichts zu sagen. (*Pause.*) Wenn du Lust hast, nächsten Donnerstag wieder zu kommen, dann werde ich hier sein.

Thomas: Klar, ich werde kommen.

Therapeutin: Wenn du jetzt lieber gehen willst, dann geh' ruhig. Aber wenn du noch bleiben möchtest, kannst du das auch tun. Du kannst hier mit deiner Zeit machen, was du willst.

Thomas: Ich möchte mir am liebsten hier alles noch ein bißchen ansehen. Stört Sie das?

Therapeutin: Sieh' dich nur um, wenn du Lust dazu hast.

Thomas (sieht sich alles an): Ich wette, die Kinder malen hier gern.

Therapeutin: Glaubst du?

Thomas: Ich male auch gern. Bloß in meiner Klasse ... Wenn's bei mir ein Problem gibt, dann ist es die Vertretungslehrerin. Die kann durch ihr dummes Geschwätz Hackfleisch für die ganze Welt zusammenreden. Man bekäme aber Bauchweh davon und würde daran sterben.

Therapeutin: Diese Lehrerin kannst du nicht leiden, nicht wahr?

Thomas: Genau, Sie haben's erfaßt. (*Er untersucht den Ton.*) Das hier würde auch Spaß machen. (*Nimmt eine Marionette in die Hand.*) Ich könnte mir 'ne Menge lustige Spiele zu meinen Schwierigkeiten ausdenken. Meine Lebensgeschichte würde Sie zum Weinen bringen.

Therapeutin: Findest du, daß dein Leben traurig ist?

Thomas: Na ja, es ist ja immer allerhand los. Ich sitze immer in der Tinte. (*Thomas zieht eine Marionette über seine Hand.*) Hier, guck mal! Ich werde dich ermorden, wenn du nicht tust, was ich sage. Sehen Sie? (*Seine Stimme ist vollkommen verändert – leise, tief und drohend.*)

Therapeutin: Der will sicher jemanden umbringen.

Thomas: Das möcht' ich auch manchmal. Aber (*lacht*) ich tu's natürlich nicht. Angst vor dem Gericht und all das, Sie wissen schon. Aber ich will Ihnen mal was sagen. Wenn ich nächstesmal komme, mach' ich 'ne Aufführung. 1. Akt: Mein Leben und seine Schwierigkeiten.

Therapeutin: Gut! Wenn du wiederkommst, führst du dein Leben und deine Schwierigkeiten auf.

Thomas (spielt mit verschiedenen Puppen): Aus denen da könnt' ich schon was machen.

Therapeutin: Vielleicht kannst du auch selbst Marionetten machen. (*Er spielt weiter mit den Puppen.*) Deine Zeit ist nun für heute um, Thomas.

Thomas: Also gut, bis zum nächsten Mal.

Von diesem Tag an beschäftigte sich Thomas in der Therapiestunde vorwiegend mit den Marionetten. Er führte seine ganzen Familienprobleme auf und ließ seinen aggressiven Gefühlen gegenüber seinem Vater, der Schwester und der Schule freien Lauf.

AUSZUG AUS DER 2. EINZELSTUNDE

Thomas kommt ins Zimmer und bereitet das Marionettentheater für seine Aufführung vor. Er nimmt die Marionette, die einen Jungen darstellt, in die Hand.

Thomas (hält die Marionette hoch): Dies ist Stefan, der Flegel. Ist das ein übler Bengel! Der liegt jetzt zu Hause im Bett. Sein Vater sitzt unten und will, daß Stefan aufsteht. Er kommandiert ihn immerzu herum. (*Lacht.*) Aber Sie werden schon sehen, er kommt nicht weit damit.

Thomas wendet sich mit dieser Einführungsrede an die Therapeutin. Er nimmt sämtliche Marionetten in Gebrauch und verstellt seine Stimme vollständig, wenn eine andere spricht.

Vater (mit unsympathischer Stimme): Stefan, mach' daß du aus dem Bett kommst!

Stefan (ganz verschlafen): Ich will aber nicht.

Vater: Hast du gehört? Du stehst sofort auf oder ich werde . . .

Stefan: Oder du wirst was?

Vater: Oder ich komm' rauf und mach dir Beine.

Stefan: Gib nicht so an!

Vater: Zieh' dich an und geh' zur Schule.

Stefan: Ich will nicht zur Schule gehen. Ich kann die Schule nicht ausstehen. Und außerdem – ich – ich – hab' Bauchweh.

Vater: Bauchweh? Das lügst du. Und dumm bist du auch. Du lernst überhaupt nichts in der Schule.

Stefan: Warum nicht?

Vater: Weil du dumm bist. Du bist der dümmste Bengel, den ich kenne.

Stefan: Ich bin nicht dumm. Das werd' ich dir zeigen. Ich werde ... (*Der Vater gibt Stefan eine Ohrfeige.*)

Stefan: Au, du bist gemein.

Vater: Jetzt tu, was ich dir gesagt habe.

Stefan: Von zu Hause wegrennen werde ich. Ja, das werde ich. (*Die Puppe stürzt von der Bühne.*)

Vater: Na, du Knirps, dich werd' ich mir 'mal schnappen. (*Vater verschwindet, Stefan trifft den Clown.*)

Clown: Hallo? Wo willst du denn hin? Ich bin der dumme August, der Clown.

Stefan: Und ich bin Stefan, der freche Bengel. Ich will von zu Hause weglaufen.

Clown: Ich werd' schon was finden, was uns beiden Spaß macht.

(*Die Marionette, die ein kleines Mädchen darstellt, tritt an die Stelle des Clowns. Sie heult laut vor sich hin.*)

Mädchen: Ich will zu meiner Mama, ich hab' meine Mama verloren.

Stefan: Mach, daß du wegkommst, ich kann solche Bälge wie dich nicht leiden.

Mädchen: Ich hab' meine Mama verloren.

Stefan: Ist das nicht ein Skandal? (*Das Mädchen heult noch viel lauter.*) Wo wohnst du?

Mädchen: Ich ... ich ... ich weiß nicht.

Stefan: Wie heißt deine Mama?

Mädchen: Mama.

Stefan: Und ihr Vorname?

Mädchen: Mama.

Stefan: Und ihr Nachname?

Mädchen: Mama.

Stefan: Nun möcht' ich mal wissen, wer hier dumm ist. (*Das Mädchen schreit und weint, Stefan verschwindet. Der Vater tritt auf.*)

Vater: Was ist hier los?

Mädchen: Der Junge hat mich gehauen.

Stefan: Das ist nicht wahr. Aber ich wünschte, ich hätte es getan. Ich war dicht daran, aber ich hab's nicht getan.

Vater: Wie heißt du?

Stefan: Stefan.

Vater: Stefan was?

Stefan: Stefan Stachelbeere.

Vater: Du bist ein ganz gerissener Fuchs.

Stefan: Bin ich ein gerissener Fuchs? Ich hasse mich, weil ich ein gerissener Fuchs bin.

Vater: Du, hör' mal zu.

Stefan: Hör' du mal zu.

Vater: Warum? Ich werde dich umbringen.

Stefan: Das werden wir erstmal sehen.

(*Vater und Stefan kämpfen miteinander, Stefan schlägt den Vater, der um Gnade bittet.*)

Vater: Ich werd' mal meinen Sohn hinter dir herschicken.

Stefan (verschwindet und kommt wieder, diesmal als Sohn):

Stefan: Willst du was von mir, Paps?

Vater: Räche mich mal an dem da, der hat mich verhauen. (*Der Vater verschwindet. Eine andere Puppe erscheint an seiner Stelle.*)

Stefan (zu dem Jungen): Du hast meinen Vater verhauen? Dir werd' ich's geben! (*Es folgt ein schrecklicher Kampf, in dem Stefan gewinnt.*) Lästige Angelegenheit.

(Das Mädchen kommt wieder, Stefan schlägt sie. Das Mädchen heult und verschwindet. Der Vater erscheint wieder.)

Vater: Hallo, Stefan, du verflixter Bengel! Wenn du sie noch einmal schlägst, dann verhau' ich dich.

Stefan: Wetten, daß du das gar nicht kannst?

Vater: Soll ich's mal ausprobieren? (*Der Vater schlägt zu.*)

Stefan (schreit auf und der Vater verschwindet).

Stefan; Ob ich doch besser zur Schule gegangen wäre? Ich hab' Hunger. Manchmal denke ich, in der Schule ist es sicherer.

Clown: Bouletten! Bouletten! 50 Pfennig das Stück.

Stefan: Ich habe aber nur 20 Pfennig.

Clown: Ich verkauf' dir 'ne extra kleine für 20 Pfennig.

(*Thomas taucht plötzlich auf und unterbricht das Puppenspiel.*)

Thomas: Das sind ja kleine Würstchen geworden. Du versiehst dich wohl von Zeit zu Zeit. (*Thomas verschwindet wieder.)*

Stefan: Ich werde jetzt nach Hause gehen. Nein, ich werde nicht nach Hause gehen. Mein Paps wird mich umbringen. Ich werde mich heimlich in mein Zimmer stehlen.

Clown: Boulette. 50 Pfennig.

Stefan: Gib mir eine.

Clown (schreit): Wieso denn? Du Schwindler. Ich will richtiges Geld.

Stefan (schlägt den Clown): O, du hast mich auf die Nase geschlagen, auf meine schöne Nase! (*Brüllt.*)

Stefan: Das ist 'ne kitzlige Angelegenheit. (*Stefan verschwindet.*)

(*Hinter der Bühne Geräusche von Ersticken und Ertrinken.*)

Stefan: Da läutet die Schulglocke. Ich weiß nicht, ob ich gehen soll.

Vater: Stefan!

(*Thomas taucht wieder auf.*)

Thomas: Diesmal ist die Puppe der Schuldirektor.

Stefan: Ja, bitte?

Schuldirektor: Wo hast du heute morgen gesteckt?

Stefan: Ach, ich hatte solche Bauchweh!

Schuldirektor: Woher hast du die denn gekriegt? Hast du vielleicht Äpfel aus meinem Garten gestohlen?

Stefan: Können Sie mir das beweisen?

Schuldirektor: Nein.

Stefan: Dann werd' ich das auch nicht zugeben.

Schuldirektor: Ich werde dich verhauen.

Stefan: Wirklich?

Schuldirektor: Warum gehst du nicht nach Hause zu deinem Vater?
Stefan: Weil ich nicht will.
Schuldirektor: Aber das wäre besser für dich.
Stefan: Ich will heute die Schule schwänzen.
Schuldirektor: Das würdest du besser nicht tun.
Thomas: Alle weg da! (*Die Puppen verschwinden.*)
(*Schreien auf und Stöhnen hinter der Bühne.*)
Stimme hinter der Bühne: O, ich bin in den See gefallen. Hilfe, Hilfe!
(*Vater und Stefan erscheinen wieder.*)
Stefan: Hallo, Paps.
Vater: Was ist los? (*Stefan schlägt den Vater.*)
(*Der Kopf von Thomas taucht wieder auf*): Ha, der ist direkt in den Dreck gefallen.
Vater (niest und hustet): Ich habe mich erkältet, ich bin richtig krank geworden.
Stefan: Ha, ha, ha!
(*Das kleine Mädchen tritt wieder auf.*)
Mädchen: Ich will zu meiner Mama.
Stefan: Ach, du bist schon wieder da? (*Stefan haut ihr ein paar runter.*)
Mädchen (schreiend): Na warte, das werd' ich meinem Papa sagen.
Stefan: Ich kann's gar nicht abwarten. (*Alle Puppen verschwinden von der Bühne.*)
Thomas (sein Kopf erscheint wieder): Das ist alles, meine Herrschaften! Fortsetzung morgen!

DIE 3. EINZELSTUNDE

Thomas führte sein Puppenspiel vor einer Hörerschaft von Sechsjährigen auf. Anschließend fand ein Einzelgespräch statt, in dem Thomas sich über diese Gruppenerfahrung seine Gedanken machte. Hier folgt ein Auszug aus dem Gespräch.

Thomas: Wie wär's, wenn ich ein paar von den Spielsachen der Kleinen reparierte? Sehen Sie mal, hier sind ein paar kaputte.
Therapeutin: Wenn du Lust dazu hast.
Thomas: Den Kleinen würde das doch sicher Spaß machen.
Therapeutin: Und du möchtest gern was für sie tun?
Thomas: Wissen Sie, ich hab doch 'ne kleine Schwester zu Hause. Die heißt Rose-Marie. Aber Rosen wachsen bei uns nicht ums Haus herum. Nein, sie heißt Rose-Marie. Manchmal nenne ich sie Rosi. (*Befestigt Räder an einer kleinen Karre im Sandkasten.*) Manchmal nenne ich sie Rosi, bloß, um meine Eltern zu ärgern. Ich necke sie, bloß so aus Spaß.
Therapeutin: Du willst sie necken ...
Thomas (unterbrechend): Wissen Sie was? Ich glaube, ich bin furchtbar verwöhnt. Ich habe doch so lange bei meiner Großmutter gewohnt. Und an meinen Stiefvater habe ich mich einfach noch nicht gewöhnt, und er sich nicht an mich. Das geht uns beiden gleich so. Manchmal denke ich, wenn ich von Anfang an bei meinem Stiefvater gewesen wäre ... Ich weiß nicht.

Therapeutin: Du meinst, du und dein Stiefvater, ihr habt's schwer miteinander, weil ihr nicht von Anfang an zusammen gewesen seid.

Thomas: Großmama hat mich immer sehr verwöhnt. Immer ging alles nach meinem Kopf. Sie hat mich egoistisch gemacht.

Therapeutin: Du denkst, daß es dich egoistisch gemacht hat, daß du immer deinen Willen bekamst.

Thomas (bastelt an einem Bus herum): So, der ist wieder ganz. Will mal sehen, was mit der Festung hier los ist. Ich bring' das schon in Ordnung. (*Thomas bringt sie zum Werktisch und hämmert sie wieder zusammen.*) Wissen Sie, ich hab' noch mal darüber nachgedacht. Glauben Sie, daß meine Aufführung neulich nicht 'n bißchen zu doll war für die Kleinen?

Therapeutin: Wie meinst du das?

Thomas: Ich meine, als der Vater da so über den Felsen gestoßen und getötet wurde. Ich glaube aber, es hat ihnen Spaß gemacht, als Stefan das tat. Aber nachher, da dachte ich doch ...

Therapeutin: Da fandest du das denn doch 'n bißchen zu doll.

Thomas: Na ja. Ich will ja nicht, daß sie nach Hause gehen und ihren Vater auch vom Felsen stoßen.

Therapeutin: Du meinst, sie könnten vielleicht dasselbe tun wie Stefan?

Thomas: Was mich wundert, war ... Ich war doch der einzige, der solche Gefühle gegen seinen Vater hatte, weil's eben mein Stiefvater ist, aber die anderen hatten doch richtige Väter und freuten sich trotzdem, daß der Vater getötet wurde.

Therapeutin: Du hast dich gewundert, daß andere Kinder scheinbar manchmal ähnliche Gefühle haben wie du gegen deinen Stiefvater.

Thomas: Ja, ich weiß nicht recht. Denken Sie mal, als ich neulich von Ihnen weg wieder in mein Zimmer rüber ging, da hab' ich an meinen Vater einen Brief geschrieben, an meinen richtigen Vater. Der ist bei der Marine. Ich hab' das auch meiner Mutter erzählt. Sie meinte nur, daß der gar nichts von mir wissen will, aber das glaube ich ihr nicht. Ich glaube auch nicht, daß er noch einen anderen Sohn hat. Das sagt sie sicher bloß so.

Therapeutin: Das ist dir wohl sehr nahe gegangen, als deine Mutter meinte, sie glaube nicht, daß dein Vater etwas von dir hören will.

Thomas: Und daß er noch einen anderen Sohn hat.

Therapeutin: Das möchtest du wohl nicht gern?

Thomas: Ich glaube ihr das gar nicht, sie sagt das bloß so. (*Lange Pause. Thomas hämmert weiter an der Festung herum.*) Wissen Sie, ich habe Zeitungen ausgetragen, aber ich habe meinen Bezirk verloren.

Therapeutin: Tatsächlich?

Thomas: Die haben ihn mir einfach weggenommen. Die Dreckskerle schulden mir 20 Mark. Ich bin ein paarmal zu spät gekommen. Dadurch habe ich ein paar Kunden nicht angetroffen, und auf diese Weise habe ich den Bezirk verloren. Mir ist das aber ganz egal.

Therapeutin: Sie haben dich um 20 Mark gebracht, weil du ein paarmal zu spät gekommen bist und die Kunden verpaßt hast, aber du machst dir nichts draus.

Thomas: Ja. (*Lange Pause.*) Das habe ich gesagt. In Wirklichkeit habe ich eine Wut im Leibe, und ich sag' das bloß so, daß es mir egal ist.

Therapeutin: Du willst nicht, daß andere merken, wie dir wirklich zumute ist, nicht wahr?

Thomas: Ich will ihnen keine Gelegenheit geben, über mich zu triumphieren.

Therapeutin: Du glaubst, wenn die anderen deine wahren Gefühle kennen, dann triumphieren sie über dich.

Thomas: Das würden sie bestimmt tun, ich kenn' die doch.

Therapeutin: Auf alle Fälle glaubst du, daß sie das tun.

Thomas: So ist es.

Therapeutin: Du denkst, daß es so ist.

Thomas: Na, ist da vielleicht irgendein Unterschied zwischen dem, was man weiß, wie es ist und dem, was man denkt, daß es so ist? Hm? Ja, natürlich. (*Lange Pause. Thomas arbeitet an dem Spiel, das er repariert und brummt vor sich hin.*) So sieht das aus in der Welt.

Therapeutin: Hm?

Thomas: Ich sagte, so sieht das aus in der Welt.

Therapeutin: Wie denn?

Thomas: Ach, ich weiß auch nicht. Ich habe bloß so darüber nachgedacht. (*Das Spielzeug ist fertig.*) Jetzt bring' ich das Werkzeug wieder weg. (*Kommt dann zurück.*) Auf Wiedersehen bis morgen! Wie wär's, wenn ich das nächste Mal noch ein paar Kinder mehr mitbrächte?

Therapeutin: Du hättest lieber noch ein paar mehr Freunde dabei?

Thomas: Ich will nicht sagen, daß ich Freunde habe. Sagen wir lieber so 'n paar Dummköpfe von nebenan.

Therapeutin: Dir ist nicht ganz klar, ob du wirkliche Freunde hast. Nun, von mir aus bring' noch ein paar von den Dummköpfen mit. Aber sieh' zu, daß es nicht mehr als sechs werden.

Thomas: Wie wär's mit drei Jungen und drei Mädchen?

Therapeutin: Das überlasse ich dir.

Thomas: Ich werde mal Ralph fragen. Das ist ein netter Junge. Der hat vielleicht einen guten Einfluß. Und dann werde ich Georg fragen, weil der schlimmer ist als ich. Sie sehen, ich will hier nicht der Schlimmste sein.

Therapeutin: Gut, bring' sie nur mit das nächste Mal, wenn du willst.

Thomas: Wissen Sie was? Ich glaube, die kleinen Kinder mögen mich.

Therapeutin: Du glaubst, daß die kleinen Kinder dich gern haben.

Thomas: Und das ist mal ganz was Neues für mich. Die meisten Menschen können mich nämlich nicht leiden.

Therapeutin: Du glaubst, daß die Menschen dich nicht mögen?

Thomas: Nein, ich glaube nicht. Aber die kleinen Kinder, die laufen auf dem Hof hinter mir her und reden mit mir und scheinen sich über mich zu freuen. Ich glaube, ihnen machen meine Aufführungen auch Spaß.

Therapeutin: Und du fühlst dich wohl dabei, nicht?

Thomas: So, und jetzt muß ich gehen. Bis morgen!

Dieser Auszug aus dem Gespräch zeigt mehrere für den therapeutischen Prozeß bedeutsame Faktoren. Der Leser wird gemerkt haben, wie beweglich die Therapiestunde gehalten wurde. Obwohl Thomas sich im Spielraum befand und sich mit Spielsachen beschäftigte, hat er diese doch nicht als ein Mittel zu einer Selbstdarstellung benutzt. Das ganze war ein reines Beratungsgespräch. Thomas hatte sein Puppenspiel vor 6jährigen Schulkindern aufgeführt und war beeindruckt von der Freude, die sie daran hatten. Natürlich glaubte er, daß sie den Vater von Thomas mit ihren eigenen Vätern identifizierten. Der Wert eines Gruppengeschehens wurde besonders deutlich, als Thomas sein Erstaunen darüber äußerte, daß andere Kinder, die offenbar weniger Veranlassung dazu hatten, mit Begeisterung reagierten, als der Vater verhauen wurde. Ihm wurde bewußt, daß andere Kinder gleiche Probleme hatten wie er, und das minderte zweifellos seine Schuldgefühle und nahm seinen eigenen Schwierigkeiten etwas von ihrem Gewicht; denn teilhaben an einem und demselben Problem hat einen therapeutischen Wert.

Die Sympathie, welche die Sechsjährigen Thomas entgegenbrachten, stärkte seine Selbstachtung so weit, daß er seine Probleme objektiver ins Auge fassen konnte. Er gab außerdem zu verstehen, daß er nach der Verwendung der Vaterpuppe den Versuch machte, in eine Beziehung zu seinem eigenen Vater zu treten. Die Reaktion darauf von der Mutter gibt einen Hinweis auf mögliche Ursachen für das Verhalten von Thomas. Thomas' Wunsch, ein paar Freunde mitzubringen („Ich kann nicht sagen, daß ich Freunde habe. Sagen wir, einige Dummköpfe aus meinem Zimmer.“) ist bedeutsam. Bis zu diesem Zeitpunkt war er ein einsames Kind, das seinen eigenen Weg ging. Seine Bitte, andere Kinder mitzubringen, ist ein Zeichen dafür, daß bereits positive Kräfte in ihm wirksam werden. Thomas ergreift die Initiative in bezug auf das Problem, wie man Freunde gewinnt. Am darauffolgenden Tag erschien er fast mit der ganzen Klasse von Sechsjährigen. Alle wollten mit in seine Gruppe. Als ihm gesagt wurde, er müsse seine Wahl auf sechs Kinder beschränken, wählte er drei Jungen und drei Mädchen. Sein Plan bei der Auswahl der Jungen – einen mit gutem Einfluß und einen, der „schlimmer als er selbst war“ – regt zum Nachdenken an. Sicher war es richtiger, den Jungen seine eigene Gruppe zusammenstellen zu lassen, als wenn man die Auswahl für ihn getroffen hätte. Geht der Therapeut ganz vom inneren Standort des Jungen aus, dann weiß er, daß die vom Jungen gewählte Gruppe einen größeren Wert hat als eine, die der Therapeut zusammengestellt hätte. Die Situation ist die, daß ein Kind zur Behandlung kommt, und ein paar andere nur „zum Spaß“ dabei sind. Der Therapeutin wurde schnell klar, daß Thomas nichts so nötig brauchte wie ein Gruppenerlebnis. Als er nun auch noch selbst nach einer Gruppe verlangte, gewann dies Erlebnis noch an Bedeutung. Die von Thomas eingeladenen Kinder brachten ihm Interesse entgegen, wodurch er einer von ihnen wurde. Die Gruppe verhalf ihm zu Ansehen. Die Therapeutin bewertete dies gerade in diesem besonderen Fall als wichtigen Teil der Therapie. Alles, was an diesem therapeutischen Vorgehen von Wert war, wirkte sich natürlich auf das Nachlassen der emotionellen Spannungen aus, was Thomas durch Spiel und Gespräch erreichte.

DIE 1. GRUPPENSTUNDE

Im Folgenden wird über Thomas' erste Gruppenstunde mit den sechs ausgewählten Freunden berichtet.

Thomas: Wir werden hier so etwas wie ein Klub sein, ein Klub von Puppenspielern.

Thea: Ja, und hier werden wir sitzen, nicht wahr? Seht mal, da ist Ton.

Hanna: Ich hab' noch nie was aus Ton gemacht.

Martha: Und was machen wir jetzt?

Thomas: Fräulein A., Sie werden auf die Mädchen aufpassen. Mit den Jungen werde ich schon fertig. (*Die Jungen lachen.*)

Ralf: Wir werden mit dir fertig.

Thomas (singt): Vielleicht werden wir alle gut miteinander fertig. Fräulein A., sagen Sie den Mädchen, was sie tun sollen.

Therapeutin: Wie wär's, wenn wir es so machten: Ihr kommt immer donnerstags von $3^1/_4$ bis 4 Uhr hierher. Und dann macht ihr mit eurer Zeit, was euch paßt, spielt mit allem, was es hier gibt.

Thomas: Prima, endlich mal Freiheit!

Therapeutin: Du hast es doch gern, wenn du dir was aussuchen kannst, nicht wahr?

Thomas: Das will ich wohl meinen.

(*Die Mädchen setzen sich um den Tisch herum und spielen mit dem Ton.*)

Martha: Thomas hat gesagt, wir würden hier Puppen basteln. Warum tun wir das nicht? Sie müssen uns nur sagen, wie man das macht.

Therapeutin: Du möchtest, daß ich euch sage, was ihr tun sollt.

Martha: Na, schließlich sind Sie ja auch die Lehrerin.

Therapeutin: Vergiß mal ganz, daß ich die Lehrerin bin. Würdest du dann immer noch wollen, daß ich euch sage, was ihr tun sollt?

Martha: Na ja, Thomas hat doch gesagt, daß wir Puppen machen werden.

Thomas: Das stimmt schon. Ich habe gesagt, wir machen Puppen. Und nun sagt sie, daß ihr tun dürft, was ihr wollt. Schon heult ihr los. Wozu habt ihr denn euren Verstand?

Martha: Ich tu' gern, wenn andere sagen, was ich tun soll.

Therapeutin: Du findest es ganz richtig, wenn du tust, was andere von dir erwarten.

Martha: Na ja, ich finde das richtig, sonst mögen die Menschen einen ja nicht leiden.

Thomas: Und du willst absolut, daß die Menschen dich leiden mögen, ganz verrückt sollen sie nach dir sein. Nee, so was! (*Er nimmt sich die Puppenfamilie vor.*) Guck mal. Das könnten auch Marionetten sein. (*Thomas nimmt das Mädchen und reißt ihm die Haare aus*). Och, die kleb' ich wieder an. Die halben Haare sind ab, ich konnt's einfach nicht lassen. Man sah ja, was das für'ne dumme Göre war. (*Lacht.*)

Therapeutin: Du magst die Göre nicht.

Thomas: Das stimmt. (*Die Jungen kommen und sehen sich die Puppen an. Thomas greift nach der Vaterpuppe.*) Ich stelle mit Freuden fest, daß der Vater nur ein Bein hat. Aber ich werde ihn für die Kinder wieder heil machen.

Therapeutin: Wenn's nach dir ginge, wär's dir egal, ob dem Vater ein Bein fehlt. Aber für die anderen Kinder machst du ihn wieder heil.

Thomas: Ja. (*Repariert die Puppe.*) Heute abend muß ich früher gehen. Ich habe einen Bezirk zum Verkaufen von Eiscrême bekommen.

Ralf: Gestern abend wäre Thomas beinahe umgekommen. Ein Bengel hat ihn einfach überrannt, und zwar mit Absicht.

Therapeutin: Er wollte dich wohl mit seinem Wagen anfahren?

Thomas: Ja, aber es war meine Schuld.

Ralf: Deine Schuld! Vorhin hast du uns noch gesagt, daß es seine Schuld war.

Thomas: Ja, aber es war trotzdem meine Schuld. Ich habe ihn gehänselt und ganz wild gemacht.

Ralf: Aber in der Klasse hast du gesagt . . .

Thomas: Hier unten bin ich immer ehrlich. Es war meine Schuld. Es ist meistens meine Schuld, wenn ich Scherereien mit anderen habe.

Therapeutin: Wenn du zugeben kannst, daß du hier unten ehrlich bist, dann klingt das so, als brächtest du dich meistens selbst in Schwierigkeiten.

Thomas: Sie meckern nicht soviel an mir herum. Ich hab' schon gar nicht mehr so viel Schwierigkeiten.

(*Die Mädchen reden vom Puppentheater.*)

Martha: Was ist das hier eigentlich für ein Ding?

Thomas: Das ist *mein* Puppentheater.

Ralf: Na, so was!

Thomas: Ja, es gehört der Schule und mir.

Philipp: Es gehört weder der Schule noch dir.

Thomas: Na, dann gehört's eben Fräulein A. und mir.

Ralf: Da kommen wir der Sache schon näher.

Philipp: Es ist Fräulein A.s und nicht deines.

Thomas: Ein bißchen ist es auch meines, weil ich ja damit spiele. Ich mache Aufführungen. Dann *bin* ich die Puppen und die Puppen sind ich.

Philipp: Oh!

(*Lange Pause.*)

Thomas: Gestern gab's keine Aufführung und heute auch nicht.

Philipp: Warum nicht?

Thomas: Es kam einfach nichts aus mir raus. Weißt du, ich spiele immer das, was mir gerade einfällt. Ich kau mir das nicht alles vor, und es gibt auch keine Vorbereitungen. Das ist das Schöne daran: Man nimmt sich einfach eine Puppe, und los geht's.

Ralf: Ja, wie denn?

Thomas: Du selbst schwebst einfach davon und verwandelst dich in die Puppen.

Philipp: Mach uns das doch mal vor.

(*Thomas nimmt sich ein paar Puppen.*)

Thomas: Seht her, meine Herrschaften. Ich bin jetzt ein schwerer Junge, verstanden? Ich bin Stefan, der freche Bengel.

Dieter: Hallo, was hast du vor?

Stefan: Ach du! (*Er jagt Dieter weg.*)

Dieter (nur sein abnehmbarer Kopf erscheint): Wo ist mein Bauch? Wo ist mein Bauch?

Stefan: Ich blas' dir gleich dein Lebenslicht aus. (*Die Kinder kämpfen miteinander.*) Seht her, Leute. So 'n Kerl bin ich. Und die kleinen Kinder haben das gern. Je mehr Keilerei und Krach, desto begeisterter sind sie.

(*Die Mädchenpuppe erscheint, ihre Stimme ist zuckersüß.*)

Mädchen: Ich will zu ...

Stefan: Du willst zu deiner Mami. Aber weißt du, was du kriegst? Hier, das da!

(*Es folgt ein grimmiger Kampf, aus dem Stefan siegreich hervorgeht.*)

Thomas: So, meine Zeit ist um. Ich muß jetzt weg, sonst erwisch' ich die Karre nicht mehr. Und diesmal will ich richtig arbeiten.

Therapeutin: Diesmal willst du wirklich ordentlich arbeiten und dich dabei an die Regeln halten.

Thomas: Auf Wiedersehen morgen! Und vor allem nächsten Donnerstag!

(*Thomas geht weg. Die anderen Kinder gehen zum Werktisch hinüber und arbeiten dort mit dem Ton wie die Mädchen. Sie versuchen Puppenköpfe zu machen.*)

Martha: Thomas ist längst nicht mehr so schlecht in der Schule.

Hanna: Ein komischer Bengel.

Thea: Ja, das ist er wirklich. Die ganze Zeit über hat er hier leise vor sich hingesummt.

Philipp: Damit hat er die Lehrerin schon ganz verrückt gemacht. Als sie fragte, was denn los sei mit ihm, sagte er, er freue sich, weil heute Donnerstag ist, und ob's vielleicht ein Gesetz gäbe, das verbietet, glücklich zu sein. (*Alle Kinder lachen*). So ist Thomas. Der sagt immer, was er denkt.

Hanna: Und dann gibt's Krach.

Thea: Ja. Und das weiß er ganz genau.

Hanna: Thomas ist 'n prima Kerl.

Bei diesem Treffen zeigte sich die Dynamik von Gruppenbeziehungen. Bei Martha wurden Unsicherheitsgefühle erkennbar. Die Therapeutin versuchte, ihr diese Gefühle bewußt zu machen, damit das Mädchen sein Verhalten verstehen lernte. Ein Verhalten wie das von Martha wird nicht als unangebracht bewertet. Marthas und Thomas' Verhalten sind so verschieden, wie sie nur sein können, und doch wurde beiden Kindern in derselben Stunde geholfen. In solchen Spielgruppen befinden sich oft schüchterne und unsichere Kinder, die längst nicht immer zu einer Behandlung angemeldet werden, weil sie nämlich den Erwachsenen keine Schwierigkeiten machen. Mit dieser Feststellung soll darauf hingewiesen werden, daß Konformität mit sozialen Verhaltensnormen nicht notwendigerweise ein Zeichen für angepaßtes Sozialverhalten darstellt. In der Gruppentherapie kommt bei solchen Kindern vieles an die Oberfläche und für das schüchterne und beifallshungrige Kind ergibt sich durch eine Vergleichsmöglichkeit mit anderen eine Gelegenheit zu richtiger Selbsteinschätzung, wodurch seine Entwicklung gefördert wird.

Die Identifizierung von Thomas mit den Puppen ist interessant, und seine Erklärung, wie er sich eine Puppe aussucht und „unvorbereitet was von sich gibt", ist aufschlußreich. In dem von ihm vorgeführten Puppenspiel stand sofort wieder die Aggression gegen die kleine Schwester im Mittelpunkt. Sein Erstaunen über die Freude der kleinen Kinder am Kampf dürfte seine Schuldgefühle weiter verringert haben; zugleich wuchs sein Mut, tiefere Gefühle zu zeigen. Thomas spürte das Angenommensein und die gewährende Haltung des Therapeuten.

Es ist bezeichnend, daß Thomas einen Unterschied machte zwischen der therapeutischen Situation und der Situation in der Schulklasse. „Hier", sagte er, „bin ich ehrlich." Und als er sein Verhalten einer objektiven Prüfung unterzog, setzte er hinzu: „Ich bin tatsächlich selbst die Ursache für die Schwierigkeiten, die ich überall habe."

Was kann eine solche Behandlung anderes bezwecken als eine Überprüfung und immer wieder Neu-Überprüfung des Selbst, um sich an neuen Werten zu orientieren; außerdem sollte durch ehrliche Forschung und durch den Gewinn von Einsicht mehr Selbstverwirklichung erreicht und Mut und Kraft gewonnen werden, um mehr und mehr man selbst zu sein.

DIE 2. GRUPPENSTUNDE

In der 2. Gruppenstunde, der drei Puppenspiele mit den Sechsjährigen vorausgegangen waren, arbeiten die Kinder am Herstellen von Puppenköpfen aus pulverisiertem Asbest, Kleister und Wasser. Hier ein Auszug aus der Stunde.

Ralf (zu Hans): Du bist gemein.
Thomas: Nett von dir, daß du mir sagst, wie ich bin.
Ralf: Du änderst dich aber nicht.
Thomas: Immerhin, wenn ich mich mal ändern wollte, könnte ich's tun.
Ralf: Wenn du anders wärst, bekämst du nicht überall Streit.
Thomas: Das stimmt, aber wenn sie (die Lehrerin) mal nicht auf mir

herumhackt, tätest du es vermutlich. Ist dir überhaupt schon mal klar geworden, was ich euch hier für einen Riesengefallen tue? Immer krieg ich's ab. Weht der Wind die Papiere von der alten Ziege durcheinander, bekomme *ich* den Tadel. Sag selbst, sehe ich aus wie der Wind?

Ralf: Das hat sie nicht behauptet.

Thomas: Erst hat sie mich angesehen, dann den Wind.

Philipp: Den Wind hat sie angesehen.

Martha: Aber vielleicht hast du doch etwas damit zu tun.

Thomas: Wie üblich, hab' ich's wieder abgekriegt. Ich habe aber 'n paar andere gesehen, die ebenso gut auf der Treppe mit mir hätten sitzen können. (*Zur Therapeutin:*) Wissen Sie was? Ich mußte den ganzen Nachmittag auf der Treppe sitzen. Sagen Sie selbst: Werde ich dadurch vielleicht erzogen? Ich habe doch die ganze Arbeit verpaßt.

Therapeutin: Du meinst, du wärst nicht der einzige, der einen Tadel verdient hätte und du wolltest die Arbeit nicht versäumen.

Ralf: Sie hatte dich vergessen.

Thomas: So, vergessen hat sie mich. Na, von mir aus. Ich habe aus dem Fenster geguckt und nachgedacht.

Ralf: Thomas hat gesagt, er nähme ein Sonnenbad.

Thomas: Na klar nahm ich ein Sonnenbad. Was soll man denn den ganzen Tag auf der Treppe anfangen? Man hat mich um meine Erziehung betrogen!

Martha: Ich verstehe das nicht. Wenn du nicht dauernd bestraft werden willst, warum stellst du dann immerzu was an?

Thomas: Sie braucht einen Sündenbock, und das bin ich nun mal. Thomas, der Getadelte! (*Thomas lacht und scheint die Aufmerksamkeit zu genießen, die er durch seine herausfordernde Art erweckt.*)

Ralf: Thomas sagt immer, wenn einer aus der Klasse gehen muß: Der nimmt sein Sonnenbad.

Martha: Ja, dem schien das ganz egal zu sein.

Thomas: Das einzige, was mir nicht egal war, ist, daß man mich um meine Erziehung beschwindelt hat.

Therapeutin: Dir liegt wirklich daran, mit deiner Erziehung nicht zu kurz zu kommen.

Thomas: Natürlich. (*Schweigen. Die Kinder arbeiten mit dem Asbestmaterial.*) Wissen Sie was, das Zeug hier fühlt sich an wie totes Fleisch.

Ralf: Woher soll ich das wissen? Ich habe noch nie totes Fleisch angefaßt.

Thomas: Das fühlt sich genauso an wie das hier.

Ralf: Woher weißt du das denn?

Thomas: Ich habe doch schließlich Phantasie.

(*Schweigen. Alle arbeiten an den Köpfen.*)

Thomas: Ich mach' jetzt Hitler. Dann gibt's einen Kampf, und ich kann Hitler besiegen.

Martha: Ach nein! Mach' nicht Hitler! Mach' lustige Köpfe, und dann laß sie miteinander kämpfen.

Thomas: Ich habe gesagt, ich mache Hitler.

Martha: Aber die anderen Kinder ... Ich weiß nicht ... Ich finde es nicht richtig, Hitler zu machen und dann ...

Thomas: Es wäre falsch, Hitler zuerst zu machen.

Martha: Aber ich finde doch ...

Thomas: Ich weiß schon, du findest doch ... Ich werde Hitler machen und ihn dann vernichten.

Martha: Na, meinetwegen, mach ihn. Aber ich mach' ihn nicht.

(*Schweigen*)

Thomas: Sieh mal, seine Mundecken gehen ganz nach unten. Der Kerl lächelt nie.

Ralf: Natürlich nicht, er ist ein gräßlicher Kerl.

Martha: Laß mich ihm die Augen ausstechen. (*Sie drückt ihren Bleistift in Hitlers Augen.*)

Thomas: He, laß das gefälligst, du machst ihn mir kaputt.

Martha: Das will ich auch.

Thomas: Paß auf, der gehört mir, verstanden?

Thea (spöttisch): Verstehst du?

(*Thomas geht hinter die Puppenspielbühne. Seine Stimme ist total verändert, rauh und hart.*)

Stefan: So, jetzt aufgepaßt! Wenn ich nicht meinen Willen kriege, bring' ich euch um. Ich bin ein Dickkopf, kapiert? (*Die anderen lachen begeistert.*) Ich will jemandem einen Streich spielen und was anstellen.

Eine andere Jungenpuppe: Ist das wirklich so? Du aufgeblasener Kerl, du! Wie kommst du darauf, daß du einfach mir nichts dir nichts einem anderen einen Streich spielen kannst?

Stefan: Du hast mich falsch verstanden. Entschuldige bitte und sieh mich bloß nicht so an.

2. Puppe: Was ist hier los? (*Dreht sich nach der ersten Puppe um, die wieder auftaucht und die zweite Puppe schlägt. — Großes Kampfgetöse.*)

1. Puppe: Nun, wir werden ja sehen. Es zahlt sich nicht aus, mich zum Narren zu machen.

(*Thomas wirft die Puppen in die Luft. Kommt hinter der Bühne hervor.*)

Thomas: Ich will mir jetzt was aus Ton machen.

Martha: Ich auch.

(Sie machen alle Trinkkrüge aus Ton. Dann gibt es ein Scheingefecht, bei dem Thomas Ralf auf den Kopf haut. Es hat ihm offensichtlich nicht weh getan, aber er schreit ihn an.)

Ralf: So ist das immer mit dir. Du bist gemein.

Thomas: Stimmt, ich bin gemein. Dabei haben wir doch bloß gespielt, und das hast du auch gewußt.

Ralf: Das ist es ja gerade, du kannst nie fair spielen. Du bist so gemein, daß du immer jemandem wehtun mußt.

Thomas: Ich hab' dir ja überhaupt nicht weh getan. Du bist nicht mal ohnmächtig geworden!

Ralf: Du bist gemein, darum kriegt jeder Krach mit dir. Du bist der gemeinste Kerl, den ich kenne.

Thomas: Nun, es freut mich, zu erfahren, warum alle Krach mit mir kriegen. Ich hätte immer geglaubt, daß Leute wie du schuld sind, wenn ich mich mit allen in die Haare kriege. Spielt man ganz ruhig vor sich hin, dann passiert irgendeine Kleinigkeit, und schon geht das Gekreische los. Wieso spielst du überhaupt, wenn du Angst vor deinem eigenen Schatten hast?

Ralf: (Schlägt Thomas mit seinem Tonkrug auf den Kopf.)

Thomas (äfft ihn nach): O, du gemeines Ding! Siehst du, darum gibts immer Krach mit dir. Du hast mich schwer verletzt. (*Das Mädchen lacht ihn an, Thomas lacht auch. Dann holt er seinen Hitlerkopf hervor.*) Kommt alle mal her! Wer will in den Hitlerkopf pieksen?

(Alle stechen in den Kopf, der im Handumdrehen zu einer unförmigen Masse wird. Als die Therapeutin ankündigt, die Stunde sei zu Ende, räumen sie das Material weg. Als Thomas geht, sagt er: „Also, bis auf bald! Dann sehen wir uns wieder. Mit dem Eiscreme-Bezirk klappt's jetzt auch. Ich benehme mich ganz anständig."

In dieser Stunde sprach die Therapeutin wenig. Durch das, was zwischen den Kindern vorging, setzte Thomas sich mit seinen Gefühlen auseinander.

AUSZÜGE AUS SPÄTEREN KONTAKTEN

In der nächsten Einzelstunde erklärte Thomas der Therapeutin: „Wissen Sie, ich hab' was Komisches entdeckt: Die Menschen verstehen mich nicht."

Therapeutin: Du fühlst dich von den anderen Menschen nicht verstanden.

Thomas: Ja, z. B. am letzten Donnerstag. Ralf sagte, ich sei direkt gemein. Ich war aber absolut nicht gemein. Ich hab' doch nur gespielt.

Therapeutin: Er hatte nicht verstanden, daß du nur gespielt hast. Er dachte, du habest ihm absichtlich wehgetan.

Thomas: Ja, und genau so ist das nämlich meistens. Ich tue irgendwas, und die anderen glauben, ich will ihnen wehtun.

Therapeutin: Du tust etwas, was den anderen wehtut oder sie ärgert, und die verstehen dann nicht, daß du ihnen gar nichts tun wolltest.

Thomas: Ja. (*Lange Pause. Thomas stützt sein Kinn auf die Hände.*) Ich glaube, ich muß irgendetwas anders machen.

Therapeutin: Das glaube ich auch.

Thomas: Ja, ich muß mal scharf darüber nachdenken. (*Thomas angelt sich eine Puppe herüber.*) Was soll ich tun, Stefan?

Stefan: Kümmere dich überhaupt nicht darum. Kleb' ihnen eine! Kleb' ihnen eine!

Thomas: Stefan, denk' mal wirklich scharf nach und dann sag' mir, was das Richtige ist.

Stefan: Schlag ihnen die Zähne ein.

Thomas: Der kann mir auch nicht weiterhelfen. Der ist genau so schlecht wie ich.

Therapeutin: Er ist nur eine Seite von dir. Du glaubst, du solltest was ändern. Aber er will auch in Zukunft immer nur weiterkämpfen.

Thomas: Na, jetzt muß ich gehen. (*Steht auf.*) Auf Wiedersehen!

Die letzte Bemerkung der Therapeutin war offenbar zu kritisch. Sie versuchte, den Wandel in Thomas voranzutreiben. Die Folge war, daß Thomas eine halbe Stunde vor Schluß der Stunde wegging. Trotzdem gibt das Gespräch Hinweise dafür, daß Thomas sich mit den Reaktionen in der Gruppe auseinanderzusetzen versuchte. Er bemühte sich, mit seinen Problemen fertig zu werden. Das Puppenspiel von Thomas verlief schließlich im Sande. Die Mädchenpuppe, die Mutter, der Vater und Stefan rauften weiter miteinander. Und dann kam einmal der Tag, an dem die Puppen sich „an Regeln hielten". Das ist aus dem folgenden Auszug ersichtlich:

Stefan: Jetzt soll es mal einen anständigen Kampf geben.

Clown: Ja, diesmal soll anständig gekämpft werden. (*Man hört Kampfgeräusche.*)

Stefan: Das ist ein Boxkampf, der richtet sich nach Regeln. (*Clown rennt weg.*) Bleib' stehen. (*Kampf*). Und jetzt hör' zu. Hör' zu, ich mag nicht mehr.

Clown: Und jetzt hör' du mal zu. Ich werde dich zerquetschen.

Stefan: Du, meine Nase, meine schöne lange Nase! Die kann ich jetzt nicht mehr überall reinstecken. Hatte ich dir nicht gesagt, daß dies ein ehrlicher Kampf sein sollte, ein Boxkampf ganz nach Regeln?

Und hier noch ein Auszug aus einem späteren Gruppentreffen:

Stefan: Mir ist nach Kämpfen.

Mädchenpuppe: Ich werde dich anzeigen.

Stefan: Dir tu' ich nichts, kleine Schwester. Du bist ja noch ein Baby, dafür kannst du nichts. Mir ist nach einem Kampf, einem regelrechten fairen Preiskampf.

Clown: Mit mir?

Stefan: Wenn du willst.

Clown: Ich kämpfe mit Begeisterung.

Stefan: Gut, dann laß uns kämpfen, einen guten, fairen Kampf nach den üblichen Regeln.

Clown: O. K. Nach den Regeln. (*Die Puppen kämpfen.*)

Thomas (steht mit der Puppe auf): So, das ist alles, meine Herrschaften. Der Kampf ist schon zu Ende. Jetzt müssen sich die Puppen noch die Hände schütteln. (*Er läßt die Puppen ihre Hände schütteln.*) So ist's richtig, ganz nach den Regeln.

Zusammenfassung

Thomas brauchte zu Beginn der Behandlung die Anonymität der Puppen, um seine Gefühle auszudrücken. Als er ganz sicher war, daß er nicht getadelt werden würde für das, was die Puppen sagten, konnte er es riskieren, sich gründlich mit dem komplexen Problem seiner familiären Beziehungen auseinanderzusetzen, ohne an eigener Würde und an Selbstachtung zu verlieren. In dieser Situation unterbrach die Therapeutin Thomas nicht, damit alle von ihm zum Ausdruck gebrachten Gefühle auf ihn selbst reflektiert werden konnten. Er hatte dazu ein Mittel gewählt, das Schutz versprach: Er veranstaltete Aufführungen, bei denen er persönlich außer Sicht blieb. Seine Gefühle konnten sich auf eine legitime Weise abreagieren. Hätte die Therapeutin eingegriffen, so wäre das ein Einbruch in seine Isolierung gewesen. Die Überzeugung von Thomas' Fähigkeit, seinen Wandlungsprozeß selbst in die Hand zu nehmen, bewahrte die Therapeutin vor störendem Eingreifen. Es entsprach der Art der Auseinandersetzung mit seinen Problemen, diese auszuspielen.

In dem Maße, wie die Behandlung fortschritt, wurden die Puppenspiele kürzer und seltener, bis sie ganz aufhörten. Sie verloren unversehens für ihr 6jähriges Publikum jeden Reiz, als sie sich „an Regeln hielten."

Die letzte Gruppenstunde verbrachten die Kinder mit einem Puppenspiel, das nur noch reine Unterhaltung war. Die Puppen sangen Lieder, spielten Versteck miteinander, und hinter der Bühne spielte Thomas auf der Trommel und anderen Orchesterinstrumenten. Thomas hatte sein Anpassungsproblem gelöst. Sechs Monate später fand eine Nachuntersuchung statt, die ergab, daß aus Thomas ein gut angepaßter Klassenführer geworden war. Die Behandlung von Thomas hatte in einer Kombination von Einzel- und Gruppenkontakten bestanden. Die Therapeutin wußte, daß beides sich ergänzte, daß die Therapie aber aus verschiedenen Gründen speziell durch die Gruppenerfahrungen zum Erfolg führte. Thomas war vorher noch nie von einer Gruppe angenommen worden. Bei Abschluß der Behandlung fand er Anerkennung in der Gruppe; er verstand sich selber besser; er wurde zum Führer. Obwohl er immer noch gelegentliche Schwierigkeiten hatte, schien er doch genug an Einsicht gewonnen zu haben, um seinen Platz in der Gruppe zu behaupten. Sein Bedürfnis, sich defensiv und antisozial zu verhalten, hatte er überwunden.

II. TEIL

Die nicht-direktive Spieltherapie
Situation und Teilnehmer

3. Kapitel

Das Spielzimmer und das angebotene Spielmaterial

In den bisherigen Ausführungen wurde ganz allgemein über Spieltherapie und außerdem über Thomas therapeutische Kontakte gesprochen. Nur gelegentlich wurde das Spielzimmer und die Bedeutung des Spielmaterials für den therapeutischen Prozeß erwähnt. In diesem Kapitel sollen Vorschläge für eine wünschenswerte Ausstattung des Spielraums gemacht und Näheres über das Spielmaterial, das sich für die nicht-direktive Spieltherapie als geeignet erwiesen hat, gesagt werden.

Wenn es natürlich auch am besten wäre, man hätte einen zweckmäßig möblierten extra Raum als Spielzimmer zur Verfügung, so ist das doch nicht unbedingt notwendig. Einige der in diesem Buch beschriebenen Therapiestunden fanden in einem speziell für die Spieltherapie ausgestatteten Raum statt; einige in der Ecke eines gewöhnlichen Klassenraumes; einige in einem unbenutzten Kindergartenzimmer. Die Therapeuten brachten dann das Spielmaterial in einem kleinen Köfferchen mit. Auf diese Umstände wird deshalb besonders aufmerksam gemacht, weil sie auf die weitreichenden Möglichkeiten zur Anwendung der Spieltherapie-Technik hinweisen, die selbst bei geringen Mitteln und begrenzten räumlichen Voraussetzungen noch gegeben sind.

Für den Fall, daß Geld und Raum vorhanden sind, um ein spezielles Zimmer für Spieltherapie zu möblieren, werden folgende Vorschläge gemacht: Der Raum sollte, wenn irgend möglich, schalldicht sein. Er sollte einen Ausguß und fließendes heißes und kaltes Wasser haben. Die Fenster sollten durch Gitter oder Fliegenfenster geschützt sein. Wände und Fußböden sollten aus einem Material bestehen, das einfach zu reinigen ist und durch Ton, Farbe, Wasser oder durch Hammerschläge nicht leicht beschädigt werden kann. Wenn der Raum mit einem Anschluß für Bandaufnahmen und einer Ein-Sicht-Scheibe eingerichtet ist, so daß Beobachtungen festgehalten werden können, ohne daß das Kind den Zuschauer wahrnimmt, um so besser. Aber eine solche Ausrüstung sollte nur zur Unterstützung von Forschungsarbeiten und als Lehrmittel für Therapie-Studenten benutzt werden. Ich bin nicht dafür, daß Eltern bei Therapiestunden anwesend sind oder Bandaufnahmen aus den Spielstunden abhören.

Zu dem Spielmaterial, das sich mit unterschiedlichem Erfolg anwenden läßt, gehören: Babyflaschen, eine Puppenfamilie; ein möbliertes Puppenhaus; Spielsoldaten und derlei Ausrüstungsgegenstände; Spieltiere; Spielhaus-Material mit Tisch, Stühlen, Feldbett, Puppenbett, Ofen, Zinnteller, Pfannen, Puppenkleider, Wäscheleine, Wäscheklammern und Waschkorb; eine Puppe, die weinen und naßmachen kann; Handpuppen mit Puppenbühne; Bleistifte; Ton; Farben zum Fingermalen; Sand; Wasser; Spielkanonen; eine Garnitur Holznägel; ein Holzhammer; Papierpuppen; kleine Wagen; Flugzeuge; ein Tisch; eine Staffelei; ein Tisch mit emaillierter Platte zum Fingermalen und für Tonarbeiten; Spieltelefon; Borte; eine Schüssel mit Wasser; ein Besen; ein Mop; Lumpen; Zeichenpapier; Papier zum Fingermalen; altes Zeitungspapier; billiges Ausschneidepapier; Bilder von Menschen, Häusern, Tieren und anderen Gegenständen; ein leerer Spankorb zum Entzweimachen. Gelegentlich werden auch Würfelspiele benutzt, aber sie sind kein ideales Material für Ausdrucksspiele. Aus dem gleichen Grunde ist mechanisches Spielzeug nicht unbedingt zu empfehlen, weil mechanische Werkzeuge leicht ein schöpferisches Spielen verhindern.

Ist es nicht möglich, das ganze vorgeschlagene Material zu beschaffen, so kann ein Anfang gemacht werden, indem man eine Puppenfamilie nach den jeweils gegebenen Möglichkeiten ausstattet, z. B. mit Möbeln, Betten, Tischen und Stühlen; einer Babyflasche; Ton; Farbkästen, wenn große Gläser mit Wasserfarbe nicht zu beschaffen sind; Zeichenpapier; Buntstifte; Spielkanone; eine Spielkarre; Marionetten, Babypuppe aus Flicken; und ein Telefon. Dies Material kann, in einem Köfferchen verpackt, leicht vom Therapeuten überallhin transportiert werden.

Alle Spielsachen sollten sehr einfach konstruiert und leicht zu handhaben sein, damit das Kind sich nicht durch Dinge frustriert fühlt, mit denen es nicht richtig umgehen kann. Alles muß aus solidem Material so konstruiert sein, daß es auch einer rauhen Behandlung standhält. Das Puppenhaus sollte aus leichtem Holz hergestellt, aus beweglichen und veränderbaren Teilen und mit Möbeln aus derbem Holz möbliert sein; es muß hin- und hergeworfen und bombardiert werden können und sogar vertragen, daß man darauf herumtrampelt und es trotzdem relativ heil bleibt. Die Puppenfamilie sollte so unzerbrechlich wie nur möglich sein und Kleider zum Wechseln haben.

Aus Pfeifenreinigern kann man gut Puppenfamilien machen, indem man sie mit Stoff umwickelt, den man mit Klebestreifen aus Papier befestigt; das ergibt den Körper. Die Köpfe lassen sich aus mit Watte ausgestopften Stoffhüllen herstellen. Es sollten ein Vater, eine Mutter, eine Schwester, ein Baby und ein Großelternpaar dabei sein, um das Kind mit sämtlichen Familiensymbolen zu umgeben. Die Handpuppen können auch aus Stoff gemacht sein, indem man mit Watte ausgestopfte Stoffköpfe macht und die Haare aus Garn. Auch sie sollten alle nur denkbare Familienmitglieder und Charaktere darstellen.

Eine große Sandkiste ist geradezu ideal, um darin mit dem Puppenhaus, den Soldaten, Tieren, Autos und Flugzeugen zu spielen, abgesehen davon, daß Sand ein wunderbares Mittel für aggressive Kinderspiele ist. Mit ihm kann verhältnismäßig gefahrlos herumgeworfen, Puppen und andere Spielsachen können in ihm beerdigt werden. Er ist zu verwenden als Schnee, Wasser, Bomben oder, um etwas darin zu vergraben. Er kann den ausgefallensten Phantasien dienen. Wenn die Sandkiste auf flachem Boden steht und rund herum Sitzbretter hat, ist sie für Kinder aller Altersstufen besser zugänglich als ein Sandtisch.

Ist der Raum groß genug, sollte er an einem Ende eine etwas erhöhte Bühne haben. Diese sollte mit Puppenhausmöbeln, die der Größe von Kindern angepaßt sind, ausgerüstet und stabil sein. Das hat für die Kinder den Vorteil, daß ihnen sowohl eine Spielhausgarnitur wie auch eine Bühne für dramatische Darbietungen zur Verfügung stehen. Eine kleine Erhöhung der Bühne ist nicht unbedingt notwendig, hat aber den Vorzug, daß das Puppenhaus auf diese Weise einen besonderen Platz, getrennt von allen übrigen Dingen, bekommt. So regt sie zu dramatischen Aufführungen an. Die Möglichkeiten psychodramatischer Darstellungen wären es wert, noch genauer als bisher als Mittel der Therapie untersucht zu werden.

Alles Material sollte auf Borten verwahrt werden, an welche die Kinder leicht herankommen. Ich bin der Meinung, daß bessere Resultate erzielt werden, wenn alles Spielmaterial frei steht, so daß das Kind es übersehen und die Mittel, mit denen es sich ausdrücken will, frei wählen kann, als wenn der Therapeut ausgesuchtes Material vor das Kind auf den Tisch stellt, um dann still daneben zu sitzen, und auf das nicht-direktive Spiel zu warten. Einige Therapeuten bevorzugen allerdings ein Minimum an Material, das sie für das Kind ausgesucht haben; sie kamen dabei zu interessanten Resultaten.

Es gehört zur Verantwortung des Therapeuten, das gesamte Material ständig zu kontrollieren, beschädigtes zu entfernen und das Spielzimmer in Ordnung zu halten. Wird derselbe Raum von mehreren Therapeuten benutzt, dann hat jeder dafür Sorge zu tragen, daß das Spielzimmer aufgeräumt verlassen wird, damit die von einem Kind hinterlassenen Spielsachen keinen suggestiven Effekt auf das nächste haben. Hat z. B. ein Kind mit seiner ganzen Familie in der Sandkiste gespielt, sollte der Sandkasten niemals in chaotischem Zustand für das nächste hinterlassen werden. Farben und Ton sollten immer sauber sein. Sind die Farben verschmutzt, sollte man sie neu mischen. Die Babyflasche muß saubergehalten werden. Man sollte angefertigte Bilder und Tonarbeiten aus dem Raum entfernen, um möglichst suggestive Wirkungen zu vermeiden.

Zum Schutz der Kleidung vor Flecken, die beim Benützen gewisser Materialien leicht entstehen können, sollten die Kinder Überkleider oder Überziehhosen anhaben; sie können von den Eltern oder auch vom Therapeuten beschafft werden. Das Kind sollte das Material nach seinen Wünschen frei benutzen können, ohne Angst, sich dabei schmutzig zu machen; allerdings hat es einige wenige vom Therapeuten zu setzende Grenzen dabei zu beachten.

4. Kapitel

Das Kind

In den Spielraum mit seinem ganzen Reichtum an Spielzeug und Spielmaterial kommt nun ein Kind, das im Mittelpunkt der gesamten Spieltherapie-Situation steht. Was sind das für Kinder, und wie ist es dazu gekommen, daß sie in diese Situation geraten sind? Thomas, Emma und Robert sind typische Beispiele; sie befinden sich im Spieltherapie-Zimmer, weil einige Erwachsene, die mit ihnen zu tun haben, sie für „Problem-Kinder“ halten.

Thomas und Emma, Timm und Robert und wie sie sonst alle heißen mögen, sind tatsächlich vorhandene Kinder, die fast ständig bis über beide Ohren in Schwierigkeiten stecken, – elende, unglückliche Kinder, denen nicht jenes Minimum an Liebe, Sicherheit und Glück zuteil wurde, auf das jedes Kind einen Anspruch hat. Sie kämpfen, um mit einer feindlichen Welt fertigzuwerden. Sie kämpfen um ihre Selbstachtung. Sie haben Mut, Ausdauer und Seelenstärke und doch sind sie „Problemkinder“.

Thomas kämpft von früh bis spät. Emma verteufelt die, die ihre Freunde sein möchten. Timm und Robert leiden an inneren Spannungen. Wo sie auch sind, – sie haben Scherereien. Durch ihre Verteidigungshaltung verfeinden sie sich mit allen. Sie haben Probleme, aber keine Ahnung davon, wie sie zu lösen sind. Sie befreien sich von inneren Spannungen durch aggressives Verhalten, aber gerade dieses Verhalten erzeugt ständig neue Schwierigkeiten. Die Ursache für ihre Unangepaßtheit scheint in einem fehlgeleiteten Trieb nach Selbstverwirklichung zu liegen. Er bedarf einer Umleitung in konstruktivere Bahnen. Dies sind einige Beispiele von Kindern, wie sie von Eltern, Hausmüttern, Lehrern, Ärzten oder von irgendwelchen Institutionen den entsprechenden Stellen zur Spieltherapie überwiesen werden. Das aggressive, störende und laute Kind wird am schnellsten als ein Kind mit Problemen erkannt, weil es fortwährend neue Schwierigkeiten produziert und zwar nicht nur für es selbst, sondern für alle, die näher mit ihm zu tun haben.

Es gibt eine große Anzahl von Kindern, die genauso dringend der Hilfe bedürfen, die sich aber von der für sie wenig attraktiven Welt zurückziehen, und die ein kümmerliches Leben am äußersten Rand zwischenmenschlicher Beziehungen führen; und weil sie ruhig und keine Störenfriede sind, sind sie einsam. Aber diese Kinder brauchen eine Therapie besonders nötig und haben oft großen Gewinn davon.

Es gibt Kinder, die den Eindruck erwecken, als weigerten sie sich, groß zu werden und die konsequent an einem babyhaften Verhalten festhalten. Außerdem gibt es nervöse Kinder, die ihre Nägel abbeißen, von Alpträumen geplagt werden, einnässen, Tics haben, die Nahrungsaufnahme verweigern und andere Verhaltensweisen zeigen, die auf innere Konflikte und Ängste hinweisen. Die Spieltherapie gibt diesen Kindern Gelegenheit, sich mit ihren Problemen auseinanderzusetzen, sich selbst kennenzulernen, sich anzunehmen, wie sie sind und durch den therapeutischen Prozeß zu reifen.

Auch körperbehinderte Kinder ziehen Gewinn aus einer therapeutischen Erfahrung, nämlich dann, wenn die Körperbehinderung eine Quelle von Konflikten, Ängsten und emotionellen Störungen ist. In diesem Buch wird von einem blinden Kinde die Rede sein, dem durch eine Therapie geholfen wurde. Auch der Fall Ernst gehört hierher, ein körperbehindertes Kind, dessen körperliche Heilung zunächst durch eine emotionelle Störung, die er später verarbeiten lernte, blokkiert war. Es gibt Berichte von spastisch gelähmten Kindern, denen durch eine Spieltherapie geholfen wurde. In allen diesen körperbehinderten Kindern sind dieselben Gefühle und Wünsche lebendig wie in normalen. Oft ist die Körperbehinderung ein derartig frustrierendes und Reifung blockierendes Erlebnis, daß sie unerträgliche Spannungen im Kind erzeugt. Es kommt nicht selten vor, daß ein körperbehindertes Kind ein Zuhause hat, in dem es auf keinerlei Verständnis stößt und dadurch zu keinem Gefühl von „Richtig-sein" und von Selbstwert gelangt. Probleme werden nicht dadurch gelöst, daß man die Augen vor ihnen verschließt. Alles, was für diese Kinder getan werden kann, sollte geschehen. Es gibt Ärzte, die zu kooperativer Zusammenarbeit mit Spieltherapeuten bereit sind; sie wollen dem Kind jede nur mögliche Hilfe zuteil werden lassen, um ein Maximum an Anpassung zu erreichen.

Die Spieltherapie vermittelt Psychologen und Lehrern eine Technik, um jene schlecht angepaßten Kinder zu verstehen, die häufig als „Problemkinder" bezeichnet werden; diese Kinder zeigen Verhaltensprobleme, Lern- und Sprach-Schwierigkeiten und sogar somatische Behinderungen, wenn sie von Ärzten überwiesen werden.

Viele Arten von Verhaltensweisen führen zu Anpassungsschwierigkeiten. Sie reichen vom schüchternen und gehemmten bis zum äußerst aggressiven und enthemmten Kind.

Lernprobleme sind oft gekoppelt mit emotionellen Konflikten und Spannungen. Eine spieltherapeutische Behandlung hat sich bei Lernproblemen als hilfreich erwiesen; man hat das Kind befähigt, seinen Gefühlen und Einstellungen auf den Grund zu gehen, seinen angestauten Gefühlen freien Lauf zu lassen und ihm durch einen therapeutischen Prozeß zu der für schulische Leistungen ausreichenden notwendigen seelischen Reifung zu verhelfen.

Auch Sprachschwierigkeiten, wie Stammeln, Stottern, Babysprache, ständige Wiederholungen und Sprachverstümmelungen können durch eine Spieltherapie in Ordnung gebracht werden. Spieltherapie hat sogar „Schweiger“ zu verbalen Äußerungen gebracht. Auch Sprachschwierigkeiten stehen oft in engem Zusammenhang mit dem Gefühlsleben des Kindes. Verwirrungen und Verwicklungen im Gefühlsleben eines Kindes können sich in Sprachschwierigkeiten äußern.

Leseschwierigkeiten besserten sich nicht selten, wenn ärztliche Verordnungen durch eine Spieltherapie ergänzt, wenn nicht gar, wie in manchen Fällen, ersetzt wurden. Sehr oft ist ein Kind mit Leseschwierigkeiten ganz offensichtlich ein gestörtes Kind. In anderen Fällen kann ein Kind wiederum nur eine so geringe emotionelle Störung haben, daß man sie nicht ernsthaft mit der Lesebehinderung in Verbindung bringt – und doch stellen sich bei der Spieltherapie zuweilen innere Spannungen, Furcht und Ängste heraus, mit denen sich die Kinder auseinandersetzen und auf diese Weise seelisch stabilisiert werden können.

In allen diesen Bereichen fehlt es noch an Forschungsarbeit. Das Beweismaterial der Fälle, die positiv auf eine spieltherapeutische Behandlung angesprochen haben, zeigt uns den Weg zu intensiverer und wissenschaftlicherer Forschungsarbeit. Für an Forschung interessierte Menschen ist das gegenwärtige Schrifttum auf diesem Gebiet noch fast unerschlossen. Die Auswirkungen weiterer Forschungen wären groß und würden den Einsatz lohnen.

Es gibt keine Rechtfertigung dafür, mit einer möglichen Hilfe für ein Kind so lange zu warten, bis es wirklich unangepaßt ist. Spieltherapie dient auch der Vorbeugung von seelischen Erkrankungen. Nicht zu schwer gestörte Kinder reagieren schnell auf sie. Die Kinder erleben dabei eine unbändige Freude; für sie geht es um eine spielerische Erfahrung. Hat das Kind erst einmal Kontakt gefunden, so beseitigt die „selbst-direktive“ Art der Therapie jede Spur von Angst vor der therapeutischen Situation.

Die Kinder wissen nicht, daß sie für andere Menschen ein Problem sind, – der Therapeut gibt ihnen das auf keinen Fall zu verstehen. Das einzige, was Thomas weiß, ist, daß er unglücklich und abweisend ist und der Welt allein gegenübersteht. Emma kann das Gefühl von Leere in ihrem Herzen, hervorgerufen durch die ablehnende Haltung der Mutter, nicht verstehen. Timm und Robert fühlen, wie ihnen der Boden unter den Füßen entgleitet. Alle vier sind Kinder, die einsam einer unfreundlichen und unsympatischen Welt gegenüberstehen und verschlechtern ihre eigene Position laufend durch ihr unangebrachtes Verhalten. Sie sind in einen Teufelskreis verstrickt, der nur dadurch durchbrochen werden kann, daß sie sich ihrer Fähigkeit bewußt werden, ein Individuum mit eigenem Handlungsrecht zu sein; man muß sie dahin führen, ihre Gefühle anschaulich und dramatisch im Spiel und in schöpferischen Tätigkeiten zum Ausdruck zu bringen.

Man braucht nur die physische Reaktion eines Kindes zu beobachten, um festzustellen, ob ein Kind glücklich ist; seine Augen glänzen und funkeln, sein Gang ist leicht und sorglos. Sein Lachen ist frei und für jeden erkennbar. Fühlt es sich geliebt, sicher und erfolgreich, marschiert es mutig auf seinem Lebensweg voran; das Leben ist dann ein abenteuerliches Unternehmen, dem es sich mit Eifer hingibt. Es ist gewappnet gegen Schwankungen zwischen „Oben- und Untensein“, die das Leben interessant machen. Eine durch befriedigende Familienbeziehungen erworbene Sicherheit ist die beste Vorbereitung auf das Leben.

Ist ein Kind traurig und niedergeschlagen, fällt sein kleiner Körper in sich zusammen, seine Bewegungen werden langsam und schwer, seine Augen spiegeln das Unglück seiner ganzen Existenz wider. Es ist von Kopf bis Fuß unglücklich.

Kinder reagieren schnell und aus vollem Herzen auf jedes Angebot, mit denen man ihnen die Hände entgegenstreckt und ihnen hilft. Selbst Kinder, die das Leben um vieles gebracht hat, reagieren schnell auf Erfahrungen, durch die sie sich angenommen fühlen, die ihre Gefühle erleichtern, und die die Tür zu besserem Selbstverständnis öffnen, so daß der Weg zur Selbstverwirklichung frei wird.

Ja, Thomas, Emma, Timm und Robert sind richtige Kinder. Sie wurden zur Spieltherapie überwiesen und nutzten sie, um sich mit ihren Anpassungsschwierigkeiten auseinanderzusetzen. Ihre Fälle werden vollständig in diesem Buch wiedergegeben.

5. Kapitel

Der Therapeut

Der Therapeut, dessen Persönlichkeits-Qualifikationen und dessen Rolle in der nicht-direktiven spieltherapeutischen Beziehung jetzt beschrieben werden sollen, übernimmt im Spielzimmer dem Kind gegenüber weder die Rolle eines Supervisors oder Lehrers noch die eines Elternersatzes.

Obwohl dem Therapeuten eine nicht-direktive Rolle zufällt, übernimmt er doch keineswegs eine passive, sondern eine solche, die Wachsamkeit, Sensibilität und ständige Auswertung dessen, was das Kind sagt und tut, erfordert. Er braucht Verständnis und ein ganz echtes Interesse am Kind. Der Therapeut muß ununterbrochen eine gewährende und annehmende Einstellung haben. Diese Haltung beruht auf einer Philosophie zwischenmenschlicher Beziehungen, die besonderen Wert auf die Bedeutung des Individuums als eines fähigen, zuverlässigen menschlichen Wesens legt, dem man die Verantwortung für sich selbst zutraut. Auf dieser Grundlage erwächst im Therapeuten Achtung vor dem Kind. Er nimmt es ernst und begegnet ihm mit Aufrichtigkeit. Er behandelt es weder wie etwas leicht Zerbrechliches noch hat die Art seines Umgangs mit ihm etwas gekünstelt Süßliches. Er geht gerade und entspannt auf das Kind zu. Der Therapeut beschützt und hetzt das Kind nicht; ebensowenig tut er aus Ungeduld etwas für das Kind, was das Kind selbst tun könnte; das würde einen Mangel an Vertrauen in seine Fähigkeit, für sich selbst zu sorgen, bedeuten. Niemals lacht er *über* das Kind, wohl aber zuweilen *mit* ihm.

Er ist freundlich und geduldig und hat Sinn für Humor. Dadurch kann das Kind innerlich entspannen; es wird dann bereit, ihm Einblick in sein Innenleben zu geben.

Der Therapeut sollte eine reife Persönlichkeit sein, die sich der Verantwortung, die ihm durch die Arbeit mit dem Kind auferlegt wird, bewußt ist. Er nimmt in seiner Arbeit konsequent eine berufliche Haltung ein und begeht auch keinen Vertrauensbruch, wenn Eltern, Lehrer oder jemand anderes fragt, was das Kind in der Therapiestunde gesagt oder getan hat. Es ist ganz und gar die Stunde des Kindes, und es gilt die strengste Befolgung des Grundsatzes, daß alles, was es in dieser Zeit sagt und tut, vertraulich ist.

Ein Therapeut muß Kinder gern haben und sie wirklich kennen. Es ist günstig, wenn er persönliche Erfahrungen mit Kindern außerhalb der therapeutischen Situation hat, damit er sie auch in ihrer Welt außerhalb der Therapiestunde kennt und versteht.

Alter und äußere Erscheinung des Therapeuten sind unwesentlich. Das gleiche gilt von seinem Geschlecht. Es gibt sowohl Therapeutinnen wie Therapeuten, die außerordentlich erfolgreich mit Kindern arbeiten. Das Entscheidende ist die dem Kinde und der Behandlung gegenüber zugrunde liegende innere Einstellung des Therapeuten.

Kinder sind äußerst empfindlich in bezug auf die Ehrlichkeit der Erwachsenen. Im Handumdrehen finden sie Unstimmigkeiten in Haltungen und Verhaltensweisen der Erwachsenen heraus. Es ist deshalb ratsam für den Therapeuten, seine Einstellungen zum therapeutischen Vorgang erst einmal genau abzuklären, ehe er sich konsequent und ernsthaft an die Arbeit macht.

Ein guter Therapeut ähnelt dem „Lieblingslehrer". Lieblingslehrer haben den Schülern gegenüber eine gewisse Grundhaltung von Freundlichkeit, Geduld, Verständnis und Konsequenz; sie arbeiten nach einer Methode, durch die Verantwortung und Vertrauen auf die Kinder übertragen wird. Ob der erfolgreiche Lehrer oder Therapeut jung oder alt ist, hübsch oder reizlos, elegant oder durchschnittlich gekleidet – seine Einstellung dem Kind gegenüber ist immer die der Achtung und des Annehmens.

Der Therapeut kann diese Einstellung nicht heucheln, sie muß ein wesenseigener Bestandteil seiner Persönlichkeit sein. Erst dann kann er sich so „gewährend" verhalten, daß das Kind alles, was es bewegt, zum Ausdruck bringt. Er kann erst dann das Kind ohne die leiseste Verurteilung annehmen, wenn er in vollem Umfang erfaßt hat, was es wirklich damit auf sich hat, einen anderen Menschen voll und ganz anzunehmen.

Wenn es auch den Anschein hat, als sei die Rolle des nicht-direktiven Therapeuten eine passive, so ist das doch weit von der Wirklichkeit entfernt. Nichts braucht soviel Selbstdisziplin wie eine annehmende Einstellung konsequent aufrechtzuerhalten und laufend darauf zu verzichten, durch richtungsweisende Andeutungen und durch eine fast unmerkliche Lenkung das Spiel des Kindes zu beeinflussen. Die dauernde Wachsamkeit, die in Spiel und Gespräch vom Kind zum Ausdruck gebrachten Gefühle aufzufangen und wiederzuspiegeln, verlangt während der ganzen Therapiestunde eine ununterbrochene innere Beteiligung des Therapeuten.

Der Therapeut ist der Kern jeder erfolgreichen Therapie. Mit Konsequenz muß er seine Technik verfolgen. Er muß Mut zu seinen Überzeugungen haben. Jede neue Beziehung muß er mit Vertrauen und Gelassenheit aufnehmen. Ein unsicherer Therapeut, voll von inneren Spannungen, schafft eine unsichere Beziehung zwischen sich und dem Kinde. Er muß ernsthaft daran interessiert sein, dem Kinde zu helfen. Er muß ein freundlicher, zuverlässiger Erwachsener sein, der mehr als sich selbst, einen Bleistift und ein Stück Papier mit ins Spielzimmer bringt. Für eine erfolgversprechende Therapie braucht das Kind Vertrauen zum Therapeuten. Es muß aufgepaßt werden, daß es nicht zu einer übersteigerten Bindung von der einen oder der anderen Seite kommt. Zuviel Herzlichkeit und zuviel Sorge blockieren die Therapie und können leicht neue Probleme für das Kind schaffen. Das hat nichts zu tun mit den „Krücken", die ihm durch die stützende Beziehung zum Therapeuten gegeben werden, und die überflüssig geworden sein müssen, bevor das Kind wirklich „frei" ist.

Ein Therapeut ist erst reif genug, den Spielraum zu betreten, wenn er genügend Selbstdisziplin und echte Achtung vor der Persönlichkeit des Kindes in sich entwickelt hat. Keine Erziehungsmethode ist so schwer durchzuführen wie die, die verlangt, daß dem Individuum das Recht und die Gelegenheit gegeben wird, auf eigenen Beinen zu stehen und seine eigenen Entscheidungen zu treffen.

Der Umgang des Therapeuten mit dem Kinde hat einen beruflichen Charakter; Verabredungen hält er ebenso pünktlich ein wie die mit Erwachsenen; nur in dringenden Fällen sagt er eine Verabredung ab. Er beendet die Spielstunden nicht, ohne Rücksicht auf die Gefühle des Kindes zu nehmen, z. B. ohne es auf die Beendigung vorzubereiten, damit es sich nicht plötzlich „abgehängt" vorkommt.

Der Therapeut engagiert sich nicht mit persönlichen Gefühlen; wenn das passiert, so ist es aus mit der Therapie und durch die komplizierten Umstände, die das mit sich bringt, wird dem Kind nicht geholfen. Einem persönlichen Engagiertsein wird gewöhnlich dadurch vorgebeugt, daß der Therapeut sich die Prinzipien und Grundhaltungen der Spieltherapie ganz zu eigen macht, daß er sich über die Grenzen im klaren ist und sich überlegt, was er tun wird, wenn das Kind in unerwarteter Weise reagiert (was häufig geschieht). Verfügt er über genügend Selbstvertrauen, so wird er nicht gleich aus dem Sattel geworfen, wenn das Kind sich als ein erstaunlich erfindungsreiches kleines Geschöpf zeigt, das sich ihm mit geradezu raffinierter Vollendung nähert. Es erfordert Stetigkeit, Empfindsamkeit, und Erfindungskunst von seiten des Therapeuten, den therapeutischen Prozeß in Gang zu halten. Fühlt er sich müde oder gelangweilt während der Spieltherapiestunden, sollte er nicht mit Kindern arbeiten.

Da es für die Arbeit des Therapeuten äußerst hilfreich ist, wenn er sich über Tätigkeiten und Gespräche Aufzeichnungen macht, sollte das nötige Material hierfür zur Hand sein. Der Therapeut wird schnell zu der Überzeugung gelangen, daß kritische Auswertungen von handschriftlichen Stundenberichten sein Können in bezug auf die Handhabung der verschiedensten Probleme im Spielraum verbessert. Er wird an einsichtsvollem Verstehen und an Einfühlungsvermögen in die Gefühle und Verhaltensweisen der Kinder gewinnen. Solche Notizen und alle Berichte, welche die Therapiestunde betreffen, sind als vertraulich zu behandeln; werden sie aus beruflichem Anlaß diskutiert, sollten sie genügend getarnt werden, so daß keiner der Beteiligten Unannehmlichkeiten davon hat.

Alles, was hier in bezug auf den Therapeuten gesagt wurde, läßt sich in der Forderung zusammenfassen, daß er eine Persönlichkeit sein sollte, die Wert und Geist der acht Grundregeln für Einzel- und Gruppenkontakte mit den Kindern annehmen will und kann. Die Grundregeln werden im III. Teil dieses Buches aufgezählt und im einzelnen diskutiert. Bevor wir dazu übergehen, soll aber kurz über die Rolle gesprochen werden, welche die indirekten Teilnehmer im spieltherapeutischen Prozeß spielen, – z. B. Eltern oder, was so häufig bei den „Problemkindern“ vorkommt, Eltern-Ersatz-Personen.

6. Kapitel

Indirekte Teilnehmer – Eltern oder Elternersatzpersonen

Man braucht sich nur irgendeinen der Fälle, über die in diesem Buch gesprochen wird, anzusehen, – und sofort wird die bedeutungsvolle Rolle klar, die Eltern, Pflegeeltern oder Hausmütter im therapeutischen Prozeß spielen.

Obwohl Eltern oder Elternersatzpersonen die Arbeit mit schlecht angepaßten Kindern oft erschweren, und obwohl der Heilungsprozeß schneller vor sich ginge, wenn die betreffenden Erwachsenen auch eine Therapie durchmachten oder beraten würden, brauchen doch die Erwachsenen nicht unbedingt eine Behandlung, um mit der Spieltherapie des Kindes zu einem guten Erfolg zu kommen.

Der Leser wird sehen, daß viele Berichte in diesem Buch von Kindern handeln, deren Beziehungspersonen den neuen Wegen, den Kindern zu helfen, wenig Einsicht entgegenbrachten. In ganz wenigen Fällen erhielten die Erwachsenen irgendeine Art von Behandlung, und trotzdem gewannen die Kinder an inneren Kräften, so daß sie Versuchungssituationen widerstehen konnten.

Man gewann den Eindruck, als ob die von den Kindern gewonnene Einsicht und ihr verbessertes Selbstverständnis dazu führten, daß sie angepaßter mit ihren Situationen fertig wurden und daß dies umgekehrt durch das Nachlassen der inneren Spannungen zu einem Wandel bei den Erwachsenen führte. Das liegt auf der gleichen Linie wie die Erklärungen von dynamischen Reaktionen; sie sind dem ständigen Wechsel und Wandel als Folge neuer Erfahrungen unterworfen. Wird das Kind verantwortungsbewußter und reifer, sind Erwachsene auch weniger leicht irritierbar und haben weniger Anlaß, an dem Kind herumzunörgeln.

Als Thomas seine Kampfhaltung und sein Trotzen zu Hause aufgegeben hatte, eine positivere Einstellung zu der kleinen Schwester gewann und ein reiferes Betragen zeigte, konnte sein Stiefvater ihn annehmen; die entspannteren Beziehungen der einzelnen Familienmitglieder untereinander machten es auch der Mutter möglich, Thomas gegenüber eine gerechtere und konstruktivere Einstellung zu finden. Alle hatten sie das Stadium überwunden, in dem jeder um seine

Selbstachtung und Anerkennung kämpfte. Thomas war nicht mehr aufsässig dem Stiefvater gegenüber. Der Stiefvater ärgerte sich nicht mehr über Thomas. Es gab keine Reibungsflächen mehr. Als die Familienatmosphäre friedlicher wurde, hatte Thomas es nicht mehr nötig, seine inneren Spannungen in die Schulklasse zu tragen. Die Einsicht in sein eigenes Verhalten, die er durch die Therapie gewonnen hatte, hatte zur Folge, daß er sein Betragen auch den anderen Kindern gegenüber änderte. Als er bei ihnen an Ansehen gewann, und sie ihm echte Wertschätzung entgegenbrachten, als er einer von ihnen geworden war, hörte Thomas auf, ein „Problemkind“ zu sein.

In diesem, wie in allen anderen Fällen, hatten weder Thomas' Eltern noch sein Lehrer irgendetwas darüber erfahren, was in den Therapiestunden vor sich ging. Die Eltern wußten, daß man ihm eine Hilfe gab, aber die Therapeutin hatte sie nie gesehen und nicht den geringsten Kontakt mit ihnen gehabt. Daraus sieht man, daß keine unbedingte Notwendigkeit für eine gleichzeitige Arbeit mit Eltern besteht. Dadurch soll aber der Wert einer solchen gleichzeitigen Behandlung nicht herabgesetzt werden. Wären die Mutter und der Stiefvater von Thomas zur Beratung gekommen, so wären vermutlich die Fortschritte schneller erreicht worden; die Eltern selbst hätten wahrscheinlich einen Gewinn von der Beratung gehabt, der über ihre Sorgen mit Thomas hinausgegangen wäre und ihnen ganz allgemein in ihrer Entwicklung geholfen hätte.

Ebenso ist es, wenn umgekehrt gearbeitet wird: Wenn Eltern beraten werden, und das Kind erfährt keine Behandlung; dann genügt oft der Gewinn an Einsicht bei den Eltern, um eine positive Bewegung in ihrer Beziehung zu den Kindern in Gang zu bringen, was dann zu einer Kettenreaktion führt, mit gutem Erfolg für das Kind. Das zeigt, wieviel einfacher und erfolgreicher eine Therapie für Eltern *und* Kinder wäre.

In dieser Hinsicht ist auch Emmas Fall interessant. Die Mutter war keiner Therapie zugänglich und nicht bereit, ihrerseits irgendeine Verantwortung für ihren Anteil an der Beziehung zu Emma zu übernehmen. Der Therapeut hatte keinerlei Kontakt mit ihr. Selbstverständlich wurde nicht manipulierend eingegriffen. Die Hausmutter hatte sich entschlossen, dem unberechenbaren Verhalten der Mutter ein Ende zu setzen, als sie durch ihre nicht eingehaltenen Versprechen in Emmas Innerem soviel Aufruhr verursachte; aber das geschah erst, als die Therapie sich als erfolgreich erwies. Emma hingegen hatte gelernt, sich – so schlimm und schwierig es auch war –

dem Verhalten der Mutter anzupassen. Die Therapeutin nahm auch keinen Kontakt mit Emmas Lehrer auf, und doch sprachen die Schulberichte von einer eindeutig besseren Anpassung in Emmas Verhalten.

Timm und Robert sind weitere Fälle dieser Art. Viele der in diesem Buch erwähnten Kinder waren Opfer elterlicher Vernachlässigung, von Ablehnung und schlechter Behandlung; sie haben selbst von sich aus *allein* (ohne Arbeit mit den Beziehungspersonen) die Anpassung an ihre Probleme geschafft, die so schwerwiegend waren, wie persönliche Probleme nur sein können. Dieser Beweis beeindruckte mich im Hinblick auf die seelischen Kräfte des Menschen, mit denen er seine Probleme auch ohne Umweltveränderung überwindet. Das soll nicht heißen, daß nicht manchmal gewisse Umweltkorrekturen wünschenswert und hilfreich sein können. Die genannten Fälle sind nur ein Hinweis darauf, daß die Kräfte im Individuum zur Überwindung seelisch belastender Lebensumstände viel größer sind, als gewöhnlich angenommen wird.

Handelt es sich allerdings um körperbehinderte Kinder, so ist die aktive Mitarbeit der Eltern angebracht, besonders wenn das Kind geistig defekt ist und es den Eltern schwer fällt, sich mit dieser Tatsache abzufinden. Trotzdem – man kann niemanden zur Einsicht zwingen. Sind Eltern nicht zu einer verantwortungsbewußten Auseinandersetzung mit ihren Problemen bereit, dann muß das Kind tun, was es kann. Es ist in diesem speziellen Bereich bisher noch wenig getan, um den Erfolg einer therapeutischen Arbeit mit geistig behinderten Kindern festzustellen.

Dieses Buch enthält Beispiele von Eltern und Pflegeeltern, die willig und zum Teil erfolgreich mitgearbeitet haben, wenn der Therapeut sich bei ihnen Rat holte; aber es gibt genauso viele, bei denen jedwede Beratung vollkommen zwecklos ist. Unsere Ratschläge, mit denen die Betreffenden von Anfang an einverstanden waren, haben wenigstens zu einem Teilerfolg geführt.

Einige Spieltherapien wurden in Schulen durchgeführt, in denen nur das Kind behandelt wurde; die Auswirkungen auf innere Einstellungen und das Betragen waren äußerst befriedigend, nicht nur für die Beziehungen in der Schule, sondern auch für die häuslichen. Das ist ein sehr aufschlußreicher Faktor für die Behandlung von „Problemkindern“ und macht deutlich, wie stark die heilenden Kräfte in ihnen sind.

III. TEIL

Die Grundprinzipien der nicht-direktiven Spieltherapie

7. Kapitel

Die acht Grundprinzipien

Die Grundprinzipien, die den Therapeuten bei allen therapeutischen Kontakten im nicht-direktiven Verfahren leiten, sind zwar sehr einfach, aber von großer Wirkung, wenn sie gewissenhaft, konsequent und klug angewandt werden.

Die Grundprinzipien sind folgende:

1. Der Therapeut muß eine warme, freundliche Beziehung zum Kind aufnehmen, die sobald wie möglich zu einem guten Kontakt führt.
2. Der Therapeut nimmt das Kind ganz so an, wie es ist.
3. Der Therapeut gründet seine Beziehung zum Kind auf eine Atmosphäre des Gewährenlassens, so daß das Kind all seine Gefühle frei und ungehemmt ausdrücken kann.
4. Der Therapeut ist wachsam, um die *Gefühle,* die das Kind ausdrücken möchte, zu erkennen und reflektiert sie auf eine Weise auf das Kind zurück, daß es Einsicht in sein eigenes Verhalten gewinnt.
5. Der Therapeut achtet die Fähigkeit des Kindes, mit seinen Schwierigkeiten selbst fertig zu werden, wenn man ihm Gelegenheit dazu gibt, eine Wahl im Hinblick auf sein Verhalten zu treffen. Der Entschluß zu einer Wandlung und das In-Gang-Setzen einer Veränderung sind Angelegenheiten des Kindes.
6. Der Therapeut versucht nicht, die Handlungen oder Gespräche des Kindes zu beeinflussen. Das Kind weist den Weg, der Therapeut folgt ihm.
7. Der Therapeut versucht nicht, den Gang der Therapie zu beschleunigen. Es ist ein Weg, der langsam Schritt für Schritt gegangen werden muß, und der Therapeut weiß das.
8. Der Therapeut setzt nur dort Grenzen, wo diese notwendig sind, um die Therapie in der Welt der Wirklichkeit zu verankern und um dem Kind seine Mitverantwortung an der Beziehung zwischen sich und dem Kind klarzumachen.

Der Therapeut weiß, daß die Therapie im nicht-direktiven Verfahren kein Zauberkraut ist. Er gibt zu, daß ihr wie allen Methoden Grenzen gesteckt sind. Aber viele Erfahrungen haben erwiesen, daß die Art dieser Therapie von denjenigen Kindern, die mit Anpassungsschwierigkeiten zu kämpfen haben, als Anforderung und Erkenntnis erlebt wurde.

Wenn ein Kind zur Spieltherapie kommt, so meist darum, weil ein Erwachsener es zur Behandlung in die Klinik geschickt oder gebracht hat. Es geht dieser einzigartigen Erfahrung nun ebenso entgegen wie allen früheren: mit Begeisterung oder Angst, Vorsicht und Widerstand oder mit irgendeinem anderen, für seine Reaktionsweise typischen Verhalten. Die erste Begegnung ist für den weiteren Verlauf der Therapie bedeutungsvoll. Bei dieser ersten Kontaktaufnahme wird gewissermaßen die Bühne für die spätere Handlung aufgebaut. Der „Aufbau" wird dem Kind vor Augen geführt, nicht nur durch Worte, sondern auch durch die Art der Beziehung, die zwischen dem Therapeuten und dem Kinde entsteht.

Die Struktur

Mit dem Wort *„Struktur"* ist in diesem Fall der Aufbau der Beziehung nach den oben genannten Grundprinzipien gemeint: das Kind soll die besondere Natur des therapeutischen Kontaktes verstehen und nutzen lernen. „Aufbau" ist nicht eine Sache des Zufalls, sondern eine vorausgeplante, methodische Art des Vorgehens, in welcher das Kind mit dem Mittel der Selbstdarstellung vertraut gemacht wird und das ihm emotionale Entspannung und wachsende Einsicht vermitteln soll. Es wird nicht mit Worten „erklärt", was vorgeht; das wird vielmehr dem Kind durch das Erleben der sich entwickelnden Beziehung anschaulich gemacht.

Das Verhältnis, das zwischen Therapeut und Kind geschaffen wird, ist der entscheidende Faktor in der Behandlung. Es ist nicht einfach, eine solche Beziehung aufzubauen. Der Therapeut muß sich ernsthaft bemühen, das Kind zu verstehen, er muß ständig seine eigenen Reaktionen überprüfen und selbstkritisch beurteilen lernen, wieweit seine Arbeit mit den beschriebenen Grundsätzen übereinstimmt, damit sein Verständnis für die Dynamik des menschlichen Verhaltens zunimmt.

8. Kapitel

Die Gestaltung der Beziehung

Der Therapeut sollte eine warme freundliche Beziehung zum Kind aufnehmen, die so bald wie möglich zu einem guten Kontakt führt.

Stellen wir uns einen Therapeuten vor, der zum ersten Mal mit einem Kind zusammentrifft. Es handelt sich also um einen Initialkontakt. Der Aufbau der Beziehung soll beginnen. Was soll er tun? Ein Lächeln ist immer ein Zeichen von Wärme und Freundlichkeit. Ein paar Worte der Begrüßung gehören auch an den Anfang der Arbeit. Der Therapeut geht z. B. auf das Kind zu und sagt lächelnd: „Guten Tag, Paul! Ich freu' mich, daß du gekommen bist. Wie gefällt dir die Mickey-Maus da drüben auf dem Tisch?" Vielleicht lächelt nun auch Paul und sagt: „Die sieht lustig aus." Vielleicht! Aber die bloße Tatsache, daß Paul zur Spieltherapie eingewiesen wurde, läßt eher vermuten, daß er nicht so reagiert. Was dann? Ein Therapeut, dem es um das Herstellen einer Beziehung geht, ist nicht so leicht zu entmutigen. „Hast du Lust, mit mir zusammen ins Spielzimmer zu gehen und dir unsere schönen Spielsachen anzusehen?" „Nein." „Ach, komm' nur mit. Da gibt's Farbe und Ton und Spielsoldaten. Spielsoldaten interessieren dich doch bestimmt, nicht wahr?" „Nein. Und ich will auch nicht mit dir zusammen gehen!", sagt Paul.

Jetzt schweigt der Therapeut. Vielleicht hätte er überhaupt eine längere Pause machen sollen, ehe er anfing zu reden. Denken wir einmal an die Grundprinzipien, die er bei Paul zu praktizieren versucht. Zweifellos ist er bemüht, eine warme und freundliche Beziehung herzustellen, aber er verstößt zugleich gegen einige andere Grundregeln. Er nimmt Paul nicht an, so wie er ist. Er reflektiert nicht dessen Gefühle auf ihn zurück. Paul sagt, daß er nicht mit dem Therapeuten gehen will, um die Spielsachen anzuschauen. Der Therapeut hat offensichtlich noch nicht angefangen, dem Kind die Verantwortung für eine Wahl zu überlassen. „Hier kommen soviel Kinder her und sind begeistert von unserem Spielzimmer", meint er. „Wir haben ein großes Puppenhaus und eine ganze Puppenfamilie", fährt der Therapeut beharrlich fort. Er sieht Paul geradezu flehentlich an.

Paul riskiert einen Blick auf ihn. Der Therapeut probiert, was er kann, um Paul dazu zu bekommen, wie andere Kinder zu reagieren. Er schmeichelt ihm. Weiß Gott, er ist warm und freundlich, aber dafür muß er zahlen. Paul, der sich mehr und mehr über den Therapeuten ärgert, fängt an zu wimmern. „Ich will nicht, Mama, ich will nicht.“ Mama wird aktiv: „So, Paulchen, jetzt gehst du mit dem netten Onkel mit. Er hat so viele schöne Spielsachen für dich.“ Paulchen fängt an zu winseln. „Ich will nicht, ich will nach Hause.“ Darauf Mama: „Jetzt muß ich mich doch wirklich deinetwegen schämen. Der nette Onkel bietet dir ein ganzes Zimmer mit Spielsachen, und du benimmst dich so. Der Onkel wird dich gar nicht leiden mögen.“ Mama wird die Beziehung behindern, wenn der Therapeut nicht gut aufpaßt. Die Worte „Die Tante (oder der Onkel) werden dich nicht leiden mögen“, ergeben nicht gerade eine ideale Basis für eine therapeutische Beziehung.

Aber was um alles in der Welt soll er tun? Soll der Therapeut das Kind auf den Arm nehmen und ins Spielzimmer tragen, und wenn es heult, seine Gefühle reflektieren? „Jetzt bist du böse, weil ich dich einfach hierher getragen habe. Du magst es gar nicht, wenn man dich so behandelt.“ So würde Paul tatsächlich schließlich ins Spielzimmer kommen. Aber nicht alle Therapeuten sind Amazonen, und nicht alle Kinder haben ein Federgewicht.

Der Therapeut hätte besser daran getan, zu versuchen, ob der Junge nicht von allein geht. Er hätte sagen können: „Hallo, Paul! Schön, daß du da bist. Gefällt dir die Mickey-Maus da drüben auf dem Tisch?“ Paul hätte ihm den Rücken zugedreht. „Ach, du hast keine Lust, dich mit mir zu unterhalten. Du kennst mich ja auch noch gar nicht.“ Dabei muß der Therapeut seinen Ton kontrollieren. Er darf keine Spur von Vorwurf enthalten. Er darf aber auch „Mama“ nicht vergessen. Die Mutter könnte dazwischen reden: „Paul, sieh den Onkel an, wenn er mit dir spricht.“ Paul wimmert: „Ich will nicht, ich will nach Hause.“ Darauf der Therapeut: „Mit mir willst du nichts zu tun haben. Du willst nach Hause. Das Spielzimmer ist da drüben, falls Du ’mal reinschauen willst, bevor du dich entschließt, nach Hause zu gehen.“ Er geht voran und „Mama“ folgt. Paul geht widerstrebend hinterher. Dann hat der Therapeut plötzlich einen Einfall. „Hatten Sie nicht eine Verabredung mit Dr. X., Frau Mayer?“ „Ja, das stimmt“, antwortet sie. „Wissen Sie“, meint der Therapeut, „wenn Paul keine Lust hat, mit mir ins Spielzimmer zu gehen, dann kann er ja im Warteraum auf Sie warten.“

„Ja?“ fragt die Mutter. „Paulchen, willst du hier im Warteraum bleiben? Ich werde in einer Stunde wieder da sein.“ „Ich will mit dir gehen“, sagt Paul mit Tränen in den Augen. „Paul, du kannst nicht mitgehen. Mutter muß allein mit Dr. X. sprechen. Du kannst wählen zwischen dem Spielzimmer und dem Warteraum. Das steht ganz bei dir.“ Noch ein paar Tränen, und Paul geht widerstrebend ins Spielzimmer. Hat man ein Kind erst dort, ist die halbe Schlacht gewonnen.

Der Therapeut mußte vorbereitet sein auf eine wenig kooperative Mutter, auf eine Mutter, die Paul ja so abhängig gemacht hatte, wie er jetzt war. Wahrscheinlich wird sie gemeinsam mit Paul ins Spielzimmer gehen wollen. Was soll der Therapeut dann tun? Wird er die Mutter mitnehmen, weil er das Gefühl hat, daß es ohne diese Konzession nie im Leben zu dem nötigen therapeutischen Kontakt kommen wird? Wird er vielleicht sagen: „Nur Kinder dürfen den Spielraum betreten, Paulchen. Deine Mutter wird auf dich warten. Sie geht nicht weg und verläßt dich nicht.“ Paul weint: „Paul will sich nicht von seiner Mutter trennen“, sagt der Therapeut (oder die Therapeutin). Er hat Angst, alleine hineinzugehen.“ „Mama“ bestätigt das. Paul schiebt sich widerstrebend ins Spielzimmer. Die Tür wird geschlossen, Mama wartet draußen.

Nehmen wir einmal an, die Mutter wäre nicht bereit gewesen, sich von Paul zu trennen. Besteht dann noch viel Aussicht auf eine Therapie? Es ist schon vorgekommen, daß die Mutter mit ins Spielzimmer kam und dort die ganze Zeit während der Spielstunden blieb. Die Bereitschaft des Kindes, seine Mutter weggehen zu lassen, bedeutete dann in solchen Fällen einen Fortschritt. Wird es zu einer Entscheidungsfrage: Entweder „Mamas“ Anwesenheit oder keine therapeutische Arbeit, – was soll der Therapeut dann tun? Es wird besser sein, zu erlauben, daß die Mutter bleibt, wenn er dabei die Grundregeln einhält. Die Situation könnte dem Therapeuten tatsächlich die Gelegenheit bieten, eine ganze Reihe von Gefühlen zwischen Mutter und Kind aufzudecken. Es ist zwar keine erprobte Theorie, aber es könnten Möglichkeiten in ihr stecken, wenn kein anderer Weg übrig bleibt. Wenigstens könnte die Mutter schon einiges an Einsicht gewinnen, wenn der Therapeut die Situation geschickt handhabt. Paul würde zum Beispiel vermutlich seine übergroße Abhängigkeit von seiner Mutter ausagieren, indem er sie ständig bittet, dieses oder jenes für ihn zu tun. Ein aufmerksam auf alle Einstellungen und Gefühle reagierender Therapeut könnte dies oder jenes aufgreifen.

„Paulchen will, daß seine Mutter ihm zeigt, wie er mit der Puppe spielen soll.“ „Paulchen will, daß seine Mama ihm sagt, was er jetzt tun soll.“ Der Therapeut kann sogar imstande sein, einige Gefühle der Mutter zu reflektieren. Vielleicht geht die Mutter freiwillig auf Pauls Fragen ein. „Das läßt du besser, Paul, spiel lieber so damit.“ Der Therapeut kann eventuell der Mutter zu ein bißchen mehr Einsicht verhelfen, indem er sagt: „Sie können sich gewiß gar nicht vorstellen, daß Paul das allein herausbekommen kann. Sie mögen ihm gern über alles Bescheid sagen.“ Ein solches Experiment wäre allerdings nicht ratsam für Anfänger.

Die Mehrzahl der Kinder geht erfreulicherweise von allein ins Spielzimmer. Der Raum wird zu einer Quelle des Vergnügens für sie. Bei ihnen ist auch das Herstellen einer warmen und freundlichen Beziehung kein Problem.

Hier ist eine Warnung am Platze: Es kann leicht vorkommen, daß der Therapeut, ehe er sich dessen versieht, in seinem Bemühen um einen schnellen Kontakt unbewußt einen gewissen Einfluß auf die Beziehung nimmt. Er könnte zum Beispiel einem kooperativen Klienten sagen: „Bist du aber ein netter großer Junge! Magst du mit ins Spielzimmer hinüber kommen? Da gibt's Farbe und Ton und alle möglichen Sachen zum Spielen.“ Ist der Junge dann im Spielraum, fängt er vielleicht an zu malen und sagt dem Therapeuten: „Ich kann nicht gut malen.“ Die Antwort des Therapeuten: „Nanu, ich finde das Bild hübsch. Das hast du ganz allein gemacht und findest es nicht gut.“ Letztlich hat er dann ja tatsächlich die vom Kind geäußerten Eindrücke reflektiert, aber durch die inzwischen vergangene Zeit ist die Wirkung doch so abgeschwächt, daß der rechte Wert verloren ging.

Hier nun noch ein Fall von zwei Brüdern im Alter von vier und fünf Jahren. Sie haben gerade eine Spielstunde. Der eine Junge malte und verspritzte aus Versehen etwas von der Farbe. Er nahm den Farblappen und wischte die Farbe weg. Der Therapeut sagte: „Robert ist sauber. Er wischt die Farbe, die er verspritzt hat, wieder weg.“ Von dem Augenblick an kam es zu einer Prahlerei über die Sauberkeit der beiden Jungen, deren Kernpunkt war: „Sieh' nur, wie sauber ich bin. Siehst du das? Ich bin sehr sauber.“ Im Grunde identifizierten sie sich mit dem Therapeuten. „Sehen Sie, Herr Lehrer, ich bin sauber.“ Der Therapeut hatte unabsichtlich das Betragen der Jungen gesteuert. Lob für gutes Verhalten im Spielzimmer ist der Therapie nicht förderlich.

Wer als Therapeut noch Anfänger ist, sollte sich einmal mit dem Fall des 6jährigen Oskar befassen. Er wurde der Therapeutin von seiner Mutter gebracht. Der Vater war umgekommen, als Oskar zwei Jahre alt war. Am Todestag des Vaters erkrankte Oskar an Masern. Er wurde zu einer Verwandten aufs Land geschickt. Die Mutter bekam einen Nervenzusammenbruch und war drei Monate im Krankenhaus. Als sie sich schließlich so weit erholt hatte, daß sie wieder als Sekretärin arbeiten konnte, nahm sie eine Hilfe ins Haus, die Oskar versorgte. Mit der Frau war man nicht zufrieden, andere kamen und gingen in erstaunlich kurzen Abständen. Oskar fehlte jedes Gefühl von Sicherheit. Einige dieser Hilfen mißhandelten ihn. Er entwickelte sich zu dem unangepaßtesten Jungen, den man sich nur vorstellen kann. Er war aggressiv, kämpferisch, negativistisch, unsicher, trotzig, abhängig. Er repräsentierte geradezu ein Meisterstück an gefühlsmäßigen Konflikten. Seine Mutter, eine auffällig unruhige und nervöse Frau, brachte ihn zum Psychologen. Es folgt ein Auszug aus dem Initialkontakt mit der Mutter.

Mutter: Dies ist Oskar. Der Himmel mag wissen, was Sie mit ihm anfangen können! Hier haben Sie ihn.

Therapeutin: Hättest du Lust, mit mir ins Spielzimmer hinüber zu gehen?

Oskar: NEIN! Halt den Mund! (*Er schreit auf.*)

Mutter (ebenfalls schreiend): Jetzt benimm dich gefälligst höflich. Keine Frechheiten, verstanden?

Oskar (lauter als zuvor): Nein! Nein! Nein!

Mutter: Du bist wohl nicht gescheit. Was glaubst du eigentlich, warum ich dich hierher gebracht habe? Um mit dir spazieren zu fahren?

Oskar (jammernd): Ich will nicht.

Der Anfänger wird sich in diesem Augenblick fragen: Was nun? Den Jungen beschwatzen, bis er mitgeht? „Wir haben so schöne Dinge im Spielzimmer drüben. Du bist doch schon so ein großer netter Junge. Komm' nur mit mir, ich werde dir alles zeigen, womit man da drinnen spielen kann." Das hieße nicht: Oskar annehmen, wie er ist. Er will nicht mitgehen. Oder sollte die Therapeutin im Ton des Bedauerns sagen: „Deine Mutter hat einen weiten Weg hierher gemacht und du willst nicht mit mir ins Spielzimmer gehen." Diese Worte reflektieren zwar Gefühle, aber auch eine gewisse Verurteilung. Es schwingt so etwas mit wie: „Mein Gott, bist du ein undankbares kleines Biest!" Was soll die Therapeutin sagen, wenn sie vor allem die Gefühle des Jungen reflektieren will? „Du willst nicht mit mir kommen?" Sie versucht es auf diese Weise.

Therapeutin: Du magst nicht mit mir kommen?

Oskar: Nein! (*Er schneidet eine Grimasse und ballt die Fäuste.*)

Mutter: Wenn du nicht mit ihr gehst, laß ich dich für immer hier.

Oskar (hängt sich jammernd an die Mutter): Verlaß mich nicht. Verlaß mich nicht. (*Schluchzt hysterisch.*)

Therapeutin: Oskar hat Angst, wenn die Mutter droht, ihn zu verlassen. (*Das zeigt ein richtiges Erkennen von Oskars Gefühlen, aber eine Ablehnung der Gefühle der Mutter, die aufbraust.*)

Mutter: Du, ich hab' noch was anderes zu tun. Bei Gott, Oskar, wenn du nicht still bist und mit der Dame mitgehst, dann *werde* ich dich verlassen! Oder ich gebe dich weg.

Oskar: Wirst du auf mich warten? (*Kläglich*) Wirst du hier sein, wenn ich wiederkomme?

Mutter: Natürlich, wenn du dich manierlich benimmst.

Oskar (greift nun, als ging's um Tod und Leben, statt nach dem Rock der Mutter nach dem der Therapeutin): Wartest du?

Therapeutin: Soll Mutti dir versprechen, daß sie auf dich warten wird?

Oskar: Versprichst du's mir?

Mutter: Ich verspreche es dir.

(*Therapeutin und Oskar gehen ins Spielzimmer. Die Therapeutin will die Tür zumachen.*)

Oskar (schreit): Nicht die Tür zumachen! Nicht die Tür zumachen! (*Tränen laufen ihm über die Backen.*)

Therapeutin: Ich soll die Tür nicht zumachen. Du hast Angst, wenn du hier bei mir bist, und die Tür ist zu.

Das war eine Anerkennung seiner Gefühle. Er blickte auf, war erstaunt und nickte mit dem Kopf. Wie nun weiter? Soll die Therapeutin, nachdem sie seine Gefühle anerkannte, sie außer Betracht lassen und sagen: „Aber wenn wir ins Spielzimmer gehen, wird die Tür immer zugemacht", und sich dabei vielleicht klarmachen, daß darin eine wertvolle Begrenzung liege? Zu was sollte das gut sein? Etwa um zu unterstreichen, daß wir Gefühle anerkennen, aber ignorieren? Nahm sie Oskar an, wie er war – mit seiner Angst vor geschlossenen Türen usw.? Hat sie dem Kind klar gemacht, was sie meinte, wenn sie ihm die Entscheidung überließ? Schafft sie so ein Klima, in dem es erlaubt ist, seine wahren Gefühle zum Ausdruck zu bringen? Bezeugt sie Achtung vor dem Kind? Es scheint eher so, als gäbe sie alle diese Grundregeln auf, wenn sie die Tür zumacht. Also, was soll sie sagen?

Therapeutin: Du willst nicht, daß ich die Tür zumache. Du hast Angst, hier bei mir zu bleiben, wenn ich die Tür zumache. Also werden wir die Tür so lange auflassen, bis *du* sie zumachen willst.

[Damit wird Oskar die Verantwortung zugeschoben. Die Wahl liegt bei ihm. Oskar sieht sich im Spielzimmer um. Als er allmählich auftaut, wird er aggressiv.]

Oskar: Ich werde hier alles kurz und klein schlagen.

Wie sieht es nun mit der Begrenzung aus? Sollte die Therapeutin sagen: „Du kannst mit den Dingen spielen, wie immer du willst, darfst sie aber nicht kaputtschlagen." „Andere Kinder wollen auch mit den Spielsachen spielen, darum kannst du sie nicht kaputtmachen." Das ergäbe kein Echo auf das von Oskar zum Ausdruck gebrachte Gefühl. Damit wäre die Therapeutin in eine Falle gegangen: Sie hätte zwar auf das, was der Junge gesagt hat, reagiert, aber nicht auf das Gefühl, das seinen Worten zu Grunde lag.

Therapeutin: Jetzt fühlst du dich stark wie ein Raufbold.
Oskar (sieht die Therapeutin an): Ich hau' dich auch kurz und klein.
Therapeutin: Du fühlst dich immer noch wie ein Raufbold.
Oskar: Ich werde ... (*lacht plötzlich*) Ich werde ... (*Er geht durch den ganzen Raum und nimmt sich das Spieltelefon.*) Was ist das?

Hier liegt eine neue Herausforderung für die Therapeutin. Soll sie sagen: „Ja, was ist denn das?" oder: „Das ist ein Telefon." Es scheint in der gegebenen Situation förderlicher für die Arbeit zu sein, diese einfache Frage einfach zu beantworten.

Therapeutin: Das ist ein Spieltelefon.
Oskar: Ich werde es auch kaputtschlagen.
Therapeutin: Du willst das Telefon auch kaputtmachen.
Oskar (lächelnd wie ein kleiner Engel): Ja, ich zerreiße gern Dinge und verhau' gern Menschen.
Therapeutin: Du zerreißt gern etwas und tust anderen gern weh.
Oskar (ruhig): Ja. O, sehen Sie mal. Geschirr. Ich werde Haus spielen. (*Er fängt an, den Tisch zu decken, dann nimmt er das Telefon und spricht hinein.*) Hallo, bist du da, Marie? O, ich bin zu Hause. Ich esse Abendbrot. (*Beiseite zur Therapeutin*). Ich esse doch Abendbrot, nicht wahr?
Therapeutin: Ja, du bekommst Abendbrot.
Oskar (wieder ins Telefon): Ja, ich esse Abendbrot. Was es gibt? (*Der Ton der Stimme ist so, als ob Marie ihn fragen würde, und er das dann wiederholt.*) Was es gibt?
Therapeutin: Du möchtest, daß ich dir sagen soll, was es bei uns zum Abendbrot gibt?
Oskar: Ja, sag's mal schnell.

Soll die Therapeutin schnell das Menü mitteilen? Oder sollte sie sagen: Was willst du denn haben? Oder: Ich soll dir das sagen, nicht wahr? Die Angabe des Menüs würde das Spiel etwas beschleunigen. Die Therapeutin nennt schnell ein paar Speisen. Oskar wiederholt alles Wort für Wort ins Telefon.

Oskar: Was? Du willst wissen, ob wir hier ein Puppenhaus haben? (*Zur Therapeutin*): Haben wir ein Puppenhaus? (*Das Puppenhaus ist da und nicht zu übersehen.*)
Therapeutin: Wir haben ein Puppenhaus.
Oskar: Haben wir Spielsoldaten?

(Er wiederholt die Frage, an die Therapeutin gewandt, die antwortet: „Wir haben Spielsoldaten.“)

Oskar fährt fort mit dieser Art von Bestandsaufnahme des Spielzimmers. Die Therapeutin beantwortet alle leise an sie gerichtete Fragen. Was versucht Oskar? Er weiß die Antworten auf seine Fragen natürlich ganz genau. Warum fragt er sie, wenn er doch sieht, was vor ihm steht? Wie könnte Oskar auf andere Weise eine Verbindung zur Therapeutin herstellen? Das scheint er doch zu wollen. Nachdem er nach allem, was in seiner Sichtweite stand, gefragt hatte, sagte er ins Telefon hinein:

Du willst wissen, ob ich das Fräulein küssen werde? (*Dann zur Therapeutin*): Werde ich Sie küssen, Fräulein?

Die Therapeutin erinnert sich daran, daß Vorsicht geboten ist, allzuviel persönliche Zuneigung zu zeigen, weil die Therapie dadurch in Gefahr geraten kann.

Therapeutin: Du möchtest wissen, ob du die Tante küssen wirst.
Oskar (grinsend): Ich werde sie küssen.

Schon läuft er zu ihr und küßt ihr behutsam die Hand; dann erinnert er sich wahrscheinlich an sein früheres Selbst, flitzt auf die andere Seite des Zimmers, reißt den Hammer an sich und fängt an, auf dem Holzbord herumzuschlagen. Die Tür steht immer noch offen. Wieder fühlt die Therapeutin sich herausgefordert.

Was soll mit der Tür werden? Der Krach, den Oskar macht, ist entsetzlich. Sollte sie die Tür zumachen, während er daraufloshämmert? Sollte sie ihn auf die Tür aufmerksam machen, um ihn zu fragen, ob er vielleicht meint, man sollte sie zumachen? Sollte sie dem kleinen Burschen gegenüber ihr Wort halten und warten, bis jemand kommt, der durch den Krach gestört wird und sich beschwert? In diesem speziellen Fall schien zufällig keiner durch den Lärm gestört zu werden, so daß die Tür aufbleiben konnte. Wäre aber jemand gekommen, so wäre es für den Prozeß wichtig gewesen, Oskar zu sagen, daß sein Lärm andere stören würde und daß entweder die Tür zugemacht werden oder der Krach aufhören müsse; ihm sollte die Entscheidung zufallen und die Therapeutin mit größter Aufmerksamkeit alle seine in diesem Augenblick zum Ausdruck gebrachten Gefühle reflektieren. Dann wäre es ein Eingriff der Realität gewesen, der zu dieser Begrenzung des Gewährenlassens in der therapeutischen Situation geführt hätte. In der darauffolgenden Woche machte Oskar die Tür freiwillig zu, als er mit der Therapeutin in den Spielraum ging. Hätte er das nicht getan, hätte sie gewartet, bis er selbst sich dafür entschieden hätte. Jeder Wink oder Hinweis wäre einem Versuch gleichgekommen, die Dinge voranzutreiben. Das freiwillige Schließen der Tür dürfte einen gewissen Fortschritt beim Herstellen der Beziehung andeuten. Es war ein Zeichen von Vertrauen und auch ein Hinweis auf die Entwicklung von Oskar zu einer neuen Unabhängigkeit und Entscheidungsfähigkeit.

Anwendung in der Gruppentherapie

Wenn es auch den Anschein hat, als ob die zwischen dem Therapeuten und dem Kind in der Gruppentherapie hergestellte Beziehung weniger intensiv als die in der Einzeltherapie ist, so dürfte sich die Anwesenheit von anderen Kindern, die unterschiedlich auf verschiedene Situationen reagieren, doch vorteilhaft auf die Entwicklung der Beziehung auswirken. Vielleicht ist ein Kind etwas ausdrucks- und wortgewandter als die anderen und kommt in der Beziehungsaufnahme schneller voran. Für das schüchterne Kind ergibt sich der Vorteil, daß es andere stellvertretend für sich die Situation auf ihre Sicherheit hin ausprobieren läßt, so daß andere ihm den Weg bereiten. In einer ganz natürlichen Weise sie selbst zu sein, gelingt den Kindern in der Gruppensituation schneller. Ein Kind kann sich auch leichter in der Gruppe „verstecken“, wenn etwas über seine Kräfte geht.

Die ersten paar Minuten im Spielraum versetzen die Kinder meist in eine große innere Anspannung. Es geht um ein neues Erlebnis, auf das sie ganz unterschiedlich reagieren, – von Angst mit Tränen in den Augen über hysterisches Benehmen bis zu kühnen Entdeckungsfahrten.

Der Therapeut muß vorsichtig sein, daß er sich nicht auf ein Kind besonders konzentriert, auf Kosten der anderen. Er muß versuchen, selbst das zurückgebliebene Kind mit in die Gruppe einzubeziehen, selbst wenn es von sich aus nichts als ein freundliches Lächeln mitbringt.

Im allgemeinen nehmen sich die Kinder in der ersten Gruppenstunde nicht so wichtig wie manchmal beim ersten Einzelkontakt, denn die Gegenwart anderer Kinder im selben Raum löst gegebene Spannungen und ermöglicht eine natürlichere Reaktion dem Therapeuten gegenüber.

Die Kinder sind schneller bereit, den Therapeuten in einer Gruppe anzunehmen. Wahrscheinlich gibt es ihnen Sicherheit, daß sie in der Mehrzahl sind. Auf alle Fälle entsteht in der Gruppe schneller ein

Gefühl von Vertrauen als bei Einzelkontakten. Natürlich sind die Reaktionen der einzelnen Kinder verschieden, aber die Erfahrung zeigt, daß die erwünschte Entwicklung der Beziehung zwischen Therapeuten und Kind in der Gruppe schneller vor sich geht.

9. Kapitel

Die vollständige Annahme des Kindes

Der Therapeut nimmt das Kind ganz so an, wie es ist.

Die vollkommene Annahme des Kindes ist die Folge einer inneren Einstellung des Therapeuten bzw. der Therapeutin. Sie halten eine ruhige, stetige, freundliche Beziehung zum Kind aufrecht und passen gut auf, daß sie keine Ungeduld zeigen. Sie hüten sich vor Kritik und Vorwurf, möge diese sich nun durch Stillschweigen oder direkt äußern. Ebenso vermeiden sie Belobigungen für Taten und Worte. Das alles erfordert viel Aufmerksamkeit. Es gibt zahllose Situationen, auf die unachtsame Therapeuten leicht hereinfallen können. Kinder sind äußerst empfindsam und geradezu begabt darin, auch eine verschleierte Zurückweisung ihrer Person von seiten des Therapeuten zu spüren.

Wenn man sich klarmacht, daß das Kind in die Spieltherapie gebracht wird, weil die Eltern es anders haben möchten als es ist, kommt man wohl mit Recht zu dem Schluß, daß die Eltern einen Teil des Kindes, vielleicht auch das Kind im ganzen, ablehnen. Die vollständige Annahme des Kindes ist somit die erste Voraussetzung für eine erfolgreiche Therapie. Woher sollte das Kind den Mut nehmen, seine wahren Gefühle zum Ausdruck zu bringen, wenn es sich nicht vollständig vom Therapeuten angenommen fühlt? Wie können Schuldgefühle vermieden werden, wenn es sich nicht akzeptiert fühlt, einerlei, was es tut oder sagt? Annahme bedeutet nicht Gutheißen; das kann nicht genug betont werden. Das Gutheißen von negativen Gefühlen, die das Kind zum Ausdruck bringt, wäre eher ein Hindernis als eine Hilfe.

Hanna wurde von der Mutter in die Klinik gebracht, weil sie sich dem 12jährigen Mädchen nicht mehr gewachsen fühlte. Hanna zeigte nicht die geringste Achtung vor ihrer Mutter, zankte sich mit dem jüngeren Bruder, wollte nichts mit den anderen Kindern in der Schule zu tun haben. Nachdem sie miteinander bekanntgemacht worden waren, ging das Mädchen mit der Therapeutin ins Spielzimmer. Es wurde Hanna erklärt, daß sie zu bestimmen habe, ob und wie sie mit den Spielsachen spielen wolle: „Da sind Farben, Ton, Fingerfarben und Spielpuppen.“ Die Therapeutin lächelte Hanna freundlich zu, die sie ganz offensichtlich gelangweilt anstarrte. Die Therapeutin wartete einige Augenblicke; Hanna setzte sich hin und schwieg wie ein Stein. Die Therapeutin versuchte, einen Kontakt zwischen sich und dem Mädchen herzustellen; darum fing sie wieder an zu sprechen: „Weißt du nun gar nicht, was du zuerst tun sollst? Im Puppenhaus da drüben ist auch noch eine ganze Puppenfamilie. Spielst du gern mit Puppen?“

Hanna schüttelte verneinend den Kopf, die Therapeutin verfolgte ihr „Opfer“ weiter. „Du spielst nicht gern mit Puppen. Siehst du hier irgendetwas, womit du wohl spielen möchtest? Du darfst hier mit allem spielen und so, wie's dir gerade paßt.“ Hanna blieb bei ihrem eisigen Schweigen. Dann sagte die Therapeutin: „Du hast keine Lust zum Spielen. Du möchtest nur einfach hier sitzen.“ Hanna nickte zustimmend. „Nun gut“, sagte die Therapeutin. Auch sie setzte sich, und das Schweigen legte sich auf beide. Aber die Therapeutin war innerlich sehr gespannt. Voller Hoffnung fragte sie: „Möchtest du dich vielleicht lieber unterhalten?“ Die Antwort war: „Nein.“ Die Therapeutin klopfte mit dem Bleistift auf ihr nutzloses Notizbuch. Sie klopfte auch mit dem Fuß auf den Boden. Sie sah Hanna ein bißchen verärgert an. So ein absolutes Schweigen ist schwer auszuhalten. Eine lautlose Schlacht vollzog sich zwischen beiden, worüber Hanna sich bestimmt im klaren war.

Nach langem Schweigen fragte die Therapeutin: „Hanna, weißt du, weshalb du hier bist?“ Hanna starrte sie weiter an. „Deine Mutter hat dich hergebracht, damit dir ein wenig geholfen wird bei den Problemen, die du hast.“ Hanna sah weg. „Ich habe keine Probleme“, erklärte sie kühl. „Nun, du kannst mit dieser Stunde machen, was du willst“, erklärte die Therapeutin. Hanna bockte weiter. Das tat die Therapeutin beinahe auch. Mehrere Minuten vergingen. Dann –

Therapeutin: Warst du heute in der Schule?
Hanna: Ja.
Therapeutin: Klappt da alles?
Hanna: Ja. (*Schweigt wieder*)
Therapeutin: Weißt du Hanna, ich bin hier, um dir zu helfen. Ich möchte, daß du mich als deine Freundin ansiehst. Ich wünschte, du würdest mir erzählen, was dir Sorgen macht.
Hanna (seufzend): Gar nichts macht mir Sorgen.

Kein Zweifel: die Therapeutin war blockiert, eine Beziehung war nicht zustande gekommen. Und Hanna war sich vollkommen im klaren darüber, daß sie nicht angenommen wurde, auch hier nicht. Hanna war so wütend auf ihre Mutter, die sie unbedingt anders haben wollte als sie war, daß sie zum Widerstand bis zum bitteren Ende bereit war. Was konnte die Therapeutin unter diesen Umständen tun?

Zuweilen kam ihr der Gedanke, Ton zu holen und ihn in auffordernder Weise auszurollen, um auf diese Weise so etwas wie Handlung in Gang zu bringen. Vielleicht sollte sie dazu sagen: „Möchtest du das wohl auch tun?" Möglich, daß sie unter diesen Umständen ein unhöfliches Mittun erreicht hätte, aber es ist äußerst zweifelhaft, ob der therapeutische Vorgang jemals das Stadium eines höflicheren Widerstandes überwunden hätte.

Im Fall Hanna war die Therapeutin bemüht, Einfluß zu nehmen auf das, was an Handlung geschah. Es schien ihr wichtig zu sein, daß Hanna etwas *tat.* Darum der wiederholte Versuch, das Kind zu irgendetwas anzuregen. Sie versuchte, die Dinge voranzutreiben. „Weißt du nicht, was du zuerst tun sollst?" enthielt Kritik wegen Hannas mangelhafter Beteiligung. Die Therapeutin anerkannte Hannas Gefühle, wenn sie sagte: „Du magst nichts spielen. Du willst nur einfach hier sitzen bleiben." Aber das eben konnte die Therapeutin nicht annehmen. Sie unternahm einen weiteren Vorstoß: „Möchtest du dich unterhalten?" „Nein." Auch das wurde nicht akzeptiert. Und dann das nervöse Klopfen mit dem Bleistift und ihrem Fuß! Danach beging die Therapeutin einen unverzeihlichen Fehler, indem sie die therapeutische Situation mit einer gewissen Drohung belastete. „Weißt du, *weshalb* du hier bist?" Mit anderen Worten: „Du tätest gut daran, mal über dich nachzudenken; mit dir muß allerhand nicht in Ordnung sein, sonst wärst du nicht hier." Sogar das Wort „Problem" gebrauchte sie; Hanna leugnete, daß sie eines habe. Aber die Therapeutin akzeptierte diese Angabe nicht und sagte: „Du kannst diese Stunde gebrauchen, wozu du willst." Hanna fuhr fort, sie zu Widerstand und Schweigen zu benutzen. Die inkonsequente Therapeutin hörte nicht auf, das Terrain zu sondieren. „Warst du heute in der Schule?" Und dann, um der Sache die Krone aufzusetzen, sagte sie: „Ich möchte, daß du mich als deine Freundin betrachtest." Nein, die Rechnung ging nicht auf: Die Therapeutin verhielt sich weder annehmend, noch konsequent, noch therapeutisch.

Auch die Alternativ-Vorschläge, mit denen die Therapeutin das Mädchen durch suggestive Anregungen zur Mitarbeit veranlassen wollte, hatten keinen annehmenden Charakter. Wenn das Kind vermutlich bereits außerhalb der Klinik darum kämpfen mußte, angenommen zu werden – sollte es das etwa in der Therapie weiter tun? Wenn es ganz offensichtlich nicht spielen und nicht reden wollte, warum ließ man es nicht gewähren und erlaubte ihm nicht einfach schweigend dazusitzen? Hätte die Therapeutin die Situation deutlich genug erklärt, so daß Hanna wußte, daß sie sich mit allen Dingen im Spielraum beschäftigen oder die Stunde auch anders nach ihrem Geschmack benutzen konnte, so hätte die Therapeutin das Kind begleitet; hätte Schweigen auf der Tagesordnung gestanden, wäre eben geschwiegen worden. Nach der einleitenden Erklärung, daß Hanna das Recht habe, entweder zu spielen oder auch nicht, zu reden oder nicht, hätte die Therapeutin je nach der Entscheidung des Kindes durchhalten müssen. Die Therapeutin hätte sich mit irgendwelchen Notizen beschäftigen können oder irgend etwas kritzeln, wenn sie das Gefühl hatte, etwas tun zu *müssen*. Sie sollte hellwach dafür sein, jedes Gefühl, das das Kind zum Ausdruck brachte, auf dieses zu reflektieren. Ein tiefer Seufzer, ein sehnsuchtsvoller Blick aus dem Fenster von seiten Hannas hätte leicht reflektiert werden können: „Es ist langweilig, mit mir hier herumzusitzen. Vielleicht wärst du lieber draußen." Ein solches Zeichen des Verständnisses dürfte für Hanna eine gewisse innere Entspannung mit sich gebracht haben. Wäre das Mädchen hart geblieben, hätte die Therapeutin trotzdem ihre gewährende Haltung nicht aufgeben dürfen.

Das führt zu der Frage, wie lange man von einem Kind fordern sollte, daß es im Zimmer bleibt, eine Frage, auf die im 15. Kapitel unter dem Stichwort „Der Wert der Begrenzungen" näher eingegangen wird.

Das Annehmen eines Kindes beinhaltet weit mehr als den Initialkontakt und das Ziel, das Kind dazu zu bringen, etwas zu tun. Ist die Therapie in vollem Gang, muß der Therapeut die annehmende Haltung bei allem, was das Kind tut und sagt, aufrecht erhalten. Die Prinzipien der nicht-direktiven Therapie sind so miteinander verwoben, daß schwer festzustellen ist, wo das eine anfängt und das andere aufhört. Sie überschneiden sich und sind voneinander abhängig. Der Therapeut kann sich z. B. nicht annehmend verhalten, ohne eine gewährende Grundhaltung. Diese ist ohne die annehmende Einstellung undenkbar. Der Therapeut kann die Verantwortung des Mädchens für die Wahl seines Verhaltens nicht einem Kind überlassen, das er nicht achtet. Der Grad, bis zu welchem der Therapeut imstande ist, die Grundprinzipien in die Praxis umzusetzen, ist ausschlaggebend für die Reichweite der Therapie.

Bringt das Kind heftige und aggressive Gefühle zum Ausdruck, muß die Therapeutin sich bemühen, auch sie anzunehmen. Schweigepausen können in solchen Momenten vom Kind als Ablehnung bzw. einen Mangel an Angenommensein ausgelegt werden. Der Ton der Stimme und der Gesichtsausdruck des Therapeuten können das Gefühl, angenommen zu sein, verstärken oder abschwächen.

Anwendung in der Gruppentherapie

Die Anwendung der Grundprinzipien in der Gruppensituation verlangt vom Therapeuten, daß er ständig auf seine Reaktionen achtgibt, so daß kein Kind in der Gruppe sich mit anderen Gruppenmitgliedern vergleichen bzw. als in Kontrast zu ihnen gesehen vorkommt. Ein solches Gefühl entsteht leicht, wenn sich – sei es direkt oder indirekt – Elemente von Lob und Tadel in die Reaktionen des Therapeuten einschleichen. Eine Äußerung wie: „Fritz weiß, was er tun will, der fängt sofort an", kann leicht bei anderen Gruppenmitgliedern als Kritik empfunden werden, wenn sie vielleicht gerade die Wonne von ein paar Minuten reinen Faulenzens genießen und dabei die neue Situation erforschen wollen. Wenn ein Kind einen Klumpen Ton, offenbar ohne die Absicht, etwas Bestimmtes aus ihm zu formen, knetet, dann kann sich schon eine Äußerung des Therapeuten wie „Du weißt wohl gar nicht, was daraus werden soll, Sophie?" als Kritik wegen der Unentschiedenheit des Kindes empfunden werden. Vom therapeutischen Standpunkt aus ist die lohnendste Reaktion das Reflektieren von Gefühlen und Haltungen. Das ist konstruktiver als Äußerungen von Zufriedenheit. Der Ton der Stimme und unparteiische positive Reaktionen tragen am besten dazu bei, Gefühle, vom Therapeuten benachteiligt zu werden, zu vermeiden.

Es ist wohl so, daß das Gefühl des vollkommen Angenommenseins durch den Therapeuten im Einzelkontakt leichter herzustellen ist als in der Gruppe, weil die Gefahr des Vergleichens, was möglicherweise Kritik enthält, nicht besteht.

10. Kapitel

Das Herstellen eines Klimas des Gewährenlassens

Der Therapeut gründet seine Beziehung zum Kind auf eine Atmosphäre des Gewährenlassens, so daß das Kind sich frei fühlt, alle seine Gefühle uneingeschränkt auszudrücken.

Die Therapiestunde ist die Stunde des Kindes, die es verwenden kann, wie es will. Die Tiefe des Gefühls, die es während der Spielstunde zeigt, wird bestimmt durch das gewährende „Klima", das der Therapeut schafft. Bis zu einem gewissen Grade finden diese Gefühle einen verbalen Ausdruck, aber die Wirkung geht tiefer. Gehen Kind und Therapeut zusammen ins Spielzimmer, pflegt der Therapeut zu sagen: „Für die Dauer dieser Stunde kannst du mit allen Spielsachen spielen, wie du willst." Handelt es sich um ein schüchternes Kind oder eines mit überaus dürftigen Erfahrungen, das nicht versteht, mit dem Material umzugehen, so halten manche Therapeuten es für richtig, gleich zu Beginn der Stunde das Material zu erklären. „Mit den Farben auf der Staffelei macht man Bilder. Hier liegt das Papier dafür. Hier sind Farblappen. In diesem Topf befindet sich Ton. Und dies sind Fingerfarben. Aus dieser Knetmasse kannst du machen, was du willst. So machst du das Papier naß, schüttest aus einem kleinen Gefäß etwas Wasser auf den Bogen und verschmierst das ganze mit den Händen. Dieses hier sind Puppen. Du kannst sie so über deine Hand ziehen. Du sprichst dann für sie –, d. h. du sagst, was du willst, das sie sagen sollen. Hier ist das Puppenhaus, und dies ist die Familie, die darin wohnt. Das ist der Vater, das ist die Mutter und dies das kleine Baby. Und jetzt kannst du mit allem spielen, was du willst und wie du das tun willst. Für eine Stunde gehört das alles dir ganz allein."

In der ersten Stunde untersucht das Kind das Material und ist zugleich sehr aufmerksam in bezug auf das Verhalten des Therapeuten. Das ist der Grund dafür, daß Worte nicht genügen. Die „gewährende Haltung" ist das Ergebnis der Einstellung des Therapeuten dem Kind gegenüber, von seinem Gesichtsausdruck, dem Ton seiner Stimme und von dem, was er spricht.

Verspritzt das Kind absichtlich Wasser, und der Therapeut wischt es sofort wieder weg, so hebt er durch diese Handlung die Wirkung der in Worten wiederholt ausgedrückten gewährenden Haltung auf.

Wenn der Therapeut glaubt, das Kind habe Beziehungsschwierigkeiten innerhalb der Familie und rückt deshalb die Puppenfamilie in die Nähe des Kindes, während er sagt: „Sieh' mal, die Puppenfamilie! Willst du mit der nicht mal spielen?", so ist das ein Verstoß gegen die freie Wahl des Kindes.

Nimmt das Kind sich ein Stück Ton und knetet die Masse scheinbar sinnlos und unentschieden zwischen seinen Händen, tut der Therapeut gut daran, auf Bemerkungen wie: „Du weißt wohl nicht recht, was du damit anfangen sollst?" zu verzichten. Möglicherweise versteht das Kind solche Worte als ein Zeichen der Unzufriedenheit des Therapeuten mit ihm. Zur gewährenden Haltung gehört die Entscheidung, das Material zu gebrauchen oder nicht, – ganz wie es dem Wunsche des Kindes entspricht.

Häufig tritt die Frage auf, was man tun woll, wenn ein Kind zwar gutwillig mit ins Spielzimmer geht, dann aber schüchtern, taten- und wortlos herumsteht. Kann das der Therapie förderlich sein? Die Versuchung ist groß, das Kind zur Benutzung des Materials zu ermutigen. Manchmal glaubt der Therapeut, eine Beschäftigung käme in Gang, wenn er mit dem Kinde spielt. Er sucht dann nach einem Mittelweg und verführt das Kind dazu, mitzumachen. Das entspricht aber eher einer „stützenden Technik" als einer nicht-direktiven Arbeit. Das Kind bleibt abhängig vom Therapeuten; es entsteht eine Barriere, die zu den bereits vorhandenen hinzukommt und im Laufe der Therapie wieder abgebaut werden muß. Diese andere Technik kann das Kind verwirren; durch sie kann es verstimmt werden; es wird verärgert und zieht sich von jeder aktiven Beteiligung zurück. Eine absolut gewährende Haltung, die sich aller suggestiven Hinweise enthält, dient einer erfolgreichen Therapie besser. Sagt der Therapeut: „Du kannst mit den Spielsachen spielen, wie es dir Spaß macht", das Kind will aber nicht spielen, dann ist es richtiger, das Kind tatenlos herumsitzen zu lassen. Bleibt der Therapeut freundlich und nimmt dessen Schweigen und Nichtstun an, so kommt das Kind zu der Überzeugung, daß der Therapeut auch meint, was er sagt und daß es wirklich tun darf, was es will. Das Kind lernt auch begreifen, daß die Verantwortung für die Wahl seines Verhaltens bei ihm liegt. Es wird auf sich selbst gestellt, und es ist seine Angelegenheit, irgendeine Tätigkeit anzufangen, die es dann weiter verfolgt. Es ist keiner da, der ihm sagt, was es tun soll. Die Beziehung zum Therapeuten gibt wohl

Sicherheit, aber keine Unterstützung. Manchmal braucht es lange Zeit, ehe ein Kind das Gefühl für seinen Selbstwert bekommt. Unter Umständen wehrt sich in ihm etwas gegen die Versuche anderer Menschen, ihm Unabhängigkeit und Selbstbestimmung vermitteln zu wollen; aber eine stützende Einmischung des Therapeuten würde jeden Fortschritt nur verzögern.

Wenn eine gewisse Zeit verstrichen ist, kann der Therapeut in behutsamer Weise mit ruhiger freundlicher Stimme sagen: „Oft ist es so schwer, einen Anfang zu finden. Aber vielleicht möchtest du überhaupt lieber nur hier sitzen, ohne etwas zu tun." Die Antwort besteht unter Umständen in einem Grinsen oder es erfolgt ein zustimmendes Nicken, und das Kind bleibt weiterhin schweigend sitzen. Es ist wertvoller für die Therapie, die ganze Stunde schweigend und sitzend zu verbringen und dadurch mit Konsequenz die Worte unter Beweis zu stellen, „du kannst spielen oder auch nicht", als den Ablauf der Therapiestunde zu steuern.

Der Therapeut bekundet vom Beginn der Stunde an seine Achtung vor der Fähigkeit des Kindes, seine eigene Entscheidung zu treffen; er behält diese Einstellung bei.

Von seiten des Kindes hat das manchmal eine Test-Periode zur Folge. Kinder pflegen skeptisch gegenüber solchen Gewährungshaltungen zu sein. Das Kind, das da träge herumsitzt, testet u. U. den Therapeuten daraufhin, ob er auch meint, was er sagt. Diese Trägheit kann aber auch Widerstand bedeuten, – passiven Widerstand gegen die Wandlung, die jemand ihm aufzwingen will. Das Kind wehrt sich nach Kräften gegen einen solchen Wandel. Drückt der Mangel an Beteiligung während der Spielstunde Verärgerung gegen Druck von außen aus, dann dürfte es angebrachter sein, ihm zu erlauben, seinen Ärger zu zeigen.

Die gewährende Haltung in der Beziehung behält ihre Gültigkeit weit über den Initialkontakt hinaus. Sie gilt für jede Beziehung zum Kind. Sie ist eine sehr subtile Angelegenheit. Es bedarf der Festigkeit auf seiten des Therapeuten, die gewährende Atmosphäre aufrechtzuerhalten. Sie kann nur allzuleicht – oft ganz unabsichtlich – gestört werden. Der Therapeut sollte keine Versuche unternehmen, Beschäftigungen oder Gespräche des Kindes zu steuern. Das bedeutet u. a.: *keine Testfragen* an das Kind richten.

Die 5jährige Margret, die wegen eines traumatischen Krankenhaus-Erlebnisses zur Behandlung eingewiesen wurde, spielte mit der Puppenfamilie. Sie nimmt die Mädchenpuppe, setzt sie in den Spielwagen und schiebt sie den Korridor entlang. Der Therapeut glaubt, das entscheidende Erlebnis bereits im Griff zu haben, indem er sagt: „Kommt das kleine Mädchen ins Krankenhaus?“ „Ja“, sagt das Kind. „Hat es Angst?“ „Ja.“ „Und was passiert nun?“ fragt der Therapeut. Das Kind wendet sich ab, geht zum Fenster hinüber und dreht dem Therapeuten und der Puppenfamilie den Rücken zu. „Wie lange noch?“ fragt es. „Ist jetzt Schluß mit der Stunde?“ Auf diese Weise wehrt sich das Kind gegen Testversuche. Es ist noch nicht so weit, sich mit der schrecklichen Erfahrung auseinanderzusetzen. Margret war nicht angenommen worden, so wie sie war. Man hatte ihr nicht erlaubt, die Türe erst dann zu öffnen, wenn sie sich imstande fühlte, dem, was dahinter war, ins Auge zu schauen.

Der Therapeut kümmert sich um die *Gefühle,* die ein Kind ausdrückt. Ein Kind wird selten in den Spielraum gehen und sogleich tiefer liegende Gefühle ausspielen. Zunächst kommt meistens eine Periode des Untersuchens, des Testens und Sich-miteinander-und-mit-den-Dingen-bekannt-Machens. Das Kind braucht ein Gefühl von Vertrauen zum Therapeuten, ehe es ihn an seinen Gefühlen teilnehmen läßt. Es muß sich in dieser Situation so sicher fühlen, daß es seine „schlechten“ Gefühle ebenso zum Ausdruck bringen kann wie seine „guten“; es darf keine Angst davor haben, dem Erwachsenen zu mißfallen. Dieses Vertrauen hängt ab von der Konsequenz, mit welcher der Therapeut an den Grundprinzipien festhält.

Es ist wichtig, daß durch die Spieltherapie keine Schuldgefühle hervorgerufen werden. Das gleiche gilt in bezug auf Mißbilligung und negative Kritik. Das Klima sollte neutral sein.

Wenn ein Kind in den Spielraum kommt und anfängt zu malen, sitzt der Therapeut beobachtend dabei: Er macht sich ein paar Notizen. Das Kind sagt: „Ich kann nicht gut malen. Dies hier ist scheußlich geworden.“ Vielleicht ist das Bild in Wirklichkeit sehr gut. Soll der Therapeut dem Kind das sagen? Sollte er sagen: „Du findest dein Bild nicht sehr gut, aber *ich* finde es gut.“ Was der Therapeut denkt, hat weiter keine Konsequenzen. Nehmen wir einmal an, er sagt: „Du meinst, daß du keine schönen Bilder malen kannst.“ Nehmen wir außerdem an, als Ergebnis dieser Bemerkung würde das Kind das ganze Blatt mit schwarzer Farbe beschmieren. War es etwa so entmutigt, daß es das Bild ganz dunkel machte? Oder brachte es ein Gefühl von Ärger über den Therapeuten zum Ausdruck, weil er seine Arbeit nicht richtig gewürdigt hatte? Oder ist es die Reaktion des Kindes auf ein mangelhaftes Angenommensein?

Begleitet der Therapeut das Kind innerlich, wird das Kind in erkennbarer Weise seine Gefühle zum Ausdruck bringen. Wichtig ist, daß der Therapeut nicht vorangeht und ebenso, daß er nicht irgend etwas in eine Situation hineindeutet, was gar nicht in ihr enthalten ist.

Die gewährende Haltung, die einer erfolgreichen Therapie am förderlichsten ist, steht in direkter Beziehung zur Annahme des Kindes. Wenn es sich vom Therapeuten so angenommen fühlt, daß es die Mutterpuppe schlagen, das Baby im Sand beerdigen oder sich auf den Boden legen und aus der Flasche trinken kann, obwohl es neun, zehn oder elf Jahre alt ist und dies alles ohne ein Gefühl von Scham und Schuld, dann hat der Therapeut eine Atmosphäre des Gewährens geschaffen. Das Kind ist frei, sich auszudrücken. Es macht seinen aggressivsten und destruktivsten Gefühlen Luft. Es kreischt, schreit, wirft Sand über den ganzen Platz, verspritzt Wasser auf dem Boden. Es befreit sich von seinen aggressivsten und destruktivsten Impulsen. Es entspannt gefühlsmäßig. Damit ist das Fundament für ein konstruktiveres Verhalten gelegt. Die alten Gefühle ist es losgeworden, es ist offen für neue. Die Erfahrung bringt für das Kind Einsicht in sein Verhalten mit sich. Es versteht sich selbst ein bißchen besser. Es hat Vertrauen zu sich selbst gewonnen. Es ist besser in der Lage, seine eigenen Probleme zu lösen. Es weiß aus Erfahrung, daß es sich selbst mit den Dingen auseinandersetzen kann.

Anwendung auf die Gruppentherapie

Eine Gruppenerfahrung scheint das Erlebnis eines „gewährenden Klimas“ zu beschleunigen. Jedes Kind bezieht ein Sicherheitsgefühl aus der Gruppe. Dadurch, daß ein Kind aus der Gruppe vorangeht, gewinnen die anderen Mut, irgendwelchen Beschäftigungen nachzugehen und gleichzeitig zu beobachten, wie das eine Kind mit der Bewältigung der neuen Umwelt fertig wird.

Das Testen der Situation wird mehr oder weniger abgekürzt, weil jedes Individuum in der Gruppe die gewährende Haltung des Therapeuten, sowohl unmittelbar im Hinblick auf sich selbst erfährt, wie dadurch, daß andere sie erleben. Wenn Hans den Mut hat, mit offensichtlichem Genuß an der Babyflasche zu saugen, so ermutigt das Willi, wenn auch vielleicht etwas zögernder, dasselbe zu tun. Wagt Marion, die Vaterpuppe zu schlagen, finden Hanna und Willi den nötigen Mut, das Baby zu hauen, wenn ihnen danach zumute ist. Ein in seinem Handeln äußerst gehemmtes Kind, das noch dazu große Angst hat, sich schmutzig zu machen, wird manchmal dadurch zum

Fingermalen animiert, daß es sieht, welche Freude ein anderes Gruppenmitglied daran hat. Die Kinder merken, wie der Therapeut alles, was die Kinder zum Ausdruck bringen, annimmt. Die Freiheit der Selbstdarstellung wirkt ansteckend.

11. Kapitel

Das Erkennen und Reflektieren von Gefühlen

Der Therapeut ist wachsam in bezug auf die Gefühle, die das Kind ausdrücken möchte. Er versucht, sie zu erkennen und so auf das Kind zu reflektieren, daß es Einsicht in sein Verhalten gewinnt.

Während des Initialkontaktes sind die Reaktionen des Therapeuten ziemlich sachlich und beziehen sich mehr auf den Gesprächsinhalt als auf die vom Kind zum Ausdruck gebrachten Gefühle. Therapeut und Kind nähern sich vorsichtig einander in dem Bestreben, in eine Beziehung zueinander zu treten. Das Kind untersucht das Spielzimmer. Es nimmt zum Beispiel eine Puppe. „Was ist das?" fragt es. „Eine Puppe", erwidert der Therapeut. Das Kind zeigt auf die Farbkästen. „Was ist das?" „Das sind Farben. Wer Lust dazu hat, malt damit an der Staffelei usw. usw." Einige Therapeuten, die gern ein Gefühl aus dem Kind herausbringen möchten, antworten: „Du staunst, was das ist", aber es scheint doch so, als ob solche Äußerungen die Therapie eher blockieren, als daß sie sie fördern. Es ist ratsam, sachliche Fragen sachlich zu beantworten. Darauf kann das Kind aufbauen. Die Fragen sind oft nichts als ein Versuch, mit dem Therapeuten Bekanntschaft zu machen. Was gäbe es denn sonst, worüber die beiden sich zunächst einmal unterhalten könnten? Der Therapeut muß allerdings wach sein für das Erspüren von Gefühlen, die das Kind entweder durch eine direkte Unterhaltung oder im Spiel, seinem natürlichen Ausdrucksmittel, zeigt.

Das Erkennen von Gefühlen und ihre Interpretation sind zweierlei. Und doch ist es nicht leicht, zwischen beiden zu unterscheiden. Das Spiel des Kindes ist symbolisch für seine Gefühle, und wenn der Therapeut versucht, symbolisches Verhalten in Worte zu übersetzen, so liegt darin eine Interpretation, denn er sagt, was er *glaubt*, daß das Kind mit seiner Beschäftigung ausgedrückt haben könnte. Das ist kaum zu vermeiden und zu gewissen Zeiten sogar von Vorteil. Ein vorsichtiger Gebrauch von Interpretation ist der beste Weg; der Therapeut sollte die Interpretation aber auf ein Minimum beschränken, und wenn er von ihr Gebrauch macht, sollte er sich allein an die spielende Beschäftigung des Kindes dabei halten. Und selbst dann noch sollte in einer Äußerung des Therapeuten das vom Kind gebrauchte Symbol angesprochen werden.

Ein 6jähriger Junge wurde z. B. zur Spieltherapie in die Klinik gebracht, weil er unter übermäßigen Gefühlen von Furcht und Angst litt. Er spielte mit der Puppenfamilie im Puppenhaus. Er nahm den Puppenjungen aus dem Haus und sagte zur Therapeutin: „Sie schickt den Puppenjungen hierher, wo der Treibsand ist. Der Junge hat Angst, aber sie schickt ihn trotzdem dorthin. Und sieh' mal! Er versinkt tiefer und tiefer und immer tiefer im Treibsand." Der Junge, der große Furcht und Angst zeigte, beerdigte die Puppe im Sand. Dieses Kind stellte zweifellos seine Ängste und Unsicherheitsgefühle und sein Gefühl von Unverstandensein dramatisch dar. Wie sollte ein Therapeut darauf reagieren? Sicher liegt in diesem Spiel der Ursprung der Probleme des Kindes. Nimmt der Therapeut die Spur des Kindes auf, wird er etwas sagen wie: „Der Junge wurde fortgeschickt, und er hat Angst. Da draußen ist Treibsand. Der Junge weint sogar. Er sagt seiner Mutter, daß er Angst hat, aber sie schickt ihn trotzdem wieder weg, und er wird im Sande begraben." Das Kind spricht von „dem Jungen", und der Therapeut tut das ebenfalls. Er gibt ihm sozusagen seine eigenen Worte zurück. Hätte der Therapeut gesagt: „Du hast Angst, und deine Mutter nimmt überhaupt keine Rücksicht darauf, und das macht die Angst noch größer", dann wäre er dem Kind vorausgegangen und hätte seine Bemerkungen interpretiert. Vielleicht wäre die Interpretation sogar korrekt gewesen, aber es besteht die Gefahr, in das Kind etwas hineinzulegen, für das es noch nicht reif ist. Sagt das Kind: „Ich hab' auch Angst, und manchmal weine ich, aber meine Mutter verlangt trotzdem, daß ich das tue, was sie will", dann ist es reif für die direkte Antwort: „Du hast Angst" usw. Solange es aber die Puppe als Mittelsmann nötig hat, sollte auch die Therapeutin von ihı sprechen.

Erspürt und erkennt der Therapeut das zum Ausdruck gebrachte Gefühl, so geht das Kind allmählich weiter, und der Therapeut kann direkt sehen, wie es an Einsicht gewinnt.

So war es u. a. beim ersten Einzelkontakt mit Thomas, von dem auf Seite 43 ff. die Rede war, der Fall. Diese Stunde war als Einzelberatungsstunde geplant, aber Thomas durfte einen Spieltherapie-Kontakt daraus machen. Er hatte es in der Hand, sein spezielles Ausdrucksmittel zu wählen. Seine Gefühle wurden klar genug auf ihn reflektiert, so daß er genügend Einsicht gewann, um von seinem Abstreiten aller Schwierigkeiten, die er angeblich haben sollte, abzurükken und zu der Überlegung zu kommen, daß jeder Mensch Schwierigkeiten hat, auch er selbst. Durch die gewährende Haltung der Therapeutin, die ihm erlaubte, zu gehen oder zu bleiben, zu reden oder zu schweigen, konnte er innerlich entspannen und die Gewißheit haben, daß dies tatsächlich seine Stunde war, von der er Gebrauch machen konnte, wie er wollte. Es war interessant, wie Thomas im letzten Teil der Stunde wieder auf seine Feststellung zurückkam, er habe nichts zu sagen; als das von der Therapeutin anerkannt wurde und sie ihm ganz die Wahl überließ, entweder wieder zurückzukommen oder wegzubleiben, nahm er seinen Hut ab, zog den Mantel aus und blieb.

In diesem Fall wurde Thomas durch die gewährende Atmosphäre der Situation, durch das Anerkennen und das Reflektieren der von ihm zum Ausdruck gebrachten Einstellungen geholfen, Klarheit in sein Denken zu bringen und einen positiven Schritt zur Selbsthilfe zu tun.

Manchmal scheinen die ausgesprochenen Worte und das Spiel des Kindes in Konflikt miteinander zu geraten. Das war der Fall bei Martin. Er lebte in einem Kinderheim. Seine Eltern waren geschieden und beide Teile hatten wieder geheiratet. Der Vater wurde Vormund von Martins älterem Bruder. Martin war hierüber zutiefst verärgert, wie auch über die Tatsache, daß er seine Spielsachen nicht mit ins Heim bringen durfte – besonders nicht die Kanone!

Eines Tages machte Martin einen Besuch zu Hause. Er hatte sich auf diesen Besuch schon lange vorbereitet. Er wollte seine Spielsachen haben. Er war vor diesem Besuch fünf Wochen zur Spieltherapie gekommen. Nun kam er zum erstenmal wieder. Er kam ins Spielzimmer und grinste von einem Ohr zum anderen.

Martin: Nun, ich war also zu Hause. (*Er setzte sich an den Maltisch und nahm sich ein sauberes Stück Papier, machte den Malkasten auf und fing an zu malen, immer still und glücklich vor sich hingrinsend.*) Ich habe meinen Vater und meine Mutter gesehen. Und weißt du, warum sie mich nicht besucht haben?

Therapeutin: Nein.

Martin: Weil sie glaubten, ich wäre sicher traurig, sie zu sehen und mich dann doch von ihnen wieder trennen zu müssen. Das hat mir mein Vater gesagt. Dann haben sie mich zu einem Picknick mitgenommen; wir haben Eiscreme und Bonbons gegessen und eine Bootsfahrt gemacht. Ich habe nach meiner Kanone gefragt. Und an einem Tag haben wir einen Ausflug gemacht. (*Während der ganzen Zeit, als Martin die Geschichte vom Besuch zu Hause erzählte, malte er einen winzigen Punkt in die Mitte des Papiers und um den grünen Punkt herum eine immer größer werdende schwarze Fläche.*) Ja, ich bin gut zu Hause angekommen. Aber meine Spielsachen habe ich nicht gekriegt. Und mein Bruder hat meine Kanone kaputtgemacht. Und dabei hat er soviel eigene Spielsachen. Er hat auch viel mehr Spaß als ich. Er kann zu Hause bleiben.

Therapeutin: Du warst zu Hause, aber dein Besuch hat dich enttäuscht. [Diese Feststellung ist eine Interpretation. Die Therapeutin zieht Schlüsse aus dem, was Martin gesagt hat.] Du hast deine Spielsachen nicht bekommen und deine Kanone ist kaputtgemacht worden.

Martin: Ja. (*Er stand vom Tisch auf, ging zu dem Bord hinüber und holte sich die Babyflasche. Er brachte sie mit an den Tisch und setzte sich der Therapeutin gegenüber.*) Der hat aber was von mir zu hören gekriegt! Ich sagte ihm, ich wolle meine Spielsachen haben. (*Er war nah am Weinen und sah die Therapeutin an.*) Ich bin ein Baby. (*Er saugte an der Flasche.*)

Therapeutin: Nun bist du ein Baby. Du findest, daß sie dich zu Hause nicht gerade gut behandelt haben. [Auch dies ist eine Interpretation, die über das, was das Kind sagte, hinaus geht. Im Grunde sind es die Gefühle der Therapeutin über die häusliche Situation, aber das kommt dem, was Martin fühlt, so nahe, daß er es annehmen kann.]

(*Martin füllte seinen Mund mit Wasser, beugte sich vor und spuckte auf den Boden.*)

Martin: Guck' mal! Ich spuck' auf mein Zuhause.

Therapeutin: Du spuckst auf dein Zuhause.

(*Martin zog den Sauger ab, nahm den Mund wieder voll Wasser und spuckte es wieder auf den Boden.*)

Martin: Ich spuck' auf meinen Bruder. Ich spuck' auf meinen Vater. Ich spucke ihnen direkt ins Gesicht. Sie wollen mir meine Spielsachen nicht lassen. Er hat meine Kanone kaputtgemacht. Denen werd' ich's geben. Anspucken werde ich sie. (*Immer wieder nahm er den Mund voll Wasser und spuckte es auf den Boden.*)

Therapeutin: Du bist sehr böse auf deinen Bruder und deinen Vater. Du möchtest ihnen am liebsten ins Gesicht spucken, nachdem sie dich so schlecht behandelt haben.

Martin: Sie haben meine Kanone kaputtgemacht. (*Er ging an den Wasserhahn und füllte die Flasche wieder und spuckte immer weiter seinen Vater und seinen Bruder an.*) Sie hatten einen neuen Bettvorleger zu Hause. Sieh' her! Ich spucke auf ihn. Ganz naß werde ich ihn machen und ihn ruinieren. Auch den neuen Anzug von meinem Bruder! Auch den werd' ich anspucken und ruinieren.

Therapeutin: Du wirst den neuen Bettvorleger und den neuen Anzug ruinieren. Dann wirst du quitt sein mit deinem Vater und deinem Bruder.

Martin (sehr heftig): Ich hasse meinen Vater! Ich hasse meinen Bruder.

Therapeutin: Du haßt deinen Vater und deinen Bruder. (*Martin setzte sich jetzt, plötzlich ganz ruhig geworden, wieder der Therapeutin gegenüber. Er sprach mit leiserer Stimme. Er hatte den Sauger wieder auf der Flasche und saugte an ihm.*)

Martin: Ich wußte nicht, wie lange ich zu Hause bleiben würde. Darum hatte ich nicht genug zum Anziehen mit. Ich blieb länger, als ich vorhatte. Ich weiß das nie vorher, und sie sagen mir nie was.

Therapeutin: Du weißt nie, was auf dich wartet. Du kannst keine Pläne für deine Besuche machen, wenn sie dir nicht sagen, wie lange du bleiben darfst. Du hattest nicht genug zum Anziehen mit, weil sie dir nicht richtig Bescheid gesagt haben.

Martin: (geht hinüber und holt sich die Vater-Puppe. Er schlägt sie hart mit dem Kopf auf den Tisch.) Da hast du's! Da hast du's! Da hast Du's!

Therapeutin: Du willst ihn verhauen.

Martin (fängt an, dem Vater den Kopf umzudrehen): Ich würde ja lachen, wenn sein alter Kopf abginge. (*Er lacht.*)

Therapeutin: Du würdest dich freuen, wenn sein Kopf abginge.

Martin: Das geschähe ihm recht. Alle meine Spielsachen hat er meinem Bruder gegeben. Der wollte nicht, daß ich sie mit ins Heim nehme. Er hat meine Kanone kaputtgemacht.

Therapeutin: Du findest, daß er dich nicht gerade sehr nett behandelt hat. Der Vater nahm deine Spielsachen und gab sie dem Bruder. Und jetzt willst du sie haben. Du willst auch deine Kanone wieder haben.

(*Martin wirft die Vaterpuppe durch den ganzen Raum*): Ich habe nicht genug zum Anziehen mitgenommen und mußte schmutziges Zeug tragen. Und meine Spielsachen hab' ich auch nicht bekommen.

Therapeutin: Du mußtest schmutzige Sachen tragen und hast nicht erreicht, was du wolltest.

Martin: Diese Betrüger!

Therapeutin: Sie haben dir was weggenommen, was dir gehörte.

Martin (nimmt sich ein kleines Stück Ton): Darf ich den Ton hier haben?

Therapeutin: Du möchtest ihn gern haben, aber ich kann ihn dir nicht geben. Weißt du, er gehört hier ins Zimmer. Du kannst ihn benutzen, aber du darfst ihn nicht aus dem Spielzimmer nehmen.

Martin: Ich will ihn aber haben.

Therapeutin: Ich weiß, du willst ihn haben, aber das geht nicht. Alle Kinder würden gern irgendwas von hier mitnehmen. Wenn wir das erlauben, bliebe nichts übrig, womit ihr spielen könntet.

Martin: Könnten wir dann nicht mehr herkommen?

Therapeutin: Ihr könntet kommen, aber es gäbe nichts mehr zu spielen.

Martin (schob die Babyflasche der Therapeutin zu): Füll' mir die mal. (*Die Therapeutin tat das, sie merkte, daß Martin, als er sich unbeobachtet glaubte, einen Klumpen Ton in seine Tasche steckte. Sie gab ihm die Flasche. Er trank wieder daraus.*) Das läuft zu langsam. Hast du keine Nadel?

Therapeutin: Ich habe keine Nadel.

(*Martin nahm die lange Sicherheitsnadel, die seine Hosen zusammenhielt. Sie waren ungefähr vier Nummern zu groß für ihn. Sie fielen fast hinunter, als er die Nadel herausnahm. Er stach mit der Nadel in den Sauger und vergrößerte das Loch. Dann sah er angewidert auf seine Hosen.*)

Martin (wütend): Sieh' dir das an. Die sind 'ne Meile zu groß für mich. Ich wünschte, sie gäben mir ein paar passende Hosen.

Therapeutin: So unbequeme Kleider magst du gar nicht gern tragen.

Martin: Wirst du mir etwas Ton schenken?

Therapeutin: Ich weiß, Martin, daß du gern Ton haben möchtest. Ich weiß, daß du dich sehr darüber freuen würdest. Du wolltest deine eigenen Spielsachen und deine Kanone und hast das alles nicht bekommen. Nun möchtest du, daß ich dir den Ton gebe, aber ich kann das nicht tun, weil er hier bleiben muß. [Dies war offensichtlich eine Interpretation von seiten der Therapeutin und in diesem Augenblick keine gute Sache. Sie ging weit über Martins einfache Bitte um Ton hinaus.]

Martin (traurig): Niemand gibt mir was. (Das war eine Reflektion dessen, was die Therapeutin gesagt hatte.)

Therapeutin: Das macht dich ganz unglücklich. (Damit nahm sie Bezug auf Martins Stimme und Gesichtsausdruck.)

Martin: Aber wenn du Dinge von hier weggeben würdest, dann könnten wir nicht mehr kommen. (*Er nahm heimlich den Tonklumpen aus seiner Tasche und legte ihn wieder auf den Tisch.*) Wir könnten zwar herkommen, aber wir könnten mit nichts spielen, weil nichts mehr da wäre.

Therapeutin: Das stimmt.

Martin: Ich hab' den Ton zurückgegeben. Siehst du? Hier ist das Stück, das ich weggenommen hatte.

Therapeutin: Du wolltest den Ton haben und hast ihn weggenommen, aber du hast ihn nicht behalten. Und du wolltest, daß ich weiß, daß du ihn zurückgegeben hast.

Martin (drehte seine Tasche um): Siehst du? Ja, ich hab' ihn zurückgelegt. (*Er versuchte, die Sicherheitsnadel wieder in seine Hosen zu stecken, aber das gelang ihm nicht. Schließlich stach er sie einfach gerade hinein; dabei stach er sich selbst. Er fluchte.*)

Therapeutin: Hast du Schwierigkeiten mit der Sicherheitsnadel?

Martin: Ich kann sie nicht 'reinkriegen.

Therapeutin: Soll ich dir helfen?

Martin: Ja, das wär' gut. Und ich wünschte, sie gäben mir passende Hosen.

Therapeutin: Du magst keine Hosen, die zu groß für dich sind.

Martin (nachdrücklich): Natürlich nicht. (*Er ging an den Wasserhahn und leerte die Babyflasche. Dann kam er zurück und nahm den Mop, der immer in der Ecke stand, und säuberte das Zimmer.*) Ich habe heute ziemlich viel Dreck gemacht, nicht wahr?

Therapeutin: Du findest, daß du heute viel Schmutz gemacht hast. (*Martin reinigte das Spielzimmer.*)

In diesem Fall beginnt der Junge mit einer konventionellen Beschreibung seines Besuches zu Hause, um allmählich zu einer krassen Darstellung seiner wahren Gefühle überzugehen. Es ist interessant zu beobachten, wie der Junge die für ihn wirklich wesentlichen Gefühle zum Ausdruck bringen konnte, weil jedes von ihnen vom Therapeut anerkannt wurde. Das Annehmen von Martins negativen Gefühlen, die Erlaubnis, sie frei äußern zu dürfen, das Reflektieren dieser Gefühle, – alles dies verhalf Martin zu genügend Einsicht, um den Ton zurücklegen zu können und der Beendigung der Therapiestunde eine konstruktivere Note zu geben, obwohl nicht die geringsten Hinweise auf Schuldgefühle wegen des vielen verspritzten Wassers zu spüren sind. Das Verschütten von Wasser war ein für Martin typisches Verhalten; das Aufwischen war etwas Neues.

Anwendung in der Gruppentherapie

Befinden sich mehr als ein Kind im Spielraum, so sind dem Reflektieren von Gefühlen durch den Therapeuten enge Grenzen gesetzt. Es ist unmöglich, alle Gefühle, die zum Ausdruck gelangen, wahrzunehmen. Der Therapeut muß seine Aufmerksamkeit auf einzelne Kinder konzentrieren und gleichzeitig so reagieren, daß kein Kind sich vernachlässigt fühlt. Das ist nicht ganz einfach. Manchmal versucht ein Kind, ein anderes aus der Gruppe nachzuahmen, um die Aufmerksamkeit des Therapeuten auf sich zu lenken. Entwickelt der Therapeut ein gutes Einfühlungsvermögen in das Spiel der Kinder, dann merkt er, ob ein Kind ein anderes nachahmt, um die Aufmerksamkeit auf sich zu ziehen. Seine Reaktion sollte dann so sein, daß er mehr den Wunsch nach Aufmerksamkeit reflektiert als die Tätigkeit des betreffenden Kindes. In dem nun folgenden Beispiel ist es dem Therapeuten nicht gelungen.

Albrecht: Ich male jetzt ein Bild für meine Mutter.
Therapeutin: Du willst etwas für deine Mutter machen.
Susi: Ich will auch ein Bild malen.
Therapeutin: Du willst auch malen, wie Albrecht.
Albrecht: Dies wird für meine Mutter.
Therapeutin: Du willst dieses Bild für deine Mutter machen.
Susi: Dies ist für meine Mutter, für *meine* Mutter ... für *meine* Mutter.
Therapeutin: Ihr wollt beide etwas für eure Mütter machen.
Albrecht: Meins wird eine Maschinenpistole für *meine* Mutter.
Susi: Meins ist 'ne viel größere Maschinenpistole für *meine* Mutter.
Albrecht: Meine wird so groß sein wie das ganze Papier. Eine große, große Maschinenpistole für meine Mutter.
Susi: Meine wird noch größer als das Papier. Ich werde zwei Papiere zusammenlegen. Ich werde meiner Mutter die größte Maschinenpistole der Welt schenken.
Therapeutin: Ihr wollt beide eurer Mutter etwas schenken.

Die Therapeutin ist mit ihren Bemerkungen an den von den Kindern ausgedrückten Gefühlen vorbeigegangen. Eigentlich fand hier ein Wettstreit zwischen Albrecht und Susi statt; daß sie etwas für ihre Mütter machen wollten, war Nebensache.

Es gibt auch Fälle, in denen gerade das Zusammensein mehrerer Kinder beim Spielen Gefühle und Einstellungen offenbart, die im individuellen Einzelkontakt nicht sichtbar würden. Der nachfolgende Gesprächsauszug ist ein Beispiel dafür, in der Gruppe waren drei Kinder, alle vier Jahre alt. Tobias malte ein Bild, als Eva und Irma anfingen, sich zu zanken und herumzuschreien. Eva hatte die große Stoffpuppe gefunden, und Irma hatte sie ihr wieder weggerissen.

Beide Mädchen baten den Therapeuten um Hilfe. Irma war vollkommen abhängig von seiner Hilfe, aber Eva schien mit der Situation allein fertig zu werden. Der Therapeut mischte sich in keiner Weise ein.

Therapeut: Eva hat die Puppe gefunden, und Irma nahm sie ihr wieder fort. Eva will sie wieder haben und Irma will sie behalten. Eva möchte, daß ich *ihr* helfen soll, und Irma will auch, daß ich *ihr* helfe.

Tobias (lehnt sich über den Tisch und sagt zum Therapeuten): Ich will auch mit der Puppe spielen. [Dem Therapeuten zeigte sich das Problem noch einmal, indem es sich jetzt auch auf Tobias bezog. Eva fing an zu schreien und um Hilfe zu rufen. Dann gab es eine richtige Rauferei.]

Tobias: Wirst du ihnen das nicht verbieten? Wirst du ihnen keinen Klaps geben?

Therapeut: Du meinst, ich soll ihnen das verbieten und ihnen womöglich einen Klaps geben. (*Tobias starrt den Therapeuten an.*)

Tobias: Nein, ich glaube nicht, daß du das tun wirst.

(Eva ging an die Kiste mit den Holzblöcken und suchte sich einen langen, sehr unansehnlichen Bauklotz aus. Sie ging zu Irma zurück und nahm den Klotz hoch, um ihr ordentlich eines auf den Kopf zu geben.)

Therapeut: Du bist wirklich sehr böse, du willst Irma richtig weh tun.

(Eva legte sofort den schweren Klotz hin, und Irma gab Eva die Puppe zurück. Sie nahm die Puppe, hörte sofort auf zu weinen und legte sie neben Tobias.)

Eva: Du kannst sie haben, Tobias. (*Sie fängt an zu malen.*)

12. Kapitel

Die Achtung vor dem Kind

Der Therapeut achtet die Fähigkeit des Kindes, mit seinen Schwierigkeiten selbst fertig zu werden, wenn man ihm dazu Gelegenheit gibt. Die Verantwortung, eine Wahl in bezug auf sein Verhalten zu treffen und das In-Gang-Setzen einer inneren Wandlung sind Angelegenheiten des Kindes.

Soll eine Verhaltensänderung von bleibendem Wert sein, so muß sie ihre Wurzel im Innern des Kindes haben und zwar als das Ergebnis von besseren Einsichten, die es gewonnen hat. Legt der Therapeut die Verantwortung für einen Wandel bzw. Nicht-Wandel in die Hände des Kindes, so liegt das Hauptgewicht der Therapie beim Kind. Wandlung bedeutet nicht, durch irgendeine Art von Druck Konformität erreichen; Konformität in bezug auf gewisse Verhaltensnormen ist noch kein Zeichen von Anpassung. Der Therapeut versucht, dem Kind bewußt zu machen, daß es für sich selbst verantwortlich ist. Es wird dabei kein Druck ausgeübt, sondern das gehört zur Struktur der Therapie. Das fängt mit kleinen Dingen, z. B. mit den Spielsachen an und erfaßt später die ganze Beziehung. Dem Kinde wird Gelegenheit gegeben, sein inneres Gleichgewicht zu finden. Es gewinnt Selbstvertrauen und Selbstachtung. Es beginnt, sich selbst zu bejahen. Die Therapiestunde gehört ihm. Es entscheidet: Soll ich spielen? Wenn ja, womit soll ich spielen? Es wird ganz auf sich gestellt und alles, was es entscheidet, ist dem Therapeuten recht. Soll es sich einfach nur hinsetzen? Für den Therapeuten ist das einerlei. Er bleibt freundlich, entspannt und interessiert. Er greift nicht ein. Er versteht das Kind. Das Kind merkt das durch Äußerungen des Therapeuten. Er scheint genau zu wissen, wie dem Kind zumute ist. Es sieht sich um. Es hat das Privileg, zwischen den Spielsachen aussuchen zu dürfen. Einerlei, wonach es greift, der Therapeut erhebt keine Einwände.

Nehmen wir z. B. Hans: Er nimmt sich die Mutterpuppe, stellt sie auf den Kopf und zieht ihr die Kleider aus. Niemand erhebt Einspruch dagegen; es erfolgt nur die Bemerkung: „Du willst sie ausziehen." Das ist gewiß keine schwerwiegende Äußerung, sie steht aber in Zusammenhang mit dem, was das Kind tut.

Hans: Ich will sie verhauen. (*Er greift nach einem Holzklotz und fängt an, sie zu schlagen.*)

Therapeutin: Dir ist danach zumute, sie zu schlagen.

Hans: Jetzt werde ich sie im Sand begraben. Sie wird ersticken.

Therapeutin: Jetzt willst du sie im Sand ersticken.

Hans: Niemand wird sie jemals wiedersehen. (*Er vergräbt sie tief im Sand.*)

Therapeutin: Nun bist du sie los. Niemand wird sie wiedersehen.

(Hans geht ans Spielbord und nimmt sich die Babyflasche. Er setzt sie an die Lippen und sieht zur Therapeutin hinüber, um zu sehen, was sie dazu sagen wird.)

Therapeutin: Du willst aus der Babyflasche trinken. (*Er kippt sie ein bißchen schräger.*)

Hans: Ich bin ein Baby.

Therapeutin: Jetzt bist du ein Baby. (*Er saugt zufrieden an der Flasche.*)

Hans: Das macht Spaß.

Therapeutin: Manchmal macht es Spaß, ein Baby zu sein.

(Hans legt sich auf den Boden, gurrt und gluckst und saugt an der Flasche. Was macht es aus, daß er schon acht Jahre alt ist? Jetzt ist er ein Baby. Er liegt auf dem Boden, trinkt aus der Flasche und ist für zwanzig Minuten ein Säugling. Er weiß, daß die Therapeutin so lange mitmachen wird, wie er ein Baby sein will. Das ist für ihn ein Beziehungserlebnis, verbunden mit Entspannung und Sicherheit. Ob er nun ein gurrendes Baby oder ein blutdürstiger junger Wilder ist – das macht nicht den geringsten Unterschied; er bleibt immer vollkommen angenommen. Als er genug davon hat, aus der Flasche zu trinken und ein Baby zu sein, nimmt er den Sauger ab und trinkt den Rest des Wassers.)

Hans: Jetzt trink' ich Bier. Sehen Sie? Wie mein Vater.

Therapeutin: Jetzt bist du kein Baby mehr, sondern erwachsen. [Dies ist auch eine Interpretation.]

Hans: Ja! (*Er legt die Babyflasche beiseite. Er hat seine Wahl getroffen. Es macht mehr Spaß, erwachsen zu sein als ein Baby.*)

(Hans bemannt die Kanone und stellt die Soldaten für eine Schlacht auf. Seine Aggressionen kommen heraus. Erst wird der eine, dann der andere getötet. Ganze Divisionen werden hingemäht. Er brüllt und schreit „blutiger Mörder". Die Therapeutin reflektiert weiter seine Gfühle.)

Hans (schreiend): Ihr faules Volk, warum tut ihr nicht, was ich euch sage? Umbringen werde ich euch, alle miteinander. (*Er tut das*).

Therapeutin: Die wollten nicht tun, was du sagst, und darum hast du sie umgebracht.

Hans: Eine Bombe wird gleich ihr letztes Zelt kaputtmachen. Aber passen Sie mal auf. Der Bengel wird gleich weg sein. Sehen Sie? Hier bin ich.

Therapeutin: Eine Bombe macht das Zelt kaputt, aber dir passiert nichts dabei.

Hans: Er schleicht sich hier 'rüber. Mensch, hat der 'ne Angst! Wie der zittert. Er denkt, die anderen werden ihn töten.

Therapeutin: Er hat Angst.

Hans: Dann kommt der Feind angeschlichen, und sie töten ihn *beinah*; aber er dreht sich gerade noch zur rechten Zeit um und gibt's ihm.

Therapeutin: Beinah hätten sie ihn gekriegt, aber er hat sich gerade noch retten können.

Hans (schreit): „MUTTER!"

Therapeutin: Er ruft nach seiner Mutter, weil er Angst hat.

Hans (brüllt): Und wenn sie aus dem Haus kommt, wird er sie töten.

Therapeutin: Er tötet seine Mutter, weil er Angst hat.

Hans: Sie wird nicht tun, was er ihr gesagt hat.

Therapeutin: Er tötet sie, weil sie nicht tun will, was er ihr sagt.

Hans: Ja, aber dann gibt er ihr nachher erste Hilfe, und es geht ihr wieder gut.

Therapeutin: Er bringt sie wieder in Ordnung.

Hans: Dann ging sie mit ihm ins Kino. Wir sahen „Der Rothut reitet wieder." Haben Sie das schon mal gesehen?

Therapeutin: Nach der Schlacht gingen Mutter und Sohn ins Kino und sahen den „Rothut".

Hans: Mensch, das war prima! In meinem Zimmer ist ein Kind, das hat einen Rothut-Gürtel. Der ist schick.

Therapeutin: Du magst Rothut-Filme und Rothut-Gürtel.

Hans: Haben Sie Rothut im Radio gehört?

Therapeutin: Leider nicht.

Hans: Einfach prima! Um einen von diesen Rothut-Gürteln zu bekommen, braucht man nur zehn Deckel von Cornflake-Packungen und 40 Pfennig einzuschicken. Ich will das machen.

Therapeutin: Du wirst versuchen, auch einen Rothut-Gürtel zu bekommen.

Hans: Ja. Der Gürtel von dem Jungen ist braun und hat glänzende Knöpfe ringsum. So sieht er aus. (*Er setzt sich an den Tisch und zeichnet eine Nachbildung des Gürtels mit Bleistift.*)

Die Therapeutin begleitet Hans bei seinem Wandel vom Baby über den Erwachsenen zum typisch Achtjährigen. Das Kind trifft die Entscheidungen. Es bewirkt die Wandlung in sich selbst.

Die Therapeutin ist überzeugt davon, daß das Kind sich selbst helfen kann. Sie hat Achtung vor ihm.

Jedes Kind, das ins Spielzimmer kommt, sieht sich vor die Forderung gestellt, selbst aktiv zu werden. Wie funktioniert das nun mit dem ängstlichen Kind? Mit dem abhängigen? Mit dem Kind, das noch nie eine wirklich wichtige eigene Wahl treffen konnte? Wird es durch dieses Erlebnis überwältigt? Wird zuviel von ihm verlangt? Wird es vorübergehend Unterstützung brauchen?

Noch nie gab es ein ängstlicheres und weniger sozialangepaßtes Kind im Spieltherapieraum als Franz. Er war vier Jahre alt, geistig zurückgeblieben, von unterdurchschnittlicher Größe. Er konnte nicht sprechen, er war vollkommen unausgeglichen und scheinbar ohne jede Spur von Fähigkeit zu Selbstbestimmung. Er war wegen übermäßiger Angst und Eßschwierigkeiten zur Spieltherapie überwiesen worden. Seine Mutter glaubte auch, er könne durch die Spieltherapie sprechen lernen.

Als die Therapeutin zum erstenmal mit Franz zusammentraf, sah sie einen wimmernden, unsicheren, verwirrten kleinen Jungen vor sich, der überhaupt nicht wußte, was da eigentlich vor sich ging. Er murmelte vor sich hin, und als die Therapeutin ihm die Hand geben wollte, um ihn in das Spielzimmer zu bringen, torkelte er in Kreisen durch den Raum. Franz' Mutter hatte eine Verabredung getroffen, um einen der Psychologen zu sprechen; sie wollte sich Rat holen in bezug auf ihre Probleme.

Mit bösen Ahnungen nahm die Therapeutin Franz mit ins Spielzimmer. Was um alles in der Welt konnte dies nutzlose kleine Geschöpf dort anfangen? Der Fall Franz veranschaulicht in ausgezeichneter Weise die *Fähigkeit* im Individuum, etwas aus sich zu machen, *wenn* man ihm die Gelegenheit dazu gibt. Einige Notizen, die die Therapeutin sich gemacht hatte, zeigen einige interessante Entwicklungen.

DER ERSTE KONTAKT

Franz starrte das Spielzeug im Spielzimmer an. Dann nahm er es in die Hand, warf einen kurzen Blick darauf und ließ es auf den Boden fallen. Er grunzte und murmelte unverständlich vor sich hin. Er nahm den Lastwagen, zeigte ein flüchtiges Lächeln und warf auch ihn auf den Boden. Er stellte die Pappschachtel mit der Puppenfamilie auch dorthin. Eine Puppe nach der anderen nahm er heraus und ließ sie auf den Boden fallen. Dann machte er sich in der gleichen Weise an die Schachtel mit den Bauklötzen, indem er die Klötze ziellos über den Boden verstreute. Während dieses Spiels brummte und murmelte er halblaut vor sich hin. Seine Bewegungen waren nervös, schnell, unkoordiniert. Manche Dinge fielen ihm aus der Hand. Er machte keinerlei Anstrengung, sie wieder aufzuheben. Dann nahm er den Hammer und hämmerte gegen das Garderobenbord, aber er konnte den Hammer nicht dirigieren. Bald darauf warf er ihn weg und verstreute die Spielmesser, -gabeln und -löffel über den ganzen Boden. Schließlich lag alles, was er erreichen konnte, auf dem Fußboden. Franz nahm den kleinen Wagen und fuhr damit herum.

Sowie Franz während dieses Spiels einmal lachte, sagte die Therapeutin: „Franz tut das gerne" oder: „Das macht Franz aber Spaß!" Manchmal hob er einen Lastwagen oder eine Puppe hoch und brummte die Therapeutin an. Sie nannte den jeweiligen Gegenstand dann beim Namen. Franz schien von diesem Vorgang äußerst befriedigt. Er stellte diese Art von Beschäftigung in den Mittelpunkt seiner Aktivität: Er hob das betreffende Spielzeug auf, sah die Therapeutin an, diese nannte den Namen, er lachte, legte es hin und hob ein anderes hoch.

Nach einer Weile fing er an, ein um's andere Mal den Lastwagen auszuwählen. Die Therapeutin fuhr fort, die Namen der Spielsachen zu wiederholen, besonders „Lastwagen", das Spielzeug, das er zwischendurch immer wieder in die Höhe hielt. Schließlich sagte Franz selbst „Lastwagen", als er ihn aufhob. Es war, als schlösse er die ganze Zeit die Augen; er kramte mehr zwischen den Spielsachen herum, als daß er richtig mit ihnen spielte.

Schließlich ging er zum Wagen zurück und schob ihn vor sich her. Die Therapeutin sagte, indem sie sich an seine augenblickliche Tätigkeit dabei hielt: „Franz schiebt den Wagen." „Franz schießt mit der Kanone." „Franz wird die Lastwagen kaputtmachen." Dann begann er zu brüllen. Er schlug die Lastwagen immer heftiger gegeneinander. Dazu brüllte er etwas, was etwa heißen konnte: „Lastwagen kaputt".

Da fuhr eine Dampfwalze am Haus vorbei. Franz ließ sofort ab von dem, was er gerade tat, wimmerte, lief zur Therapeutin hinüber und nahm ihre Hand. „Franz hat Angst vor dem Lärm", sagte sie. Sofort lächelte Franz. Er ging zum Puppenhaus, nahm alles Mobiliar heraus und warf es auf den Boden. Er ergriff das Telefon, hielt es an sein Ohr, warf es auch auf den Boden, ging zum Fenster, versuchte hinauszuschauen und nahm sich dann wieder einen Lastwagen. Die Dampfwalze fuhr mit Krach wieder zurück. Franz reagierte in der gleichen Weise wie vorher, und wieder sagte die Therapeutin: „Franz hat Angst vor dem Lärm."

Dann ergriff Franz die Hand der Therapeutin und versuchte ihr etwas mitzuteilen. Er sagte nachdrücklich: „Tu's! Tu's!" – „Du willst, daß ich etwas für dich tun soll", meinte die Therapeutin. Franz zog noch heftiger an ihrer Hand und wiederholte: „Tu's!" Schließlich stand die Therapeutin auf, Franz führte sie zum Spielkasten auf dem Boden und ließ sie dann wissen, was er eigentlich wollte: Er steckte ihre Hand in die Spielschachtel auf dem Boden, gab ihr ein Spielzeug hinein, das er dann in seine Hand gleiten ließ. So teilte er ihr seinen Wunsch mit, daß *sie* ihm das Spielzeug geben sollte. Sie tat es, jedesmal ein Stück, das er dann prompt auf den Boden fallen ließ. Er zerrte auch noch weiter an ihrer Hand, als sollte sie noch etwas anderes tun. Sie begann, jedes Stück beim Namen zu nennen, wenn sie es Franz gab, und das war es denn auch, was er wollte. Er lächelte. Schließlich plapperte, lachte und brüllte er dabei. Manchmal schrie er: „Lastwagen!" Dann setzte er sich auf den Boden, auf dem nun alle Spielsachen herumlagen und schubste sie lachend und jauchzend hin und her.

Am Ende der Stunde war Franz nicht aus dem Spielzimmer herauszubringen. Er fing wieder an zu wimmern. „Nein! schrie er. Aber als die Therapeutin ging, folgte er ihr doch.

DER ZWEITE KONTAKT (zwei Tage später)

Franz schien ängstlicher als bei seinem ersten Besuch. Wenn eine Straßenbahn draußen vorbeifuhr, fing er an zu wimmern und gab Zeichen von Angst von sich. Am Ende der Stunde berichtete die Mutter, daß Franz heute zum erstenmal mit der Straßenbahn in die Klinik gefahren sei und sich so gefürchtet habe, daß sie schon dachte, sie müsse wieder aussteigen.

Sie stand die Situation aber durch, obwohl er auf dem ganzen Weg zur Klinik weinte und schrie.

Franz spielte während der ganzen Stunde seine Angst aus. Er holte sich die hölzernen Tiere und Puppen und schubste sie hin und her. Eine der Puppen blieb rein zufällig stehen, als er sie aus der Kiste herausgeworfen hatte. Franz sah sie an und lachte: „Franz freut sich, daß sie steht", sagte die Therapeutin. Dann versuchte er, die anderen Puppen zum Stehen zu bringen und war begeistert von seinem Erfolg. Als sie alle standen, warf er sie wieder um. In dieser Weise spielte er etwa 10 Minuten mit den Tieren und Puppen; dann kam er auf sein vorheriges „Spiel" zurück, alles auf den Boden zu werfen. Er tat das fast die ganze Zeit. Dann nahm er den Farblappen und tauchte ihn in das Gefäß mit Wasser zum Fingermalen. Er drückte den Lappen fünf Minuten lang wieder aus.

Jedesmal, wenn eine Straßenbahn vorbeikam, wimmerte und weinte er. Jedesmal sagte die Therapeutin: „Franz hat Angst vor dem Lärm." Am Schluß der Stunde ging er ans Fenster, als eine Bahn vorbeifuhr, aber ohne zu weinen und zu wimmern. Er sah nur aus dem Fenster. „Straßenbahn", sagte die Therapeutin; „Bahn" erwiderte Franz, „Bahn!"

DER DRITTE KONTAKT

(von dieser Zeit an fanden die Kontakte wöchentlich statt)

Seit Franz' letztem Besuch war ein Sandkasten zur Ausstattung des Spielzimmers hinzugekommen. Er kletterte sofort hinein. Die Therapeutin half ihm dabei. Drei Minuten lang warf er mit Händen voll Sand um sich. Dann versuchte er, aus der Kiste wieder herauszuklettern. Franz wimmerte, als wollte er, daß die Therapeutin ihn herausheben sollte. Sie sagte: „Franz möchte aus der Sandkiste heraus." Franz fing an, es allein zu versuchen, sie gab ihm nur ein Minimum an Hilfe dabei.

Er ging hinüber an den Spielkasten und nahm wieder ein Spielzeug nach dem anderen heraus. Er sah zur Therapeutin hinüber und brummte irgend etwas. Sie lächelte und sagte: „Franz will die Spielsachen aus der Schachtel nehmen." Franz drehte ihr den Rücken zu. Er durchsuchte die Schachtel mit den Spielsachen und nahm den Lastwagen heraus. Er hielt ihn der Therapeutin hin und sagte: „Lastwagen".

Dann nahm er eine Kuh aus Holz und hielt sie der Therapeutin hin. Es sah absolut so aus, als wolle er, daß sie die Namen der Spielsachen sagen solle. Also wurde das gewohnte Spiel wieder aufgenommen. Dann wählte Franz bedächtig den Lastwagen, die Kuh und die Jungenpuppe. Eines nach dem anderen hob er hoch. Die Therapeutin nannte ihm die Namen. Dann sagte Franz: „Lastwagen", „Kuh", „Junge". Er ging mit ihnen durch das Zimmer zur Sandkiste. Dort stieg er ohne Hilfe hinein und warf mit Sand um sich. Er blieb etwa fünf Minuten in der Sandkiste, dann kletterte er ohne Hilfe wieder heraus.

Fuhren Straßenbahnen vorbei, ging er jedesmal ans Fenster, sah hinaus und wimmerte. Jedesmal reflektierte die Therapeutin seine Angst vor dem Lärm. Er nahm die Babypuppe hoch, wiegte sie in seinen Armen und warf sie dann auf den Boden.

Er kletterte auf die Bank und deutete auf das Glas mit der blauen Fingerfarbe. Die Therapeutin schraubte das Glas auf und tat etwas blaue Farbe auf das Papier. Franz beugte sich vor und sah sie sich an. „Siehst du?“, sagte die Therapeutin. Sie zeigte ihm, wie man die Farbe verschmiert. Franz fing an zu wimmern. „Franz mag das gar nicht“, sagte die Therapeutin. Franz mochte es wirklich nicht. Er stieg hinunter vom Tisch. Zu einem späteren Zeitpunkt ging er wieder hin und sah die Sache noch einmal an. Dann ging er zur Therapeutin und führte sie zurück an den Tisch, und indem er ihre Hand in seine tat, drückte er ihre in die Fingerfarbe. Dann ging er schnell weg. Er ging zu einem Holzbrett und machte ein paar schwache Hammerschläge, verstreute ein paar Klötze auf dem Boden, nahm sich die große Puppe und hielt ihr die Babyflasche an die Lippen. Er warf die Puppe auf den Boden und die Babyflasche in die Wiege. Er versuchte wieder, aus dem Fenster zu sehen. Dann nahm er den Lastwagen und schob ihn im ganzen Zimmer herum.

DER VIERTE KONTAKT

Franz kletterte ohne Hilfe in den Sandkasten. Er fand einen kleinen Lastwagen im Sand und brachte zehn Minuten damit zu, ihn mit Sand zu füllen, damit herumzufahren, ihn zu entleeren und wieder zu füllen. Zehn Minuten später kletterte er aus dem Sand heraus, ging zum Fenster und schaute hinaus. Dann nahm er ein paar Soldaten mit in den Sandkasten. Sand kam in seine Schuhe, er zerrte an ihnen und wimmerte. Die Therapeutin zog ihm die Schuhe und Söckchen aus.

Jedesmal, wenn eine Straßenbahn vorüberfuhr, hob Franz den Kopf, zeigte aber keine Angst. Die Therapeutin sagte dann stets: „Eine Straßenbahn“, Franz nickte. Eine halbe Stunde lang sagte er „Straßenbahn“, immer wenn eine vorüberfuhr.

Dann spielte er wieder in der Sandkiste; später kletterte er heraus und holte sich das Puppengeschirr. Er nahm eine Tasse und einen Löffel mit in den Sandkasten, tat Sand in die Tasse und nahm ihn mit dem Löffel wieder heraus. Dabei wurde er sehr vergnügt. Er warf ganze Hände voll Sand um sich, brüllte und lachte.

Plötzlich stieg er aus der Kiste heraus, ergriff die Hand der Therapeutin und führte sie zur Tür. Die Therapeutin ging mit ihm. Er ging ins Wartezimmer hinüber und sah sich um. „Suchst du deine Mutter?“, fragte die Therapeutin. Er ging ins Spielzimmer zurück und wieder in den Sandkasten.

Er beerdigte alles Geschirr und den Handkarren im Sand. Dann nahm er die Hand der Therapeutin und gab ihr zu verstehen, daß sie jetzt alles wiederfinden sollte. Sie grub die Dinge wieder aus. Dann nahm er zwei Sandkarren und knallte sie aufeinander, und rief laut dabei: „Peng! Peng!“ und lachte. Da läutete die Glocke, und die Stunde war um. Franz zuckte bei dem Geräusch zusammen, dann lachte er.

Die Therapeutin zog ihm Schuhe und Socken an, und Franz ging zurück ins Wartezimmer.

DER FÜNFTE KONTAKT

Als Franz ins Spielzimmer kam, setzte er sich auf den Boden, um seine Schuhe und Socken auszuziehen; ganz allein brachte er das nicht fertig, die

Therapeutin half ein wenig. Er kletterte in die Sandkiste. Er spielte dort etwa eine halbe Stunde mit dem Puppengeschirr und den kleinen Lastwagen. Dann kletterte er wieder heraus, holte sich die große, in eine Decke gewickelte Puppe, hielt sie zehn Minuten lang im Arm, legte sie behutsam in die Wiege, kletterte in die Sandkiste und spielte dort die restlichen zwanzig Minuten. Wenn Franz während dieser Zeit irgendein Spielzeug aufnahm, sagte die Therapeutin: „Jetzt spielt Franz mit der Ente.“ „Jetzt spielt Franz mit der Kuh.“ Franz bemühte sich, die Namen zu wiederholen. Er sagte „Ente“, „Kuh“.

Als während dieser Zeit einmal eine Straßenbahn vorbeifuhr, sah Franz die Therapeutin an und sagte: „Straßenbahn“. Während dieser ganzen Stunde war bei ihm kein Anzeichen von Angst zu bemerken.

Am Schluß der Stunde versuchte er, seine Schuhe und Söckchen anzuziehen. Mit wenig Hilfe gelang ihm das ganz gut.

DER SECHSTE KONTAKT

Als Franz ins Spielzimmer kam, zog er seine Schuhe und Socken ganz allein aus und kletterte in die Sandkiste. Er spielte dort etwa eine halbe Stunde. Dann kletterte er wieder heraus. Er nahm die große Puppe auf den Arm und gab ihr zehn Minuten lang aus der Babyflasche zu trinken. Dann legte er sie vorsichtig in die Wiege, holte sich die langen Bauklötze und häufte sie alle auf das Baby. Er ging zum Puppenhaus und verbrachte zehn Minuten damit, die Einrichtung herauszunehmen und auf den Tisch zu stellen. Als das Haus leer war, stellte er alle Möbel zurück, aber nicht nach einem besonderen Plan. Es ging ihm nur darum, das Haus wieder mit Möbeln zu füllen. Dann spielte er für den Rest der Zeit wieder in der Sandkiste.

Er kümmerte sich in dieser Stunde überhaupt nicht um die Straßenbahn oder um irgendwelche anderen Geräusche. Am Ende der Stunde zog er ohne Hilfe seine Schuhe und Socken an. Bei den Schuhen brauchte er ein klein wenig Hilfe, aber er setzte erst alles daran, es allein zu schaffen.

DER SIEBENTE KONTAKT

Franz spielte während der ganzen Stunde mit dem Puppengeschirr, dem Lastwagen und Spieltieren in der Sandkiste. Am Anfang der Stunde zog er Schuhe und Socken aus – ganz ohne Hilfe –, und am Ende zog er sich die Strümpfe allein an; mit den Schuhen schaffte er es noch nicht ganz ohne Hilfe.

DER ACHTE KONTAKT

Franz spielte die erste halbe Stunde auf dem Boden mit den Tieren, die er sich aus der Schachtel genommen hatte. Er stellte sie auf und schubste sie hin und her; es kam jetzt eine gewisse Ordnung in sein Spiel. Dann kletterte er in die Sandkiste, erinnerte sich an seine Schuhe und Söckchen, setzte sich auf den Boden und zog sie allein aus. Er hatte neue Schuhe an, die eher so etwas wie Bänder als richtige Schuhriemen hatten. Damit wurde er allein fertig. Er kletterte in die Sandkiste und spielte mit den Tieren, dem Puppengeschirr und dem Lastwagen, also mit den von ihm erwählten Lieblingsspielsachen. Er tat das – meist lachend – die ganze Stunde über. Nach einer halben Stunde kam eine Dampfwalze vorüber; Franz beachtete sie überhaupt nicht. Als es Zeit zum Aufbrechen war, zog er Socken und Schuhe allein an; nur die Schuhbänder konnte er nicht ohne Hilfe zubinden.

Dies war der letzte Kontakt zwischen der Therapeutin und Franz. Es war ihr bewußt, daß sie dem Kind durch weitere Kontakte noch bessere Hilfe geben konnte; sie betrachtete die Behandlung durchaus nicht als abgeschlossen; aber da die Klinik geschlossen wurde, konnte sie Franz nicht mehr sehen. Die Kontakte wurden durch die Klinik, nicht durch die Mutter, abgebrochen, Mutter und Kind wurden an eine andere Klinik überwiesen, in der beide eine weitere Behandlung erfuhren.

Die Mutter berichtete von einem beachtlichen Wandel in Franz' Verhalten im Vergleich zu seinem ersten Kontakt. Er zeigte auf seine stille Art mehr Selbstbehauptung. Er war vorher immer sehr fügsam gewesen, blieb, wo man ihn hinstellte und tat nichts, als in dem Laufstall, in den sie ihn tat, ziellos herumzukrabbeln. Jetzt versuchte er, aus dem Stall herauszuklettern. Die Mutter nahm ihn heraus. Im Laufe der Zeit bemerkte sie eine weitere positive Entwicklung. Er machte Sprechversuche. Er sprach ein paar Worte, die jeder verstehen konnte. Er sagte „Lastwagen", „Ente" und „Kuh". Die Mutter griff die Worte auf. Franz mußte die Worte von sich aus gesagt haben, denn die Mutter konnte unmöglich wissen, mit welchen Sachen er gespielt, und was er während der Stunde gesagt hatte. Sie war sehr froh, als er anfing, seine Schuhe und Socken allein anzuziehen. Sie erzählte, daß er jetzt auch zu Hause besser esse und sich mehr für alles, was um ihn herum geschah, interessiere. Als die bedeutendste Veränderung empfand sie den erweiterten Interessenkreis. Er beschäftigte sich jetzt mit seinen Spielsachen in sinnvoller Weise und über eine längere Zeit hinweg, während er vorher fast nichts getan hatte, als sie aufzunehmen und wieder hinfallen zu lassen.

Selbstverständlich muß das Verhalten der Mutter mit in Betracht gezogen werden, wenn man sich Rechenschaft über die vor sich gegangene Wandlung in Franz geben will. Ein Psychologe sprach jedesmal im Sinne einer nicht-direktiven Beratung mit der Mutter, während Franz zur Spielstunde kam. Die Mutter gewann bis zu einem gewissen Grade Einsicht in ihre Beziehungsprobleme zu Franz. Das beeinflußte natürlich ihre Einstellung zum Jungen und zu dem, was er tat. Sie berichtete, daß Franz schwieriger zu behandeln sei als früher, hatte aber das Gefühl, daß das positiv zu bewerten war und daß sie sich über diese Veränderung freuen dürfe.

Rückblickend auf diesen Fall wird mancher Leser sich fragen, was nun eigentlich mit Franz vorgegangen war, um die Verhaltensänderungen zu bewirken. Empfand er während der Spielstunden zum erstenmal in seinem Leben Gefühle von Unabhängigkeit und Selbstwert? Kam es daher, daß er durch das Therapie-Erlebnis auf sich gestellt wurde und Selbstvertrauen bekam, was zur Folge hatte, daß er gelegentlich etwas zu weit ging? Hatte er die Einsicht gewonnen, ein Individuum von eigenem Wert zu sein?

Es war interessant zu beobachten, wie er das Spielmaterial, das ihm zur Verfügung stand, untersuchte und dann einiges davon auswählte, obwohl alles andere in Sichtweite blieb. Hierin liegt sicher ein Hinweis darauf, daß selbst Franz in der Lage war, eine Auswahl zu treffen und einen Wandel in sich in Gang zu setzen, wenn man ihm Gelegenheit dazu gab. Seine Unabhängigkeit gab ihm offensichtlich erheblich mehr Befriedigung als seine frühere infantile Abhängigkeit. In seiner Beziehung zur Therapeutin mußte er soviel Sicherheit erlebt haben, daß er seine Gefühle von Furcht und Angst überwinden konnte.

Es machte den Eindruck, als gewänne Franz so viel Befriedigung aus seinem neuen Selbstwertgefühl und seinem Selbstvertrauen, daß er sich weiterentwickeln konnte. Seine inneren Spannungen ließen nach und er erreichte ein seelisches Gleichgewicht, das ihn zur Kontrolle über sich selbst befähigte.

Die Anwendung auf die Gruppentherapie

Dieser Grundsatz der Achtung vor dem Kind gilt in keiner Weise nur für das Erlebnis des Einzelkontaktes oder nur für das Gruppenerlebnis. Er gilt zu allen Zeiten und für jedes Kind, ob es nun allein oder in der Gruppe ist. Er wird nicht beeinflußt von der Verschiedenartigkeit der Persönlichkeiten in einer Gruppe. Selbst in einer Gruppe, in der ein Kind vollkommen von anderen Gruppenmitgliedern beherrscht wird, trifft ein solches Kind eines Tages von sich aus die Wahl, aus diesem Stadium des Beherrschtwerdens herauszukommen. Durch die dynamischen Abläufe einer Gruppenbeziehung werden manchmal akute Schwierigkeiten zwischen einem Individuum und einem anderen deutlich erkennbar. Die Kinder einer Gruppe fangen sehr schnell an, sich gegenseitig zu beeinflussen. Sie sprechen über Einstellungen und Gefühle bei anderen Kindern. In ihrer Auswertung von Verhaltensweisen und ihren Ratschlägen sind sie tolerant. Die individuellen Reaktionen eines jeden Kindes auf die anderen Persönlichkeiten sind bedeutsam. Man kann einem Kind zur Einsicht in seine sozialen Anpassungsschwierigkeiten verhelfen, indem man die von ihm beim Spiel mit anderen zum Ausdruck gebrachten Gefühle auf das Kind reflektiert. Wenn auch die Gruppenbeziehung die Probleme deutlich macht und die Entwicklung zu besseren Einsichten beschleunigt, so liegt doch letztlich die Entscheidung zu einer Veränderung beim Kind.

13. Kapitel

Das Kind weist den Weg

Der Therapeut versucht nicht, die Handlungen oder Gespräche des Kindes zu beeinflussen. Das Kind weist den Weg, der Therapeut folgt ihm.

Der Therapeut hält konsequent an der nicht-direktiven Arbeitsweise fest. Er stellt keine Testfragen, es sei denn, das Kind finge an, über etwas zu sprechen, womit es sich abquält. In dem Fall fragt er unter Umständen: „Möchtest du mir etwas darüber erzählen?" Der Therapeut sagt nichts Lobendes, damit das Kind keine Veranlassung hat, sich so zu verhalten, daß es noch mehr Anerkennung bekommt. Er kritisiert nicht, was das Kind tut, damit es sich nicht entmutigt fühlt und keine Angst hat, sich unpassend zu benehmen. Bittet es um Hilfe, gibt der Therapeut sie ihm. Wenn es fragt, wie man mit einem bestimmten Material umgeht, gibt es entsprechende Anweisungen.

Der Therapeut gibt keine Anregungen. Spielzimmer und Material stehen dem Kind zur Verfügung und warten auf das, was es tun wird. Die Therapiestunde ist wie ein Prüfstein: in ihr nimmt es sozusagen an sich selber Maß. Versucht es, etwas aus Knete zu machen, schlägt der Therapeut nicht vor, was es formen sollte. Er stellt auch nicht besonders ausgewählte Spielsachen hin in der Hoffnung, daß das Kind sie benutzt.

Als einmal ein Therapeut das Gefühl hatte, eine Gruppe habe Schwierigkeiten mit Beziehungen innerhalb der Familie, stellte er das Puppenhaus und die Puppenfamilie mitten ins Zimmer und alles andere beiseite. Die Kinder kamen und sahen sofort das für sie vorbereitete Puppenhaus mit dem Effekt, daß sie sich träge irgendwo hinsetzten und fragten, wie lange sie noch bleiben, und ob sie noch mal wiederkommen müßten. So klug er auch die Materialauswahl durchdacht hatte, so hatte er damit doch dem Aufbau seiner Arbeit geschadet; er hatte die Kinder irregemacht und verwirrt und einen Vertrauensbruch begangen. Das war Grund genug für die Kinder, sich schleunigst zurückzuziehen. Sein Verhalten wurde als autoritär empfunden; das zeigte sich in der Frage: „Wie lange müssen wir noch bleiben, müssen wir wiederkommen?"

Jede Anregung von seiten des Therapeuten ist nutzlos. Sagt ein Therapeut zu einem Kind: „Andere Kinder spielen mit der Babyflasche. Willst du das nicht auch mal probieren?“, so steuert er die Beschäftigung des Kindes. Manchmal verärgert die Kinder das sehr, und sie werden schlechter Laune. In einer Gruppensituation denken die anderen Kinder, sie müßten sich nun anpassen und widmen sich dann einer Beschäftigung, zu der gar keine Bereitschaft und Notwendigkeit in ihnen vorhanden ist.

Leider haben einige Kinder die Erfahrung gemacht, daß Erwachsene ihnen sagten, sie dürften wählen, was sie tun wollten und später stellte sich heraus, daß ihre Wahl null und nichtig war, sowie ihre Wahl nicht mit der des betreffenden Erwachsenen in Einklang stand. Das Ergebnis mehrfacher derartiger Erfahrungen ist, daß die Kinder zunächst sehr skeptisch einer gewährenden Haltung in der Therapie gegenüberstehen. Man kann das erleben, wenn ein Kind einem kleinen Freund über die Therapie-Stunde berichtet und sagt: „Du, wahrhaftig, so was hast du noch nicht gesehen. Du darfst wirklich alles tun, was du willst.“ So, als sei das nicht zu glauben, aber trotzdem wahr.

Die Therapiestunde bedeutet nicht einfach eine Erholungsstunde, geselliges Zusammensein oder eine Unterrichtsstunde. Der Therapeut ist weder ein Spielkamerad oder ein Lehrer noch Mutter- oder Vaterersatz. Er ist etwas Einmaliges in den Augen des Kindes. Er ist der Resonanzboden für die Äußerungen der kindlichen Persönlichkeit. Er hält dem Kind einen Spiegel vor, so daß es sehen kann, wie es wirklich ist. Der Therapeut behält seine Ansichten, seine Gefühle, die Gestaltung der Stunde für sich. Macht man sich klar, daß das Kind im Spielraum ist, um sich selbst besser kennenzulernen, so weiß man, daß Ansichten und Wünsche des Therapeuten hier nichts zu suchen haben. Das Kind wird gestört, wenn der Therapeut in das Spiel eingreift. Die Konsequenz: der Therapeut hält sich ganz zurück. Das Kind führt den Weg, der Therapeut folgt ihm.

Der folgende Gesprächsausschnitt macht das sehr anschaulich. Richard, 9 Jahre alt, lebt in einem privaten Kinderheim. Er wurde zu einer Spieltherapie eingewiesen, weil er Tagträumer und Bettnässer war und außerdem wie ein Baby sprach. Der Intelligenztest ergab einen durchschnittlichen Wert, und doch waren alle Schulleistungen schlecht. Der folgende Gesprächsausschnitt ist aus der vierten Stunde. Er zeigt, wie das Kind vom Therapeuten Gebrauch macht, wenn es die Erlaubnis dazu bekommt. Er zeigt den Unterschied auf zwischen der Rolle des Therapeuten und der des üblichen Erwachsenen, mit dem das Kind sonst zu tun hat.

Richard kam ins Spielzimmer, setzte sich an den Tisch und fing an, mit dicken Tropfen von Farbe auf das Papier zu malen. Er benutzte orange und rote Farbe. Er grinste die Therapeutin an.

Richard: Ich habe Unkraut gejätet, um Geld zu verdienen. Ich will für meine Mutter ein Geschenk kaufen. An meinem Geburtstag werde ich nach Hause gehen und dann zwei Wochen bei meiner Tante bleiben. Sie lebt ganz nah bei meiner Mutter, so daß ich an meinem Geburtstag meine Mutter sehen kann.

Therapeutin: Du möchtest deine Mutter gern sehen.

Richard: Ja, ich werde was Schönes für sie kaufen. Ich will sie mit einem schönen Geschenk überraschen.

Therapeutin: Du bringst ihr eine schöne Überraschung mit.

Richard: Ja. Zwei Wochen werde ich weg sein, vielleicht auch drei. Mensch, wird das schön sein, hier mal 'rauszukommen!

Therapeutin: Du wirst froh sein, mal für eine Weile hier herauszukommen.

Richard: Ich werde dann neun Jahre alt sein. Ich bin in der vierten Klasse. Mein Vater will, daß ich in die fünfte Klasse gehen soll, aber ich habe ihm gesagt, daß ich nicht in die fünfte Klasse will. Ich versage gern.

Therapeutin: Du versagst gern.

Richard: Ich habe meiner Mutter geschrieben und ihr gesagt, daß ich zu meinem Geburtstag nach Hause komme. Ich erzählte ihr, ich sei fünf Jahre alt, und daß ich mir fünf Kerzen auf meinem Kuchen wünschte.

Therapeutin: Du möchtest an diesem Geburtstag fünf Jahre alt werden.

Richard: Im nächsten Monat hat Vater Geburtstag. Er geht zu den Soldaten. Letzten Monat hat er mich besucht. Wissen Sie, was er gesagt hat? Er hat mich gefragt, ob ich einen kleinen Bruder oder eine kleine Schwester haben will. Ich sagte, daß mir das ganz einerlei sei. Wahrscheinlich kriegen sie ein Kind. (*In diesem Moment malt er schwarze Striche über die orangefarbenen und roten Farbtropfen.*)

Therapeutin: Du hast deinem Vater gesagt, es sei dir gleich, ob sie noch ein Kind bekämen.

Richard: Genau das hab ich *gesagt.*

Therapeutin: Das hast du *gesagt,* aber in Wirklichkeit ist dir das gar nicht gleichgültig.

Richard: Wissen Sie, Vater und Mutter mögen sich ja gar nicht mehr leiden; sie sind geschieden und Vater hat wieder geheiratet. (*Es folgt ein tiefer Seufzer, er knallt den Farbkasten zu. Er geht zum Spielbord hinüber, nimmt sich die Babyflasche und saugt daran.*)

Richard: Ich bin ein Baby.

Therapeutin: Du könntest *ihr* Baby sein. [Interpretation.]

Richard holt das Schachspiel, bringt es zum Tisch und setzt sich der Therapeutin gegenüber hin.

Richard: Jetzt spielen Sie mit mir.

(Die Schachfiguren werden aufgebaut und das übliche Schachspiel beginnt. Die halbe Zeit des Spiels gibt Richard der Therapeutin an, welche Figuren sie nehmen und wohin sie sie setzen soll.)

Therapeutin: In diesem Spiel willst du mir sagen, was ich zu tun habe.

Richard: Ja, sehen Sie, ich möchte, daß Sie so spielen.

Therapeutin: Du willst mir sagen, was ich zu tun habe.

Richard: Ja, sehen Sie! Diese Figuren hier dürfen Sie nicht verrücken. (*Auf diese Weise kann Richard ganz sicher sein, daß er gewinnt. Darum macht er es weiter so. Dann wirft er plötzlich sämtliche Figuren auf einen Haufen*). Jetzt kommt ein neues Spiel. Tun Sie die da auf einen Haufen! Die weißen sind meine, die schwarzen Ihre. Jetzt gibt's eine Schlacht. (*Richard rückt erst seine Figuren und dann die der Therapeutin. Er übernimmt das Spiel. Die Therapeutin ist sozusagen ausgeschaltet. Richard schiebt alle Figuren hin und her und läßt eine über die andere springen.*) Das ist ein großer Mann hier, ein Riese. Er kann alles auf der ganzen Welt tun. (*Er überspringt Figuren der Therapeutin. Einige wirft er vom Spielbrett herunter.*)

Therapeutin: Wer das auch sein mag, er ist auf jeden Fall ein mächtiger Mann.

Richard: Er kann alles. (*Plötzlich hört er auf zu spielen. Er baut die Schachfiguren wie für ein gewöhnliches Spiel auf, dann stellt er einen weißen König in die linke Ecke der Reihe für die Könige, auf der Seite der Therapeutin.*) Dies ist der kleine Junge, siehst du? Er ist verloren. Wirklich, seine Mutter hat ihn weggeschickt. Sie konnte aber nichts dafür, verstehen Sie? Es war einfach kein Platz für ihn da, und sie mußte arbeiten. (*Richard wird äußerst nervös. Er bewegt seine Finger schnell über das Schachbrett, wobei er die Figuren leicht berührt.*)

Therapeutin: Der kleine Junge war von der Mutter weggeschickt worden.

Richard: Dies ist der Vater des Jungen. Das ist sein Großvater. Dies ist die andere Mutter, die der Vater geheiratet hat. Und das ist seine Tante. Und dies da (*die Figur in der entgegengesetzten Ecke von allen Schachfiguren*), das ist die Mutter des Jungen. Und nun diese Leute — (*er stellt sie zwischen den Jungen und seine Mutter*). Keiner von ihnen läßt ihn zu seiner Mutter, und diese andere Mutter läßt nicht zu, daß der Vater den Jungen zu sich nimmt, und der Junge schreit um Hilfe: „Hilfe! Hilfe!" Diese Soldaten hier, die hören ihn. Sie kommen angerannt und kämpfen mit dem Vater. Die Mutter schleicht auf diesem Weg weg, der Vater auf diesem. Die andere Mutter sieht zu. Dann – (*Richard fegt den Vater vom Tisch weg, so daß er über den Fußboden rollt.*) Oh nein, du nicht! (*Er brüllt jetzt ganz verzweifelt.*) Die Mutter rückt näher. Die andere Mutter fällt sie an: sie kämpfen miteinander. (*Er wirft alle Figuren durcheinander. Dann wirft er sie alle vom Brett hinunter. Sie rollen nach allen Richtungen.*) Mutter! *Mutter!* (*Richard weint, steht auf und wischt sich die Augen.*)

Therapeutin: Du möchtest gern bei deiner Mutter sein. Der Vater und die Mutter wollen beide dem Jungen helfen, aber die andere Mutter läßt sie nicht zusammenkommen.

Richard (nickt bejahend mit dem Kopf): Ja, das ist es eben. (*Er geht ans Fenster und sieht hinaus, mit dem Rücken zur Therapeutin.*)

Therapeutin: Das macht dich sehr unglücklich.

Richard: Ich möchte an meinem Geburtstag bei meiner Mutter sein.

Therapeutin: Das wird dir Freude machen.

(Richard holt die Babyflasche und saugt an ihr. Er kommt zum Tisch zurück und setzt sich der Therapeutin gegenüber.)

Richard: Es ist schön hier. (*Seufzt.*) Ich wünschte, wenn ich nach Hause fahre, käme Alex an meiner Stelle hierher.

Therapeutin: Es soll jemand an deiner Stelle kommen, wenn du nach Hause gehst.

Richard: Ja, ich will nicht, daß da einfach ein Loch ist, wo ich war.

Therapeutin: Es wäre dir lieber, wenn Alex käme und dir den Platz hier freihält, während du weg bist.

Richard: Ja, Alex ist so 'n netter Junge. Der täte das auch gern. Kann Alex für mich kommen?

Therapeutin: Ja, wenn er kommen will.

Richard: Prima! Ich werde Alex schicken!

Der Leser wird bemerkt haben, daß in keiner Weise versucht wurde, das Spiel zu steuern. Es wurden keine Fragen zu Richards Angabe, daß er gern versage, gestellt. Man korrigierte ihn auch nicht, als er behauptete, fünf Jahre alt zu sein. Der Therapeut machte ihm nicht klar, daß es nicht anständig ist, gern zu versagen und falsche Angaben über sein Alter zu machen. Er zeigte auch keine Neugier in bezug auf die Identität des Riesen. Er überließ Richard die Führung und folgte ihm, so gut er konnte. Ebensowenig kam er dem Jungen mit besonderer Sympathie entgegen und gab ihm auch keinerlei Unterstützung. Seine eigenen Gefühle blieben vollkommen außerhalb der Situation.

Anwendung auf die Gruppentherapie

Genau wie im Einzelkontakt führt das Kind in der Gruppenspielstunde und der Therapeut folgt ihm. In der Gruppe kommt es vor, daß ein Kind Spiele und Gespräche der anderen steuern will; aber ein solches Lenken ist nicht dasselbe wie die Lenkung durch einen Therapeuten. Der Therapeut muß in solchen Fällen seine Reaktionen so kontrollieren, daß das dominierende Kind nicht die leiseste Direktive von ihm erhält.

Eine strikte Anwendung des Grundsatzes (= das Kind weist den Weg) schließt alle testenden Fragen des Therapeuten aus, – mit einer einzigen Ausnahme: „Möchtest du mir davon etwas erzählen?" Hierbei bleibt es dem Kind überlassen, etwas zu sagen oder nicht. Es gibt Augenblicke, in welchen der Therapeut das Gefühl hat, daß der Anstoß durch eine kleine Frage die Therapie beschleunigen könnte. In manchem Fall kann das zutreffen; in anderen kann es aber die Wirkung haben, daß das Kind sich zurückzieht und den Gang der Therapie aufhält. Weil sich die Reaktion des Kindes nicht voraussagen läßt, geht man also ein Risiko ein, das besser unterbleibt. Dieser Grundsatz erfordert Zurückhaltung von seiten des Therapeuten. Es ist nicht immer leicht, dem Kind die Führung zu überlassen, wenn es bis ganz nah an den Kern seines Problems vorgestoßen ist, und doch nicht den letzten Schritt über die Grenze wagt. Trotzdem, die Erfahrungen haben uns gezeigt, daß eine Therapie nicht beschleunigt werden kann.

14. Kapitel

Die Therapie kann nicht beschleunigt werden

Der Therapeut versucht nicht, den Gang der Therapie zu beschleunigen. Sie ist ein Weg, der langsam Schritt für Schritt gegangen werden muß, und der Therapeut weiß das.

In der therapeutischen Stunde wird ein „Gesetz von Bereitsein" wirksam. Ist das Kind bereit, in Gegenwart des Therapeuten über seine Gefühle zu sprechen, so wird es das tun. Man kann es dazu nicht antreiben. Ein Versuch in dieser Richtung hätte nur den Erfolg, daß es sich zurückzieht. Es gibt Perioden von scheinbar bedeutungslosem Spiel während der Therapiestunde. Sie fordern Geduld und Verständnis vom Therapeuten. Bei einigen Kindern dauert es sehr lange, ehe sie die Stunden in einer Weise nutzen, welche die behandelnde Person als therapeutisch bezeichnen würde. Aber möglicherweise gehen sie durch eine Periode, die sie brauchen, damit die Bereitschaft, sich auszudrücken, sich in ihnen entwickeln kann. Wenn der Therapeut sie während dieser Zeit sich selbst überläßt, wird er für seine Zurückhaltung belohnt.

Das Kind lebt in einer gehetzten Welt. Mit verwirrender Eile wirbeln die Dinge um die kleinen Mädchen und Jungen herum. Von allen Seiten werden sie gehetzt. Dabei sind sie von Natur aus langsam. Die Welt ist groß, und sie brauchen Zeit, sie in sich aufzunehmen. Wir alle kennen Erwachsene, die den Kindern nicht ihr eigenes Tempo lassen, weil es „ewig" dauert, wenn sie etwas tun. Denken wir z. B. an die Gereiztheit, die Erwachsene häufig Kindern gegenüber zeigen, wenn diese mit täppischen Bewegungen versuchen, ihre Mäntel „schnell" zuzuknöpfen oder ihre Schuhbänder „schnell" zuzubinden, – obwohl sie im Grunde gar nicht im Stande sind, etwas „schnell" zu tun. Die Erwachsenen stürzen sich auf sie und tun es für sie. Spannungen und Frustrationen steigern sich dadurch.

Der Therapeut, der versucht, Spannungen und Sich-unter-Druck-gesetzt-Fühlen zu mildern und dem Kind zu einem Gefühl des Eigenwertes zu verhelfen, wird schwerlich dieses „Hetzverfahren" anwenden. Ihm ist vielmehr der Vorzug bewußt, der darin liegt, dem Kind Gelegenheit zu geben, sein Gleichgewicht zu finden. Dazu muß er ihm soviel Zeit lassen, wie es braucht.

In der Therapie erlebt es wenigstens eine Situation in seinem Leben, in der es nicht gehetzt und angestachelt wird. Es kann entspannen. Will es einfach dasitzen und sich umschauen, sitzt es eben da und schaut sich um – die ganze Stunde über, wenn es Lust hat. Läßt es Körnchen für Körnchen den Sand durch seine Finger gleiten, so tut es damit seinem Herzen etwas Gutes an. Rollt es, begeistert von seiner nachgiebigen Substanz, den Ton vor und zurück, vor und zurück, dann tut es das eben. Will es während der ganzen Stunde kein Wort sagen, sagt es kein Wort. Schließlich merkt das Kind, daß der gewohnte Druck, durch den es angetrieben wird, nicht existiert. Die Folge: Sichtliche Entspannung.

Fühlt der Therapeut, daß das Kind sich mit einem Problem herumschlägt, und er möchte das Problem so schnell wie möglich angehen, muß er sich daran erinnern, daß das, was er denkt, unwichtig ist. Das Kind wird mit seinem Problem herauskommen, wenn es dazu bereit ist. Unangepaßtheit ist ein so komplexes Problem, daß man nicht einfach einen Kreis um eine bestimmte Erfahrung herumziehen kann und sagen: „Das ist es." Die Persönlichkeit des Kindes ist ein so komplexer Mechanismus, daß es schwer, wenn nicht unmöglich ist, *ein* Element als eine Ursache herauszugreifen und zu sagen: „Hier liegt der Grund für alle Schwierigkeiten." Der Therapeut kennt das Kind nicht so gut wie das Kind sich selber. Er kann die wahren Gefühle des Kindes niemals so deutlich ausdrücken wie das Kind selbst. Er kann die zum Ausdruck gebrachten Gefühle reflektieren. Er kann auch einigermaßen zutreffende Vermutungen haben, aber er kann nie davon ausgehen, daß er alle Gefühle des Kindes kennt.

Hat der Therapeut den Eindruck, daß das Kind in wochenlangen Therapiestunden keinen Fortschritt macht, sollte er wieder und wieder seine Notizen überprüfen, um zu untersuchen, ob er nicht etwas entdeckt, was einen Widerstand ausgelöst haben könnte. Er möge sich daran erinnern, daß Wandlungen ein gradweiser Prozeß sind, der sich bei einigen Kindern im Schneckentempo vollzieht. Es muß ihm auch bewußt bleiben, daß Therapie nicht immer zum gewünschten Erfolg führt. Sie ist kein Allheilmittel. Er vergesse nicht, daß das Kind in einer bewegten Welt zwischenmenschlicher Beziehungen lebt. Oft werden die Bedingungen, die zur Unangepaßtheit geführt haben, weiterhin wirksam bleiben. Unter Umständen ist das Kind nicht in der Lage, mit inneren Kräften, die sein seelisches Wachstum zu ersticken drohen, fertig zu werden.

Der Therapeut sollte versuchen, die Dinge mit den Augen des Kindes zu sehen und versuchen, sich in das Kind einzufühlen. Er sollte sich den Grundsatz zu eigen machen, nach dem keine Veränderung sich ohne Beteiligung des Individuums zu vollziehen vermag und daß Wandlungen, die von Belang sind, von innen kommen. Er denke daran, daß seelische Reifung ein sich gradweise vollziehender Prozeß ist.

Es wurde bereits darauf hingewiesen, daß *Gruppen*therapie manchmal den Prozeß zu beschleunigen scheint. Doch sollte der Therapeut nicht versuchen, eine Beschleunigung herbeizuführen. Die versuchsweise Einführung einer anderen Technik ist gefährlich und unsicher. Möglicherweise verursacht sie der Therapie keinen Schaden, aber es besteht durchaus die Gefahr, daß sich das Kind zurückzieht und der Kontakt gestört wird.

15. Kapitel

Der Wert von Begrenzungen

Der Therapeut setzt nur Grenzen, wo diese notwendig sind, um die Therapie in der Welt der Wirklichkeit zu verankern und um dem Kind seine Mitverantwortung an der Beziehung zwischen ihm und dem Kinde klarzumachen.

Es sind nur wenige aber wichtige Begrenzungen, die innerhalb der nicht-direktiven Beziehung gesetzt werden. Es ist für eine vernünftige Therapie von Vorteil, wenn die Begrenzungen sich hauptsächlich auf materielle Dinge beschränken, wie z. B. die mutwillige Zerstörung von Spielmaterial, das Ruinieren des Spielraums und tätliches Angreifen des Therapeuten, außerdem Begrenzungen, die der gesunde Menschenverstand zum Schutz des Kindes gebietet. Verbringt ein Kind die Spielzeit damit, sich aus einem hohen Fenster hinauszulehnen oder sonst etwas Gefährliches zu tun, so dürfte das von geringem oder gar keinem therapeutischen Wert sein. Soll das Kind mit Sicherheit und Achtung vor dem Therapeuten den Raum verlassen, so muß es entsprechend behandelt werden, weil sich diese Gefühle während des Zusammenseins mit dem Therapeuten entwickeln sollen. Das bedeutet nicht etwa, der Therapeut müsse eine stützende und beschützende Funktion ausüben. Es heißt nichts anderes, als daß der Therapeut überzeugt davon ist, daß eine erfolgreiche Therapiestunde sich nicht derartig vom Alltagsleben unterscheiden sollte, daß kein Übergang zum Leben jenseits des Spielzimmers mehr möglich ist.

Es ist wichtig, daß dem Therapeuten bewußt ist, daß das, was das Kind im Spielzimmer tut, außerhalb des Spielraums oft auf harte Kritik stoßen würde. Darum muß sich der Therapeut darüber im klaren sein, daß das Kind zu Schuldgefühlen neigt, wenn es die Vaterpuppe pufft, die Mutterpuppe schlägt und eine Bruder- oder Schwesterpuppe ersticht. Um dem Kind mögliche Schuldgefühle zu ersparen und um falschen Auffassungen im Kind über das, was ein annehmbares Verhalten ist, vorzubeugen, sollte Gewicht darauf gelegt werden, zu betonen, daß die Therapie eine Spieltherapie ist.

Wenn die Gefühle und Einstellungen des Kindes in Wort und Spiel zum Ausdruck gebracht werden, so ist eine objektive Betrachtung möglich und beide – Kind und Therapeut – können dieses verbale und symbolische Verhalten voll und ganz gelten lassen. Fällt das verbale und symbolische Element weg, so können einige in die Tat umgesetzte Einstellungen und Impulse für Kind und Therapeut nicht mehr annehmbar sein. Konsequenterweise sollten die Begrenzungen, die notwendig sind, um das zu vermeiden, als Vorbedingung für eine befriedigende Therapie gelten.

Das Moment der Zeit ist die am klarsten in Erscheinung tretende Begrenzung. Es wurde eine Verabredung getroffen, die Dauer des Spielkontaktes festgesetzt; nun hält man sich an sie. Ist die Verabredung für eine Stunde getroffen, sagen wir von zehn bis elf Uhr, und das Kind erscheint um $^{1}/_{2}$11 Uhr, so endet der Spielkontakt um elf. Es gibt allerdings Umstände, die selbst diese Begrenzung aufheben können, – wenn z. B. die Verspätung unvermeidbar war. Für das Kind und den Erwachsenen, der es bringt, sollte die zeitliche Begrenzung etwas sehr Reales sein. Es ist nicht ratsam, die zeitliche Begrenzung auf Wunsch des Kindes hinauszuschieben. Das Kind muß allmählich dahin gebracht werden, zeitliche Begrenzung als eine Realität anzuerkennen; das konsequente Festhalten an zeitlicher Begrenzung empfiehlt sich deshalb.

Alles Material im Spielraum ist ein Mittel, mit dem das Kind seine Gefühle ausdrückt. Verschiedenartige Typen von Material werden dem Kind angeboten. Ist das Kind voll aggressiver Gefühle, findet es Spielsachen, mit denen es seinen Gefühlen Luft machen kann. Seine Gefühle werden anerkannt, und der Therapeut versucht, seine Beschäftigung auf ein geeignetes Material hinzulenken.

Nehmen wir einmal an, daß ein Kind einen schweren Holzklotz ergreift und damit auf die Fensterscheibe zielt. In solchem Fall sollte der Therapeut z. B. sagen – und zwar so schnell wie möglich –: „Dir ist zumute, als möchtest du am liebsten den Klotz durch's Fenster werfen, aber das geht nicht. Du kannst ihn dahinüber werfen oder die Klötze alle umstoßen oder auf den Ton hauen, aber nach dem Fenster darfst du nicht werfen.“ Wird das Kind dann wütend, weil der Therapeut das, was es tun wollte, verhindert, so sollte er dieses Gefühl auf das Kind reflektieren: „Du bist böse, weil ich gesagt habe, daß du das nicht tun darfst.“ Sieht das Kind ihn an, als wolle es nach ihm werfen, erkennt er ein anderes Gefühl: „Du bist ärgerlich mit mir, weil ich dir zwar erlaube, überall hinzuwerfen, nur nicht dahin, wo irgendwer oder irgendwas beschädigt werden kann.“ Der Therapeut hilft dem Kind, das Problem der Anpassung an eine realistische Welt zu erkennen. Es würde außerhalb der Klinik verhindert werden, wenn es sich zerstörerisch benimmt und zwar ohne ein Reflektieren seiner Gefühle. Das Kind erfährt mehr Hilfe, wenn man es die Begrenzungen im zwischenmenschlichen Umgang erkennen läßt, als wenn man seinen zerstörerischen Impulsen nachgibt.

Bringt das Kind die negativen Gefühle, die es seinem Vater, seiner Mutter oder Geschwistern gegenüber hat, zum Ausdruck, so werden Vater, Mutter und Geschwister nicht in den Spielraum geholt und dem Kind nicht die Erlaubnis gegeben, sie zu schlagen. Es darf aber dazu eine Puppe nehmen. Es befreit sich über die Puppe von seinen Gefühlen. Es schlägt sie, es beerdigt sie und stößt sie herum. Warum sollte es dann nicht ebenso große Befriedigung gewinnen, wenn es auch anderen Gefühlen an erlaubten Gegenständen Luft macht? Ich glaube, daß es sich eher erleichtert fühlt, wenn seine Handlungen auf das Material gelenkt werden, das sich zu diesem Zweck im Spielraum befindet, als wenn ihm gestattet wird, Scheiben einzuschlagen, die Wände so hoch, wie es reichen kann, zu beschmieren oder den Therapeuten tätlich anzugreifen.

Was macht man nun aber mit dem Kind, das Begrenzungen mißachtet? Nehmen wir an, es ziele mit einem Holzklotz auf das Fenster und – obwohl seine Gefühle verstanden und erkannt werden – würfe es trotzdem in diese Richtung? Für gewöhnlich wird es genügen, wenn seine Gefühle erkannt werden, um den Klotz beiseite zu legen; aber nehmen wir einmal an, das wäre nicht der Fall. Der Therapeut sollte mit der Möglichkeit rechnen, daß es den Klotz nicht aus der Hand legt. Dann sollte er den Wurf möglichst ohne handgreifliche Auseinandersetzung mit dem Kind verhindern. Wenn nun aber der Klotz doch durchs Fenster fliegt? Soll er dem Kind Vorhaltungen machen, es aus dem Spielzimmer verweisen? Oder tun, als sei die Sache ihm gleichgültig? Eine solche Situation stellt den Therapeuten tatsächlich vor eine Aufgabe. Er kann ja nicht einfach vorübergehend seine Grundprinzipien außer acht lassen. Er sollte das Kind nicht ablehnen, weil es ihm nicht gehorcht hat. Er würde bei ihm bleiben und seine Gefühle reflektieren. „Sicher war es sehr wichtig für dich, mit dem Klotz unter allen Umständen zu werfen.“ „Wolltest du mir zeigen, daß du ihn auf jeden Fall werfen würdest?“

Es wurde bereits darauf hingewiesen, daß das Material im Spielraum so stabil wie möglich sein sollte. Aber einiges ist nun einmal zerbrechlich. Die Babyflasche und die Gläser für die Farben gehen manchmal entzwei, – manchmal aus Versehen, manchmal absichtlich;

wenn unabsichtlich, sollte der Therapeut aus Sicherheitsgründen die Scherben so schnell und unauffällig wie möglich beiseite schaffen – in Anerkennung der Tatsache, daß es sich um einen Unfall handelt. Was soll der Therapeut nun tun, wenn das Kind absichtlich etwas kaputtmacht?: Versuchen, die Gefühle, die zu dem Schaden führten, zu erkennen, im Wege liegende gefährliche Glasteile beseitigen und die künftigen Kontakte ohne die zerbrochenen Objekte fortsetzen. Ein solches Vorgehen weist das Kind auf die Verantwortung für sein Verhalten hin. Der Therapeut sollte bei solchen Vorkommnissen Vorsicht walten lassen, was seine Haltung und Reaktion betrifft, damit er keine Schuldgefühle erzeugt, obwohl das Kind die vereinbarten Grenzen durchbrochen hat.

Jeder persönliche Angriff auf den Therapeuten sollte sofort gestoppt werden. Das Kind kann keinen Gewinn davon haben, wenn es den Therapeuten handgreiflich attackiert. Dabei kann nur Ungutes herauskommen – und das nicht nur für den Therapeuten. Soll die therapeutische Beziehung Erfolg haben, muß sie in ihrem Kern auf gegenseitiger Achtung beruhen. Jedes Kind braucht ein gewisses Maß an Kontrolle. Es bringt sie allein oft nicht auf. Eine Kontrolle, die das Ergebnis gegenseitiger Achtung als Grundlage hat, ist der seelischen Gesundheit förderlicher als jede andere Methode.

Das Erlebnis einer Therapie ist eine Reifungserfahrung. Dem Kind wird Gelegenheit gegeben, sich von seinen inneren Spannungen zu befreien, sozusagen die Luft von seinen kummervollen Gefühlen zu bereinigen; indem es das tut, gewinnt es ein Selbstverständnis, das Selbstkontrolle möglich macht. Als Folge dieser durchgreifenden Erfahrung im Spielraum entdeckt es sowohl sich selbst als Person wie neue gesunde und realistische Wege zur Anpassung an menschliche Beziehungen.

Diese Erfahrung muß in irgendeiner Weise in der Realität verankert sein. Gäbe es einen besseren Weg als den, vernünftige Begrenzungen zu setzen? Es ist wichtig, daß die Grenzen, auf die man sich einmal geeinigt hat, konsequent eingehalten werden. Konsequenz im Spielraum ist von genauso folgerichtiger Bedeutung wie Beständigkeit in einer Beziehung. Das Element von Konsequenz gibt dem Kind das Gefühl von Sicherheit. Die Konsequenz des Therapeuten bestätigt dem Kind das Gefühl des Angenommenseins. Von der Beständigkeit des Gewährens in dieser speziellen Situation ist der Grad der Tiefe, bis zu der das Kind mit dem Ausdrücken seiner Gefühle gehen kann, abhängig.

Zu welchem Zeitpunkt sollte über diese Begrenzungen gesprochen werden? Sollte der Therapeut sie verkünden, wenn das Kind zum erstenmal ins Spielzimmer kommt? Es gibt Therapeuten, die der Meinung sind, die Grenzen sollten festgelegt werden, wenn das Kind zum erstenmal kommt, damit es sich nicht frustriert und verraten fühlt, wenn es an eine Grenze stößt. Andere glauben, daß die verbale Erklärung der Grenzen sich wie eine Herausforderung auswirken kann und ein Übergewicht bei den inneren Vorgängen im Kinde zur Folge hat. Sie glauben, daß einige Kinder aus Angst, sich das Mißfallen des Therapeuten zuzuziehen, dann davon abgehalten werden, heftige und negative Gefühle zu äußern.

Ich selbst bin der Ansicht, daß es besser ist zu warten, bis sich eine Notwendigkeit für das Grenzensetzen ergibt. Gewöhnlich sind die Kinder durch Erfahrungen in ihrem Alltagsleben auf Einschränkungen ihrer Aktivität vorbereitet. Werden die Begrenzungen auf ein Minimum reduziert und wird nur in Notfällen von ihnen Gebrauch gemacht, vollzieht sich der Ablauf der Therapie reibungsloser.

Nur wenn es absolut notwendig ist, sollte z. B. ein Kind angewiesen werden, das Spielzimmer zu verlassen. Verläßt ein Kind den Raum, kommt zurück, verläßt ihn abermals, so weicht es der Therapie aus und versucht, so etwas wie ein Spiel daraus zu machen. Um die Mitverantwortung am therapeutischen Prozeß zu betonen, muß es verstehen lernen, daß, wenn es das Zimmer verläßt, weil es sich langweilt oder wütend und bockig ist, es für diese spezielle Stunde nicht mehr zurückkommen kann. Der Therapeut sollte das aber nicht eher sagen, als bis das Kind im Begriff ist, den Raum wirklich zu verlassen. Vermag er die Gefühle zu erfassen, warum das Kind hinausgehen will, sollte er ihm diese bewußt machen und ihm gleichzeitig erklären, daß es bis zur nächsten Woche oder wann immer die nächste Stunde verabredet wurde, nicht zurückkommen kann. Unterbleibt das, besteht die Gefahr, daß aus der Therapiestunde eine „Komm- und Geh-Tätigkeit" wird. Geschieht das aber, so merkt das Kind, daß es sich den Auseinandersetzungen mit seinen Schwierigkeiten entziehen kann, wenn es auf den Rest des Spielkontaktes verzichtet. Will es das wirklich tun, dann dürfte hierfür tatsächlich eine Notwendigkeit bestehen – dann fehlen ihm die Voraussetzungen für eine Therapie. Von dieser Regel gibt es Ausnahmen, die der Therapeut klug und realistisch handhaben sollte. Ein einfühlsamer Therapeut ist in der Lage, zwischen dieser Verhaltensweise und einem echten Bedürfnis des Kindes, den Raum zu verlassen – z. B. um nachzusehen, ob seine Mutter noch da ist oder um sich von Angstgefühlen zu befreien –, zu unterscheiden.

Der Therapeut sollte sich davor hüten, die Begrenzung einer Aktivität unter Druck oder mit einem Kunstgriff zu erreichen. Jede echte Wandlung hat ihre Wurzel im Inneren des Kindes. Darum achtet der Therapeut darauf, daß nicht durch die Begrenzung von außen her ein Problem in den Blickpunkt tritt. Z. B. wird man einem stillen Kind nicht sagen, daß es sprechen muß, wenn es ins Spielzimmer kommt; anderenfalls müßte es draußen bleiben. Einem Kind mit Eßschwierigkeiten wird nicht gesagt, daß es essen müsse, um in den Spielraum gehen zu dürfen. Bei einem sich antisozial verhaltenden Kind stellt man nicht die Bedingung, es müsse mit den anderen Kindern spielen, wenn es mit einer Gruppe kommt. Das alles wären keine ehrlichen Begrenzungen. Es wären Kunstgriffe, angewandt bei einem Kind, das ohnehin unter Druck steht. Sie wären im Grunde eine Verführung, die in der selbst-direktiven Therapie nichts zu suchen hat. Das Kind trifft die Entscheidung, ob es reden will oder nicht. Es geht dabei um *sein* Problem und nicht um das des Therapeuten.

Zusammenfassend läßt sich sagen, daß mit Intelligenz und Konsequenz gesetzte Grenzen dazu dienen, die Therapiestunden mit der Wirklichkeit zu koppeln und sie vor möglichen Mißverständnissen, Unklarheiten, Schuldgefühlen und Unsicherheiten zu schützen. Es geht um ein Prinzip, das dem Therapeuten viel Takt, Konsequenz, Ehrlichkeit und Kraft abverlangt. Die Anwendung von Begrenzungen gibt mehr oder weniger einen Hinweis darauf, wie weit die Therapie zwischen Therapeut und Kind Erfolg haben kann.

Anwendung in der Gruppentherapie

Begrenzungen werden in der Gruppen- und in der Einzeltherapie auf einem Minimum gehalten, aber sie sind ein nötiger Bestandteil jeder Therapie. Der Therapeut, der es mit einer Gruppe zu tun hat, braucht noch notwendiger vorher gut durchdachte Vorstellungen von Begrenzungen als der Therapeut im Einzelkontakt. Konsequenz und Sicherheit müssen seine Praxis beherrschen. Die Kinder können dann Beschränkungen ihrer Aktivität viel konstruktiver nutzen, als wenn das Setzen von Grenzen inkonsequent und in unsicherer Art und Weise geschieht. Begrenzungen werden zu Belastungen für eine Gruppe, wenn sie ungeschickt gehandhabt werden. Ebenso können sie eine positive Hilfe bedeuten, wenn sie natürlich und aufrichtig angewandt werden.

Die Begrenzungen in bezug auf destruktives, gefährliches und aggressives Verhalten, die im Zusammenhang mit der Einzeltherapie besprochen wurden, gelten in gleicher Weise für die Gruppentherapie. Dasselbe gilt für den Zeitpunkt, zu dem sie angewandt werden. In der Gruppensituation kann noch eine zusätzliche Begrenzung eine Rolle spielen und zwar im Hinblick auf handgreifliche Aggressionen der Gruppenmitglieder untereinander. In Beziehung auf diese Art von Begrenzung bestehen widersprüchliche Theorien. Mancher Therapeut hält derartige Aggressionen für wertvolle Handlungen, solange er sie unter Kontrolle halten kann und ein faires Spiel garantiert ist. Andere vertreten die Ansicht, daß mehr Schaden als Nutzen mit ihnen verbunden ist, weil z. B. die Gefahr besteht, den Therapeuten zur Übernahme einer autoritären und richterlichen Rolle zu zwingen, die unter Umständen von einigen Gruppenmitgliedern als parteiisch empfunden wird. Ich bin der Ansicht, daß physisches Angreifen zu den Begrenzungsregeln der Gruppentherapie gehört, daß sie aber nicht eher angewandt werden sollten, als bis der Therapeut wirklich den Beweis hat, daß eine physische Attacke droht. Ein kleiner Stoß oder Schlag schadet einem Kinde gar nichts; dagegen kann eine „Predigt über Grenzen“ unter Umständen die gesamte Haltung der Gruppe in eine unerwünschte Richtung lenken. Geschieht das, muß der Therapeut die negativen Reaktionen geschickt handhaben. Gibt z. B. ein Kind einem anderen, das irgendetwas getan hat, was ihn verärgerte, einen leichten Schlag, so kann der Therapeut reflektieren: „Du mochtest gar nicht, was Volker da getan hat, und du hast ihm sogar eine gelangt dafür.“ Fügt er dann bei diesem ersten Vorfall hinzu: „Aber du darfst ihn nicht schlagen, wenn du im Spielzimmer bist“, so kann es Volker und den anderen Kindern so vorkommen, als nähme der Therapeut Volker in Schutz. Die Gruppe kann in zwei Parteien zerfallen, für und gegen Volker, und die Situation kann zu einer Herausforderung für die Gruppe werden: Sie probiert aus, wie weit sie gehen kann. Wird die Begrenzung aber erst ein Thema, nachdem ein zweiter Schlag erfolgt ist, so ist das für die Gruppe leichter tragbar. Der Therapeut sollte alle Kinder einbeziehen in das, was er sagt. Z. B.: „Erst hat Hans Volker geschlagen, dann Volker Hans, denn sie haben sich jeder über das geärgert, was der andere getan hat. Lassen wir von jetzt ab mal die Balgerei sein. Versucht lieber anders mit Euren Meinungsverschiedenheiten fertigzuwerden.“ Der Ton der Stimme ist in solchen Fällen sehr wichtig; er sollte frei von Kritik und Mißbilligung sein.

Beide Kinder müssen sich in gleicher Weise angenommen fühlen. Die Begrenzung sollte in ruhigem und zugleich bestimmtem Ton gegeben werden, so daß sie zu einem konstruktiven Teil der Therapie wird.

IV. TEIL

Die Anwendung der therapeutischen Grundprinzipien in der Erziehung

16. Kapitel

Die praktische Anwendung der therapeutischen Grundprinzipien in der Schulklasse

Die Grundprinzipien der nicht-direktiven Therapie haben weitreichende Auswirkungen in der Erziehung. Fachleute, die heutzutage mit der Arbeit in Schulen zu tun haben, sind sich im klaren darüber, daß eine gut fundierte seelische Gesundheit bei allen am Erziehungsprozeß Beteiligten eine wesentliche Notwendigkeit für eine erfolgreiche Erziehung des Kindes ist.

Ein Lehrer, der mit Ängsten, Furcht und Frustrationen belastet ist, wird schwerlich eine gute Lehrtätigkeit ausüben. Ein Kind, dessen Gefühlsleben voller Konflikte und Unruhe ist, wird keine befriedigenden Schulleistungen zustande bringen. Hat eine Schule ein therapeutisches Programm, das beides anbietet: eine Beratungsstelle für Erwachsene und Beratung und Spieltherapie für Kinder, dann kann sie denen helfen, die der Hilfe bedürfen.

Die Schulen haben beachtliche Fortschritte gemacht im Hinblick auf die Entwicklung von Techniken, mit denen sie den Problemen auf dem Gebiet der seelisch-geistigen Gesundheit besser gerecht werden können. Es wurden viele Bände geschrieben über die Auswahl von Lehrern, die Gestaltung der Lehrpläne und über Programme für seelische Gesundheit. Immer wieder wurde darin die alte Weisheit betont, daß ein Gramm Vorbeugung ein Pfund Heilung aufwiegt. Beim Suchen nach Vorbeugungsmaßnahmen zur Verhinderung von ernsthafter Unangepaßtheit bei Schülern sind einige Schulen zu beachtlichen Entwicklungsprogrammen gekommen.

Eine fortschrittliche Erziehung legt Wert auf die Annahme des Kindes, so wie es ist, und auf die Ermutigung zur Selbstdarstellung. Die fortschrittlichen Programme wurden lange genug ausprobiert, um begabte Studenten in die Lage zu versetzen, die Resultate auszuwerten. Die Auswertungen ergaben, daß die heutige fortschrittliche Erziehung zwar viele Vorzüge gegenüber der sogenannten traditionellen Erziehung hat, daß aber beide unzulänglich sind im Hinblick auf das Erreichen seelischer Gesundheit bei allen Schülern.

Ich möchte glauben, daß der wesentlichste Faktor bei der Förderung seelischer Gesundheit die Beziehung zwischen Lehrer und Schüler ist. Das gilt genauso für den Kindergarten wie für die höheren

Schulen, für ein traditionsgebundenes wie für ein fortschrittliches Programm. Es ist die Erlaubnis, sie selbst sein zu dürfen, das Verstehen, die Annahme, das Erkennen ihrer Gefühle, die Auseinandersetzung mit dem, was sie denken und fühlen, was den Kindern dabei hilft, ihre Selbstachtung zu bewahren; auf diese Weise werden auch Wachstum und Wandlung ermöglicht, weil die Entwicklung von Einsicht verlangt wird. Es ist erstaunlich, in wie vielfacher Weise ein solches „Erziehungsmodell" anwendbar ist. Es scheint geradezu eine Vorbedingung für die angestrebte Reifung zu sein. Die Auswirkungen eines solchen pädagogischen Vorgehens (das die Grundlage für ein therapeutisches Vorgehen ist) sind außerordentlich.

Im Aufbau der Beziehung zwischen Lehrer und Schüler zeigen sich die Grundprinzipien der selbst-direktiven Therapie als ein ganz wesentliches Moment.

Durch ein Gefühl von Freundlichkeit und Wärme auf seiten des Lehrenden wird eine Beziehung zwischen beiden hergestellt, so daß der Unterricht eine individuelle Note bekommt, selbst wenn noch vierzig andere Kinder in der Klasse sitzen. Ein Lehrer mit dem begründeten Ruf, in seiner Klasse noch nie gelächelt zu haben oder noch nie vom Stundenpensum abgewichen zu sein, ist ein bedauernswertes Geschöpf, das schwerlich als Erzieher bezeichnet werden kann. In der gespannten und starren Atmosphäre, die er hervorruft, explodieren die Nerven junger Menschen und werden emotionelle Stürme ausgelöst.

Wenn die große, schlaksige, für ihre Klasse eigentlich zu alte und aus einem sozialen Elendsviertel stammende Marianne den Schulraum betritt, eingehüllt in Lumpen und Verlegenheit, so tut der Lehrer mehr für ihre seelische Gesundheit, wenn er ihrer abstoßenden Erscheinung mit demselben Lächeln begegnet, das er vermutlich der Tochter des Vorsitzenden eines Erziehungsausschusses schenken würde, anstatt Marianne von oben herab anzusehen und sie in kränkender Weise zu fragen, warum sie so schlampig herumlaufe. Marianne wird die frostige Ablehnung sofort spüren. Unmöglich kann sie in einen näheren Bezug zum Lehrer treten. Der Lehrer, dem an einer Förderung von seelischer Gesundheit gelegen ist, bringt jedem einzelnen Schüler gegenüber Wärme und Freundlichkeit auf.

Einer solchen Lehrkraft gelingt die Annahme eines jeden Kindes, so wie es ist. Heinrichs Linkshändigkeit und Marlenes Schielen werden mit Selbstverständlichkeit angenommen, und niemand erwartet von dem verkrüppelten Dieter, daß er an Wettläufen mit anderen

Kindern teilnimmt. Solche körperlichen Auffälligkeiten sind so augenfällig, daß für Rücksicht auf sie garantiert werden kann. Wie aber steht es um den Jugendlichen, für den seine Schüchternheit eine reine Qual ist, der aber gezwungen wird, entweder eine Rede vor der Klasse zu halten oder zu versagen? Und wie ergeht es dem unreifen Erstkläßler, der zu Anfangsübungen im Lesen angehalten wird, weil er seinem Geburtsdatum nach sechs Jahre alt ist? Vielleicht hat er sogar die geistige Reife eines Sechsjährigen, ist aber emotionell als infantil zu betrachten. Oder denken wir an einen 8jährigen Jungen, dessen familiäre Beziehungen so frustrierend waren und der jedes Gefühl von Sicherheit, Dazugehörigkeit und Erfolg entbehrte, daß seine Aggressionen in der Schule sichtbare und aktive Formen annahmen, indem er z. B. schrie: „Ich hasse die Schule! Ich hasse Sie! Ich hasse alle Menschen!" Sollte der Lehrer ihn als ein dynamisches Individuum annehmen, dessen Reaktionen auf eine ungünstige Situation durchaus verständlich sind, und ihm sagen: „Manchmal ist dir zumute, als hassest du uns alle – die Schule, mich, überhaupt jeden." Oder sollte er die berechtigte Rebellion des Jungen mit seiner Autorität überfahren und sagen: „Kein Wort mehr! Und nach Schulschluß bleibst du für deine Unverschämtheit noch eine Weile hier."

Der Lehrer sollte in seiner Beziehung zum Kind ein Gefühl des Gewährenlassens in sich entwickeln, damit der Schüler sich frei fühlt, seine Empfindungen auszudrücken und er selbst zu sein. In einer rein therapeutischen Situation drückt das Kind seine Gefühle ganz frei aus. Die Situation im Klassenzimmer setzt notwendigerweise einem vollkommen freien Zum-Ausdruck-Bringen von Gefühlen Grenzen. In diesem Bereich weichen fortschrittliche Erzieher am meisten von der traditionellen Erziehung ab. Sie haben den Wert erkannt, der in der Befreiung des Kindes von seinen Gefühlen durch eine sichtbare Ausdrucksweise liegt: Malen, das Umgehen mit Ton, schöpferisches, schriftliches Sich-Ausdrücken, Musik, rhythmische Übungen, Theateraufführungen und freies Spielen, – alle diese Hilfsmittel werden als Ventile für die Gefühle der Kinder genutzt. Im Zusammenhang hiermit sind die meisten Mißverständnisse in bezug auf die Absichten moderner Erziehung entstanden. Die ironische Ausdrucksweise „laßt die lieben Kleinen nur sich selbst ausdrücken" hat einen abwertenden Beigeschmack für alle die, denen es an Verständnis für die kindliche Entwicklung mangelt; sie können den Wert der Selbstdarstellung für das Kind nicht ermessen.

Wendet ein Lehrer (oder eine Lehrerin) die Grundprinzipien der nicht-direktiven Therapie zugleich mit der freien Selbstdarstellung an, so baut er etwas äußerst Wichtiges in seine Arbeit ein. Das freie Sich-selbst-zum-Ausdruck-Bringen reicht aber an sich noch nicht aus, um Einsicht im Kind zu entwickeln. Der „Lehrer-Therapeut" schenkt dem Erkennen der zum Ausdruck gebrachten Gefühle seine Aufmerksamkeit und reflektiert diese Gefühle in einer Weise auf das Kind, durch die es Einsicht in sein Verhalten gewinnt. Das ist bis zu einem hohen Grade in jedem Klassenzimmer möglich, wenn die Lehrkraft das richtige Verständnis für ihre Schüler hat und ganz allgemein über menschliche Verhaltensweisen Bescheid weiß. Besteht eine therapeutische Beziehung zwischen Schüler und Lehrer, so kann vielen Kindern zu wertvollen Einsichten in ihre Probleme verholfen werden, bevor diese so schwerwiegend werden, daß sie zu einer ernsthaften sozialen Unangepaßtheit führen.

Bei Jugendlichen liegen die Gefühle sehr nah an der Oberfläche. Sehr oft befindet sich besonders der Deutschlehrer in einer geradezu beneidenswerten Lage, weil sein Unterricht sich besonders zur Selbstdarstellung der Schüler eignet. Angelika z. B., ein 16jähriges Mädchen, das mit Erfolg verstand, in der großen Klasse unterzutauchen, lieferte eine Autobiographie von sich, die ihr als Hilfe diente. In diesem Alter geben die Schüler Schilderungen ihres Lebens unter besonderer Betonung ihrer Gedanken und Gefühle. Die Eltern wurden vom Lehrer gebeten, diese Arbeiten nicht zu beeinflussen, damit ihr Inhalt ganz von den Kindern kam. Es wurde dafür gesorgt, daß die Kinder sie während der Schulzeit schreiben konnten, so daß die Manuskripte in keiner Weise von den Eltern beeinflußt werden konnten. Diese Niederschriften zogen sich über mehrere Wochen hin, was ermöglichte, daß die Schüler in unterschiedlichen Stimmungen schreiben konnten. Selbstverständlich wurden die Arbeiten vertraulich behandelt. Angelika ließ in ihrem Aufsatz ihren Gedanken freien Lauf und schrieb unter anderem:

Ich bin todunglücklich. Mein ganzes Leben lang war ich todunglücklich. Meine Mutter mag mich nicht. Meinen Bruder hat sie am liebsten. Ich glaube aber, daß mein Vater mich gern hat. Ich vergöttere meinen Vater. Wenn ich nur irgend kann, begleite ich meinen Vater. Das macht meine Mutter wütend. Sie ist eifersüchtig auf mich. Das glaube ich tatsächlich. Manchmal geht sie grausam mit mir um. Manchmal schlägt sie mich sogar. Ich glaube, manchmal hasse ich sie. Sie will nicht, daß ich groß werde. Sie sucht mir alle meine Kleider aus. Sie will immer genau wissen, was ich tue. Sie nimmt mich ins Kreuzverhör wie einen Verbrecher. Wenn nicht mein Vater wär', — ich liefe weg von zu Hause.

Das war der stürmischste Absatz in der Arbeit. So schrieb Angelika, das große, blonde, äußerst reservierte Mädchen, dessen attraktive Mutter sehr aktiv an den Elternversammlungen teilnahm. Angelika, deren Leben so ideal und glücklich schien, die alles hatte, was für Geld zu haben ist, Angelika, das bestangezogene Mädchen der Klasse. Für Jungens hatte sie sich niemals interessiert. Sie schien nur langsam zu reifen.

Es war an dieser Schule üblich, daß den Autobiographien ein Einzelgespräch zwischen Lehrer und Schüler folgte. Die Arbeiten wurden auf ihren literarischen Wert und ihren Aufbau hin durchgesprochen. Eine kluge Lehrerin behandelte Angelikas Aufsatz. Sie sagte nicht etwa: „Ich war ganz erstaunt, du hast doch eine so reizende Mutter." Sie griff vielmehr die Gefühle auf und reflektierte sie auf Angelika: „Du bist wirklich sehr unglücklich, Angelika. Du glaubst, daß deine Mutter dich nicht ebenso gern hat wie deinen Bruder, – ist es so?" Angelika, verstanden in dem, was sie fühlte, zeigte noch mehr von ihren Gefühlen, und die Lehrerin begleitete sie innerlich dabei in der Hoffnung, daß das Mädchen durch eine solche Hilfe Einsicht in ihre Gefühle und Einstellungen gewänne und in der Lage sein würde, sich mit ihren Problemen auseinanderzusetzen, um eine konstruktive Lösung für sie zu finden.

Angelika war nicht die einzige, die sich von kummervollen Gefühlen befreien mußte. So seltsam das klingen mag, die Schüler freuten sich auf die Deutschstunden bei Fräulein X in der 11. Klasse. Sie konnten als ein akademisches Instrument gelten, durch das die Schüler sich selbst kennenlernten.

In der ersten Klasse winkte die kleine Karola, ein sehr aufgewecktes kleines Mädchen, deren ehrgeizige Mutter sie bis zum äußersten angetrieben hatte, lebhaft mit der Hand, wenn der Lehrer sagte: „Laßt uns heute über Dinge, die uns ärgern, schreiben. Wer von euch will eine Geschichte diktieren?" Und während die anderen Kinder sich einfach der Tätigkeit, Kind zu sein, hingaben, indem sie zeichneten, malten, in Ton modellierten, im Sand spielten oder mit Spielzeug oder was immer sie sich ausgedacht hatten, diktierte Karola mit einem leidenschaftlichen Ausdruck in ihrem hübschen Gesicht.

Mein Bruder macht mich verrückt. Immer haut er mich. Und Lore auch. Ich werde wütend, wenn ich bei Hochzeiten Blumen streuen soll. Ich will sie tragen und nicht auf den Boden fallen lassen. Mein Papa jagt mir immer mit seinen Hausschuhen einen Schreck ein. Und wehe, wenn ich nicht alles tu, was mir befohlen wird! Meine große Schwester droht mir auch immer. Sie schlägt mich mitten ins Gesicht. Und einmal hat Heinz mich zu

Boden geboxt. Und ich muß so schrecklich viel tun. Ich werde immer ganz müde. Und was mich noch wütend macht — ich kann nicht bis 300 schreiben, nur bis 200. Und Mama läßt mich das zu Hause immerzu üben. Ich darf nicht eher 'raus und spielen, ehe ich nicht bis 300 geschrieben habe. 300 was? Ich weiß das nie. Und das Lesebuch ist viel zu schwierig. Ich bin so klein, daß ich nicht mal an unseren Ausguß 'rankann, wenn ich was trinken will; immer muß ich jemanden bitten, mir was zu trinken zu geben. Und meine Mutter füttert mich, wenn es Nudeln mit Huhn gibt, die ich nicht ausstehen kann. Sie zwingt mich, sie zu essen; und wenn ich nicht will, dann hält sie mich fest und schiebt mir den Löffel bis in den Hals, und ich hasse es einfach, ich zu sein!

Das ist ein ziemlich ungestümer Protest gegen Belastungen, die das Kind zu erdulden hat. Während der Lehrer die Worte aufschreibt, reflektiert er die zum Ausdruck gebrachten Gefühle von Karola. „Die großen Leute zu Hause ärgern dich, – Papa mit seinen Hausschuhen und Lore, wenn sie dich schlägt, und es ist dir einfach schrecklich, daß du soviel kleiner bist als die anderen alle." Auf diese Weise ermutigt, fährt Karola fort: „Und Heinz hat mich zu Boden geschlagen." Heinz ist an sich ihr getreuer kleiner Freund, der ihr deshalb etwas Schlimmes damit angetan hat. „Und sogar Heinz hat dich einmal zu Boden geschlagen", sagt der Lehrer. Dann beschwert sich Karola über die Schularbeiten; der Lehrer reflektiert den Druck, unter dem sie durch die ehrgeizige Mutter steht. Während des ganzen Diktates akzeptiert der Lehrer Karolas Reaktionen und reflektiert deren Gefühle. So wird dem Kind ein Ventil für seine inneren Spannungen gegeben. Bekommen diese Gefühle die Möglichkeit, nach außen hin zum Ausdruck zu gelangen, so verringert sich die Gefahr, daß sie ernsthafte Hemmungen erzeugen, weil sie sich ansammeln. Man würde Karola noch nicht als ein unangepaßtes Kind bezeichnen; aber die Spannungen, der Druck, unter den sie gesetzt wird, und die gestauten negativen Gefühle können leicht zu einem Faktor werden, durch den Unangepaßtheit gefördert wird. Die prophylaktische Behandlung ist von unbestreitbarem Vorteil.

Auch andere Kinder in derselben Klasse brannten darauf, etwas aus ihrem Leben zu erzählen. Es bestand in keiner Weise ein Zwang dazu. Wollte ein Kind etwas erzählen, – hier bot sich ihm die Gelegenheit. Auch der 7jährige Otto wollte etwas mitteilen:

Es macht mich wütend, wenn meine Mutter mich schlägt und meinen Bruder nicht, obwohl er dasselbe getan hat wie ich. Wenn wir in ein Kaufhaus gehen, versuche ich, meinen kleinen Bruder zu verlieren. Er ist kleiner als ich, und Sie wissen ja, wie groß die Kaufhäuser sind. Wenn ich meine Eltern um irgend etwas bitte, und sie geben es mir nicht, werde ich wütend. Ebenso wenn mein Vetter kommt und ich bitte sie um ihre Karten, damit wir spielen können, und sie dann nein sagen. Hauen sie mich, fang' ich an zu schreien. Ich brülle los, — so laut ich nur kann. Dann schicken sie mich ins Bett. Plötzlich höre ich auf zu schreien und spiele mit meinen Murmeln oder meinen Würfeln. Sie sagt zu Papa: „Hör' mal, der fühlt sich da sehr wohl“, und Pappi sagt dann: „Steh' wieder auf“, und ich muß wieder aufstehen. Gestern hab ich Willi wild gemacht. Er hatte eine kleine Wasserflasche mit einem Korken und schlug dauernd damit auf den Boden, und ich sagte immerzu: „Schlag noch doller, Willi“, und er tat das auch so lange, bis die Flasche schließlich kaputt ging. Dann bekam er eine Flasche mit Waschblau, und ich ging 'raus in den Garten, als ich aus der Schule kam und holte einen Topf mit Sand und sagte dann dauernd: „Gieß ein bißchen hier rein, Willi.“ Er tat das, und ich sagte immer weiter: „Mehr, noch ein bißchen“, und schließlich hatte er kein Waschblau mehr. Und dann hab ich ihn ausgelacht, weil er so dumm war und mir alles gegeben hatte, und er weinte, und meine Mutter schrie mich an und schlug mich und gab ihm neues Waschblau, und ich wurde wütend. Sie sagte, ich würde Willi ausnutzen, aber ich sagte, Willi sei ein Idiot und sie holte mich rein und ließ mich auf einem Stuhl sitzen, und ich wurde wütend und dann weinte ich auch, weil sie immer viel netter zu Willi ist als zu mir.

Die Überlegung, daß er sich unglücklich fühle, weil die Mutter Willi mehr Aufmerksamkeit schenkt als ihm, würde Otto sicher weiterhelfen, als wenn man darauf hinwiese, daß er den Zweieinhalbjährigen tatsächlich ausnutze. Als Otto seine Gefühle ausdrückte, leuchteten seine Augen. Er lächelte, als er von dem Guten berichtete, das er für seinen Bruder tat. Sein Gesichtsausdruck wurde ernster, als der Lehrer sagte: „Du wünschst dir, daß deine Mutter dich ebenso viel beachten soll wie Willi.“ Dann kam wie ein Hintergedanke heraus: „Lange Zeit war ich das einzige Kind.“ Dabei schwang eine Sehnsucht in seiner Stimme mit, der man entnehmen konnte, daß Ottos Gefühle durch die Ankunft des kleinen Bruders verletzt worden waren.

Werners Geschichte dagegen war sehr kurz:

Erwachsene machen mich krank. Die hauen einen immerzu. Das tun sie auch bei mir. Sie schicken einen früh ins Bett, bevor es dunkel wird. Meine Mutti läßt mich nicht in unserem Garten spielen, weil sie da so 'n albernes Gras gesät hat, so daß ich entweder gar nicht spiele oder ich geh' weg, und dann ist der Teufel los.

Karl machte ein finsteres Gesicht, als er diktierte:

Wenn ich etwas mache und hab's halb fertig, kommt Papa und sagt: „So macht man das nicht“, nimmt's mir weg und macht es so, wie *er* es für richtig hält. Das macht mich wütend und ich will's dann nicht mehr haben.

Die Themen variieren. Manchmal werden die Kinder gefragt, ob sie etwas zu diktieren haben von *Dingen, die ihnen Angst machen* oder zum Thema: *Ich wünschte, ich wäre jemand anderer* oder: von *Dingen, die ich liebe und Dingen, die ich hasse*, oder: *von Dingen, die ich gerne täte*. Es gibt viele Möglichkeiten.

Ein kluger Lehrer wird diese wahre Fundgrube von Material aus der Klasse nutzen. Anstatt die Kinder „foppt, nippt, tappt" abschreiben zu lassen, ermutigt er die Kinder, ihre eigene Lebensgeschichte niederzuschreiben und ihre Gefühle auszudrücken. Das Hauptgewicht liegt immer auf dem Reflektieren der zum Ausdruck gebrachten Gefühle der Kinder und einer vollkommenen Annahme jeder Art von Gefühlen, die das Kind ausdrückt. Der Wert liegt in der Katharsis, – in einem befreienden Erguß von Gefühlen; aber das Zusammenspiel der Reflexion von Gefühlen und deren Annahme ist das zusätzliche Element, das bei der Auseinandersetzung mit den Gefühlen und dem Gewinn von Einsicht eine große Hilfe bedeutet.

Ein Kind aus der zweiten Klasse, dessen Mutter die Familie verlassen hatte, schrieb:

Ich mag meine Mutter gern. Ich liebe meine Mutter. Meine Mutter ist sehr hübsch. Meine Mutter ist schlecht. Mein Vater sagt, daß meine Mutter schlecht ist. Aber ich *liebe* meine Mutter.

Der 7jährige Hannes, der einen sehr niedergeschlagenen Eindruck macht, schreibt:

Meine Mutter liebt meinen Bruder, mich mag meine Mutter nicht. Mein Vater liebt meinen Bruder. Mich mag mein Vater nicht. Alle mögen sie meinen Bruder. Keiner mag mich. Ich hasse auch alle.

In diesem Fall ist der Bruder ein reizender blonder 2jähriger Bengel mit Grübchen.

Und ein fröhlicher Zweitkläßler schreibt begeistert mit seinem Bleistiftstummel:

Ich kann schreiben. Ich kann schreiben. Ich kann schreiben wie mein Bruder. Ich kann schreiben wie mein Vater. Ich kann schreiben wie meine Mutter. Ich werde nie wieder ein Baby sein.

Das schluchzende Wehklagen des 7jährigen Gerhard ist herzzerreißend, wenn es auch gar nichts Außergewöhnliches ist:

Meine Mutter will, daß ich zur Schule gehe. Mein Vater will, daß ich zur Schule gehe. Großmutter will, daß ich zur Schule gehe. Großvater will, daß ich zur Schule gehe. Tante Anna will, daß ich zur Schule gehe. Alle wollen sie, daß ich zur Schule gehe. Sie haben zu Hause ein neues Baby.

Der Lehrer kann solchen Kindern helfen, indem er die Gefühle erkennt, die sie ausdrücken und sie auf die Kinder reflektiert. Das verhilft ihnen zu Einsicht und Verständnis. Ihre Gefühle kommen heraus und werden nicht unterdrückt.

In diesem Zusammenhang kann auch künstlerisches Material verwendet werden. Das 8jährige Problemkind Max macht einen Sarg aus Ton mit einem Mann darin. „Ich werde auch einen Deckel drauf machen. Ganz fest verschließen werde ich ihn. Jetzt kann er nicht mehr atmen." Max strahlt den Lehrer an. Er drückt den Deckel noch fester zu. „Letzte Nacht war er vollkommen betrunken und hat mich mit seinem Gürtel geschlagen. Sehen Sie mal!" Er zeigt auf einen blauschwarzen Fleck an seinem Bein. „Jetzt willst du, daß ihr quitt miteinander werdet." „Ja", murmelt Max. „Ich werde es ihm besorgen." Und Max „besorgte" es ihm.

Heiner zeichnete ein ulkiges Bild. Es hatte die Form von einem Mann, aber das Gesicht und den Schwanz von einem Schwein. Er zeigte es der Lehrerin, als sie bei ihm vorbeiging. „Das ist ein böser Mann. Er sagt, ich esse wie ein Schwein. Nun sehen Sie ihn sich mal an, er ist selbst ein Schwein."

Statt daß die Klasse vierzig gleiche Landschaften, Mohrrüben oder Gänseblümchen zeichnet, sollte den Kindern erlaubt werden, ihre eigenen Bilder zu malen, ihre eigenen Ideen und Gefühle auszudrücken. Selbst ein tatenlos dasitzendes Kind erfährt mehr Hilfe von einem Lehrer, der die Bemerkung fallen läßt, „du hast's schwer, dir beim Zeichnen etwas auszudenken, was von dir selbst kommt", als von einem Lehrer, der energisch sagt: „Zeichne ein Kaninchen", oder: „Laß mich mal anfangen", und der dann für das Kind, dem es scheinbar an Initiative fehlt, einen Anfang skizziert. Es wird nicht eher Initiative entwickeln, bis man ihm erlaubt, auf seinen eigenen zwei Füßen zu stehen und eigene Aktivität zu entfalten. Durch aufgezwungene Tätigkeiten wird in keinem Menschen Eigeninitiative gefördert.

Als Illustration dafür, wie künstlerisches Material zu einer Katharsis genutzt werden kann, und um die Fortschritte eines Kindes von äußerst negativen und destruktiven zu positiven und konstruktiven Gefühlen zu zeigen, soll von Ernsts Maltätigkeit berichtet werden.*

Einmal malte er vier große Bilder, schnell und beeindruckend. Das erste Bild war ein grüner und purpurner Berg. „Sieh mal", sagte Ernst zur Lehrerin, die dicht daneben stand. „Das ist ein Berg. Hier hat jeder wegzubleiben."

---

* Ernst ist das körperbehinderte 6jährige Kind, dessen Fall im 23. Kapitel, S. 298 ff., dargestellt wird. Der Vorfall ereignete sich in der Freispielzeit.

„Du willst, daß jeder von deinem Berg wegbleibt", wiederholte die Lehrerin.

Ernst nickte. Dann rief Ernst zwei andere Jungens zu sich: „Komm, Max! Komm, Richard! Helft mir!" Die anderen beiden kamen und sahen eine Weile zu, wie Ernst ein über den Berg fliegendes Flugzeug malte. Dann übermalte er das Flugzeug mit roter Farbe.

„Ah", sagte Max, „seht mal, wie Ernst das Flugzeug explodieren läßt."

„Ja, seht nur!" sagte Ernst.

„Ich wette, die sind jetzt alle tot", meinte Max.

„Klar", sagte Ernst. „Das Rote, das ihr eben gesehen habt, war Feuer und Blut."

Ernst übergab diese Malerei der Lehrerin und malte ein anderes Bild mit einem Flugzeug, das niedrig über dem purpurnen Berg flog. Er fügte dem Bild noch etwas anderes zu.

„Was soll das sein?" fragten Max und Manfred. Es kam keine Antwort.

„Ich wette, das ist eine Sirene", sagte Max.

„Nein, stimmt nicht", antwortete Ernst.

„Was ist es denn dann?", fragte Max.

„Es ist ein Zeichen vom Feind. Es ist ein japanisches Zeichen."

„Ah", meinte Max. „Das stimmt doch nicht."

„Das muß ich doch wissen", antwortete Ernst. „Das sind Feinde. Das sind alles meine Feinde." Wieder schmierte er rote Farbe über das Flugzeug.

„Wem gehört denn das Flugzeug?" fragte Manfred.

„Ich bin da drin", sagte Ernst. „Meine Feinde versuchen alle, mich zu verwunden. Sie werfen mit Feuer auf mich." Er übergab seine Malerei der Lehrerin.

„Deine Feinde versuchen, dich zu verwunden", sagte die Lehrerin.

„Ja, sie verwunden mich", sagte Ernst.

Er begann sofort mit einem dritten Bild.

„Das hier ist noch ein Berg. Hilf mir, komm her, Manfred. Tu, was ich dir sage. Und du auch, Max." Die Jungen nahmen sich Pinsel und ahmten Ernst nach. Sie malten noch einen Berg, erst mit weißer Farbe, dann malten sie mit Grün, Purpur, Orange, Rot, Braun und schließlich mit Schwarz darüber. Ernst malte wieder das Flugzeug und überschmierte es mit roter Farbe. Die Jungen machten Geräusche von Flugzeugen und Maschinengewehren nach. Das Bild wurde eine einzige Schmiererei. Die Farbe wurde mit freien und heftigen Bewegungen aufgetragen. Dabei gab es viel Freudengeschrei und Gelächter. Dann rief Ernst: „Seht, seht! Das Flugzeug hat die ganze Welt in die Luft fliegen lassen und auch alle Menschen auf der Welt. Und dieses Flugzeug steht in Flammen. Die Lehrerin neben ihnen anerkannte die aggressiven Gefühle der Kinder. Als das Bild fertig war, gab Ernst es der Lehrerin und nahm sich einen neuen großen Bogen Papier. Er rief: „Laßt uns noch einen Berg malen."

„Einen großen, hohen Berg", sagte Manfred.

„Kommt her, Heinz, Fritz, Robert, Anna! Wollt ihr mir helfen?" Sie halfen, indem sie Ernsts Anweisungen befolgten und malten, was er malte. Jedem, der diese Tätigkeit beobachtete, mußte die Reaktion der Kinder bei diesem Erlebnis auffallen. Sie war für sie alle von größter Bedeutung. Was sie für jeden einzelnen von ihnen bedeutete, läßt sich nur vermuten, aber bestimmt hatte sie einen Sinn für jeden der Teilnehmer.

„Ist das nicht ein hoher Berg?", kommentierte Ernst sein Bild. „Sehr, sehr hoch. Wissen Sie, was das werden soll?"

„Ein sehr, sehr hoher Berg", sagte die Lehrerin.

„Weiß, dann grün, dann purpur, dann rot. Sieh mal, Anna, rot. Jetzt orange, dann gelb, dann blau. Oh, seht nur! Jetzt wird er schwarz", rief Ernst mit offensichtlicher Begeisterung aus.

„Wenn die Farben so gemischt werden, wird Schwarz daraus", sagte die Lehrerin.

„Das ist Rauch", sagte Ernst, „und es ist dunkel. Aber sehen Sie sich das Flugzeug an. Das steht in Flammen. Das sind die Feinde, sehen Sie? Ich hab' sie vernichtet. Jetzt gibt es keine Feinde mehr. Und sehen Sie sich den Berg an!"

„Hast du den Berg auch in die Luft fliegen lassen?", fragte Richard.

„Nein. Siehst du? Der Berg ist sicher. Das ist mein Berg. Alles gehört mir. Keiner außer mir kann 'rauf!" sagte Ernst.

„Der Berg ist ein sicherer Platz für dich. Da gehört dir alles und keiner außer dir kann hinauf", sagte die Lehrerin.

Ernst schien vergnügt und glücklich. Dieses letzte Bild hatte mehr Form und war sauberer gemalt als die anderen.

Am folgenden Tag malte Ernst wieder ein Bild, ein Bild mit einer hellen gelben Sonne und gelben Blumen, und quer über das Bild schrieb er: „Hier ist Frühling. Frühling ist hier. Die Sonne scheint." Dann sagte er, zur Lehrerin gewandt: „Dies ist ein glückliches, sonniges Bild. Wissen Sie noch, wie das von gestern aussah? Dies Bild ist ganz anders."

„Ja. Dies ist ein vergnügtes Bild", sagte die Lehrerin. „Ganz anders als die Bilder von gestern."

Es schien, als habe Ernst gestern etwas gemalt, was ihm Kummer machte. Er hatte eine gewisse Erleichterung durch das gestrige Malerlebnis erfahren und schien jetzt ein Gefühl von Sicherheit und Entspannung zu empfinden. Die Bilder waren graphische Darstellungen der Gefühle des Kindes, von Chaos und Aufruhr bis zu Ordnung und einer positiveren Einstellung.

Sogar eine Rechenstunde in der Vorschule kann Anlaß zum Ausdrücken geheimer Sehnsüchte oder anderer Gefühle geben. Das Kind kann sich mit seinen eigenen Problemen und Geschichten auseinandersetzen und gleichzeitig an Zahlenverständnis gewinnen.

„Ich habe neunundzwanzig Murmeln", sagte Ralf. „Blaue, rote und gelbe. Und eine Murmel verschenke ich. Wieviele bleiben mir übrig?"

„Du bist ein Egoist", unterbrach ihn Hansi, „wenn du achtundzwanzig behältst und eine weggibst.

„Nun", verteidigte sich Ralf. „Ich kann ja auch Albert noch ein paar geben."

„Ich würde das anders machen", sagte Karl. „Wenn ich zehn Kekse habe, behalte ich einen, und alle anderen gebe ich weg. Wieviele verschenke ich?"

„Neun", riefen die Kinder im Chor. „Ich mag dich gern, Karl. Du bist mein Freund."

„Ich habe dreihundert Murmeln", sagte nun wieder Ralf. „Und ich behalte alle für mich."

„Ralf ist ein Schwein", sagte Martin.

„Ich bin kein Schwein", sagte Ralf. „Ich werde immer noch Murmeln haben, wenn ihr eure schon alle weggegeben habt."

„Martin findet es egoistisch, wenn man alle Murmeln für sich behält", sagte die Lehrerin, „aber Ralf denkt, wenn er alle für sich behält, dann geht er auf Nummer Sicher und hat immer welche, wenn er sie braucht."

„Er kann ja auch den ganzen Sack verlieren", meinte Karl. „Wenn er in der Schule damit spielt, könnten ihm alle weggenommen werden."

Es ist nun nicht gerade Rechnen, was hier betrieben wird. Ja, man könnte sagen, das habe mit Rechnen nicht das geringste zu tun. Man lasse Rechenergebnisse in Hefte schreiben und damit basta, sagen viele Lehrer. Aber die eigentliche Natur des Kindes wehrt sich gegen ein so eingeengtes Verfahren. Man kann Lernen nicht vom Leben trennen. Das Kind ist ein dynamisches und starkes Wesen. Man sollte ihm keine Schablone aufdrücken. Gebt dem Kind die Gelegenheit, sich wie ein Individuum zu verhalten. Gebt ihm Freiheit und Verantwortung und ein Gefühl von Erfolg!

Der Lehrplan einer Schule, der in unserem Erziehungssystem einen berechtigten Platz einnimmt, trägt die Möglichkeit in sich, das Leben des Kindes weit über die akademischen Aufforderungen hinaus zu bereichern. Eine wahre Erziehung verschließt sich nicht den kritischen Bedürfnissen des Individuums. Ein Lehrer ist nicht nur dazu da, Tatsachen zu vermitteln und angesammeltes Wissen zu prüfen. Es genügt nicht, daß der Lehrer Vorträge hält und für Ordnung in der Klasse sorgt. Der Lehrer ist vielmehr dazu verpflichtet, genügend Einsicht und Verständnis und Interesse für andere Menschen bei den Kindern zu wecken, so daß sie nicht nur Lehrmaterial, sondern auch sich selbst und andere Menschen kennenlernen. Das bedeutet keineswegs, daß man die Zügel schleifen läßt oder vom Erziehungsniveau abgeht. Es wird nur die erwiesene Tatsache betont, daß das Individuum im Interesse einer guten Erziehung als eine Person betrachtet werden sollte, die einen Anspruch auf Achtung und Verständnis hat und auf ausreichende Gelegenheit, ihre volle Leistungsfähigkeit zur Entfaltung zu bringen.

Die angeführten Beispiele dienen dazu, die Möglichkeit, sich von Gefühlen zu entlasten, aufzuzeigen, – wenn nämlich die Voraussetzungen geschaffen werden, um das Vertrauen des Kindes zu gewinnen. Jeder Lehrer, der dem Leben Zutritt ins Klassenzimmer gewährt, kann entsprechende eigene Beispiele bringen. Es gibt viele Straßen, die Schüler und Lehrer gemeinsam gehen können, um die erwünschte geistig-seelische Gesundheit herbeizuführen, die als nötige Grundlage für alles Wachstum gilt.

Die Verantwortung für eigene Wahl und das In-Gang-Setzen innerer Veränderungen sollten – wenn nur irgend möglich – dem Kind überlassen bleiben. In einer therapeutischen Situation gehört das zu den Grundprinzipien. In der Schulklasse ist es möglich und wünschenswert, muß aber – der Schulsituation entsprechend – Abänderungen erfahren.

Um die Disziplin in der Schulklasse aufrecht zu erhalten, sind diese therapeutischen Grundregeln unentbehrlich, wenn es das Ziel des Lehrers ist, einen Erziehungsprozeß durchzuführen, notfalls sogar mit Strafen, die aber nicht im Sinne von Vergeltungsaktionen verstanden werden dürfen. Wenn die Regeln für das vom Kind erwartete Verhalten klar und unumstößlich festgelegt sind und dem Kind Gelegenheit gegeben wird, sich in der Klasse wie ein intelligentes Wesen zu benehmen, so wird diese Art von Behandlung zu einer Technik, durch die das Kind Selbstvertrauen, Zuverlässigkeit und Initiative entwickelt. Welcher Lehrer kennt nicht den ungebärdigen Typ eines Kindes, dessen Aggressivität zu einem Problem wird, dem sofort begegnet werden muß? Kein denkender Lehrer wird träge daneben stehen und das Kind beobachten, wie es seinen Gegner niederschlägt, ohne irgendwie aktiv zu werden. „Robert ist heute ein Raufbold. Er denkt, wenn er Gewalt anwendet, ist er der Beste und wird nach oben versetzt." Unsere Regeln besagen aber: Entweder arbeitet Robert ordentlich mit, oder er scheidet aus und rückt nach unten. Robert kann dann wählen. Entweder er hält die Regeln ein, oder er nimmt die Konsequenzen auf sich. Diese Entweder-Oder-Haltung ist bestimmt nicht neu. Das zusätzliche Element ist das Reflektieren der von Robert zum Ausdruck gebrachten inneren Haltungen seitens des Lehrers. Vielleicht grenzt das schon an Interpretation, aber die Situation ist augenfällig genug, um sie riskieren zu können. Irrt sich der Lehrer, wird Robert ihn berichtigen, vielleicht mit einer Bemerkung wie dieser: „Aber *er* hat mir meine Mütze weggenommen und sie gerade eben unter seinem Mantel versteckt." Dann kommentiert der Lehrer: „Und jetzt versuchst du, quitt mit Fritz zu werden." Vielleicht finden sich Robert und Fritz schließlich beide am unteren Ende der Klasse. Ganz unten zu sitzen, sollte nicht direkt auf der Wahl der Kinder beruhen, aber die Schulregeln setzen Grenzen, die in realistischer Weise Beachtung finden. Entweder sie halten sich an die Regeln, oder sie ziehen die entsprechenden Konsequenzen. Der Lehrer versucht, sie über die gegebene Situation zur Einsicht in ihr Verhalten zu bringen.

In der gleichen Weise lassen sich Streitfragen und Meinungsverschiedenheiten zwischen Kindern unter Kontrolle bringen. Die Lehrerin wird zum Schiedsrichter, indem sie aufzeigt, was Georg und was Axel fühlen, und indem sie auf diese Weise die Ursache für den Konflikt in den Blickpunkt rückt. Greift Axel nach einem Stock und erhebt ihn gegen Georg, so kann die Lehrerin den Schlag mit Erfolg durch die Bemerkung verhindern: „Axel ist so wütend, daß er Gewalt anwenden will, um euren Streit zu schlichten." Axel legt seine Waffe beiseite und nimmt seine Zuflucht wieder zu Worten. Ein solches Vorgehen hat sich sowohl in therapeutischen Gruppen wie auch in akuten

Schulsituationen als erfolgreich erwiesen. Es war offensichtlich die Bemerkung der Lehrerin, durch die der Schlag aufgefangen wurde und nicht ihre Anwesenheit als ein Autoritätssymbol, denn in einer gruppentherapeutischen Situation wird der Therapeut in keinem Augenblick zum Symbol von Autorität. Wer Kinder kennt, weiß, daß ein Kampf, auf den verzichtet wird, weil die Stimme der Autorität ertönt, meistens nachgeholt wird, wenn die Streitenden außer Sicht sind.

Beachtet ein Lehrer die Würde des Kindes, ob es nun sechs oder sechzehn Jahre alt ist, und behandelt es mit Verständnis, Freundlichkeit und konstruktiver Hilfe, dann entwickelt er in ihm die Fähigkeit, die Antwort auf seine Probleme in sich selbst zu suchen und sich als ein unabhängiges Individuum mit eigenen Rechten für sich verantwortlich zu fühlen.

Das Wichtigste, was ein Erzieher der jüngeren Generation angedeihen lassen kann, ist wohl eine Art von Führung, die das Schwergewicht auf Selbstinitiative legt und dem jungen Menschen durch lebendige Beispiele die Erfahrung vermittelt, daß jedes Individuum für sich selbst verantwortlich ist. Es ist letztlich die Fähigkeit, konstruktiv und unabhängig denken zu können, was den gut erzogenen Menschen ausmacht. Reifung ist ein sich gradweise vollziehender Prozeß, der nicht beschleunigt werden kann. Reifung hat ihre Wurzeln im Inneren des Menschen und kann ihm nicht gewaltsam von außen aufgepfropft werden.

Das Bedeutsamste ist die Beziehung, die zwischen dem Lehrer und seinen Schülern besteht. Die Reaktionen des Lehrers müssen realen Bedürfnissen der Kinder entgegenkommen und nicht nur materiellen Notwendigkeiten wie Lesen, Schreiben, Rechnen.

Das klingt so einfach. Ein experimentierfreudiger Lehrer brennt darauf, das auszuprobieren. Ein Beispiel: Es ist der erste Schultag. Es kommt das Völkchen der kleinen Schulanfänger und die Mütter mit ihnen. Die meisten Mütter begrüßen die Lehrerin, verabschieden sich von Walter und Maria und gehen. Es ist aber möglich, daß ein kleiner Eduard dabei ist, der mit Tränen in den Augen die Hand seiner Mutter nicht loslassen will. Das Gesetz sagt, daß er jetzt schulreif ist, aber seine Gefühle sagen ihm, daß da ein großes Mißverständnis vorliegt. Was kann die Lehrerin tun? Zur Mutter hinübergehen und sagen: „Guten Tag, Frau Werner", und sie dann verabschieden? Sollte sie Eduard bei der Hand nehmen (oder dies versuchen zu tun) und ihn sehr freundlich und verständnisvoll ansprechen? „Du bist jetzt ein großer Junge, der wird doch nicht weinen." (Wird er es wirklich nicht?) „Du wirst es hier bestimmt schön finden wie alle anderen Jungen und Mädchen."

„Ja, Fräulein Soundso!"

„Komm, sieh dir mal die hübschen Bilderbücher an. Siehst du? Marie und Hansi tun das auch. Komm! Du willst sie sicher auch sehen." Dann, beiseite zur Mutter hin: „Wir haben's lieber, wenn die Mütter nicht hierbleiben, wenn sie ihre Kinder herbringen. Gerade um solche Situationen wie diese zu vermeiden, verstehen Sie?" Die Mutter steht auf und versucht pflichtschuldigst, ihr Kind zu verlassen. Eduard heult. Die Lehrerin geht weg, mit äußerster Mißbilligung.

Oder nehmen wir einmal an, Frau Werner würde am anderen Ende der Stadt wohnen, und die Schule wäre nicht sehr fortschrittlich eingestellt. Man zieht Eduard in die Klasse, Tränen fließen usw. Die Lehrerin nimmt ihn an der Tür in Empfang. „Du bist jetzt ein Schuljunge", sagt sie. „Laß die Heulerei. Wenn du damit nicht sofort aufhörst, mußt du wieder nach Hause gehen." Eduard wäre ein Dummkopf, wenn er jetzt nicht noch heftiger schluchzen würde. Frau Werner nimmt den Sünder wieder mit nach Hause und weiht den Vater ein. „Ich hab' mich so geschämt, daß ich hätte weinen können. Eduard benahm sich wie ein kleiner Tölpel. Meinst du, wir sollten ihn mal einem Psychologen vorstellen?" Nun, vielleicht sollte sie das einmal für sich selber in Erwägung ziehen!

Nehmen wir an, Frau Werner ginge mit dem Jungen zu einer anderen Schule. Die Lehrerin dort versucht, das Problem sehr einfach anzugehen. Wir haben es mit demselben Eduard und derselben Mutter zu tun. Sie kommen in die Klasse. Die Lehrerin begrüßt die Mutter und bittet sie herzlich hereinzukommen. Eduard klammert sich an sie. „Du hast Angst, deine Mutter könnte dich verlassen, aber sie kann hierbleiben, – es sei denn, du möchtest, daß sie ginge." Frau Werner errötet. „Er ist noch so ein Baby", sagt sie entschuldigend. „Es gibt viele Kinder, die beim Schulbeginn Angst haben. Das ist schon ein recht einschneidendes Erlebnis für sie", meint die Lehrerin. „Ja, wahrscheinlich", sagt die Mutter. Sie sieht, wie die anderen Kinder schon spielen und sich der Situation anpassen. Sie kann sich nicht genug darüber wundern, warum die anderen es soviel besser schaffen als Eduard, der sich inzwischen beruhigt hat. Er wurde angenommen, so wie er war. Dieses merkwürdige Fräulein schien den Nagel auf den Kopf getroffen zu haben, als sie sagte, er habe wohl Angst. Einige Kinder spielten mit Bauklötzen. Vielleicht könnte er auch –?

Eduard sieht sich voller Angst um, ob da wohl einer lauert, um einen Druck auf ihn auszuüben. Niemand belästigt ihn. Ehe man sich's versah, drängte er zur Kindergruppe hin: Die Mutter ging zur Lehrerin. „Soll ich mich jetzt vielleicht schnell verdrücken?", fragt sie ängstlich. „Sie überlegen, ob Sie nicht gehen sollten, wenn er nicht herschaut", reflektiert die Lehrerin. „Das könnte ein schreckliches Geheule geben", meint die Mutter. „Aber wenn Sie das gerne tun möchten?" „Machen Sie das nur, wie Sie's für richtig halten. Was mich betrifft, so können Sie auch gern hierbleiben; gehen Sie, wenn Sie es für richtig halten."

Nun, eine Mutter, die ihren kleinen Eduard in einer derartigen Abhängigkeit von sich erzogen hat, wird sich entweder hinsetzen oder sie wird zu ihm gehen und ihm „Auf Wiedersehen" sagen. Sie wird sich nicht heimlich davonschleichen.

Die therapeutischen Grundprinzipien sind von erheblicher Tragweite für den Erzieher. Sie haben die unglaublichsten Resultate zur Folge. Alle Lehrer sollten sie ausprobieren, wenn sie das noch nicht getan haben – viele, viele Male.

Eines Tages sagte ein Erstkläßler zu seiner Lehrerin: „Es macht mir einfach Spaß, die Leute zu schlagen, zu beißen, zu kratzen und ihnen weh zu tun. Ich bringe auch Kinder gern zum Weinen!" Zufällig erlauschte eine andere Lehrerin diese Bemerkung und sagte später zur Lehrerin des Jungen: „Ich hab' vorhin alles mit angehört. Wissen Sie, wenn das Kind hier vor mir stünde und würde mir sagen, daß es andere gerne schlägt und beißt und zum Weinen bringt, dem würde ich aber gründlich meine Meinung sagen."

„Was Peter gesagt hat, betrachte ich als ein Kompliment für unsere Beziehung", sagte Peters Lehrerin. „Er hat mir wenig schmeichelhafte Dinge über sich erzählt. Bald wird er zu einer positiveren Denkweise sich selbst gegenüber in der Lage sein."

„Sie halten es also für ein Kompliment, wenn ein Kind genau erzählt, was es denkt?", fragte mit einer guten Portion Spott in der Stimme die skeptische Lehrerin.

Am darauffolgenden Tag sprach sie Peters Lehrerin wieder an. „Ich habe nun Ihre Technik probiert", sagte sie.

„Was ist passiert?" erkundigte sich diese.

„Sie kennen doch diesen verflixten, bockigen Jakob in meiner Klasse. Nun, als er heute morgen kam, beugte ich mich zu ihm hinunter, packte ihn bei der Schulter und sagte zu ihm: »Sag mal, Jakob, wie denkst du eigentlich über mich?« Jakob starrte mich wie immer mit leeren Blicken an. »Ich meine das ganz ernst«, sagte ich zu ihm. »Es passiert dir nicht das geringste, was du auch sagen magst.« Jakob brummte und meinte: »Ich glaube, Sie sind ein bißchen verrückt, wenn Sie sich einbilden, daß ich Ihnen sage, was ich von Ihnen denke!« Jakobs Lehrerin lachte von Herzen und meinte: »Gar nicht so schlecht für einen ersten Anfang, nicht wahr?«"

17. Kapitel

Die Anwendung der therapeutischen Grundprinzipien in der Eltern-Lehrer-Beziehung

Wichtig für das Herstellen einer guten Eltern-Lehrer-Beziehung ist das Annehmen der Eltern, die Reflektion ihrer Einstellungen und Gefühle und daß man ihnen darüber hinaus eine Gelegenheit gibt, sich frei auszusprechen. Die Mutter des 6jährigen Gerd zum Beispiel hatte viele Sorgen, und außerdem war ihr Kind eines der schwierigsten Problemkinder der Schule. Sie war eine attraktive junge Witwe. Eines Tages lief sie zur Schule und sagte dem Lehrer: „Ich muß Sie unbedingt mal eben sprechen. Haben Sie Zeit? Ich muß mit jemandem reden. Ich wüßte nicht, zu wem ich sonst frei sprechen könnte. Es hat keinen Zweck, drum herum zu reden“, sagte die Mutter, „ich ärgere mich so, daß ich platzen könnte!“

„Irgend etwas hat Sie furchtbar aufgeregt“, sagte der Lehrer.

„Mein Chef erklärte mir heute, er sei es leid, daß ich mir soviel Sorgen um Gerd mache. Ich gehe mittags nach Hause und komme dann oft zu spät wieder ins Geschäft. Ich mach' mir doch wirklich solche Sorgen um das Kind. Er sagte, ich müsse meiner Arbeit mehr Aufmerksamkeit schenken oder so ähnlich. Jawohl, er übergab meine Arbeit sogar einem anderen Mädchen. Ich hatte gedacht, sie sei meine Freundin. Mich versetzte er in ein anderes Büro. Seit Jahren habe ich für den Chef stenografiert! Und jetzt will man mich nur noch halbtags beschäftigen. Und das nach all den vielen Jahren!“

„Es kränkt Sie, daß Sie nach so vielen Jahren in der Firma Ihren Arbeitsplatz verloren haben“, sagte der Lehrer.

„In meinem ganzen Leben habe ich mich noch nie so aufgeregt“, sagte Gerds Mutter. „Ich verließ schnurstracks das Zimmer, und bin hierher gelaufen. Mein Chef war auch ganz außer sich.“

„Sie waren beide wütend“, kommentierte der Lehrer.

„Er meinte, ich solle Gerd in ein Kinderheim tun, er brauche eine eiserne Hand. Er sagte, Gerd würde mein ganzes Leben ruinieren. Was soll ich tun? Soll ich ihn in ein Heim geben?“

„Sie wissen nicht recht, ob Sie ihn in ein Heim tun sollen oder nicht“, sagte der Lehrer. „Sie möchten, daß ich Ihnen sage, was Sie tun sollen; aber ich kann die Frage nicht für Sie beantworten.“

„Sicher würde er es dort gut haben, und ich bekäme meinen alten Arbeitsplatz wieder“, meinte die Mutter.

„Sie glauben, daß auf diese Weise das Berufsproblem gelöst wäre“, kommentierte der Lehrer.

„Ja“, erwiderte die Mutter. Sie fuchtelte verzweifelt mit den Armen in der Luft herum. „Aber ich würde sterben, er ist mein ein und alles. Ich sagte meinem Chef, ich würde eine Flasche Bier mit ins Bett nehmen, um meinen Kummer zu ertränken, darüber war er sichtlich entrüstet.“ Sie lachte.

„Sie wollten Ihren Chef schockieren.“

„Das hab' ich auch getan. Das Heim, das er mir für Gerd vorschlug, liegt in S. Das ist ein hübscher Ort. Der Junge wäre dort gut versorgt. Die Kinder bekommen gutes Essen und werden sauber gehalten.“

„Sie sind sicher, daß er gut versorgt wäre.“

„Für Gerd fiele dann auch dieser ständige Wechsel von Menschen um ihn herum weg. Er könnte lange genug mit denselben Menschen zusammenleben, um sie richtig kennenzulernen.“

„Sie meinen, es würde für ihn eine Hilfe bedeuten, immer mit denselben Menschen zusammenzuleben“, reflektierte der Lehrer.

„Ja. Aber, mein Gott, wie werde ich ihn vermissen! Er hat solche Angst vor neuen Menschen und einer neuen Umgebung. Er würde ...“ Ihre Stimme verlor sich in Schweigen.

„Sie glauben, daß Sie ihn vermissen werden und immer daran denken müßten, was er für Angst vor neuen Menschen und einer neuen Umgebung hat.“

„Ja, mein Gott! Ich werde nach S. ziehen, wenn ich ihn dorthin gebe. Ich werde es meinem Chef schon zeigen. So was kann er mir nicht antun. Ich werde in Gerds Nähe ziehen für den Fall, daß er mich braucht oder krank wird oder sonstwas passiert.“

„Auf diese Weise sind Sie dann quitt mit Ihrem Chef: Er zwingt sie, Gerd aufzugeben, und Sie sorgen dafür, daß er eine gute Arbeitskraft verliert.“

„Ja, ich kann ein Dutzend Stellungen bekommen, ich habe eine erstklassige Ausbildung. Ach, wie mich das kränkt. Ich bin nicht mehr jung. Ich bin zweiunddreißig. Und ich habe Verpflichtungen auf mich genommen.“

„Das kränkt Sie sehr. Sie haben das Gefühl, daß man Ihnen etwas schuldig ist. Sie haben der Firma jahrelang gute Dienste geleistet, und jetzt sind sie älter geworden und haben Verpflichtungen übernommen.“

„Im Grunde genommen kommt das alles nur daher, weil ich vorige Woche nicht im Büro war, als Gerd Masern hatte. Ach, ich kann ja seinen Standpunkt verstehen. Wir müssen die Kataloge herausbringen und die Pläne dafür waren schon gemacht; aber durch meine Abwesenheit ist die Arbeit ins Stocken geraten. Aber mir *das* anzutun!"

„Sie finden, daß man Sie strenger bestraft als Sie's verdient haben, obwohl Sie zugeben, daß der Chef seine Gründe dafür hat."

„Ja. Aber sagen Sie mir eines. Finden Sie, daß es mit Gerd besser geht? Ich meine mit seinem Betragen. Mir ist klar geworden, daß er jetzt nicht imstande ist, Lesen, Schreiben und Rechnen zu lernen. Ich mache mir darum auch keine Sorgen mehr. Wenn er sich nur besser benimmt!"

„Sie glauben, daß für den Augenblick seine Anpassung im Verhalten wichtiger ist als daß man ihn zum Lesen-Lernen zwingt."

„Ja", sagte die Mutter. „Es geht schon besser mit ihm. Ich merke das. Sogar zu Hause. Und er muß sich doch mit so vielem abfinden. Ich bin so nervös. Ich mache ihn nervös. Sein Benehmen ist im Grunde meine Schuld. Es wäre doch wohl nicht recht, ihn wegzugeben, wenn es meine Schuld ist, und wo er doch ganz entschieden Fortschritte macht."

„Sie können große Fortschritte feststellen", sagte der Lehrer.

„Weiß Gott, ja! Sie nicht auch?"

„In der Schule geht es sehr viel besser mit ihm."

„Es wäre falsch, ihn wegzugeben in ein Heim, wo er sich solche Mühe gibt. Er braucht mich und ein Zuhause."

„Sie glauben, daß es nicht fair wäre, ihn jetzt in ein Heim zu tun, wo er so gute Fortschritte macht. Sie glauben auch, daß er Sie braucht und daß er es bei Ihnen besser hat."

„Ja." Sie hielt ein Päckchen hoch, das sie in der Hand hielt. „Sehen Sie? Das ist ein Kaninchen. Das brachte mir eines der Mädchen aus dem Büro. Die anderen Mädchen aus dem Büro wiesen darauf hin, daß die Katze vermißt wird. Ich weiß also nicht, vielleicht ist dies die Katze!" Sie lachte. Dann wurde noch etwas geplaudert; sie bedankte sich und ging.

Nach einigen Tagen kam die Mutter um die Mittagszeit noch einmal in die Schule; sie lächelte über das ganze Gesicht.

„Ich komme nur schnell, um Ihnen zu sagen, daß ich meinen früheren Arbeitsplatz wieder habe."

„Das ist gut", sagte der Lehrer.

„Ich hab' dem Chef erzählt, was Sie zu mir gesagt haben."

„Was *ich* Ihnen gesagt habe?“

„Ich habe ihm gesagt, daß Sie es für falsch hielten, Gerd in ein Heim zu geben. Er mache so gute Fortschritte. Und außerdem wäre es mein Fehler, wenn er sich nicht richtig benimmt. Immer ist er hin- und hergezerrt worden und wußte nie recht, was er zu erwarten hat. Ich habe dem Chef gesagt, wenn Gerd nach S. käme, zöge ich auch dorthin und würde mir dort eine Arbeit suchen. Ich fühle, daß Gerd mich braucht, und ich weiß gut genug, wie sehr ich Gerd brauche. Ich könnte nichts Vernünftiges tun, wenn ich dauernd mit Schuldgefühlen herumliefe.“

Die Mutter war sich über ihre Gefühle klargeworden und war zu einer eigenen Entscheidung gekommen. Interessant ist, wie die Mutter der Entscheidung des Chefs, den Jungen in ein Heim zu geben, Widerstand leistete. Nachdem man ihr die Gelegenheit gegeben hatte, ihre Gefühle zum Ausdruck zu bringen und zu einer eigenen Entscheidung zu kommen, war sie imstande, ihren Fall vor dem Chef so zu vertreten, daß sie nicht nur das Kind bei sich behielt, sondern auch ihren früheren Arbeitsplatz wiederbekam. Die Mutter bekam auf diese Weise Boden unter den Füßen. Sie fuhr dann fort, den Lehrer als Resonanzboden für ihre Gefühle und Einstellungen zu benutzen und gewann so erheblich an Einsicht in Gerds Betragen; sie suchte weiter nach konstruktiveren Methoden, mit ihm umzugehen. Es wurde ihr wichtig, ihm das Gefühl von Sicherheit zu geben, welches das Kind brauchte.

Diese Art zu helfen hat mehr Wert als die bei Lehrern für gewöhnlich üblichen Reaktionen, nämlich ein diktatorisches oder ein uneingeschränkt zustimmendes Vorgehen. Es besteht ein gewaltiger Unterschied zwischen uneingeschränkter Zustimmung und einem guten Reflektieren der vom Klienten zum Ausdruck gebrachten Gefühle.

18. Kapitel

Die Anwendung der therapeutischen Grundprinzipien in der Beziehung zwischen Lehrern einerseits und Verwaltungsbeamten und Vorgesetzten andererseits

Eine Untersuchung unserer gegenwärtigen Schulverhältnisse würde erschreckend viele Hinweise für einen Mangel an seelischer Gesundheit bei den Lehrkräften ergeben. Woher kommt es, daß so viele Lehrer Anzeichen von Frustrationen und Ängsten zeigen? Die Lehrer könnten diese Frage schnell beantworten: Weil sie in vielen Fällen ihre Unterrichtssituation als einen Faktor empfinden, der zu ihrer ungünstigen Verfassung beiträgt.

Das Verhalten von Lehrern ist durchaus menschlich, obwohl Karikaturisten und Besserwisser sie seit Jahren als Zielscheibe benutzen. (Die Lehrer sind aber in der Abgeschiedenheit ihrer vier Wände auch recht begabt darin, sich über die Menschen ihrer Umgebung lustig zu machen – und tun das auch seit Jahren). Doch es gibt einen Grund dafür, weshalb das sehr reale Problem eines Mangels an seelischer Gesundheit bei den Lehrern ein solches Gewicht hat. Es wird gewöhnlich einer ganzen Reihe von Ursachen zugeschrieben: zu große Klassen, überladene Stundenpläne, Sonderaufgaben, ein Unter-Druck-gesetzt-Werden von seiten der Verwaltungsbeamten und Steuerzahler.

Obwohl alle diese Faktoren Anlaß zu Ärger geben, die Arbeit erschweren und sich oft geradezu nervenzerrüttend auswirken, reichen sie doch nicht aus, um all die Schwierigkeiten zu verursachen, die man ihnen zuschreibt. Die Ursachen für eine gewisse Unangepaßtheit bei Lehrern dürften die gleichen sein wie bei allen anderen Menschen. Wenn es zutrifft, daß alle Menschen ein Streben nach Selbstverwirklichung haben, dann ist es sehr gut möglich, daß Umstände, die die Befriedigung dieses Strebens verhindern, zur Ursache für unangepaßtes Verhalten werden, auch bei Lehrern.

Der tyrannische und sarkastische Lehrer erstrebt vielleicht seine Selbstachtung und Selbstverwirklichung auf Kosten seiner Schüler, weil er beides durch eine direkte Befriedigung dieser Bedürfnisse in seiner beruflichen Beziehung zur Verwaltung nicht erlangen kann.

Die wunderliche, schüchterne kleine Seele einer Lehrerin, die sich wie ein verängstigtes Kaninchen benimmt und jedem auf Gnade und Ungnade ausgeliefert zu sein scheint, kann möglicherweise ihre Selbstverwirklichung nur erreichen, indem sie sich in ihr schützendes Schneckenhaus zurückzieht und die Idealvorstellungen von sich selbst in ihren Träumen verwirklicht.

Jeder Lehrer hat das ausgesprochene Bedürfnis, sich als Mensch zu fühlen, mit Würde und Achtung behandelt zu werden und die Möglichkeit zu haben, einen Status als intelligentes und begabtes Individuum anzustreben. In einer viel zu großen Zahl schulischer Einrichtungen wird den Lehrkräften die Befriedigung solcher Bedürfnisse vorenthalten. Man sagt ihnen lediglich, was, wie und wann sie etwas Bestimmtes zu tun haben. Sie werden durch Druck von seiten der Vorgesetzten angetrieben. Leistungsziele werden ihnen vorgeschrieben. Einer muß mit dem anderen Schritt halten, und jeder auch mit den Lehrkräften anderer Schulen. Oft behandelt man sie mit einem bedauerlichen Mangel an Rücksicht. Manchmal könnte man glauben, Lehrer seien keine fähigen, intelligenten menschlichen Wesen, die wert sind, die Arbeit, für die man sie eingestellt hat, zu leisten. Es gibt Gemeinden, in denen man dem Lehrer vorschreibt, wie er sich zu benehmen hat, sowohl außerhalb wie innerhalb der Klasse, wie er seine Freizeit zu verbringen und in welche Kirche er zu gehen hat; wofür er seine Stimme abgeben muß und welche Zeitung er lesen darf; wie er sich anziehen sollte; welchen Nagellack die Lehrerin benützen und welche Kosmetika sie nicht für ihr Gesicht verwenden darf.

Man zwingt sie, an allen möglichen Veranstaltungen teilzunehmen, was ihre ganze Freizeit beansprucht. Sie erhalten die Anweisung, Aufsicht auf dem Schulhof zu führen, und man erwartet von ihnen, daß sie bei Wind und Wetter Dienst tun, einerlei wie sie sich fühlen. Man verlangt Schüleraufführungen mit stundenlangen Proben, Kostümierungen, Eintrittskartenverkauf, unter Umständen auch noch das Schreiben von Stücken. Außerdem gehören Veranstaltungen im Freien zu ihren Obliegenheiten. Und bei alledem wird von ihnen verlangt, daß sie ein bestimmtes pädagogisches Niveau bei den Schülern erreichen und für Ruhe und Ordnung in den Klassen sorgen.

Einerseits sind die Lehrer dazu gezwungen, die Schüler zu überfordern, andererseits müssen sie dafür sorgen, daß die Kinder ruhig und fleißig sind. Das alles gehört zu dem bunten Bild und der dynamischen Atmosphäre einiger Schulen – einiger, nicht aller.

Beanspruchung und Anforderungen scheinen zu einem Zusammenbruch selbst des Stärksten unter ihnen auszureichen; aber wir stehen vor der bedeutsamen Tatsache, daß in vielen Schulen trotz der Belastungen, nicht notwendigerweise eine Wechselbeziehung zwischen unzureichender seelischer Gesundheit und einem überladenen Schulprogramm vorhanden ist. Es gibt auch Schulen ohne so viele „Extras“, in denen sich manche Lehrer unglücklich und unausgefüllt fühlen.

Manchmal haben die Lehrer ihre eigenen Probleme, – Probleme, die eindeutig nicht im Zusammenhang mit der Schulsituation entstanden sind; einige Probleme wiederum sind *durch* die Schulsituation entstanden. Ich betrachte es als meine Aufgabe, die mitwirkenden Faktoren zu beleuchten und konstruktive Anregungen zur Vorbeugung und für Verbesserungen zu geben.

Lehrer sind imstande, außerordentlich schwere arbeitsmäßige Belastungen auf sich zu nehmen, und tun das auch mit Freuden, wenn das Arbeitsklima einer Schule gut ist; wenn sie z. B. wie menschliche Wesen behandelt werden, die ihre eigenen Meinungen äußern und ihre Begabungen voll entfalten können, die man als schöpferische Mitglieder an der Schulorganisation teilnehmen läßt und denen man Gelegenheit bietet, als denkende, zuverlässige und vertrauenswürdige Menschen tätig zu sein. Erlaubt man ihnen freie Wahl in Bezug auf das, was sie innerhalb und außerhalb der Klasse tun und sagen, so werden sie ihre Verantwortung den Schülern gegenüber um so gewissenhafter auf sich nehmen. Einen Lehrer, dem man kein kompetentes Urteil in Bezug auf das, was er sagt und tut, zutraut, indem man ihm gestattet, er selbst zu sein, sollte man nicht als Lehrer anstellen. Gibt man Lehrern die Freiheit, ihre eigenen Vorstellungen zu realisieren, so wird die Bevölkerung Gewinn davon haben; denn dann sind die Männer und Frauen, die sich entschlossen haben, beruflich mit jungen Menschen zu arbeiten, in der Lage, in bereichernder und anregender Weise zu deren Entwicklung beizutragen.

Der wichtigste Faktor für geistig-seelische Gesundheit bei Lehrern ist eine gute Beziehung zu Verwaltungsbeamten bzw. Vorgesetzten. Die strategische Position des Direktors zielt darauf ab, Lehrern, Eltern und Kindern eine Hilfestellung zu geben. Diese Hilfestellung gewährleistet die Möglichkeit zu immer neuen erfolgreichen Forschungsarbeiten.

Unser Land ist ein demokratisches Land, und Demokratie bedeutet eine bestimmte Lebensweise. Darum ist es konsequent, eine demokratische Schulverwaltung zu fordern. Niemand im gesamten Schulwesen ist allwissend. Durch gemeinsame Planung und Zusammenarbeit bekommt jeder ein Gefühl von Tauglichkeit und Befriedigung. Durch die Mitgestaltung einzelner Vorgänge und Verfahrensweisen, wie auch durch das Erleben einer Zusammenarbeit für das allgemeine Wohl, wächst er in die Verantwortung für das Ganze hinein. Entsprechende Gefühle entstehen im Inneren des Individuums und werden niemandem willkürlich von außen aufgezwungen. In einer echten Demokratie halten Freiheit und Verantwortlichkeit einander die Waage; die Freiheit eines spontan-schöpferischen Geistes kann viel dazu beitragen, um das Schulwesen so zu gestalten, daß es zu einer dynamisch-wirksamen Ausbreitung der Demokratie beiträgt.

„Jawohl", heißt es, „demokratisches Vorgehen in der Schulverwaltung ist wünschenswert und wird angestrebt." Aber wie geht z. B. eine Lehrerkonferenz in Wirklichkeit vor sich? Werden die Lehrer aktiv an Planungen beteiligt? Können sie die Ziele ihrer Arbeit und auch die Kriterien für deren Auswertung mitbestimmen? Ist es ihnen gestattet, ihre wahren Gefühle zu den gegebenen Arbeitsbedingungen zu äußern und werden ihre Meinungen unparteiisch beurteilt? Bieten die Lehrerkonferenzen wirklich eine Gelegenheit zum Austausch von Ideen? Oder sitzen dort die Lehrer in gelangweiltem Schweigen vor sich hinträumend, während der Direktor Verordnung Nr. 1, 2, 3, 4, 5 usw. bis zum Schluß der Konferenz vorliest?

Wenn auf dem Gebiet der pädagogischen Praxis etwas Neues eingeführt werden soll, – wer entscheidet über die Vorzüge? Gibt man den Lehrern die Gelegenheit zum Ausprobieren, zur Diskussion und zur Auswertung und läßt man ihnen die Freiheit, das Neue entweder anzunehmen oder es abzulehnen? Oder haben sie es einfach zu schlucken?

Soll mit Gewalt ein Schulprogramm „modernisiert" werden, wie das nicht selten der Fall ist, dann nehmen innere Spannungen und Frustrationen noch zu. Man denke an die „Fortbildung im Dienst". Die dabei angewandte Methode pflegt meist Fortschritte unmöglich zu machen. Im allgemeinen wird in raffinierter Weise der Eindruck vermittelt, daß die versammelten Lehrer eine Auslese von alten Fossilien auf der öffentlichen Lohnliste repräsentieren. Sie werden in sinnloser Weise unter Druck gesetzt. Veränderung! Veränderung! Veränderung! Das bekommen sie bis zum Überdruß zu hören. An aufgeklärteren Stellen spricht man von „Wandel". „Die Schulen befinden sich in einem Wandel, warum dann nicht auch Sie?" Die Lehrer werden beunruhigt. Sie verlieren ihr Sicherheitsgefühl. Ihre Selbstachtung schwindet ebenso wie ein Gefühl von Dazugehörigkeit. Vermutlich haben sie das Gefühl,daß keiner sie leiden mag. Man hat sie mit Theorien und Methoden gefüttert und wundert sich, daß sie daran beinah ersticken.

Auch hier würde ihnen ein Angenommensein, so wie sie sind, das Erkennen ihrer Gefühle und das Reflektieren über ihre Gedanken und Empfindungen helfen, ihre Selbstachtung zu bewahren; die Möglichkeiten zu weiterer Reifung, zu Wandel und Selbsterziehung werden in dem Maße in Erscheinung treten, wie die Lehrer an Einsicht gewinnen.

Wie kann das erreicht werden? Es wurde bereits darauf hingewiesen, daß dem Direktor eine positive Schlüsselstellung zukommt, im Hinblick auf die Auseinandersetzung der Lehrer mit ihren Gefühlen. Nehmen wir an, eine Schule hat sich zu einer neuen Art von Leseunterricht entschieden. Ein Schulrat kann diese Entscheidung getroffen haben und in autoritärer Weise darauf bestehen, daß ihr entsprochen wird. Widersetzliche Lehrer können auf die verschiedenste Weise bestraft werden. Sie können an andere Schulen oder in andere Klassen versetzt werden, die ihnen weniger zusagen. Man kann sie mit sarkastischen und herabsetzenden Worten kränken. Sie können zur „Kooperation" gezwungen werden. Man kann ihnen die neue Arbeitsweise „auferlegen", und sie können beharrlich gegen sie ankämpfen. Ein aufgeschlossener Schulrat oder Direktor ist sich darüber im klaren, daß eine aufgezwungene Lehrweise unwirksam bleibt. Guter Unterricht kommt von einem begeisterten und ernsthaft interessierten Lehrer. Eine solche Einstellung kann man sich nicht mit Gewalt aneignen.

Nehmen wir an, ein Schulrat wäre der Ansicht, die neue Methode lohnte einen Versuch. Nehmen wir weiterhin an, er wünschte, daß die Lehrer mit ihrer ganzen Kraft das betreffende Projekt unterstützen. In diesem Fall wird er es für angebracht halten, die Methode und ihre Problematik frei und offen mit den Lehrern zu besprechen und sie um ihre kooperative Beteiligung beim Entwerfen eines Programmes, bei seiner Durchführung und Auswertung im Hinblick auf die Wirksamkeit der neuen Arbeitsweise zu bitten. Gibt man ihnen die Möglichkeit, aktiv teilzunehmen, etwas Eigenes in das Projekt zu investieren und sich auf dieser Basis mitverantwortlich zu fühlen, – dann gewänne man ihre Begeisterung und ihr Interesse. Läßt aber ein Lehrer eine feindselige Einstellung gegenüber der Einführung einer neuen Arbeitsweise erkennen, so sollte der Schulrat ihn wegen seiner Meinungsverschiedenheit und seiner Opposition nicht ablehnen, sondern ihn trotzdem annehmen und ihm Gelegenheit geben, negative Gefühle noch stärker zum Ausdruck zu bringen; er kann ihm zu größerer Einsicht und mehr Befriedigung in seiner Arbeit verhelfen, wenn er die Voraussetzungen dazu mitbringt, die Gefühlseinstellungen, auf denen der Negativismus beruht, auf den Lehrer zu reflektieren.

Die Möglichkeit einer Gruppentherapie für Lehrer wäre weiterer Untersuchungen wert. Solche Gruppentherapie erfordert einen Gruppenleiter, der die Fähigkeit besitzt, Gefühlshaltungen, die von Gruppenmitgliedern zum Ausdruck gebracht werden, zu reflektieren – einen Leiter, der keine persönlichen Gefühle äußert, so daß immer *eine neutrale Person* bei jedem Treffen anwesend ist. Während eines Gruppentreffens sollte jedes Mitglied seine Gefühle in aller Offenheit äußern können, damit es sie objektiv überprüfen und die eigentlichen Probleme erkennen kann, durch die sie verursacht wurden. Die Gruppentreffen sollten eine Gelegenheit bieten, Spannungen herauszubringen, die zwischen Lehrern oder zwischen ihnen und dem Direktor und der Verwaltung bestehen und um tatsächlich über alles zu reden, worüber irgendeiner der Teilnehmer reden möchte. Der Erfolg solcher Gruppen hängt von der Vertrauenswürdigkeit der Teilnehmer ab, denn jeder von ihnen muß das Vertrauen haben können, daß nichts von dem, was er sagt, jemals gegen ihn benutzt wird. Solche Voraussetzungen sind nur in Schulsituationen gegeben, in denen die Verwaltungsbeamten souverän und aufrichtig genug sind, ihren Problemen ehrlich ins Auge zu schauen, wo jedes Individuum angenommen und geachtet wird und man ihm das Recht zugesteht, es selbst zu sein.

Gelingt es, eine solche Art von Beziehung zwischen Lehrern und Verwaltung zu entwickeln, läßt sich ein besserer Stand der seelischen Gesundheit unter der Lehrerschaft voraussagen, als er zur Zeit noch überall dort besteht, wo der Lehrer praktisch nicht viel mehr als eine Schachfigur repräsentiert, die je nach den Launen der Verwaltungsbeamten bzw. Vorgesetzten hin- und hergeschoben wird.

Verwaltungsbeamte haben den Lehrern gegenüber eine Verpflichtung, und die Lehrer haben eine Verpflichtung gegenüber den Verwaltungsbeamten. Dieser wechselseitigen Verpflichtung wird am besten in einer Atmosphäre gegenseitiger Achtung und eines Zusammengehörigkeitsgefühls im Hinblick auf alle Bemühungen entsprochen, wenn sie geistig und emotionell einander entgegenkommen und wenn sie danach streben, ein und dasselbe Ziel zu erreichen.

V. TEIL

Therapieberichte mit Kommentaren

19. Kapitel

Auszüge aus Berichten über Einzelkontakte

Wie bereits erwähnt, ist das Spiel das natürliche Ausdrucksmittel für die Gefühle eines Kindes. In der Welt des Spieles äußern Kinder Gedanken und Gefühle, die durch die Beziehungen zu anderen Menschen ausgelöst werden. Worte sind zu plump dafür und deshalb für ein Kind ungeeignet. Es hat Gefühle, die sich nicht in Worte fassen lassen; aber das Spiel ist etwas, mit dem es entsprechend umzugehen versteht.

Die folgenden Beispiele, ohne Auswahl irgendwelchen Fallberichten entnommen, veranschaulichen den engen Zusammenhang zwischen den Problemen des Kindes und seinem freien Spiel.

Am Ende eines jeden Gesprächsauszuges wird der Grund für die Überweisung und eine kurze Zusammenfassung des Problems bei dem betreffenden Kind gegeben. Diese Ausführungen stehen am Ende des Fallmaterials, so daß der Leser bei der Lektüre zu eigenen Ideen kommen kann, um daraufhin zu überprüfen, wie weit das Spiel aufschlußreich gewesen ist. Das Spiel zeigt, wie das Kind die Probleme, die es bedrängen, „ausspielt" und veranschaulicht in manchen Fällen die zum Ausdruck gebrachten Gefühle.

MICHAEL VERTEIDIGT SICH GEGEN DIE WELT

Der Fall Michael – Alter 7 Jahre
Auszug aus dem Gespräch während des ersten Kontaktes

Michael holt sich Ton und setzt sich der Therapeutin gegenüber an den Tisch.

Michael: Lass' uns hiermit 'was machen.

Therapeutin: Du willst etwas aus Ton machen.

Michael: Ich sagte: „Lass' uns", du sollst auch 'was machen.

Therapeutin: Was soll ich machen?

Michael (stirnrunzelnd und sich am Kopf kratzend): Ich möchte, daß du eine Katze machst. Du sollst sie hinter einem großen Felsen verstecken.

Therapeutin (fängt an, eine Katze zu kneten und auch einen Felsen, um sie dahinter zu verstecken): Du kommandierst mich gern ein bißchen herum.

Michael: Tu, was ich dir gesagt habe. (*Therapeutin und Michael machen Tonfiguren. Michael knetet ein Kaninchen und einen Felsen, um es dahinter zu verstecken.*) Jetzt komm' heraus und kämpfe. (*Die Therapeutin rückt mit ihrer Katze gegen das Kaninchen vor. Er fällt sofort mit seinem Kaninchen über die Katze der Therapeutin her und zerquetscht sie.*) Da hast du's! Das ist das Ende der alten Katze. Mach' noch eine Katze.

Therapeutin (macht eine neue Katze): Du hast meine erste Katze kaputt gemacht, und nun willst du, daß ich eine neue mache.

Michael: Ja. (*Die neue Katze der Therapeutin ereilt dasselbe Schicksal.*) Mach' noch eine. Und diesmal lass' deine Katze auf mein Kaninchen springen. (*Die Therapeutin tut das, aber genau im richtigen Augenblick schlägt Michaels Kaninchen der Katze den Kopf ab; er holt sich den Rest von ihr aus den Fingern der Therapeutin.*)

Therapeutin: Du möchtest meine Katze unterkriegen.

Michael: Klar. Ich kämpfe gern.

Therapeutin: Du kämpfst auch gerne.

Michael: Klar. Und ich siege gern im Kampf. Jetzt mach' mal 'ne Schlange.

Therapeutin: Du willst, daß ich eine Schlange mache. (*Sie tut das. Michael macht auch eine. Er nimmt die Schlange der Therapeutin und mißt sie der Länge nach an seiner eigenen. Dann macht er, sehr bedächtig, seine Schlange länger als die der Therapeutin.*) Du willst, daß deine Schlange größer ist als meine.

Michael: Ja. Und sie wird deiner Katze – bums! – den Kopf abbeißen. Da! Versteck deine hinter diesem Felsen. Meine versteckt sich hier. (*Michael versteckt seine Schlange hinter einem großen Felsen.*)

Therapeutin: Du willst deine Schlange gut schützen.

Michael: Diesmal werde ich meine Schlange von deiner töten lassen. Komm' nur! Ssss! (*Die Schlangen rücken gegeneinander vor, aber im Moment, als die Schlange der Therapeutin beinah Michaels Schlange schlägt, läßt er einen großen Klumpen Ton auf sie fallen und zerquetscht sie. Er lacht fröhlich.*) Ich hab' dir einen Streich gespielt und dich betrogen.

Therapeutin: Du spielst mir gerne einen Streich und willst mich anführen.

Michael: Klar. Nun sieh' mal zu, ob du mich anführen kannst. Versuch' wirklich, ob dir das gelingt.

Therapeutin: Du willst sehen, ob ich dich anführen kann.

Michael: Ja, versuch' mal, ob du's kannst.

Therapeutin: Du glaubst, ich kann das nicht.

Michael: Nein. Ich glaube nicht, daß du's kannst, aber versuchen sollst du's. (*Die Therapeutin und Michael manövrieren mit den Tonschlangen. Die Schlange der Therapeutin schlägt Michaels Schlange den Kopf ab. Er springt vom Tisch auf und schreit die Therapeutin an.*) Guck', was du getan hast! Guck' dir an, was du mit meiner Schlange gemacht hast!

Therapeutin: Du hast mir gesagt, ich soll versuchen, dich anzuführen und jetzt, wo ich es getan habe, ist es dir nicht recht.

Michael: Nein, ich mag das nicht. Nun kleb' mal meiner Schlange den Kopf wieder an. Gib ihr Erste Hilfe.

Therapeutin: Du willst, daß ich den Kopf wieder anklebe, weil ich ihn abgehauen habe.

Michael: Ich will, daß du tust, was ich sage.

Therapeutin: Du kommandierst mich gern herum.

Michael (lacht plötzlich): Das ist doch bloß Spaß. In Wirklichkeit sind die alten Tonschlangen mir ganz egal. Ich spiel' ja nur. (*Er wartet, bis die Therapeutin seine Schlange wieder heilgemacht hat, dann hebt er sie am Schwanz in die Höhe und drückt alles zu einer Kugel zusammen. Nun geht er zum Spielbord hinüber, holt die Soldaten und fängt eine neue Schlacht an – diesmal mit dem Rücken zur Therapeutin.*)

Therapeutin: Das wird 'n ordentliche Schlacht geben.

Michael: Warum hältst du nicht den Mund?

Therapeutin: Du willst, daß ich nichts mehr sage, wenn du das befohlen hast.

Michael: Ja. Warum bist du nicht still? (*Die Therapeutin schweigt. Michael sieht sich nach ihr um und scheint höchst befriedigt zu sein über seinen Erfolg, sie zum Schweigen gebracht zu haben.*) Kann ich wieder hierher kommen?

Therapeutin: Ja, wenn du magst.

Michael: Ich spiele wirklich nur mit dir. Du hast gesagt, ich dürfte so spielen, wie ich will.

Therapeutin: Ja, das habe ich gesagt, und ich meine das auch so.

Michael: Ich kann zu dir sagen, was ich will?

Therapeutin: Ja.

Michael: Und wenn ich wollte, dürfte ich hier auch fluchen?

Therapeutin: Wenn du das willst.

Michael (fröhlich lachend): Wann kann ich wiederkommen? Jeden Tag?

Therapeutin: Du kannst jeden Mittwoch um diese Zeit kommen.

Michael: Du bist eine erwachsene Dame, und ich kann zu dir sagen, was ich will (*lacht*).

Therapeutin: Du meinst, das macht Spaß, zu einem Erwachsenen alles zu sagen, wonach dir gerade ist.

Michael: Ja. (*Grinst.*) Halten Sie den Mund, Frau X [Name der Hausmutter]. Halten Sie den Mund, Frau X.

Therapeutin: Manchmal möchtest du der Hausmuttter auch sagen, daß sie den Mund halten soll.

Michael: Mund halten, Herr M. [Heimdirektor]. Halten Sie Ihren verflixten großen Mund.

Therapeutin: Manchmal möchtest du Herrn M. sagen, er soll den Mund halten.

Michael: Ich möchte schon, aber ich trau' mich nicht.

Therapeutin: Du möchtest es ihm sagen, traust dich aber nicht.

Michael (setzt sich der Therapeutin gegenüber): Weißt du was?

Therapeutin: Hmm?

Michael: Ich möchte aus der Babyflasche trinken.

Therapeutin: Sie steht da drüben auf dem Bord. Trink' nur aus der Babyflasche, wenn du möchtest.

Michael: Weißt du was?

Therapeutin: Hmm?

Michael: Ich möchte auf dem Boden kriechen und aus der Flasche trinken.

Therapeutin: Du möchtest ganz so tun, als wärst du ein Baby. Nun gut, tu's. (*Als Michael zögert*): Du weißt nicht recht, ob du's tun sollst oder nicht.

(Michael holt sich die Babyflasche, setzt sich der Therapeutin gegenüber, macht die Augen zu und trinkt aus der Flasche. Dann legt er sich auf den Boden und saugt mit geschlossenen Augen an der Flasche.)

Michael: Ich bin ein kleines Baby.

Therapeutin: Du bist gern ein kleines Baby.

Michael: Ummhumm. (*Er liegt bis zum Ende der Stunde auf dem Boden und trinkt aus der Flasche.*)

Erläuterung

Michael wurde für die Spieltherapie überwiesen, weil er nach dem Bericht der Hausmutter „so unreif" war, viel weinte und Wutanfälle bekam. Außerdem war er Bettnässer.

Michael war vier Monate vor Beginn der Therapie in einem privaten Kinderheim untergebracht worden. Er konnte sich der neuen Situation schlecht anpassen. Seine Mutter besuchte ihn nur selten. Sie hatte sich nach der Scheidung von Michaels Vater wieder verheiratet. Der Stiefvater wollte durch Michael nicht belästigt werden, deshalb die Unterbringung im Heim. Sein Vater besuchte ihn nie. Er hatte Michaels Mutter verlassen, als das Kind fünf Jahre alt war. Michael war das einzige Kind. Eine alte Dame paßte auf ihn auf, während die Mutter zur Arbeit ging. Mit anderen Kindern hatte er keine Kontakte. Bevor er ins Heim kam, konnte er so ziemlich tun, was er wollte, solange er sich ruhig verhielt. Als er dann plötzlich in Kontakt mit vielen anderen Kindern kam und sich Verboten und Geboten zu unterwerfen hatte, sich verlassen und unsicher fühlte, flüchtete Michael in ein sehr unreifes Benehmen; gelegentlich machte er sich Luft in Wutanfällen, wenn jemand ihm in die Quere kam.

Es ist interessant, sich klar zu machen, wie Michael diesen ersten Kontakt nutzte. Er brachte seine Gefühle gegenüber einer erdrükkenden Autorität im Heim zum Ausdruck. Er wählte dazu ein plastisches Material, mit dem leicht umzugehen war, und dessen Form und Dauerhaftigkeit er bestimmen konnte. Von der Therapeutin machte er in etwas ungewöhnlicher Weise Gebrauch, indem er sie als Symbol für eine Erwachsenen-Autorität in sein Spiel einbezog und dazu benutzte, um die Gefühle zum Ausdruck zu bringen, die er den wirklichen aufsichtführenden Erwachsenen gegenüber nicht zu äußern gewagt hätte. Es ist auch interessant zu beobachten, wie er von dem kommandierenden, diktatorischen Kind in die Rolle des hilflosen kleinen Babys hinüberwechselte.

Da dies Michaels erster Besuch war, hatte er noch nicht die gewährende Haltung der Therapeutin und das Angenommen-werden durch sie, auf das er rechnen konnte, erlebt. Das wird mehr oder weniger durch seine Feststellung deutlich, daß „er ja nur spielen werde"; als er später fragt, ob er auch fluchen dürfe, möchte er wissen, ob er wiederkommen kann. Gegen Ende der Stunde nähert Michael sich seinem Problem etwas zu sehr, wenn er nämlich zum Heimleiter sagt, er solle „seinen verflixten großen Mund halten". Die Antwort der Therapeutin scheint für Michael zu „streng" gewesen zu sein; er zieht sich in die sichere Babywelt zurück. Die genaue Wiedergabe der von ihm gesprochenen Worte wirkte wie ein Schock auf ihn. Sein Benehmen, während er aus der Flasche trank, war entspannt und sorglos wie bei einem Baby. Unreifes Verhalten dürfte Michaels Abwehr gegen eine Welt gewesen sein, die für ihn zu schwer zu bewältigen war.

Auch die Antwort der Therapeutin, als Michael zum erstenmal die Babyflasche erwähnte, war nicht ganz angebracht. Es wäre wohl besser gewesen, wenn sie seine Gefühle (sich wie ein Baby benehmen zu wollen) zwar reflektiert, aber nicht hinzugefügt hätte: „Nun gut, tu's", was einer Ermutigung und bis zu einem gewissen Grade einer Unterstützung seines Wunsches gleichkam. Die letzte Entscheidung hätte ganz Michael überlassen bleiben sollen.

GISELA MACHT IHRER RIVALIN DAS HAAR GLATT

Der Fall Gisela – Alter: 7 Jahre
Auszug aus einem Gespräch beim 5. Besuch

Gisela kommt ins Spielzimmer, greift sofort zur Babyflasche, die sie, wenn sie nicht daraus trinkt, entweder in der Hand hält oder in Reichweite auf den Tisch stellt. Sie setzt sich der Therapeutin gegenüber an den Tisch, nimmt sich Buntstifte und Zeichenpapier und fängt an zu zeichnen.

Gisela: Guck' mal, das ist eine Uhr. Hier sind die Zahlen und hier die Zeiger, und hier ist die Uhr von innen.

Therapeutin: Das hast du alles gezeichnet.

Gisela: Und nun paß mal auf. (*Sie beugt sich über das Papier und zeichnet einen Kopf mit vielen langen roten Locken.*) Schreib' mal für mich hierher: „Frau B. (die Hausmutter) hat gesagt: Dies schreckliche Haar will ich nicht waschen." (*Während die Therapeutin das schreibt, lacht Gisela.*)

Therapeutin: Die Hausmutter mag das Haar nicht. Sie will es nicht waschen.

Gisela (nimmt den schwarzen Zeichenstift und streicht das rote Haar durch): Guck' mal, wie schmutzig es ist. Frau B. hat gesagt: *„Ich will dies* gräßliche, schmutzige alte rote Haar nicht waschen!" So krauses Haar muß rot sein. Und die blauen Augen, Hu! Hilde hat rotes Haar und blaue Augen. Hübsch ist sie. Und glücklich. Aber *ich* werde sie zum Weinen bringen. Ich werde sie dreimal zeichnen und auf allen drei Bildern werde ich sie zum Weinen bringen.

Therapeutin: Hilde hat hübsches rotes Haar und blaue Augen und ist glücklich, aber *du* wirst sie dreimal zum Weinen bringen.

Gisela: Ja. Pass' mal auf, was ich mache (*zeichnet noch zwei Köpfe:*) Sieh' dir diese Tränen an. Sind die nicht riesig? Platsch! Platsch! Platsch!

Therapeutin: Du bringst sie wirklich zum Weinen. Du hast es fertig gebracht, daß sie jetzt nicht mehr glücklich ist.

Gisela: Da hast du recht. Und jetzt werde ich die Locken in ihrem Haar wegmachen. Siehst du? (*Sie zeichnet ganz glattes Haar über die Locken.*)

Therapeutin: Du wünschtest, sie hätte glattes Haar.

Gisela: Klar! Aber jetzt ist es glatt. Siehst du? Und nun paß auf! (*Sie nimmt einen roten Stift und zeichnet von oben nach unten lange rote Striche über das ganze Gesicht*). Ha! Ich hab' ihr das Gesicht zerkratzt. Wenn ihre Mutter kommt, wird sie sie nicht erkennen.

Therapeutin: Du willst nicht, daß Hildes Mutter sie besuchen kommt. Du hast ihr das Gesicht zerkratzt und die Locken in ihrem Haar weggemacht, so daß die Mutter sie nicht erkennen kann.

Gisela (schmerzlich): Ihre Mama kam gestern abend und brachte ihr einen Beutel Bonbons mit, und Hilde hat mir nicht einen einzigen abgegeben.

Therapeutin: Hilde hat dir keinen einzigen Bonbon abgegeben, und das gefällt dir gar nicht. Nun hast du's ihr gegeben.

Gisela (lächelnd): Sieh' mal hier. (*Sie zeichnet einen kleinen braunen Ball in Hildes Haar hinein.*) Sie hat Kaugummi im Haar! (*Gisela ist ganz glücklich darüber.*)

Therapeutin: Du hast Kaugummi in ihr Haar getan. Du verdirbst die roten Locken.

Gisela: Die sind jetzt nicht mehr hübsch, was?

Therapeutin: Die sind jetzt nicht mehr hübsch.

Gisela (lacht glücklich): Nun schreib' mal: „Weine, mein Baby, weine; wisch' dir die Tränen aus den Augen. Zeig' nach Osten, zeig' nach Westen, wen magst du am liebsten?“ Und dann schreibst du hierhin, was Hilde sagen würde. Schreib': „Am liebsten mag ich Gisela!“ (*Die Therapeutin tut, was ihr gesagt wird.*)

Therapeutin: Du wünschst dir sehr, daß Hilde dich leiden mag.

Gisela (mit einem Seufzer): Ja! (*Sie greift nach der Flasche und saugt zufrieden daran.*)

Erläuterung

Gisela wurde zur Spieltherapie überwiesen, weil sie sich aggressiv, eifersüchtig, streitsüchtig, widerspenstig und jedem guten Rat gegenüber ablehnend verhielt. Mit vier Jahren wurde sie in einem privaten Kinderheim untergebracht. Die Eltern waren geschieden. Die Mutter hatte wieder geheiratet und war in eine andere Stadt gezogen; nur selten besuchte sie Gisela. Der Vater war bei der Marine und zu weit weg, als daß er das Kind hätte besuchen können. Gisela hörte nur selten direkt etwas von ihm, aber nach Angaben der Hausmutter schickte er Geld, damit vom Heim aus für das Kind alles gekauft würde, was an „Extras“ erlaubt war.

Es handelt sich hier um ein ziemlich einfaches Beispiel dafür, wie Kinder das Spiel dazu benutzen, um Gefühle, von denen sie erfüllt sind, zum Ausdruck zu bringen. Hilde war ein hübsches Kind mit langen roten Locken. Ihre Mutter besuchte sie jeden Abend und hatte es fertig gebracht, eine gute Mutter-Tochter-Beziehung aufrechtzuerhalten, obwohl sie gezwungen war, das Kind vorübergehend in ein Heim zu tun, nachdem der Vater gestorben war. Jeder hatte Hilde gern. Sie war ein ruhiges, niedliches und wohlerzogenes kleines Mädchen, mit einer Neigung zur Selbstzufriedenheit und Egozentrizität. Gisela dagegen war wenig attraktiv, mit strähnigem, mausfarbenem Haar und nußbraunen Augen. Sie war überdurchschnittlich intelligent, versagte aber in der Schule durch ihr störendes Verhalten.

Die Babyflasche war ihr Lieblingsspielzeug. Sie schnappte sie sich jedesmal, sowie sie ins Spielzimmer kam und saugte während der ganzen Therapiestunde zwischendurch immer wieder daran.

Während des oben berichteten Vorfalls brachte das Kind seine ablehnende Einstellung der Rivalin im Heim gegenüber zeichnerisch zum Ausdruck. Giselas Eifersucht lag so nah an der Oberfläche, daß sie ihre Gefühle mit den Buntstiften „ausagieren“ konnte; um ihnen größeres Gewicht zu geben, tat sie das gleich dreifach. Man könnte meinen, daß Eifersucht auf ein paar hübsche Löckchen im allgemeinen eine recht bedeutungslose Angelegenheit wäre, – für Gisela war sie von größter Bedeutung. Es war gut für sie, daß sie dieses Gefühl zum Ausdruck bringen konnte, denn am Ende der Stunde war sie imstande, positive Gefühle im Hinblick auf Hilde zu äußern.

Dieses Beispiel illustriert, wie man ein ungutes Betragen in sozial akzeptierte Äußerungen umleiten kann.

DER MANN AUS TON

Der Fall Waltraut – Alter: 6 Jahre
Auszug aus einem Gespräch beim 4. Besuch

Waltraut kommt ins Spielzimmer, setzt sich an den Tisch mit dem Ton und spielt mit ihm. Sie ist meistens sehr ruhig und spricht nur wenig. Jedesmal wenn sie kommt, spielt sie mit Ton und knetet immer dasselbe: einen Mann mit einem Rohrstock. Ist er fertig, geschehen schreckliche Dinge mit ihm: Er wird durchlöchert, mit einem Stock geschlagen, vom Lastwagen überfahren und unter einem Haufen von Bauklötzen begraben. Als Waltraut zum viertenmal diese Figur geformt hatte, sagte die Therapeutin: „Da ist ja wieder der Mann.“

Waltraut: Ja. (*Ihre Stimme ist voller Spannung und sehr entschlossen.*)
Therapeutin: Der Mann mit dem Rohrstock.
Waltraut: Ja. (*Sie durchlöchert ihn.*)
Therapeutin: Du machst Löcher in den Mann aus Ton.
Waltraut: Pieks! Pieks! Pieks!

Therapeutin: Du erstichst ihn.

Waltraut (mit leiser Stimme): Autsch! Du tust mir weh. (*Wechselt die Stimme.*) Das ist mir ganz egal, ich will dir wehtun.

Therapeutin: Der Ton-Mann weint, weil er verwundet ist.

Waltraut (unterbricht sie): Ich *will* ihn verwunden.

Therapeutin: Du willst ihn verwunden!

Waltraut (emphatisch): Ich kann ihn nicht leiden.

Therapeutin: Du kannst ihn nicht leiden.

Waltraut: Ich kann ihn nicht leiden. Ich hasse ihn. Guck' mal! Dies Loch geht von vorn nach hinten direkt durch ihn durch.

Therapeutin: Er wird ganz durchlöchert. Du gibst es ihm tüchtig.

Waltraut: Ja. Ich werde ihm den Kopf abreißen.

Therapeutin: Du willst ihm sogar den Kopf abreißen.

Waltraut: Ich weiß was! Ich weiß was! Ich werde ihn ganz nach unten auf den Boden vom Topf drücken, und dann tu' ich den Ton obendrauf, damit er erstickt. (*Sie reißt ihn in lauter kleine Stücke, quetscht ihren Daumen durch die Knetmasse und legt die einzelnen Stücke sorgfältig auf den Boden des Topfes. Dann bedeckt sie alles mit dem Rest von Ton.*)

Therapeutin: Du hast ihn in kleine Stücke zerrissen und ihn auf dem Boden vom Topf begraben.

(Waltraut nickt mit dem Kopf und lächelt die Therapeutin an. Dann geht sie hinüber zur Babypuppe; sie sagt, sie füttere sie; sie hält sie zärtlich im Arm, deckt den Tisch und spielt ganz ruhig „Zuhause“.

So sah Waltrauts Verhalten im Spielzimmer aus. Immer formte sie den gleichen Mann aus Ton, zerriß ihn wieder und befreite sich auf diese Weise von ihm; anschließend spielte sie mit der Babypuppe. Das ging so weiter bis zu ihrem siebten Besuch; dann machte sie keinen Mann aus Ton mehr. Zwar spielte sie manchmal mit Ton, knetete aber Katzen, Puppengeschirr oder Kerzen aus ihm. Sie liebte die Puppe, mit der sie auch weiterhin spielte.

Erläuterung

Waltraut wurde zur Spieltherapie überwiesen, weil sie einen nervösen, innerlich gespannten und in sich zurückgezogenen Eindruck machte. Die eigentliche Bedeutung von diesem Mann aus Ton blieb für lange Zeit ein Geheimnis. Waltrauts Vater war vor drei Jahren gestorben; sie lebte mit einer zehnjährigen Schwester bei ihrer Mutter. Es gab keinen Mann im familiären Bereich. Und doch schien ihr Spiel darauf hinzudeuten, daß irgendein Mann eine Rolle spielte. Während sie spielte, schien seine Identität von keiner Bedeutung zu sein, Waltraut nannte nie seinen Namen. Die Therapeutin drängte auch nicht neugierig, um ihn zu erfahren, weil das Kind den Mann offenbar hinter seiner Anonymität verstecken wollte. Plötzlich hörte Waltraut auf, den Tonmann zu formen. Sie zeigte gleichzeitig eine positive Veränderung in bezug auf ihre innere Einstellung und ihr Verhalten.

Später, nach Beendigung der therapeutischen Kontakte, traf die Therapeutin die Mutter, die ihr sagte, sie beabsichtige, wieder zu heiraten. Der einzige Nachteil des Mannes wäre, daß er ein Krüppel sei und am Stock ginge. Waltraut benähme sich ihm gegenüber so, als habe sie Angst vor ihm.

Hier schien die Erklärung für den Mann aus Ton zu liegen. Sein Eindringen in die Familie muß die Ursache für die brutale Behandlung gewesen sein, die er von Waltraut erfuhr.

ERNSTS VORBEREITUNG AUF DAS KRANKENHAUS*

Der Fall Ernst – Alter: 7 Jahre

Gespräch beim 1. Besuch nach mehreren Monaten der Unterbrechung der Kontakte

Ernst kommt ins Spielzimmer und verschafft sich schnell einen Überblick über das, was dort vorhanden ist.

Ernst: Oh, Farben! (*Sieht in den Topf mit dem Ton hinein. Ergreift das Telefon und bringt es zum Tisch. Bringt Puppe und Wiege ins Spielhaus.*) Ach, was für ein schönes Puppenhaus! Ich werde es neu einrichten. (*Er tut das und nennt dabei jeden Gegenstand, den er in die Hand nimmt, beim Namen. Die beiden Mädchenpuppen legt er ins Bett und wirft Vater und Mutter in den Kasten mit den Bauklötzen. Dann nimmt er einen großen langen Holzklotz und versperrt mit ihm das Haus, an beiden Enden läßt er eine Öffnung frei.*) Das ist die Hintertür. Da können wir 'reingehen und uns aus dem Eisschrank eine Apfelsine oder einen Keks holen und dann wieder 'rausgehen. Siehst du?

Therapeutin: In dem Haus gibt es etwas zu essen.

Ernst: Ja. (*Er nimmt das Telefon auf.*) Hallo! Gut, ich bringe das Baby in ein paar Minuten. Auf Wiedersehen. Ich mache nun ein Plakat und schreibe „Geschlossen" darauf und hänge es an das Haus, so daß niemand hineingehen kann. Sieh: Das Haus ist völlig verschlossen. Niemand kann hineingehen.

Therapeutin: Das Haus ist völlig verschlossen.

Ernst: Ich sollte die Türen lieber versperren. (*Er geht zum Haus und versperrt die Türöffnungen. Malt ein Haus ohne Türen und Fenster. Malt den Hintergrund in einem kräftigen Blau. Dann geht er hinüber zu den Soldaten und holt die Kanone heraus. An jede Tür stellt er ein Maschinengewehr.*) Ich stelle dies Maschinengewehr direkt vor das Haus. Wenn irgend jemand versucht, ins Haus zu kommen, wird er getötet. Siehst du?

Therapeutin: Du willst nicht, daß irgend jemand in das Haus hineingeht. Wer das auch nur probiert, der wird getötet.

Ernst: Peng! Peng! So geht das dann: (*Er läßt den Polizisten über den*

---

* Behandlungsverlauf Ernsts siehe S. 298 ff.

Boden und schließlich am Arm der Therapeutin hoch laufen; dabei lacht er die ganze Zeit. Dann geht er wieder an den Maltisch. Er malt noch ein Haus ohne Türen und Fenster). Komm' mal her! Schreib hierhin; GESCHLOSSEN. (*Er zeigt auf das Dach des Hauses.*) Male es mit diesem Pinsel. (*Grüne Farbe.*) Und nun schreib' ganz groß: „Dies ist mein Haus. Das ist hübsch, findest du nicht auch? Auf Wiedersehen. Geschlossen." (*Therapeutin schreibt.*) Ich wünschte, ich hätte zuhause mehr Farben. Armee-Farben, damit ich Jeeps usw. in den richtigen Farben malen kann. Manchmal mische ich Grün und Schwarz, aber das sieht nicht gut aus. Sieh' mal. Ich tue Blau über meinen Namen, aber man sieht ihn immer noch. (*Er geht zurück zum Haus*). Leg' dich hin und schlaf' jetzt. (*Er legt eine der Jungenpuppen ins Bett.*) Hier kommt jemand. Ich werde schießen. Peng! Peng! Peng! (*Er läuft hinüber, holt sich Hammer und Holznägel und schlägt mit aller Wucht darauf los.*) Mein Arm wird ganz müde. Noch drei Schläge, und ich werd' ihn drin haben. Siehst du? (*Er hämmert weiter. Er holt sich eine Schachtel mit Soldaten, Kanonen und Booten.*) Ich werde mir alle Boote und Maschinengewehre holen. (*Ahmt das Geräusch von Maschinengewehren nach.*) Das Boot sieht den Zerstörer. Er hat es kaputt gemacht. Siehst du?

Therapeutin: Er hat das Boot zerstört.

Ernst (holt sich Papier und Buntstifte): Weißt du, was das werden soll?

Therapeutin: Nein.

Ernst: Rate mal!

Therapeutin: Ein Flieger?

Ernst: Nein, kein Flieger. Das Bild wird purpurrot, einfach purpurrot. Du hast falsch geraten. (*Lacht.*)

Therapeutin: Es macht dir Spaß, daß ich das nicht geraten habe.

Ernst: Ich habe Blasen an den Hacken, aber keine Hühneraugen. Warum habt ihr hier keine Marionetten?

Therapeutin: Du hättest gern Marionetten zum Spielen?

Ernst: Ja, so wie in der Schule.

Therapeutin (weist auf die Marionetten auf dem Bord): Da drüben sind welche.

Ernst: Das ist Jockel, der Clown. Der wird dich auffressen.

Therapeutin: Jockel wird mich auffressen.

Ernst: Schäm' dich, Jockel, *sie* zu beißen! (*Wirft ihn in den Kasten.*) Da kommst du rein.

Therapeutin: Du findest, Jockel sollte sich schämen, seine Freundin zu beißen?

Ernst: Ja. So eine gute Freundin. (*Er holt sich die Babyflasche und führt sie an die Lippen der Babypuppe.*) Trink' das, Baby. Hörst du? Trink', sonst werde ich dich dazu *zwingen.*

Therapeutin: Du wirst das Baby zum Trinken zwingen.

Ernst: Siehst du, das Baby trinkt.

Therapeutin: Das Baby *wird* trinken.

(Ernst lächelt. Dann springt er schnell zur Spielzeug-Ambulanz. Er ahmt die Geräusche der Ambulanz-Sirene nach. Er fährt den Ambulanzwagen zum Haus, ergreift die Mädchenpuppe und versteckt sie in der Schachtel mit den Holzblöcken.)

Ernst: Sie ist im Krankenhaus. Wo ist das Krankenhaus? (*Sieht sich um.*) Oh, hier unter dem Tisch. (*Wieder ertönen die Sirenen; er fährt den Ambulanzwagen unter den Tisch.*) Jetzt ist sie im Krankenhaus. (*Springt auf und ergreift das Spieltelefon.*) Stell' dir mal vor, ich würde mit dir telefonieren. Du mußt antworten. Hallo!

Therapeutin: Hallo!

Ernst: Wie geht es dir?

Therapeutin: Gut. Und dir?

Ernst: Wann kann ich wieder kommen?

Therapeutin: Du möchtest wiederkommen.

Ernst: Ich möchte wiederkommen. Mir gefällt's hier. Wann kann ich kommen?

Therapeutin: Du möchtest gern in der nächsten Woche wiederkommen.

Ernst: Ich möchte wiederkommen. Mir gefällt's. Wann kann ich kommen?

Therapeutin: Sowie du aus dem Krankenhaus entlassen bist.

Ernst: Auch wenn ich schon morgen entlassen werde?

Therapeutin: Auch wenn du morgen entlassen wirst.

Ernst: Dann werde ich morgen 'rauskommen.

Therapeutin: Du willst versuchen, morgen 'rauszukommen, so daß du hierher kommen kannst, bevor du nach Hause gehst.

Ernst (nimmt die Babypuppe): Es ist Zeit für deine Medizin. Deck' dich zu und schlafe. (*Er trägt das Baby in eine Ecke.*) Es ist in seinem Schlafzimmer und schläft. (*Er holt sich die Clownpuppe und läßt sie der Therapeutin die Hand schütteln.*) Auf Wiedersehen!

Therapeutin: Er sagt mir „Auf Wiedersehen".

Ernst: Ja.

Therapeutin: Auf Wiedersehen!

Ernst: Auf Wiedersehen! (*Er wirft die Clownpuppe in die Schachtel und nimmt sich die Vaterpuppe.*) Pappi wird jetzt hämmern. (*Er hämmert wieder*). Sieh' mal, wie er alles in Stücke schlägt. Jetzt ist das kleine Mädchen aus dem Krankenhaus wieder zurückgekommen. Es geht ihr wieder gut. Das Haus ist wieder offen. (*Er entfernt die Bretter, mit denen er das Haus verbarrikadiert hatte.*) Siehst du? Jetzt ist alles wieder in Ordnung.

Therapeutin: Sie war im Krankenhaus und ist nun wieder zu Hause, und alles ist in Ordnung.

(Ernst setzt eine Puppe ins Eßzimmer und eine in die Küche an den Tisch.)

Ernst: Sie muß in der Küche essen, weil sie ungezogen ist.

Therapeutin: Warum ist sie ungezogen?

Ernst: Weil sie alles hinwirft, was man ihr zu essen gibt. Oh, sieh' mal. (*Ernst wirft die Puppe hin.*) Sie ist hingefallen und hat sich das Genick gebrochen. Das ist ihr Tod. Ich werde sie begraben. (*Er begräbt sie in der Schachtel mit den Bauklötzen.*)

Therapeutin: Das ist das Ende von dem kleinen Mädchen, das alles hinwarf, was man ihm zu essen gab.

Ernst: Ja. Sie ist tot. Jetzt werde ich alles hier anders machen. Dies ist jetzt nicht mehr die Küche. Guck' mal. Ich werde das Klavier hier herausnehmen. Auch die Lampe und diesen Stuhl. (*Nimmt die Spieluhr.*) Wie spät ist es jetzt?

Therapeutin: Zwanzig Minuten nach acht.

(Ernst stellt die Wohnzimmereinrichtung in die Küche, die Kücheneinrichtung ins Wohnzimmer, das Schlafzimmer ins Eßzimmer, das Eßzimmer bringt er nach oben. Er richtet tatsächlich das ganze Haus neu ein.)

Ernst (nimmt die andere Mädchengruppe). Sieh' mal. Sie hat sich den Arm gebrochen. Der Ambulanzwagen fährt wieder zu ihr. *(Sirenengeräusche. Die Ambulanz kommt. Diese Puppe wird ebenfalls in den Kasten geworfen.)* Sie ist schon wieder im Krankenhaus.

Therapeutin: Sie kommt immer wieder ins Krankenhaus.

Ernst: Jawohl!

Therapeutin: Geht sie gern wieder zurück?

Ernst: Ja. *(Dann ganz schnell)* Nein.

Therapeutin: Sie mag das Krankenhaus gern und sie mag es auch nicht gern.

Ernst: Sie hat Angst.

Therapeutin: Sie hat Angst vor dem Krankenhaus.

Ernst (nimmt das Baby aus der Puppenfamilie): Es geht tanzen. (*Wirft das Baby hoch in die Luft.*) Sieh' mal, es hat Angst. Es ist weggelaufen. (*Wirft es in die Schachtel mit den Holzklötzen.*)

Therapeutin: Es hat auch Angst.

Ernst (geht zum Topf mit dem Ton und nimmt sich etwas Ton heraus): Ich werde etwas kneten. Einen Affen werde ich machen. (*Er setzt sich hin und arbeitet an dem Ton.*) Ich werde seinen Kopf, seinen Körper und seinen Schwanz machen. (*Singt bei der Arbeit.*) Ich werde ihn an das Papier ankleben. (*Er greift nach der Kanone.*) Peng! Peng! (*Er nimmt das Flugzeug und surrt damit durch das Zimmer. Er stürzt in das Haus. Ein Zimmer nach dem anderen wird zerstört. Ernst schießt.*) Alle sind tot. (*Er wirft das Haus um.*) Jetzt ist alles kaputt. (*Er hebt das Haus hoch, stellt es auf den Kopf und rüttelt daran.*) Das ist das Ende des Hauses. (*Mit gellendem Schrei*): Das ist das Ende des Hauses!

Therapeutin: Alle sind tot. Alles ist zerstört. Das ist das Ende des Hauses. Du wolltest es kaputt machen und du hast es kaputt gemacht.

Ernst (indem er es auf die andere Seite des Zimmers trägt): Ich habe es zerstört. (*Kichert.*)

Therapeutin: Dir ist ganz wohl dabei, daß du das alles zerstört hast.

Ernst: Ja. (*Er geht hinüber zu der großen Babypuppe. Er bringt sie zur Therapeutin und legt sie ihr in den Schoß.*) Hier! Füttere das Baby, du bist seine Mutter.

Therapeutin: Du möchtest gern, daß ich die Mutter bin.

Ernst: Ich werde das Baby füttern. (*Er nimmt die Flasche, hält sie an den Mund des Babys. Dann nimmt er der Therapeutin das Baby wieder weg und legt es in die Wiege. Spricht mit der Puppe.*) So, Baby, nun schlaf! Oh! Hast du dein Bett naß gemacht? Nein. Oh! (*Aufgeregt.*) Bring' das Baby zum Doktor. Das Baby ist krank.

Therapeutin: Was fehlt dem Baby?

Ernst: Das Baby hat Halsentzündung. Das Baby ist krank. Das arme, arme Baby!

Therapeutin: Das Baby tut dir leid, weil es krank ist. (*Ernst versucht, das Baby ganz nach unten in die Schachtel mit den Bauklötzen zu legen.*) Du willst das kranke Baby gern los sein.

Ernst (es gelingt ihm, das Baby ganz nach unten in die Schachtel zu stopfen): Ich *bin* es losgeworden. Siehst du? (*Er nimmt sich die Soldaten und bringt sie ins Haus, das er wieder in Ordnung gebracht hat.*) Die Soldaten werden das Haus übernehmen. Siehst du? (*Er spielt mit den Soldaten und den Pferden. Er wirft die Soldaten, die Schachtel für die Soldaten und das Haus um. Er bringt das Pferd zur Therapeutin hinüber, geht dann zurück und stellt das Haus wieder richtig hin und nimmt sich die Soldaten.*)

Therapeutin: Wir haben noch fünf Minuten Zeit, Ernst.

Ernst (nimmt die Marionette und bringt sie zur Therapeutin): Ich komme, um dir auf Wiedersehen zu sagen. (*Er legt seine Hand auf die Marionette.*) Autsch! Der hat mich gebissen. (*Lacht.*) Wann kann ich wiederkommen?

Therapeutin: Du kannst wiederkommen, wenn du aus dem Krankenhaus heraus bist, bevor du nach Hause gehst.

Ernst (geht wieder an seine Malerei. Er übermalt mit gelber Farbe das Wort „Geschlossen"): Ich will rote Farben nehmen (*übermalt das ganze Haus mit Rot.*) Blut!

Therapeutin: Das sieht aus wie Blut.

Ernst: Ja.

Therapeutin: Unsere Zeit ist um.

Ernst: Jetzt gehen wir zum Mittagessen und dann gehe ich ins Krankenhaus. (*Seufzt.*)

Therapeutin: Hast du Angst vor dem Krankenhaus?

Ernst: Ich habe keine *Angst.* Ich will nur einfach nicht hin. Aber wenn ich wieder 'rauskomme, trinken wir zusammen Sodawasser, bevor ich nach Hause gehe, nicht wahr?

Therapeutin: Du hast keine Angst. Du willst bloß nicht dahin. Ja, wir werden Sodawasser trinken.

Erläuterung

Ernst war zur Vorbereitung auf einen Krankenhausaufenthalt zur Spieltherapie überwiesen worden. Er war bereits zu Beginn des Jahres bei derselben Therapeutin in Behandlung gewesen. Der hier beschriebene Besuch fand statt, weil das Kind am Nachmittag ins Krankenhaus kommen sollte. Ernsts Problem bestand darin, daß er vor einem kleinen chirurgischen Eingriff, der gemacht werden mußte, große Angst hatte. Er hatte eine verengte Speiseröhre und deshalb am Anfang der Therapie einen Magenschlauch zur Sondenernährung tragen müssen. Während der letzten Monate konnte er ganz normal essen, aber die Speiseröhre mußte noch von Zeit zu Zeit erweitert werden. Eine solche Dehnung war der Anlaß, weshalb Ernst jetzt wieder ins Krankenhaus mußte. Durch die Operation war sein Rachen wund, und meistens war etwas Blut zu sehen. Bei der letzten

Dehnung der Speiseröhre hatten sich äußerst unangenehme Komplikationen ergeben; darum hatte Ernst vor diesem Krankenhausbesuch mehr Angst als vor früheren.

In seinem Spiel fand alles einen Niederschlag, was das Kind bewegte: seine Belastung durch das Ernährungsproblem, der bevorstehende Krankenhausbesuch, Kranksein, Sterben, ein allgemeiner Zerstörungstrieb, Abschied von der Therapeutin, die Befreiung von seinen aggressiven Gefühlen durch Gebrauch des Hammers. Seinem Spiel lag ein Plan zugrunde: das Baby, die Nahrung, das verschlossene Haus, die Kanonen, die Hämmerei, das Krankenhaus. Er brachte seine Ängste und seine Aggressivität zum Ausdruck. Am Schluß der Therapiestunde sagte Ernst, er habe keine Angst vor dem Krankenhaus, er wolle eben einfach nur nicht dorthin. Es ist interessant, daß Ernst schließlich weniger heftige emotionelle Reaktionen vor diesem Krankenhausaufenthalt zeigte als vor früheren. Am Tag nach der Entlassung kam er mit einer Gruppe von Jungen zu dem geplanten Besuch in die Spielstunde, bevor er nach Hause ging.*

Dieser Fall beweist, wie das emotionelle Leben eines Kindes häufig die Grundlage für sein Spiel ist, durch das es eine Minderung seiner inneren Spannungen erfährt.

SYLVIA HAT MACHT ÜBER EINEN GEIST

Der Fall Sylvia – Alter: 4 Jahre

Auszug aus einem Gespräch beim 1. Kontakt mit einer vertretenden Therapeutin

Sylvia war bereits vor dem nachstehenden Besuch seit einiger Zeit in Behandlung. Sie kam dieses Mal zu einer anderen Therapeutin, weil die Kollegin nicht kommen konnte. Sylvia liebte Fingermalen. Sie verbrachte viel Zeit damit, überall mit den Farben herumzuschmieren. Sie nahm dicke Farbklümpchen, die sie völlig ungehemmt über das Papier strich. Beim Beginn des Gesprächs schmierte sie überall blaue und grüne Fingerfarben hin.

Sylvia: Das Wasser. Das Wasser. Die großen Wellen.

Therapeutin: Du hast die Wellen und das Wasser gemacht.

Sylvia: Ssst! Ssst! Sch – Sch – Sch –

Therapeutin: Die Wellen machen komische Geräusche.

Sylvia: Gib mir Schwarz. Gib mir Schwarz. (*Therapeutin gibt ihr etwas schwarze Fingerfarbe.*)

Sylvia (mit dramatischer Stimme): Hier kommt der Geist!

Therapeutin: Der Geist kommt.

Sylvia (malt eine schwarze Gestalt in die Mitte auf das Papier): Huh!

---

* Bericht über diesen Gruppenkontakt auf Seite 198 ff.

Therapeutin: Der Geist macht Huh. Der Geist steht mitten im Wasser.

Sylvia (die Therapeutin angrinsend): Das gefällt mir.

Therapeutin: Du tust das gerne. Du schmierst gern mit den Fingerfarben herum.

Sylvia: Guck nur! Ich bin der Geist, der unter dem Wasser lebt.

Therapeutin: Das ist der Geist, der unter dem Wasser lebt.

Sylvia: Ich bin der Geist, der nachts durchs offene Fenster fliegt.

Therapeutin: Du bist der Geist, der nachts durchs offene Fenster fliegt.

Sylvia: Der *erschreckt* mich.

Therapeutin: Dein Geist erschreckt dich.

Sylvia: Ja. (*Sie fährt mit den Händen durch das blau-grüne Wasser.*) Geh weg! Geh weg!

Therapeutin: Du schickst den Geist weg.

Sylvia: Huh! (*Grinst die Therapeutin an.*)

Therapeutin: Der Geist macht „Huh!"

Sylvia: Jetzt ist der Geist weg.

Therapeutin: Der Geist ist weg.

Sylvia: Such ihn!

Therapeutin (untersucht das Papier): Der Geist ist nicht mehr da.

Sylvia (schüttelt nachdrücklich den Kopf): Der Geist ist nicht da. (*Sie schmiert wieder überall mit lockeren kreisförmigen Strichen mit den Fingerfarben herum und geht dann vom Tisch weg.*) Jetzt will ich im Sand spielen.

Erläuterung

Sylvia war zur Spieltherapie überwiesen worden, weil sie Furcht und Angst hatte und zwar als Folge eines traumatischen Erlebnisses: Ohne Erklärung und Vorbereitung hatten die Eltern sie zu einem kleinen chirurgischen Eingriff in ein Krankenhaus gebracht. Ihre innere Spannung und Nervosität kam unter anderem darin zum Ausdruck, daß sie sich damals die Haare ausriß, bis sie eine ziemlich große kahle Stelle auf dem Kopf hatte.

Der soeben beschriebene Besuch lag wegen Erkrankung der Therapeutin in den Händen einer stellvertretenden Kollegin. Den vorliegenden Berichten nach spielte der Geist in den meisten Spielstunden eine wichtige Rolle. Der Geist hatte keinen Namen. Möglicherweise war er Ausdruck einer allgemeinen Angst, mit der sich das Kind auseinandersetzte. Zu diesem Zeitpunkt der Therapie hatte Sylvia ihre Furcht und ihre Ängste überwunden, sie riß sich auch nicht mehr die Haare aus. In ihrem Spiel schuf sich Sylvia ihren Geist, den sie nach Belieben vernichten konnte. Die von ihr selbst gewählten Fingerfarben schienen genau das richtige Mittel, um ihren Geisterbesuch zum Ausdruck zu bringen.

HANNA UND DIE TOILETTEN

Der Fall Hanna – Alter: 4 Jahre – 1. Kontakt

Auf dem Weg ins Spielzimmer zerrt Hanna an meiner Hand und sieht sich nach ihrer Mutter um.

Hanna (zur Therapeutin): Ich will lieber nicht mit dir gehen.

Therapeutin: Du denkst, es wäre vielleicht besser, wenn du nicht mit mir gehen würdest.

Hanna: Ja.

Mutter: Ich habe aber eine kleine Besorgung zu machen, Hanna. Du hast gesagt, du würdest bei dem Fräulein bleiben, bis ich dich wieder holen komme.

Hanna: Ja, aber ich möchte doch lieber nicht.

Mutter: Aber *Hanna!* Benimm dich nicht wie ein Baby.

Therapeutin: Obwohl du's versprochen hast, weißt du doch nicht recht, ob du mit mir mitkommen magst. Vielleicht hast du ein bißchen Angst.

Hanna (flüsternd zur Therapeutin): Vielleicht ist hier kein Klo.

Therapeutin: Direkt neben dem Spielzimmer ist eines. Willst du's mal sehen?

Hanna: Ja. (*Therapeutin zeigt es ihr.*)

Hanna (nickt der Therapeutin zu): Gut, Mutti, ich bleibe hier. *(Die Mutter entfernt sich. Hanna sieht sich im Spielzimmer um.)* Oh, laß mal sehen. Was soll ich nun tun? Was soll ich nun tun? Farben. Aber vielleicht bekomme ich Flecke davon.

Therapeutin: Du hast Angst, daß du dir dein Kleid schmutzig machst. Hier ist eine Schürze.

Hanna: Dann will ich malen. Hilf mir mal bei der Schürze. Gib mir jetzt mal die schwarze Farbe. *(Sie fängt an, mit Schwarz zu malen. Die Farbe läuft am Papier hinunter.*) Oh, die ist wie Saft. Siehst du? (*Sie ist offensichtlich durch die abfließende Farbe irritiert.*)

Therapeutin: Du magst das nicht, wenn sie so fließt.

Hanna: Nein. (*Sie legt die schwarze Farbe beiseite und bittet um die weiße. Als die auch abfließt, hat sie genug vom Malen.*) Hilf mir, meine Schürze ausziehen. Halt! Was ist das?

Therapeutin: Das sind Fingerfarben.

Hanna: Fließen die auch?

Therapeutin: Nur wenn du sie zum Fließen bringst. (*Die Therapeutin zeigt ihr, wie man mit Fingerfarben umgeht.*)

Hanna: Gib mir davon 'was! (*Zeigt auf die schwarze Fingerfarbe.*) Schwarz. Ein ganzer Klumpen. (*Dann rückt sie, ohne den Ton zu berühren, vom Tisch.*) Nein, nein, nein! Das ist zu schmutzig. (*Sie bringt es nicht fertig, die Farbe anzufassen. Sie steigt vom Tisch hinunter.*) Nimm mir das jetzt ab. (*Therapeutin zieht ihr die Schürze aus.*) Ein Puppenhaus und eine Puppenfamilie. (*Sie geht zum Sandtisch hinüber, wo sich das Puppenhaus und die Puppenfamilie befinden. Sie lehnt sich über die Mitte des Sandkastens, ist aber zu klein, um richtig mit den Sachen spielen zu können.*)

Therapeutin: Möchtest du in den Sandkasten, Hanna? Dann kommst du besser an das Puppenhaus heran.

Hanna (grinsend): Na ja! (*Die Therapeutin hebt sie in den Sandkasten.*

Als Hannas Fuß den Sand berührt, zieht sie ihn sofort zurück.) Nein! Nein! Nein! Nimm mich wieder raus. Ich will da nicht rein. Der Sand kommt in meine Schuhe.

Therapeutin: Willst du deine Schuhe und Strümpfe ausziehen?

Hanna: Nein! Nein! Nein! (*Die Therapeutin setzt sie auf den Boden.*)

Therapeutin: Du magst lieber hier draußen bleiben als deine Schuhe und Socken ausziehen oder mit den Schuhen in den Sandkasten gehen.

Hanna (spielt mit den Puppen und dem Haus): Wo ist das Mädchen? Dies ist das Mädchen. Dies ist das Mädchen. Sie ist mit ihrer Mutter zusammen. Sie ist bei ihrer Mutter. (*Hanna spricht unaufhörlich und wiederholt alles, was sie sagt.*) Jetzt komm 'rein und geh' zu Bett, mein Schätzchen. Sie gehen zu Bett, zu Bett, zu Bett. Ich kann mir das nicht vorstellen. Das ist der Tisch für die Küche – für die Küche – für die Küche. Das große Mädchen geht jeden Morgen zur Schule – jeden Morgen – jeden Morgen. Sie hat eine Uhr am Bett – am Bett. Ich werde den Tisch aufstellen – den Tisch – den Tisch. Dies ist die Mutter. Dies ist der Vater. Der Vater. Der Vater. (*Zur Therapeutin*): Ich höre Kinder. Wo sind sie?

Therapeutin: Sie spielen draußen vorm Haus.

Hanna: O, geh zu Bett. Geh zu Bett. Sie liest im Bett. Dies ist die Mutter – die Mutter. Dies ist der Vater – der Vater. Sie lesen im Bett – im Bett. Und ganz bald werden sie – werden sie – ins Bett gehen. Sie werden in dieser Etage wohnen – in dieser Etage. Glaubst du, daß hier oben in der Etage genug Platz für sie sein wird?

Therapeutin: Du fragst dich, ob wirklich für alle genug Platz sein wird.

Hanna: Ja. Ja. Dies sind Zimmer, in denen sie nur schlafen.

Therapeutin: In diesem Zimmer schlafen sie nur.

Hanna: Sieh her, sieh her! Sie lesen noch. Wenn ich diese Sachen hier rausnehme, ist mehr Platz da. Jetzt werden sie nicht mehr lesen. Sie gehen zu Bett. Gehen zu Bett. Wo ist meine Mutti?

Therapeutin: Du willst wissen, wo deine Mutti ist. Sie macht Besorgungen und ist wieder da, wenn du hier fertig bist.

Hanna: Wo ist das Badezimmer?

Therapeutin: Direkt nebenan.

Hanna: Wir wollen da mal hingehen und es uns ansehen. (*Die Therapeutin bringt Hanna zur Toilette. Sie sieht sie sich an und sagt dann: „Jetzt wollen wir wieder zurückgehen." Sie gehen wieder ins Spielzimmer.*) Hier ist auch ein Badezimmer. Ich werde das Klo hier in das Zimmer von den kleinen Mädchen tun.

Therapeutin: Du wirst das Klo in das Zimmer von dem kleinen Mädchen bringen.

Hanna: Ja. Und dieses kleine Mädchen, das ist vier Jahre alt. Es schläft im Badezimmer. Im Badezimmer. Im Badezimmer.

Therapeutin: Das 4jährige Mädchen schläft im Badezimmer.

Hanna: Ich bin auch vier Jahre alt.

Therapeutin: Du bist auch vier Jahre alt, genauso alt wie das kleine Mädchen, das im Badezimmer schläft.

Hanna: Ja. Hier ist noch ein Klo. Das ist auch ganz nahe bei ihr. Und Vater und Mutter kommen jetzt zu Bett. Zu Bett. Sie haben ein hübsches Zimmer. Siehst du? Sie haben wirklich ein hübsches Zimmer.

Therapeutin: Vater und Mutter sind dabei, zu Bett zu gehen. Sie haben ein hübsches Zimmer.

Hanna: Sie haben auch einen Eisschrank in ihrem Schlafzimmer. Einen Eisschrank. Einen Eisschrank. (*Sie stellt den Eisschrank in das Schlafzimmer von Vater und Mutter.*) Die Kinder schlafen im nächsten Zimmer. Wenn sie wollen, können sie direkt durch diese Tür gehen – wenn sie Vater und Mutter brauchen. Vater und Mutter sind ganz nah, falls sie sie brauchen.

Therapeutin: Vater und Mutter sind da, wenn die Kinder sie brauchen.

Hanna: Jetzt schlafen sie. Eingeschlafen. Eingeschlafen. (*Dreht sich nun um und grinst die Therapeutin an.*) Jetzt will ich Schuhe und Strümpfe ausziehen und in den Sandkasten gehen.

Therapeutin: Du willst jetzt im Sandkasten spielen. (*Hanna zieht ihre Schuhe und Strümpfe aus, und die Therapeutin hilft ihr in den Sandkasten hinein.*)

Hanna: Ich brauche einen Eisschrank für die Kinder.

Therapeutin: Du möchtest, daß die Kinder auch einen Eisschrank haben.

Hanna: Gibt es noch ein Klo?

Therapeutin: Hier ist noch ein Klo.

Hanna: Da steht ein Klo im Wohnzimmer. Da steht ein Klo in der Küche. Da steht ein Klo im Wohnzimmer. (*Sie baut das Haus um. Der Umbau der Zimmer erfolgt planlos. Die Möbel werden aufs Geratewohl in jedem Zimmer umgestellt. Toiletten befinden sich jetzt in jedem Raum.*)

Hanna: Vater muß früh aufstehen – früh – früh. Er steht hier im Wohnzimmer. Da sollten Bücher zum Lesen sein – Bücher zum Lesen. Auch Lampen. Ein Radio. Die Mutter schläft. Dies ist die Badewanne. Ich werde jetzt im Wohnzimmer ein Bad einrichten. Dies ist das Klo. Dies ist die Badewanne. Vielleicht will jemand baden – baden. Dies ist der Ausguß. Das Wasser wird bald laufen. Dies werde ich in die Küche tun. Dies ist die Küche – die Küche.

Therapeutin: Im ganzen Haus sind überall Klos.

Hanna: Die Mutter steht auf und sitzt auf dem Stuhl und frühstückt und war auf dem Klo und geht dann wieder ins Bett. Der Vater hat gefrühstückt und war auf dem Klo. Die Mutter geht wieder ins Bett. Sie erzählt dem Vater, daß sie schon auf war, gefrühstückt hat und auf dem Klo war, und er sagt: „*Gut!* Gut! Gut! Gut!" (*Sie legt alle Puppen wieder ins Bett. Dann klettert sie mit etwas Hilfe aus dem Sandkasten heraus.*) Jetzt muß ich wirklich aufs Klo. (*Therapeutin bringt sie zur Toilette. Wieder im Spielzimmer.*) Jetzt will ich mit dem Telefon spielen.

Therapeutin: Jetzt willst du mit etwas anderem spielen.

Hanna (durch das Telefon): Hallo! Ich möchte was zu essen haben. Bouletten und alles Mögliche und Gelee. Was? Nein. Ja. Wie geht es dir? Sehr gut. Ach, nein. Ganz gut. Meine Kinder sind im Bett. Ich glaube, der Vater auch. Ach, ich weiß nicht. Hanna ist – wir haben ein neues Baby, seit drei Monaten. Warum? Ja. Wann besuchst du uns? Heute Nachmittag? *(Sie geht und holt sich die Puppe, die naßmachen kann. Sie ist naß. Plötzlich wendet sie sich an die Therapeutin.)* O, es ist 'was passiert. Sieh' nur! Sie ist aufs Klo gegangen. Was für eine Schande. (*Lacht.*) Ich habe keine solche Puppe. Du meine Güte! Sieh' bloß! Sie geht aufs Klo.

Therapeutin: Das Baby geht auch auf die Toilette.

Hanna (geht hinüber an den Tisch und greift schüchtern nach der Babyflasche): Das Baby trinkt aus solcher Flasche.

Therapeutin: Babys trinken aus solchen Babyflaschen.

Hanna (lacht): Ich geh' jetzt.

Therapeutin: Du trinkst auch aus solchen Babyflaschen.

Hanna: Das Baby trinkt aus solcher Flasche und ich auch. (*Sie lacht und saugt an der Flasche.*)

Die Zeit war um. Die Mutter wartete draußen auf Hanna. Hanna zog sich selbst ihre Schuhe und Strümpfe an und ging lachend fort. Sie holte die Mutter ins Spielzimmer und zeigte ihr, womit sie gespielt hatte. Der Mutter fielen die Toiletten in den Zimmern auf.

Mutter: Hast du alle die Klos in die Zimmer gestellt?

Hanna: Ja.

Mutter (zur Therapeutin): Wissen Sie, das ist ganz merkwürdig. Immer wenn Hanna mit Holzklötzen oder ihrem Puppenhaus spielt, will sie in jedes Zimmer eine Toilette stellen. Aber *zu Hause* habe ich ihr das abgewöhnt. Ich habe ihr immer wieder gesagt, daß das nicht anständig sei, und wenn sie das *zu Hause* täte, dürfe sie nicht weiterspielen.

Hanna (fröhlich): Ich habe auch aus der Babyflasche getrunken.

Mutter (peinlich berührt): Was! Aus der Babyflasche!

Hanna: Ja, *hier* darf ich das!

Erläuterung

Hanna war uns wegen ihrer Angst, von zu Hause oder von der Mutter wegzugehen, überwiesen worden. Es war ihr zweiter Besuch in der Klinik. Während des ersten Besuchs hatte die Therapeutin sie einem Stanford-Binet(L) = Test unterzogen. Zu Beginn des Testes mußte die Mutter mit dem Kind zusammen in den Testraum kommen. Als Hanna halb damit fertig war, fragte die Mutter, ob sie ins Wartezimmer hinübergehen könne, bis der Test abgeschlossen sei; sie wollte gern in einem der Bücher lesen, die sie dort gesehen hatte. Hanna erlaubte ihrer Mutter zu gehen. Die Mutter berichtete später, daß dies das allererste Mal gewesen sei, daß Hanna bei einem fremden Menschen blieb. Hanna beendete den Test und zeigte einen IQ von 138. Danach kam sie dreimal in die Klinik. Nach dem dritten Spielkontakt meinte die Mutter, es ginge soviel besser mit Hanna, daß sie weitere Besuche für unnötig hielt. Sie erzählte, daß Hanna jetzt für längere Zeit außer Sichtweite mit anderen Kindern in der Nachbarschaft spiele. Als Hanna dann eines Abends allein zum Abendbrot bei einer kleinen Nachbarin blieb, hielt sie sie für „geheilt". An einem anderen Tage hatte sie bei Nachbarn ihren Mittagsschlaf gehalten. Nach Angaben der Mutter war Hanna überdurchschnittlich früh sauber und trocken gewesen.

Hanna erzählte in der zweiten Therapiestunde, die Mutter habe sie aus der Babyflasche ihres kleinen Bruders trinken lassen und vielleicht bekäme sie zu Weihnachten eine Puppe, die sich naßmachen könne.

Während ihres zweiten und dritten Besuches spielte sie hauptsächlich mit der Puppe.

Die ständige Wiederholung von Worten und Sätzen verschwand reits im letzten Teil des ersten Spielkontaktes und kam beim letzten Besuch kaum mehr vor. Hannas Mutter berichtete, daß sie sich selbst immer wiederhole, wenn sie über irgend etwas aufgebracht sei. Das wurde nun auch besser.

EDITH BRINGT IHR WUNSCHDENKEN IM SPIEL ZUM AUSDRUCK

Edith – Alter: 8 Jahre
Auszug aus einem Gespräch beim 6. Besuch

Edith holte sich die Papierpuppen und setzte sich der Therapeutin gegenüber.

Edith: Ich weiß, was ich tun werde. Ich werde „Haus“ spielen mit den Puppen. Dies ist Julia und dies ist Nanni. „Hallo, Edith!“ Wo ist Edith? Also diese hier werde ich sein. Ist die nicht hübsch?

Therapeutin: Die Puppen sind die Mädchen hier im Hause. Und du bist die hübscheste von ihnen.

Edith: Ja. Bin ich nicht hübsch, Kinder?

Therapeutin: Du *bist* hübsch.

Edith: Und das hier ist Anna. Anna ist 'ne alte Schwatztante. Ich mag Anna nicht. (*Sie reißt Anna den Kopf ab.*) O, guck mal, was Anna passiert ist! Ihr Kopf ist ab.

Therapeutin: Du magst Anna nicht, weil sie eine Schwatztante ist, und darum hast du ihr den Kopf abgerissen.

Edith: Sie ist 'ne ganz gemeine Person. Sie sitzt in der Schule direkt hinter mir und stört mich die ganze Zeit und bringt mich in Schwierigkeiten; immerzu erzählt sie mir irgendwas; die Lehrerin hat mich nach vorn gerufen und vor die ganze Klasse auf einen Stuhl gesetzt. Und einmal habe ich gesagt, daß die Lehrerin stinkt und Anna hat ihr das wiedererzählt. Da hat die Lehrerin mich geschlagen.

Therapeutin: Du glaubst also, daß viele Schwierigkeiten, die du in der Schule hast, durch Anna kommen.

Edith: Ja, und hier im Heim auch. (*Spielt mit den Puppen. Plötzlich verklärt sich ihr Gesicht, weil sie einen Einfall hat.*) Heute ist Besichtigungstag. Ein Mann und eine Frau kommen und sehen sich nach einem kleinen Mädchen um, das sie adoptieren möchten. „Kinder! Kinder! Setzt euch auf eure Plätze. Seid ihr alle da? Dieser Mann und diese Frau wollen ein kleines Mädchen adoptieren. Sie suchen ein kleines Mädchen mit blondem Haar und blauen Augen.

Therapeutin: Sie wollen ein kleines Mädchen, das aussieht wie Edith.

Edith (grinsend): Paß nur mal auf! „Schnell, Kinder! Die Dame will euch alle sehen. Wo ist Marie?" – „Marie ist weggegangen. Sie ist fortgelaufen." – „Wo ist Hanna?" – (*Sie reißt Hanna ein Bein ab.*) „Hanna ist ein Krüppel. Sie kann nicht kommen, sie hat nur ein Bein." – „Wo ist Ilse?" – (*Sie greift nach ihrem Bleistift und sticht Ilse die Augen aus.*) „Ilse hat keine Augen, sie kann nichts sehen." – „Wo ist Jochen?" – „Ach, der ist heute beim Schwimmen ertrunken." Dann sieht die Dame herüber und sieht dieses kleine Mädchen. „Oh, wer ist denn das schöne kleine Mädchen da?" – „Das ist Edith." – „Hallo, Kleine! Bist du ein braves kleines Mädchen?" – „Ja!" – „Bist du gut in der Schule?" – „Ja." – „Hättest du wohl Lust dazu, bei mir in einem großen Haus weit fort von hier zu leben? (*Sie stößt alle Puppen beiseite. Sie geht durchs Spielzimmer und holt sich die Babyflasche. Setzt sich der Therapeutin gegenüber.*)

Therapeutin: Du wünscht dir, daß dich jemand adoptieren soll. Du willst hier weg.

Edith: Ja. (*Sie seufzt.*) Müssen Hunde und Kaninchen in Wasser baden?

Therapeutin: Hunde tun das.

Edith: Ich hab' mal 'ne Geschichte gelesen, in der ein Pferd im Schlamm steckengeblieben ist. Glaubst du, daß man das Pferd gewaschen hat?

Therapeutin: Ich glaube schon.

Edith (aus der Babyflasche trinkend): Lehrer ärgern die Kinder immer. Ich hasse die Schule.

Therapeutin: Du gehst nicht gern zur Schule, weil du findest, daß die Lehrer gemein zu dir sind.

Edith: Nichts mag ich in der Schule. Du brauchst nicht zur Schule gehen, nicht wahr? Du hast Glück. Ich bin natürlich besser dran als die Erstkläßler, die gerade angefangen haben. Die müssen zwei Jahre länger als ich in die Schule gehen. (*Nimmt eine andere Puppe.*) Dies ist Paula. Sie ist auch im Heim und der Liebling von allen. Sie darf immer alle Töpfe auslecken.

Therapeutin: Das paßt dir nicht, wenn ein Kind der Liebling ist und immer etwas besonders Schönes tun darf.

Edith (reißt Paula den Kopf ab): Nein, ich will der Liebling sein.

Therapeutin: Du möchtest der Liebling sein.

Edith: Das müßte ich auch, denn ich bin länger hier als alle anderen. Ich kann mich überhaupt nicht daran erinnern, jemals nicht hier gewesen zu sein.

Therapeutin: Du bist länger hier als die anderen und meinst, du hättest einen Anspruch darauf, der Liebling zu sein.

Edith (an der Flasche saugend): Ich möchte ein Baby sein.

Therapeutin: Du möchtest ein Baby sein.

Edith: Oder eine große Dame wie du.

Therapeutin: Ein kleines Baby oder eine große Dame wie ich, aber kein 8jähriges Mädchen.

Edith: Ja. (*Lange Pause. Sie saugt mit geschlossenen Augen an der Flasche.*) Kannst du mir eine von den Babyflaschen geben, damit ich sie heute abend mit in mein Bett nehmen kann?

Therapeutin: Du hättest gern eine Babyflasche, um sie mit ins Bett zu nehmen. Von mir kannst du aber leider keine bekommen, Edith.

Edith: Aber hier kann ich daraus trinken, was?

Therapeutin: Ja, hier darfst du soviel Baby spielen, wie du nur willst.

Edith (geht zum Bord hinüber, nimmt sich die Klapper und kriecht auf dem Boden herum.) Da-da-da-da-da! Mamamamama. *(Sie bleibt auf dem Boden liegen und trinkt für den Rest der Stunde aus der Flasche. Dann springt sie auf, legt die Flasche auf das Bord, grinst die Therapeutin an, sagt auf Wiedersehen und hüpft glücklich zur Tür hinaus.)*

Erläuterung

Edith war wegen Bockigkeit, Ungehorsam und Streitsucht zur Spieltherapie überwiesen. Der Anlaß zu ihren Schwierigkeiten war das Bedürfnis nach Liebe und innerer Sicherheit; beides fand im Heim keine Befriedigung.

In Ediths Spiel kam ihr Wunschdenken zum Ausdruck. Das Kind lebte ständig in der Hoffnung, daß eines Tages jemand ins Heim käme, um sie zu adoptieren. (Übrigens wurde sie drei Monate nach diesem Besuch tatsächlich adoptiert.)

In diesem Beispiel, wie in unzähligen anderen, hatte die Babyflasche den Sinn einer Flucht des Kindes in die Sicherheit und Abhängigkeit der frühesten Kindheit. Die Anziehungskraft der Babyflasche übertraf die sämtlicher anderer Spielsachen.

SCHLUSSFOLGERUNGEN

Die wiedergegebenen Beispiele lassen darauf schließen, daß Kinder die Gefühle, von denen sie bedrängt werden, „ausspielen", wenn sie die Atmosphäre des Gewährenlassens in der Therapiestunde erleben. Selbstverständlich ist das Spielzimmer nicht in jeder Minute von tiefen Gefühlen erfüllt, aber in dem Maß, wie die Therapie fortschreitet, kommen diese Gefühle heraus.

Wie hätte der kleine Michael anders als durch sein Spiel einem Erwachsenen sagen können: „Ich mag nicht, wenn alle Erwachsenen mich herumkommandieren. Sie geben mir das Gefühl, daß ich zu nichts tauge und machen mich unsicher. Entweder werde ich sie auch herumkommandieren, oder ich werde ein Baby und ganz und gar abhängig von ihnen sein. Und weil ich nichts zu sagen habe, bin ich eben ein Baby." Das sind Interpretationen, die der Therapeut im stillen vornimmt; er macht sie nicht dem Kinde gegenüber und bringt nicht in falscher Verallgemeinerung alle Kinder auf den gleichen Nenner. Er hält sich ganz an die vom Kind geäußerten Gefühle, so wie es sie zum Ausdruck bringt. Im Fall von Waltraut scheint er allerdings dem Kind voranzugehen, als er sagt: „Hier kommt wieder der Mann." Eine derartige Bemerkung hätte Waltrauts Spielablauf blockieren können; glücklicherweise tat sie es in diesem Fall nicht.

Das schüchterne kleine Mädchen, das Waltraut nun einmal war, hätte niemals über den Haß gegen den Eindringling in ihre Welt sprechen können, aber sie konnte sich im Spiel von ihm befreien. Sie konnte ihn formen und ihn dann in Stücke reißen.

Gisela hätte ihre Eifersucht und ihren Wunsch, geliebt zu werden, ohne Buntstifte und Zeichenpapier niemals so deutlich ausdrücken können. Diese Gefühle mußten aus ihr herausgebracht werden, damit sie sie klarer erkennen konnte. Sie mußte das hübsche rote Haar ihrer Rivalin im Heim glatt machen und schwarz färben, ja sogar Kaugummi hineintun und sie dann zum Weinen bringen. Warum sollte Hilde glücklich sein und Gisela nicht? Gisela würde schon dafür sorgen. Platsch! Platsch! Platsch!

Manchmal fragen die Therapeuten sich, von welchem Schreckgespenst ein Kind beunruhigt wird. „Ich bin der Geist, der unter dem Wasser lebt“, sagt Sylvia. „Ich bin der Geist, der bei Nacht durchs offene Fenster hereinfliegt.“ Sie wischt mit der Hand über die Fingerfarben. Wie leicht läßt sich die Farbe über das Papier streichen; die Gestalt des Geistes beherrscht das ganze Bild. Mit Hilfe der Fingerfarben kann Sylvia zeigen, wie Geister alles durchdringen, dann aber auch, wie erfolgreich man sie wegwischen kann.

Hanna brauchte lange, um sich mit ihrem Problem auseinanderzusetzen. Was hier aus ihrem Therapiebericht wiedergegeben wurde, veranschaulicht den Wert, der im Begreifen des Spiels und in der Annahme des Kindes liegt. Es genügt nicht, das Kind einfach spielen zu lassen. Kinder spielen fast immer. Sie leben auf der Grenze von Realität und Phantasie und bewegen sich beliebig auf ihr hin und her. In Hannas Spiel spielten Toiletten eine große Rolle, bis ihr das verboten wurde. Es ist erstaunlich, wie das Kind im sicheren Therapiezimmer das verbotene Spiel sofort wieder aufnahm. Merkwürdig war, daß sie ihre Mutter auf das verbotene Spiel aufmerksam machte. Es war so, wie sie sagte: „Hier darf ich das.“ Der Fall Hanna weist auch auf den Wert hin, der darin liegt, den richtigen Augenblick abzuwarten, in dem Begrenzungen nötig werden. Hätte die Therapeutin zu Hanna gesagt: „Wenn wir jetzt wieder ins Spielzimmer zurückgehen, dann bleiben wir dort; gehen wir wieder hinaus, können wir erst in der nächsten Stunde wieder hineingehen“, hätte sie das Kind möglicherweise verschreckt. In Fällen wie diesem muß der Therapeut bei seinem Vorgehen in intelligenter Weise den richtigen Weg finden. Wenn dies Kind während des Testes nach seiner Mutter sehen wollte und die Mutter sich zum erstenmal von ihrem Kind getrennt hatte, so war es entschieden richtiger, Hanna gehen zu lassen, statt sich an feste Regeln zu halten. Für den Therapeuten muß der Wert für den therapeutischen Kontakt immer im Vordergrund stehen. Nicht jedes Kind hat dieselben Bedürfnisse. Was für ein Kind gut und richtig ist, kann einem anderen schaden. Beweglichkeit, Anpassungsfähigkeit und Einfühlung in jede sich ergebende Situation ist das, was der Therapeut braucht.

Der Fall Ernst zeigt ein Kind, das von spannungsreichen Gefühlen überläuft. Er spielt sie alle aus, bis er in überzeugender Weise sagen kann, er habe keine Angst.

Edith benutzt zerstörbare Spielfiguren. Papierpuppen können ohne einschränkende Verbote gebraucht werden. Man kann sie in Stücke zerreißen, – und tut das auch häufig. Oft werden Bilder von Babies, Müttern, Vätern, Schulen, Ärzten, Häusern, Tieren usw. den Kindern zur Verfügung gestellt, und die Kinder dürfen sie in kleine Stücke reißen, wenn sie wollen. Durch die Dinge, mit denen die Kinder spielen, werden Ausdrucksformen und die Entlastung von Spannungen in gewisse Bahnen geleitet.

20. Kapitel

Auszüge aus gruppentherapeutischen Berichten

Mit den folgenden Berichten soll die Anwendung der verschiedenen Grundprinzipien in der Gruppentherapie veranschaulicht werden.

ERNA WILL ALLES HABEN, WAS ILSE HAT

Die 5jährige Erna will alles haben, was Ilse hat, nur um es ihr wieder wegnehmen zu können. Ilse nimmt sich die Puppe, und Erna versucht, sie ihr zu entreißen.

Therapeutin: Erna will Ilse die Puppe wegnehmen. (*Erna ist einverstanden, woran der Therapeutin gelegen ist. Aber Ilse hält die Puppe fest. Erna wird wütend und zerrt an der Puppe.*)

Therapeutin: Erna ist böse, weil Ilse die Puppe nicht hergeben will.

Erna (schreit und brüllt vor Wut): Gib mir die Puppe! Gib mir die Puppe!

Therapeutin: Erna ist sehr böse. Sie glaubt, durch Schreien und Brüllen kann sie die Puppe bekommen.

Erna (zieht immer wieder an der Puppe und schreit): Ich werde sie kaputt machen!

Therapeutin: Du willst sie kaputt machen, wenn du sie schon nicht haben kannst.

Erna: Das werd' ich auch! (*Aber ihre Wut läßt nach. Als sie sich beruhigt hat, wendet sie sich von Ilse und der Puppe ab.)*

Ilse (sehr sachlich): Jetzt kannst du die Puppe haben. (*Erna nimmt die Puppe. Ilse geht zu den Fingerfarben. Erna wirft die Puppe weg und geht hinter Ilse her.*)

Therapeutin: Ilse hat dir die Puppe gegeben, aber du willst sie nicht mehr haben. Jetzt will Ilse mit den Fingerfarben malen und darum willst du das nun auch tun.

Der Leser bemerkt, daß die Therapeutin mehr Gefühle reflektiert als Grenzen gesetzt hat, als Erna drohte, die Puppe entzweimachen zu wollen.

INGE UND ERIKA NEHMEN ABSCHIED VONEINANDER

Inge und Erika waren zwei 7jährige Mädchen in einem Kinderheim. Die Therapeutin hatte beide einige Male einzeln gesehen. Eines Tages fragte Erika, ob sie Inge mitbringen dürfe, weil „Inge nach Hause geht und nie wiederkommt, und wir beide hier zusammen spielen möchten." Die Therapeutin gab ihre Zustimmung.

Inge brachte der Therapeutin zwei Bonbons mit. „Die sind für dich", sagte sie schüchtern.

Es handelt sich bei dieser Stunde um eine Gruppentherapie, obwohl die Gruppe nur aus zwei Kindern besteht. Sie läßt erkennen, wie wertvoll das Zusammenspiel in einer Gruppensituation ist, und wie das Einbeziehen eines anderen Kindes zur Entspannung von Gefühlen beiträgt. Nicht immer spielen Gruppenteilnehmer so zusammen wie diese beiden Mädchen, die voneinander Abschied nehmen.

Inges Mutter war am Vorabend gekommen und hatte dem Kind mitgeteilt, daß sie es nun bald nach Hause holen würde. Inge übersetzte dieses „bald" in „sofort". Die Therapeutin erfuhr erst einige Tage später, daß es bei dieser Mutter so üblich war, Versprechungen zu machen, ohne sie zu halten. Inge lebte nach solchen „Versprechungen" tagelang voller Hoffnung, um dann in fassungsloses Schluchzen auszubrechen, wenn gar nichts geschah; manchmal wurde sie auch „krank" und zu einem „Problemkind". Die Mutter kam wieder zu Besuch, machte dieselben Versprechungen und hielt sie wieder nicht. Trotzdem zweifelte Inge nie daran, daß ihre Mutter es ernst meinte und glaubte jedesmal, daß sie ihr Versprechen halten würde. Das taten auch Inges Freundinnen und glaubten stets, daß Inge nach Hause käme, wenn die Mutter das in Aussicht gestellt hatte. Da war es kaum zu verwundern, wenn das Mädchen „Verhaltensschwierigkeiten" hatte.

Selbst wenn die Therapeutin über die näheren Umstände (Versprechungen der Mutter) Bescheid gewußt hätte, hätte sie sich in ihrem Kontakt mit dem Kind nicht anders verhalten; sie hätte keine direktive Technik angewandt, um Inges Reaktionen auf mögliche Enttäuschungen hinzulenken.

Es sollte nicht unerwähnt bleiben, daß das Kinderheim, in dem Inge lebte, eine sehr fortschrittliche Institution war, die den Kindern manche Vorteile bot. Die Kinder empfanden es trotzdem nie als ihr Zuhause. Mag es noch so einfach und ärmlich sein, – für das Kind gibt es keinen besseren Platz auf der Welt als das eigene Heim. Diese Kinder besuchten eine öffentliche Schule; dadurch kam es gelegentlich zu Besuchen in privaten Wohnungen ihrer kleinen Schulfreundinnen. Das hatte zur Folge, daß sich ihr Gefühl für die Unterschiede zwischen Heim und Familie nur noch verfeinerte und ihre Schwierigkeiten sich verstärkten.

Es folgt der Bericht über die gruppentherapeutische Stunde:

Therapeutin (als Inge ihr die Bonbons gab): Ich soll wissen, daß du mich gern hast.

Inge: Heiraten werde ich dich, wenn ich groß bin.

Erika: Können Frauen sich heiraten?

Inge: Hast du die Babyflasche geholt?

Erika (beharrlich): Können Frauen sich heiraten? Geht das?

Therapeutin: Du willst wissen, wie sich die Menschen verheiraten. Ein Mann und eine Frau können sich heiraten. Zwei Frauen können sich nicht heiraten.

Erika: Auch nicht, wenn die eine sich wie ein Mann anzieht?

Therapeutin: Auch nicht, wenn die eine sich wie ein Mann anzieht.

Erika: Dann will ich nicht heiraten. Ich habe Angst vor Männern.

Therapeutin: Du hast Angst vor Männern.

Erika: Ja. Laß uns mit den Puppen spielen. (*Erika und Inge setzen sich auf den Boden und fangen an, mit den Puppen zu spielen.*)

Inge: Dieser Junge und dieses Mädchen wollen heiraten. (*Sie sucht einen Jungen und ein Mädchen aus.*) Nimm du einen Vater und eine Mutter. Zieh dem Vater seinen Anzug aus. (*Erika gibt Inge die Vaterpuppe und Inge zieht sie aus.*) Guck' mal, der ist aus Holz. Ha! Ein hölzerner Vater! Sieh' mal, Erika. Sie haben schon ein Baby.

Erika: Leg' sie ins Bett.

Inge (bringt die Vater- und Mutterpuppen ins Bett. Sie legt das Baby in das kleine Bett und hält dann die große Flasche an die Lippen des Babys): Das arme kleine Baby! Hat noch nichts zu essen bekommen.

Erika: Gib dem armen kleinen Baby was zu essen. (*Sie hält die Flasche an die Lippen der Babypuppe.*) Jetzt laß uns zur Großmutter gehen. (*Sie legt das Baby auf den Spielomnibus und fährt damit durch das Zimmer.*)

Therapeutin: Das Baby ist fort.

Inge: Ja.

(Sie hören auf, mit den Puppen zu spielen und Inge nimmt sich die ganz große Puppe. Sie hält sie eine Zeitlang im Arm. Dann legt sie sie beiseite und sieht lässig die Papierpuppen durch. Erika sitzt mitten auf dem Boden und tut gar nichts. Nach längerem Schweigen steht Erika auf, geht an die Spielkiste und holt eine schwarze Maske heraus. Sie hält sie weit von sich ab.)

Erika: Ich hab' Angst. Guck' mal. Davor hab' ich Angst.

Therapeutin: Du hast Angst vor der schwarzen Maske?

Erika: Ja, ich hab Angst vor – – –

Therapeutin: Du hast Angst vor? – – –

Erika: Vor irgendwas. Ich weiß nicht vor was. (*Sie zuckt mit den Schultern.*)

Therapeutin: Du weißt gar nicht, wovor du Angst hast.

(*Erika geht wieder zu den Puppen und spielt mit ihnen. Inge geht zu ihr.*)

Inge: Das Baby geht wieder weg. Hier kommt die Mutter angesaust. Wo ist das Baby? Wo ist das Baby? Das Baby ist weg. (*Sehr dramatisch. Dann verstellt sie ihre Stimme.*) Das Baby? Das hab' ich ganz vergessen. Ich hab's verloren. Ich habe es in der Stadt gelassen. (*Lacht.*) Wahrhaftig, ich hab's weggeworfen.

Erika (mit erregter Stimme): Du hast das Baby weggeworfen? Du bist bös'. (*Sie verhaut die Mutterpuppe.*) Wie kannst du nur so gemein sein? Du hast das Baby weggeworfen! (*Sie nimmt die ganz kleine Babypuppe in ihre Arme und herzt und küßt sie. Inge wirft den Vater auf den Boden.*) Warum tust du das?

Inge: Der Vater ist bös'.
Therapeutin: Der Vater ist bös'?
Inge: Ich mag den Vater nicht.
Therapeutin: Du magst den Vater nicht.
Inge: Nein, ich mag ihn nicht. (*Sie gibt Erika den Vater.*)
Erika: Ich will ihn nicht haben. Ich mag ihn auch nicht. Tu' ihn weg, tu' ihn weg. (*Sie wirft den Vater wieder Inge zu.*)
Therapeutin: Erika mag den Vater auch nicht.
Erika: Diesen Leuten werde ich das Baby wegnehmen. Sie haben das Baby nicht lieb. (*Sie nimmt das Baby und sein Bett und stellt es in die äußerste Ecke des Spielzimmers. Dann trinkt sie das Wasser aus der Flasche aus.*) Ich trinke gern aus der Flasche. Ich mag gern ein kleines Baby sein.
Therapeutin: Du wünschtest, du wärst ein Baby.
Erika: Ja. Ich wollte, ich wäre eines.
Inge: Ich auch. (*Sie trinkt ohne Sauger aus der Flasche.*) Ich trink' gern aus der Flasche. Ich bin gern hier. Ich will nie wieder draußen spielen. Guck' mal, Erika, ich trinke Bier.
Erika: Wahrhaftig? (*Sie lacht.*)
Inge: Ich geh' nach Hause.
Therapeutin: Tatsächlich?
Inge: Ja, morgen.
Erika: Für immer.
Inge: Meine Mutti will sich heute erkundigen, ob ich bei ihr bleiben darf.
Erika: Dann werde ich ganz allein sein.
Inge: Ich hab' den ganzen Sonntag geweint.
Therapeutin: Wirklich? So traurig bist du gewesen?
Inge: Ja. Ich wollte nach Hause. Ich wollte nach Hause.
Erika: Du bist dumm, wenn du weinst. Ich wünschte, ich könnte nach Hause.
Therapeutin: Du möchtest auch nach Hause?
Erika: Ja. Aber du bist nett. Wenn du weggehst, will ich auch weggehen. Nimmst du mich dann mit zu dir?
Therapeutin: Du möchtest gern bei mir bleiben?
Erika: Ja, darf ich?
Therapeutin: Ich fürchte, das geht nicht.
Erika (sieht ganz unglücklich aus): Ich möchte es aber so gern.
Therapeutin: Du möchtest es gern, und du bist traurig, weil das nicht möglich ist.
Erika: Ja. (*Sie holt sich die Spielsoldaten und sie und Inge spielen mit ihnen.*)
Inge: Keiner von den Soldaten soll totgemacht werden.
Therapeutin: Du willst nicht, daß man sie totmacht?
Inge: Nein.
Erika: Und ich will das auch nicht.
Inge: Wo ist das Baby? (*Sie sieht das Baby direkt an.*)
Therapeutin: Du willst wissen, wo das Baby ist?
Inge: Ja, wo ist das Baby hingegangen?
Therapeutin: Du kannst das Baby nirgends finden?
Erika: O, ist das Baby weg? Das arme, liebe kleine Baby. (*Sie läuft*

durch das Zimmer, packt das Baby und küßt es.) Ich hab' das Baby so lieb. Ich werde gut für dich sorgen. Du darfst immer bei mir bleiben.

Therapeutin: Du hast das Baby lieb und würdest es bei dir behalten, – wenn das ginge?

Erika: Aber das geht nicht. (*Seufzt.*) Du kannst mich nicht mal adoptieren – oder?

Therapeutin: Ich weiß, daß du traurig darüber bist, aber ich kann dich nicht einmal adoptieren.

Erika: Ich weiß, du hast ja gesagt, es geht nicht.

Therapeutin: Ich habe gesagt, daß ich das nicht tun kann. Ich weiß, daß du gern bei mir bleiben oder zu deiner Mutti gehen möchtest, aber –

Erika: Ich hab' keine Mutti. Ich hab' noch nie eine Mutti gehabt und auch keinen Pappi.

Therapeutin: Du hattest nie eine Mutter oder einen Vater.

Inge (stellt sich kerzengerade hin und ruft ekstatisch aus): Ich geh' ja nach Hause! *Ich* geh' ja nach Hause!

Erika (in Tränen ausbrechend): Ich will nicht hierbleiben, ich will auch weg.

Therapeutin: Erika ist sehr unglücklich, weil du nach Hause gehst und sie hierbleiben muß. (*Inge legt ihren Arm um Erika und bittet sie, doch nicht mehr zu weinen.*) Inge kann Erika nicht weinen sehen. Sie wird dann auch ganz traurig. (*Inge fängt auch an zu weinen.*) Ihr seid so traurig, daß ihr beide weinen müßt.

(Die Mädchen weinen sich aus. Inge küßt Erika, Erika küßt Inge, und dann weinen sie wieder ein bißchen. Dann nimmt Inge ihre Haarschleife und schenkt sie Erika. Erika trocknet ihre Tränen, geht zur Therapeutin und bittet sie, ihr die Schleife ins Haar zu binden. Die Therapeutin tut das. Dann setzt Erika sich an den Tisch mit den Farben und fängt ziellos an zu malen. Inge setzt sich ihr gegenüber.)

Inge: Ich tu', was du willst. Laß uns 'was spielen.

Erika: Gut. (*Sie bemalt das Papier mit tiefschwarzer Farbe. Inge ebenfalls. Erika rückt ihren Stuhl vom Tisch ab und bespritzt dabei aus Versehen Inge mit der Wasserfarbe.*)

Inge (ärgerlich): Sieh mal, was du gemacht hast. Auf mein sauberes Kleid!

Erika: Ist mir doch egal. Ist mir doch egal. (*Sie stößt absichtlich den Tisch gegen Inge. Inge bespritzt Erika mit dem Rest des schmutzigen Farbwassers. Die Therapiestunde ist um diese Zeit zu Ende, aber es wird keine Notiz davon genommen. Erika nimmt ihren Pinsel und droht Inge.*) Ich schmiere dich von oben bis unten voll.

Therapeutin: Jetzt wollt ihr euch gegenseitig vollschmieren, weil Erika aus Versehen ein bißchen Farbwasser verspritzt hat. (*Erika läßt den Pinsel fallen, wirft sich der Therapeutin in die Arme und weint bitterlich.*) Nun seid ihr traurig, weil ihr euch gezankt habt.

Erika: Ich hab' ihr schönes neues Kleid schmutzig gemacht.

Therapeutin: Es tut dir leid, daß aus Versehen etwas von dem schmutzigen Farbwasser auf ihr Kleid gekommen ist?

Erika: Ich hab' das nicht mit Absicht getan.

Inge: Du hast das nicht mit Absicht getan, mein Liebling. Sei nicht mehr traurig. (*Sie umarmen und küssen sich.*)

Therapeutin: Jetzt seid ihr wieder Freundinnen.

(Die Mädchen lächeln sich durch ihre Tränen hindurch an. Erika holt sich die Babyflasche und saugt daran. Inge sitzt dabei und sieht Erika zu. Als ihnen mitgeteilt wird, die Stunde sei zu Ende, gehen sie Arm in Arm fort.)

Erläuterung

Im Rückblick auf diese Stunde fällt auf, wie ablehnend die Kinder sich den Mutter- und Vaterpuppen gegenüber verhielten, und wie ihr ganzes Mitgefühl sich auf „das arme kleine Baby" konzentrierte. Erika identifizierte sich selbst mit dem Baby, indem sie aus der Flasche trank und ihren Wunsch, ein Baby zu sein, zum Ausdruck brachte. Daß Inge berichtete, sie habe den ganzen letzten Sonntag geweint, ist vermutlich ein Zeichen dafür, daß sie sehr wohl wußte, ihre Mutter würde sie in Wirklichkeit gar nicht nach Hause holen. Erika versuchte, sich stärker an die Therapeutin anzuschließen; als ihr klar wurde, daß das nicht möglich war, wies sie die Therapeutin von sich, indem sie zur Puppe sagte: „Ich hab' dich lieb, mein Baby. Ich werde gut für dich sorgen. Du darfst immer bei mir bleiben." Als die Therapeutin Erikas Gefühle und Gedanken auf das Kind zurückreflektierte, fügte sie hinzu: „. . . wenn du das könntest"; Erika durfte die Puppe ja nicht mitnehmen und sollte auf diese Weise die Begrenzung ihrer Handlungsmöglichkeiten erfahren. Ob sie das wirklich tat, ist zweifelhaft. Es ist auch zweifelhaft, ob es richtig war, so vorzugehen. Erika versuchte, das Mitgefühl der Therapeutin zu gewinnen, indem sie sagte, sie habe niemals Vater und Mutter gehabt; aber vielleicht sprach daraus auch die starke Ablehnung der Eltern. Inges gefühlsbetonte Ankündigung, daß sie nach Hause ginge, brachte Erikas Gefühle zum Überlaufen. Im Rückblick erschien es der Therapeutin fraglich, ob Inges Tränen vielleicht nicht ihr selbst und ihren vielen früheren Enttäuschungen galten.

Die Schnelligkeit, mit der die extreme Zuneigung bei den Kindern plötzlich in heftigen Zorn überging, läßt den emotionellen Gehalt ihres Kontaktes zueinander erkennen. Solche gefühlsmäßigen Schwankungen wären nicht möglich gewesen, wären die Kinder einzeln gekommen. Dem Leser wird der zusätzliche Impuls deutlich, den die Therapie durch das Zusammenspiel der Persönlichkeiten empfing. Aus naheliegenden Gründen teilte die Therapeutin es den Kindern nicht mit, als die Stunde eigentlich abgelaufen war. Es hätte beiden Mädchen nicht gut getan, wenn sie diese auf dem Höhepunkt ihrer Zankerei miteinander hätte gehen lassen, ohne ihnen Zeit zur Versöhnung zu lassen. Erikas Zuflucht zur Babyflasche nach dem Streit ist interessant.

RICHARD, MARTIN UND PHILIPP MACHEN SICH GEGENSEITIG MUT

Ein anderes Beispiel aus der Gruppentherapie soll zeigen, wie Kinder zuweilen durch die Gruppe zu Dingen ermutigt werden, die sie sonst nicht ohne weiteres täten.

Richard, Martin und Philipp waren acht und neun Jahre alt. Sie gingen in dieselbe Schule, waren in der gleichen Klasse und sehr befreundet miteinander. Die Therapeutin hatte alle drei mehrere Wochen lang einzeln behandelt, ehe die Kinder auf eigenen Wunsch in eine Gruppe aufgenommen wurden. Ihre Symptome waren die gleichen: Bettnässen, eine negativistische Einstellung, Schulversagen. Richard kam als erster. Während er auf die anderen wartete, holte er sich das Damebrett und bat die Therapeutin, mit ihm zu spielen. Sie tat das. Während des Spiels erzählte Richard aus der Schule, z. B. von den Spielen, die sie dort bis zum Überdruß wiederholten. Er machte einen ruhigen und entspannten Eindruck. Dann kam Martin. Er setzte sich an den Tisch.

Martin: Wo ist die Babyflasche? (*Er holt sich eine.*)

Richard: Gib mir auch eine. (*Martin gibt ihm eine.*)

Martin: Beeile dich mal mit dem dummen Spiel da! (*Das Spiel wird so schnell wie möglich zuende gespielt.*)

Martin (setzt sich der Therapeutin gegenüber und drängt Richard vom Stuhl: Laß mich spielen!

Therapeutin: Du willst auch Dame spielen, – wie Richard.

Richard (an der Flasche saugend): Ich bin ein kleines Baby.

Martin (grinsend): Ja, ich auch. Laß uns schnell einmal Dame spielen.

Therapeutin: Du möchtest, daß ich mit dir spiele.

Martin: Ja, mach' los! (*Er stellt die Steine auf.*)

Richard: Er will, daß du mit ihm spielst, weil du eben mit mir gespielt hast.

Martin: Na klar! Du wolltest doch auch mit ihr spielen, stimmt's?

Richard: Und weil ich mit ihr gespielt hab', willst du das nun auch.

Martin: Ich tu' gern dasselbe, was du tust. Ich bin eifersüchtig. (*Lacht.*)

Richard: Du bist wirklich eifersüchtig. (*Lacht.*) Ich auch.

(Die Therapeutin spielt das Spiel mit Martin und zwar so schnell wie möglich. Richard und Martin machen während dieser Zeit Bemerkungen über ihr Verhalten zueinander. Das Spiel mit den Jungen hindert die Therapeutin daran, Aufzeichnungen hierüber zu machen, aber sie weiß, daß es dabei zu sehr richtigen Bewertungen ihrer Motive kam. Als das Spiel halb beendet ist, fängt Richard an, auf dem Boden herumzukriechen.)

Richard: Ich bin ein Baby. Eia – eia!

(Martin steht auf, spielt nicht mehr weiter und kriecht hinter Richard her. Richard legt sich auf den Rücken und trinkt aus der Flasche. Dann kommt Philipp und nimmt sich auch eine. Alle drei kriechen sie für den Rest der Stunde auf dem Boden herum, sprechen wie Babys und bespritzen sich gegenseitig mit Wasser. Sie lachen und sind vergnügt. Als die Stunde um ist, verabschiedet sich Richard und geht. Philipp und Martin gießen den Rest des Wassers aus ihren Flaschen auf den Boden und rennen auf und davon. Martin kommt aber mit dem Mop, der im Vorflur steht, zurück, wischt mit viel Gekicher das Wasser auf und geht dann auch.)

Erläuterung

Dieser Ausschnitt aus einer Therapiestunde veranschaulicht das suggestive Element, das manchmal in einer Gruppe wirksam wird. Ein Junge wollte nur deshalb etwas tun, weil ein anderer es tat. Von den drei Buben hatte ursprünglich nur Martin den Mut, Wasser auf den Boden zu gießen. Möglicherweise war es die Ähnlichkeit ihrer Probleme, die zur Ähnlichkeit ihrer Handlungen im Spielzimmer führte.

Wie bereits im 3. Kapitel erwähnt, sind Brettspiele nicht das ideale Material für Ausdrucksspiele, aber die beschriebene Situation zeigt die Möglichkeiten auf, die selbst in diesem Material stecken, wenn es im Rahmen einer gewährenden und freien Beziehung benutzt wird. Ein Nachteil dieser Art von Spielen liegt darin, daß der Therapeut sich im Spiel vorwiegend mit einem Kind befaßt und dadurch ein Kind im Mittelpunkt der Therapie steht.

21. Kapitel

Vollständiger Bericht über eine Gruppentherapie und ihre Auswertung

Im folgenden werden acht mit Anmerkungen versehene Therapiestunden wiedergegeben. Es handelt sich um eine Gruppe von Jungen, die vorübergehend für die Sommermonate in einem Pflegeheim untergebracht waren und die alle Verhaltensschwierigkeiten zeigten. Die Therapiestunden fanden mit Zustimmung der Heimmutter und der Jugendbehörde als ein Versuch statt. Es wurden acht Gruppenstunden von je einer Stunde Dauer geplant. Den Jungen war vor der ersten Stunde mitgeteilt worden, daß sie acht Wochen lang in jeder Woche für eine Stunde im Spielraum der Kinderklinik spielen dürften. Die Therapeutin mußte die Kinder mit ihrem Wagen abholen; das war notwendig im Hinblick auf deren Alter, auf die bestehenden Schwierigkeiten und die Entfernung zwischen Heim und Klinik.

Am ersten Treffen nahmen fünf Jungen teil. Timm und Robert sind uns aus dem ersten Kapitel bekannt. Sie waren Brüder, acht bzw. zehn Jahre alt. Rudi war sieben. Georg, ein fast ganz erblindetes Kind, war neun Jahre alt. Ernst war nur zeitweise Mitglied dieser Gruppe. Er kam das ganze Jahr über zur Spieltherapie bei derselben Therapeutin. Vor seinem Besuch war im Krankenhaus eine Dehnung seiner Speiseröhre vorgenommen worden. Nun wartete er im Heim auf seine Mutter, die aus einer anderen Stadt anreisen mußte, um ihn wieder nach Hause zu holen. Er hatte um eine zusätzliche Spielstunde gebeten, bevor die Mutter kam.*

Timm und Robert wurden von der Pflegemutter als „streitsüchtige, laute und ungehorsame Jungen, die leicht weinten, bockig waren, Brechanfälle bekamen und einnäßten“, geschildert. Sie waren sechs Monate vor diesen Gruppentreffen in das Pflegeheim gekommen, weil die Eltern sich voneinander getrennt hatten. Die Mutter lebte in einer etwa 80 km entfernten Stadt. Sie besuchte die Kinder in unregelmäßigen Abständen; der Vater kam nie.

Rudi war sieben Jahre alt. Nach dem Bericht der Heimmutter war er still; oft brütete er vor sich hin und war mürrischen Stimmungen

* Ernst kam am Tag vor seiner Einlieferung ins Krankenhaus zu uns (s. S. 173 ff.). Wiedergabe des ganzen Falls im 23. Kapitel (S. 298 ff.).

unterworfen. Sie setzte hinzu, daß sie das Gefühl habe, er sei nicht „immer ganz da", daß es immer schlimmer mit ihm würde, er oft unansprechbar sei und nicht zu verstehen schien, was man ihm sagte. Rudis Mutter befand sich in einer Anstalt für Geisteskranke. Sein Vater lebte in einer etwa 160 km vom Pflegeheim entfernten Stadt; er besuchte den Jungen aber mindestens einmal im Monat und nahm ihn gelegentlich für ein paar Ferientage mit zu den Großeltern. Rudi war klein für sein Alter, dünn und blaß. Er spielte nie mit anderen Kindern im Heim. Er saß oft lange Zeit abseits von den anderen, das Gesicht in den Händen vergraben. Kam eines der Kinder in seine Nähe, fing er entweder an zu weinen oder spuckte sie an. Während mehrerer Jahre war er in ein Pflegeheim nach dem anderen gekommen.

Von Georgs Eltern war nichts bekannt. Er war ein Findelkind und hatte sein ganzes Leben in Heimen zugebracht. Im Winter lebte er in einer staatlichen Blindenschule. Er wurde als ein sehr lauter Junge beschrieben, der „jeden verrückt machen konnte" und der nicht imstande war, überhaupt etwas zu sagen, – es sei denn, er spräche mit äußerster Lautstärke. Er machte einen ganz zufriedenen Eindruck, aber er hänselte andauernd die anderen Kinder und ging ihnen auf die Nerven mit seiner Angewohnheit, plötzlich laute, unheimliche, sie erschreckende Geräusche von sich zu geben. Weil er fast blind war, war er ungeschickt und fiel dauernd über irgend etwas; er trat auf die Spielsachen der anderen Kinder und zerbrach sie, ließ Dinge hinfallen und war geradezu eine Gefahr für die Babies. Die Pflegemutter äußerte in der Vorbesprechung mehrmals: „Ich kann das Kind kaum ertragen. Der Junge ist wie eine ständig explodierende Bombe."

Den Jungen wurde von der Therapeutin gesagt, daß sie nur dann mit ihr ins Spielzimmer zu kommen brauchten, wenn sie Lust dazu hätten. Sie johlten bei dem Gedanken, sie könnten etwa nicht jede Woche kommen wollen. Es folgt nun ein vollständiger Bericht der acht Therapiestunden.

DIE ERSTE STUNDE

Therapeutin: Ihr könnt hier eine Stunde lang spielen. Mit den Spielsachen dürft ihr machen, was ihr wollt, – vorausgesetzt, daß ihr sie nicht kaputtmacht und das Zimmer nicht beschädigt. (*Die fünf Jungen kommen herein und verschaffen sich einen kurzen Überblick über alles, was da ist.*)

Timm: Maschinengewehre! Maschinengewehre! (*Er ahmt die Geräusche von Maschinengewehren nach.*)

Rudi: Oh Kinder! Gewehre! Wo ist das Gewehr? Ich will damit schießen.

(Timm gibt Rudi ein Gewehr. Rudi macht laut das Knattern eines Maschinengewehrs nach.)

Ernst: Ich will ein Bild malen. (*Er geht zum Maltisch hinüber und malt gelb, blau und grün auf einen Bogen Papier.*) Das ist ein Regenbogen. Ist in einem Regenbogen auch Schwarz drin?

Rudi: Ein schwarzer Regenbogen! Ja. Mal' Schwarz rein.

Ernst: Ich glaube nicht, daß das richtig ist.

Rudi: Seht euch bloß all die Sachen hier an. (*Er nimmt sich eine Schachtel mit Soldaten und Tieren.*)

Georg (befühlt die Möbel): Ich werde hiermit spielen – ganz egal, was es ist.

Therapeutin: Du weißt nicht recht, was es ist?

Georg: Ich rate es.

Timm (der das Puppenhaus neu einrichtet): Ich richte das hier neu ein.

Georg (nimmt sich den Eisschrank): Hier ist ein Stück Seife. (*Die anderen lachen. Georg lacht auch.*) Ich sage euch, das ist ein Stück Seife.

Timm: Ich werde das Haus einrichten.

Rudi: Ich werde – *(Er setzt sich auf den Boden, verbirgt seinen Kopf in den Armen. Die anderen sehen ihn an, kehren dann wieder zu ihrem Spiel zurück.)*

Robert: Ich werde mir alle Lastwagen nehmen und mit ihnen spielen.

(Georg ist an die Schachtel mit den Bauklötzen gegangen und befühlt sie, um sie zu identifizieren. Ernst malt noch an seinem Regenbogen. Georg ergreift ein langes schmales Brett und schlägt damit um sich. Er trifft Timm dabei, der sich über das Haus gebeugt hat.)

Timm: Laß das, Georg. Du hast mich getroffen.

Georg (*lachend*): Ich hab dich getroffen? Warst du das, Timm?

Timm: Ja, das war ich.

(Georg wirft das Brett zurück in die Schachtel. Robert stellt alle Armee-Lastkraftwagen auf. Rudi nimmt sich das Gewehr und schießt ziellos damit.)

Ernst (nimmt sich die Babypuppe): Ich bin die Mutter von diesem Baby. Daß mir das ja keiner anfaßt!

Georg (stößt zufällig auf die andere große Puppe und befühlt sie): Das ist auch ein Baby, aber ein großes.

Robert (holt sich, nachdem er die Lastwagen aufgestellt hat, den Ambulanzwagen und überfährt sie alle damit, während er schreit): Peng! Unfall! Hier ist jemand verletzt worden!

Timm (indem er sich das Maschinengewehr nimmt): Ich werde dich erschießen, Robert.

Robert: Und ich werde dich mit der Ambulanz überfahren.

Timm: Peng! Peng!

(Timm stellt das Gewehr wieder beiseite und spielt wieder mit dem Puppenhaus. Georg und Rudi fangen an zu zeichnen. Timm geht wieder weg vom Haus und malt. Robert untersucht den Tontopf, wendet sich aber schnell wieder den Armee-Lastwagen zu. Er nimmt das Maschinengewehr und schießt auf seinen Bruder Timm.)

Therapeutin: Nun bist du quitt mit Timm, nicht wahr? (*Robert lächelt und spielt weiter mit dem Lastwagen.*)

Timm: Was für eine Farbe hat ein Haus? Wie sieht ein Haus aus? (*Er wendet sich an die Therapeutin.*) Wie sieht *mein eigenes* Haus aus? Welche Farbe hat es? Ich meine *mein eigenes* Haus.

Therapeutin: Du kannst dich nicht daran erinnern, wie dein eigenes Haus aussieht.

Timm: Nein. Weißt Du's?

Therapeutin: Mutter R.s Haus ist grau.

Ernst: Mutter R.s Haus ist schmutzig. (*Schneidet eine Grimasse.*)

Therapeutin: Es gefällt dir nicht, daß das Haus schmutzig ist?

Ernst: Es sieht häßlich aus.

Therapeutin: Es gefällt dir nicht, daß es so häßlich ist?

Ernst (nimmt sich die Babypuppe wieder und dann die Babyflasche; er trinkt daraus): Guckt mal her, Kinder! (*Die Jungen hören auf mit dem, was sie gerade tun, und betrachten Ernst voller Staunen.*) So was kann man hier tun. Hier darf man Baby spielen. Hier kann man spielen, was man will. Ich spiele jetzt Baby.

Therapeutin: Manchmal macht es dir Spaß, Baby zu spielen.

Ernst (geht zum Hammer hinüber. Er schlägt die Bretter der Kiste für die Bauklötze auseinander. Dann nimmt er den Ambulanzwagen, stößt ihn lässig herum und beobachtet Rudi, der die Schachtel mit den Puppen entdeckt hat. Rudi sucht sich die Vaterpuppe aus): Das hier ist der Vater. (*Er wirft ihn wieder in die Kiste.*)

Therapeutin: Du magst den Vater nicht. [Diese Äußerung übersteigt Rudis Fassungsvermögen. Sie enthält zuviel Deutung, wirkt dadurch verwundend. „Du willst die Vaterpuppe nicht haben?", wäre eine passendere Reaktion gewesen. Immerhin nimmt Rudi die Deutung an.]

Rudi (verneinend den Kopf schüttelnd): Wo ist die Mutter?

Ernst: Hier ist die Mutter.

Rudi (die Mutterpuppe an sich drückend): Arme Mutter. (*Er seufzt tief auf und setzt die Mutterpuppe auf einen Stuhl im Puppenhaus.*)

Therapeutin: Du hast die Mutter gern, aber sie tut dir leid. [Auch in diesen Worten liegt Deutung.] *(Rudi verbirgt das Gesicht in den Armen.)* Darum ist dir, als müßtest du dein Gesicht in den Armen verbergen.

[Das enthält zuviel Deutung, wahrscheinlich als Folge der Tatsache, daß die Hausmutter wiederholt auf dieses gekünstelte Verhalten von Rudi hingewiesen hatte. Die Therapeutin will es Rudi erklären. Hierin liegt eine Verletzung der Grundregeln. „Du möchtest dein Gesicht verbergen", wäre besser, hilfreicher und für das Kind annehmbarer gewesen.]

Robert (ergreift die Babyflasche und gibt sie Ernst): Hier ist die Babyflasche.

Ernst (nimmt sie, trinkt daraus, schreit wie ein Baby und trinkt auch wie ein Baby; dann zieht er den Sauger ab und trinkt wieder aus der Flasche): Ich will so trinken. Das macht mehr Spaß. Ich bin kein Baby.

Therapeutin: Es macht mehr Spaß, etwas so zu tun, wie man's in deinem Alter tut, als so wie ein Baby.

Ernst: Manchmal.

Therapeutin: Manchmal.

(Robert, Rudi, Timm und Ernst fangen an, mit Farbstiften zu zeichnen. Georg hat die Farben erwischt und tastet an den Farbtöpfen herum.)

Georg: Sind das Farben? Kann ich malen? Ich habe noch nie gemalt. Ich möchte malen!

Therapeutin (legt große Bogen Papier für Georg zurecht): Jetzt kannst du malen. (*Georg lacht fröhlich, malt Striche auf das Papier; er fängt mit dem ersten Farbtopf links an und geht dann von Topf zu Topf weiter.*)

Georg: Ich male!

Timm (zu Georg und der Therapeutin): Ich hab' das Haus, was ich gemalt hab', schwarz und rot gemacht. Wenn es trocken ist, bekommt es schwarze Türen und Fenster. (*Er nimmt das Nagelbrett und schlägt darauf so fest, wie er kann; dann kriecht er wieder zum Puppenhaus.*) Ich will wieder mit dem Haus spielen. (*Er kriecht hinüber und holt sich eine Babyflasche, kriecht zurück zur Therapeutin und übergibt ihr die Flasche.*) Da! Mach' mir den Sauger drauf. (*Die Therapeutin tut das.*)

(Timm kriecht zurück zum Puppenhaus, hält die Babyflasche in der Hand und fängt an, mit dem Haus zu spielen. Rudi zeichnet ein Haus. Er macht das ganze Haus schwarz. Dann nimmt er sich eine der Milchflaschen.)

Rudi: Ich möchte ein Baby sein.

Therapeutin: Du möchtest ein Baby sein. (*Rudi saugt an der Flasche.*)

Georg (macht sein Bild fertig und tastet sich zu der Ecke des Raumes, in der die Werkzeuge liegen): Ich möchte den Hammer haben. Wo ist er? (*Timm gibt Georg den Hammer und legt das Nagelbrett vor ihn hin.*)

Timm: Paß auf, daß du dir nicht auf die Finger haust.

Georg: Das werd' ich schon nicht tun. (*Lacht und fängt an, mit dem Hammer zu schlagen.*)

[Hätte die Therapeutin in diesem Moment gesagt: „Timm will, daß du dir nicht weh tust", hätten möglicherweise auch die anderen Kinder eine beschützende Haltung Georg gegenüber eingenommen, allein aus dem Wunsche heraus, Anerkennung von der Therapeutin zu erhalten.]

Timm (jetzt am Tisch mit dem Ton): Ich werde eine Schildkröte machen.

Ernst: Es wäre schön, wenn wir diese Dinge mit nach Hause nehmen dürften.

[Ernst kannte bereits die Begrenzungen; er wußte, daß alles im Spielzimmer bleiben mußte. Es ist interessant, zu beobachten, wie er die Spielstunde für alle Teilnehmer mitgestaltet. Erst demonstriert er den Gebrauch der Babyflasche. Jetzt scheint er die Therapeutin aufzufordern, auf ein Grenzen setzendes Gruppengesetz hinzuweisen. Aber dieses Mal enthält sich die Therapeutin jeder Deutung.]

Therapeutin: Du möchtest die Sachen gern mitnehmen, aber leider muß alles hier bleiben, weil andere Kinder sie auch brauchen.

Ernst: Wenn wir sie mitnehmen würden, hätten die anderen nichts mehr.

Therapeutin: Dann hätten die anderen nichts mehr.

Ernst (hämmert grimmig auf das Nagelbrett): Ich will sie aber mitnehmen.

Therapeutin: Du willst sie mitnehmen, obwohl du weißt, daß das nicht geht. Du bist richtig ärgerlich, weil du sie nicht mitnehmen darfst.

Ernst: Ich werde alles kaputtmachen.

Therapeutin: Du würdest sie sogar am liebsten kaputtmachen, weil du sie nicht mitnehmen darfst.

Timm: Kaputtmachen verstößt gegen die Regel. Immerhin dürfen wir jede

Woche wiederkommen. Für uns wäre dann auch nichts mehr da, wenn wir die Sachen kaputtmachen.

[Vielleicht lag gerade hierin der Grund, weshalb Ernst alles kaputtmachen wollte: Er wußte, daß dies seine letzte Therapiestunde war.]

Ernst (starrt die Therapeutin an, dann lächelt er): Na gut. Wir wollen doch heute Nachmittag wieder zusammen spielen. Laßt uns doch hier spielen, einverstanden?

Robert und Timm: In Ordnung!

(Ernst nimmt sich das Maschinengewehr, Timm nimmt sich auch eins. Robert ebenfalls. Es folgen Schießgeräusche.)

Ernst: Macht das Zimmer sauber. Tut die Farbstifte weg. Wir machen jetzt eine Schlacht.

Robert (hält das Gewehr an Timms Backe): Peng! Ich hab' Timm in die Luft gesprengt.

Georg (am Maltisch): Ist dies hier Rot? Ich brauche Rot. Wo ist Rot?

Therapeutin (gibt ihm den Topf mit der roten Farbe): Dies ist Rot.

(Georg lacht und zieht mit weit ausladenden Bewegungen rote Striche über das Papier. Die anderen Jungen sehen ihn an. Robert spielt mit sämtlichen Gewehren. Timm hämmert. Rudi zieht sich in eine Ecke zurück, nimmt sich die Soldaten, stellt sie in zwei geraden Reihen auf und baut mit den Holzklötzen eine Mauer um sie herum.)

Georg: Ich habe eine Flagge gemalt, eine *rote* Flagge.

Timm (holt sich die Babyflasche wieder): Schau' her, Robert. Spiel' jetzt mit mir. Du sollst der Vater sein.

Robert: Ich bin ein Baby.

Timm: Du sollst der Vater sein.

Robert: Wenn ich mitspielen soll, will ich das Baby sein.

Timm: Also gut. Geh' ins Bett.

Robert: Wo ist das Bett?

Timm: Hier auf dem Boden.

Robert: Ach, du liebe Zeit! Na, meinetwegen. (*Er legt sich auf den Boden. Timm gibt ihm die Flasche. Das Wasser tropft auf Robert.*)

Robert: Verflixt noch mal! Du wirst mich noch ertränken. (*Timm holt die Babypuppe und wickelt sie in eine Wolldecke.*)

Ernst (mit Gewehr): Jetzt werde ich Fräulein X. erschießen. (*Lacht und tut so, als erschösse er die Therapeutin.*)

Therapeutin: Du hast Lust, mich zu erschießen.

Timm: Ich muß mit dem Clown spielen, um das Baby zum Lachen zu bringen, wenigstens soll es aufhören, zu schreien.

Therapeutin: Du magst es nicht, wenn das Baby schreit.

Ernst (zur Therapeutin): Peng! Peng!

Rudi (zeigt auf die Soldaten): Sie können da nicht 'raus.

Therapeutin: Sie sind alle eingeschlossen.

Ernst (auf die Therapeutin schießend): Peng! Peng!

Therapeutin: Du magst es nicht, wenn ich mit den anderen Kindern spreche?

[Das war eine Interpretation, die zwar auf der genauen Kenntnis von Ernsts besonderem persönlichen Verhalten beruhte, aber eben doch eine Deutung darstellte.]

Ernst: Nein. Peng! Peng! (*Schießt auf jeden der Jungen.*) Peng! Peng! Peng!

Therapeutin: Du willst uns alle erschießen?

Ernst: Ich werde das Gewehr mit nach Hause nehmen und auch Mutter R. erschießen.

Therapeutin: Auch Mutter R. willst du erschießen.

Ernst: Darauf kannst du dich verlassen. Und auch Robert, und Rudi und Timm und Georg. Peng! Peng! Peng! Peng!

Georg (mit den Farben herumschmierend): Erschieß mich auch!

Ernst: Dich hab' ich schon erschossen.

Therapeutin: Ihr habt jetzt nur noch fünf Minuten.

Ernst: Peng! Peng! Peng!

Therapeutin: Du willst jeden erschießen.

Ernst: Kinder, räumt mal mit auf!

Therapeutin: Du kommandierst die anderen ganz gern ein bißchen herum.

Ernst: Peng! Peng!

Timm (greift nach einem Gewehr): Peng!

Robert (packt ein Gewehr und richtet es auf die Jungen): Alle Mann Hände hoch! (*Die Jungen lassen die Gewehre fallen und halten die Hände hoch – alle außer Ernst. Er nimmt sich ein kleines Maschinengewehr und befestigt es am Türgriff.*)

Ernst: Hier kann niemand 'rein. Wer's versucht, wird erschossen.

Therapeutin: Du willst nicht, daß jemand anderes hierher kommt, wenn du weggegangen bist? [Wieder sagt die Therapeutin etwas, was über den Kopf von Ernst hinweggeht, sie interpretiert.]

Ernst: Nein. Ich werde jeden erschießen.

Robert: Stell dir mal vor, wir wären Japaner. Fertig! Achtung! Feuer! (*Gewehrgeknatter.*)

Rudi: Ich will das Zimmer aufräumen. (*Rudi und Robert sammeln das Spielzeug auf. Timm ist wieder beim Puppenhaus, Georg malt noch.*)

Robert: Alle Mann aufräumen!

Ernst (schaut auf den Flur hinaus): Wenn der Mann noch mal an die Tür kommt und hier 'reinsieht, erschieß' ich ihn. (*Der Mann kommt tatsächlich und Ernst eröffnet das Feuer.*)

Robert (greift nach der Babyflasche): Nächstes Mal will ich eine ganze Flasche voll Wasser trinken.

Timm: Nächstes Mal will ich auch ein Baby sein.

Rudi (ins Puppenhaus hineinschauend): Wo ist die Mutter?

Timm: Hier ist sie. (*Wirft Rudi die Mutterpuppe zu. Rudi setzt sie im Puppenhaus auf einen Stuhl.*)

Rudi: So, Mutti, Du kannst hierbleiben.

Therapeutin: Du willst, daß die Mutter sich wohlfühlt?

Ernst: Nein. Es ist mir egal, was aus ihr wird.

Therapeutin: Du bist böse mit deiner Mutter?

[Indem sie interpretiert, hält sich die Therapeutin wieder nicht an die zum Ausdruck gebrachten Gefühle.]

Ernst: Ich komme ganz bald nach Hause.

Therapeutin: Und willst das gar nicht?

[Die Therapeutin hat mit dieser Bemerkung bestimmt nicht die Gefühle des Kindes reflektiert. Sie beendet seinen Satz und geht dabei weit über das hinaus, was Ernst ausdrücken wollte.]

Ernst: Nein. Ja. Zu Hause sind Pferde und Kühe und mein Hund.

Therapeutin: Du magst nicht von hier fortgehen – und doch möchtest du nach Hause und auf der Farm leben und dort die Tiere mit versorgen?

Ernst: Ja. (*Er starrt die Therapeutin an.*) Vielleicht ist es zu Hause doch schöner als hier.

Therapeutin: Vielleicht gibts da doch mehr Dinge, die dir Spaß machen.

[Die Zeit war um. Die Therapeutin brachte die Gruppe ins Heim zurück.]

Erläuterung

Bei einer Analyse der Äußerungen der Therapeutin zeigen sich einige interessante Aspekte. Von 33 Äußerungen waren 20 an Ernst gerichtet, 6 an Rudi und 3 an Timm und Georg, während zu Robert nur einmal etwas gesagt wurde. Das ergibt eine sehr ungleiche Verteilung. In dieser ersten Stunde haben auch zuviele Äußerungen der Therapeutin einen deutenden Charakter; sie gehen dadurch über die Gefühle hinaus, welche die Jungen zum Ausdruck brachten.

Rudis Verhalten ist interessant, wenn man es mit den Angaben der Pflegemutter über ihn vergleicht. Er hatte keine Abneigung, im Spielzimmer zu sprechen, und zeigte auch keinen Widerstand gegenüber den anderen Jungens.

Georgs Verhalten war auch bemerkenswert. Einen so stark körperbehinderten Jungen in eine Gruppe von Kindern hineinzunehmen, die keine ähnlichen Behinderungen hatten, war ein Experiment. Es ergaben sich aber keine negativen Auswirkungen auf die Gruppe. Georg war offensichtlich begeistert, in die Gruppe aufgenommen zu werden. Seine Freude am Malen war beeindruckend. Er war der einzige aus der Gruppe, der nicht aus der Babyflasche trank.

Timm und Robert waren Brüder. Das wirft die Frage auf, ob es ratsam ist, Geschwister zusammen in einer Gruppe zu haben. Diese erste Stunde läßt Geschwistereifersucht erkennen. Eine weitere Frage ist die, ob Geschwistereifersucht in einer therapeutischen Gruppe verarbeitet werden kann.

Ernst beherrschte diese Therapiestunde. Sein Verhalten beruhte auf Eifersucht; sie war entstanden, weil er diesmal die Therapeutin mit anderen teilen mußte, außerdem war dies seine letzte Therapiestunde und er wußte, daß die anderen Jungen acht Wochen lang zur Spieltherapie kommen würden. Aber man gewinnt den Eindruck, daß Ernst diese Tatsache annehmen konnte; er schien nicht übermäßig beunruhigt zu sein.

Analysiert man das Spiel der Kinder, so zeigt sich, daß in ihm aggressive Reaktionen gegenüber dem Heim und gegenüber den Eltern zum Ausdruck kamen, wie auch der Wunsch, ein Baby zu sein. Daß diejenigen Jungen, die Häuser gezeichnet haben, diese schwarz anmalten, dürfte auch Rückschlüsse auf die Gefühle ihrem Zuhause gegenüber erlauben. Obwohl dies nur eine Annahme der Therapeutin ist, unterstützt das Studium künstlerischer Betätigung von Kindern während der therapeutischen Spielstunden die Theorie, daß die Farben, die Kinder beim Zeichnen und Malen verwenden, bedeutungsvoll sind. Es gibt allerdings heute noch keine ausreichenden Anhaltspunkte für eine endgültige Bestätigung dieser Theorie.

DIE ZWEITE SPIELSTUNDE

Die vier Jungen stürzen ins Zimmer. Georg läßt sich beim Puppenhaus nieder. Er befühlt alle Gegenstände, die sich in Reichweite befinden und nennt sie bei Namen. Rudi, Timm und Robert gehen an die Fensterbank, wo sich die mit Wasser gefüllten Babyflaschen befinden.

Timm: Da, schau her! Babyflaschen. Wir können Baby spielen.
Therapeutin: Ihr möchtet Baby spielen.
Rudi: Ja. Ich bin das Baby. (*Zu Timm*): Du bist die Mutter.
Robert: Ich bin auch ein Baby.
Timm: Gut, ich werde die Mutter sein.
Rudi und Robert (schreien wie Babys): Ich will meine Flasche haben! Ich will meine Flasche haben!
Timm (gibt Robert und Rudi die Flaschen): Hier, Baby. Eine schöne Flasche.
(Rudi und Robert liegen auf dem Boden und benehmen sich wie Babys. Timm steht am Tisch und drückt Wasser aus der Flasche in eine Tasse und trinkt es.)
Robert (nimmt sich die Puppenfamilie vor): Ich spiel' hiermit und trinke außerdem meine Flasche. Ich werde ein Baby sein.
(Timm bittet die Therapeutin, für ihn an der Flasche zu lutschen. Sie tut es.)
Therapeutin: Ihr möchtet gern wieder Babys sein.
Robert: Sieh nur! (*Zur Therapeutin*): Er ist ein 8jähriges Baby. Ich bin ein 7jähriges Baby.
Robert: Ah! (*Timm und Robert liegen, an ihren Flaschen saugend, vollkommen entspannt am Boden.)*
Rudi (kriecht hinüber zum Telefon): Ich werde Pappi anrufen. Hallo! Hallo! Ach, es antwortet niemand.
Therapeutin: Dein Pappi meldet sich nicht.
Rudi (traurig): Nein, er antwortet nie. Ich hab ihn seit zwanzig Jahren nicht gesehen.
Therapeutin: Du möchtest deinen Pappi gern mal sehen.
Rudi: Und meine Mutti. Arme Mutti. Sie ist schon fünfzig Jahre im Krankenhaus.

Therapeutin: Deine Mutti fehlt dir auch.

Rudi (ergreift die Flasche und wimmert): Mutti! Mutti! Ich will zu meiner Mutti.

Therapeutin: Du willst zu deiner Mutti. Du hast Sehnsucht nach ihr.

Rudi: Sie ist krank. Sie ist im Krankenhaus.

Therapeutin: Es macht dir Kummer, daß die Mutter im Krankenhaus und krank ist.

Georg (plötzlich und mit sehr lauter Stimme): Weißt du was? Gestern haben wir einen solchen Krach gemacht, daß sie uns den Mund zugeklebt hat.

Timm (geht zur Therapeutin hinüber): Guck dir die Stellen mal an. (*Er zeigt der Therapeutin die Stellen auf seinen Lippen, von denen der Klebestreifen abgerissen worden ist.*)

Therapeutin: Das gefällt euch nicht, wenn sie euch den Mund zuklebt, weil ihr zu laut gewesen seid.

[Es wird dem Leser auffallen, daß keine Fragen gestellt wurden, um klarzustellen, wer mit „sie" gemeint ist.]

Georg: Nein!

Rudi: Hier dürfen wir Krach machen, hier gibt's keine Klebestreifen.

Therapeutin: Hier dürft ihr so laut sein, wie ihr wollt – ohne Klebestreifen. (*Alle brüllen mit voller Lautstärke und beobachten die Therapeutin dabei.*)

Timm (mißtrauisch): Du bist doch nicht etwa taub?

Therapeutin: Ihr wollt wissen, ob ich taub bin, weil ich euch das Brüllen nicht verbiete. Nein, ich bin nicht taub.

[Sie denkt: Leider ist auch sonst niemand taub in diesem Hause! Die Jungen brüllen noch einmal im Chor und scheinen begeistert von ihrem Erfolg.]

Rudi: Wir wollen Polizei spielen. Peng! Peng! Peng! Alle sind tot.

Therapeutin: Jetzt bist du alle los.

Georg (geht zu Rudi, findet durch Tasten die Autos, läßt sie zusammenknallen, lacht und jauchzt): Unfall! Ein Unfall!

Robert (malt ein Bild von einem Ambulanzwagen und läßt rote Farbe darauf tropfen): Das ist ein Ambulanzwagen. Jemand wurde verletzt. Sieh' bloß! Alles ist blutig.

Therapeutin: Ein Unfall, eine Ambulanz und Blut. Jemand ist verletzt worden.

Robert: Ich weiß auch *wer.*

Therapeutin: Du weißt, wer verletzt worden ist.

Robert: Ich sag's aber nicht.

Therapeutin: Du weißt es, willst es aber nicht sagen.

Timm: Jemand, den ich kenne?

Georg: Jemand, den ich kenne?

Robert: Ich sag's nicht.

Therapeutin: Robert will immer noch nicht sagen, wer verletzt wurde.

[Timm und Rudi sitzen am Tisch, gießen Wasser in die Tassen und „essen" es mit winzigen Löffelchen. Georg kommt an den Tisch, tastet nach der Babypuppe in der Wiege, nimmt sie auf und langt nach der Flasche; Timm hilft ihm dabei.]

Georg: Wo ist die Flasche?

Timm (gibt Georg eine Flasche): Hier, das ist deine.

Georg: Ich bin der Vater. (*Er streicht an Timms Arm entlang und stößt dabei auf die Tasse, die Timm in der Hand hält.)* Was tust du?

Timm: Ich gieße Wasser in die Tassen.

Georg: Gib mir auch eine. (*Timm reicht Georg eine Tasse. Georg gießt Wasser in die Tasse und verschüttet nichts dabei. Er lacht fröhlich.*) Ich kann das auch.

Therapeutin: Du freust dich, wenn du dasselbe tun kannst wie Timm.

Timm: Ich will jetzt malen. (*Timm malt. Rudi und Robert rollen den Ton hin und her.)*

Robert: Ich brauch' noch mehr Wasser.

Therapeutin: Du möchtest mehr Wasser haben, aber das geht jetzt nicht. Jeder von euch kann immer nur eine Flasche voll Wasser haben, aber nicht mehr.

Timm: Jeder von uns kann eine Flasche voll haben.

[Timm akzeptiert diese Begrenzung]

Georg: Wir sollten hier so viel Wasser haben, daß wir drin waten können.

Therapeutin: Du hättest gern mehr Wasser, aber es gibt jedesmal nur eine Flasche voll für jeden von euch.

Robert: Ich brauche mehr Wasser.

Therapeutin: Du willst, daß alles nach deinem Kopf geht. (*Robert bespritzt die Therapeutin mit Wasser.*) Du bist jetzt ein bißchen böse mit mir, weil du deinen Kopf nicht durchsetzen kannst. Darum hast du mich bespritzt. Bespritz' dich selbst oder den Fußboden, aber keinen von uns.

Robert (starrt die Therapeutin an, grinst und geht zum Tisch mit dem Ton): Na gut. Ich werde eine Schildkröte machen.

Georg (brüllt vor Lachen): Eine Schildkröte braucht auch Wasser.

[Robert formt eine Schildkröte aus Ton. Timm hat ein seltsames Bild gemalt: große, formlose Flecke mit Strichen, die nach unten hin in grünes Gras führen.]

Timm: Schau' her. Hier schwebt etwas durch die Luft, an dem ein Band hängt. Es kam aus dem Gebüsch. Keiner weiß, was das ist. *(Timm malt erst mit hellblauer Farbe und übermalt das Bild dann purpurrot. An den oberen Rand malt er seltsame weiße Gestalten. Rudi sieht ihm zu.*)

Rudi: Das muß eine Wolke sein.

Timm: Das ist keine Wolke.

Rudi: Wenn es weiß ist, ist es eine Wolke. Am Himmel gibt es nichts Weißes außer Wolken.

Georg (singt mit voller Lautstärke): Wir wollen eine Boulette haben.

Alle (singend): Wir wollen eine Boulette. Wir wollen eine Boulette.

Georg (brüllend): Ich will Roberts Kopf haben. (Georg geht zu Robert und fährt ihm mit den Händen über das Gesicht. Robert zittert. Georg stößt vorsichtig nach Roberts Augen.) Ich will Roberts Augen haben.

Therapeutin: Du möchtest Augen wie Robert haben.

Georg (laut singend):

Robert auf dem Ozean,
Robert auf der See.

Robert hat eine Flasche zerbrochen
Und schob mir die Schuld dafür zu.
Ma sagt das dem Pa.
Pa sagt das der Ma.
Robert kriegt Haue dafür.
Ha! Ha! Ha!

(Die Jungen lachen alle. Robert singt den Text nach, aber an Stelle seines Namens nimmt er den von Georg.)

Georg (zu Robert): Ich habe keine Angst, mit Farbe nach dir zu werfen.

Robert (zu Georg): Das solltest du lieber nicht tun.

Georg (brüllt wieder, so laut er kann): Ich habe keine Angst davor, hier alles kurz und klein zu schlagen.

Therapeutin: Du hast keine Angst, hier alles zu tun und zu sagen, was du willst.

Georg: Ich habe keine Angst!

Therapeutin: Du hast keine Angst.

Georg (kichernd): Hier nicht.

Therapeutin: Hier hast du keine Angst.

Rudi: Wir haben gestern einen kleinen Hund gefunden. Mutter R. hat gesagt, daß wir ihn behalten dürfen, wenn niemand nach ihm fragt.

[Georg schlägt Robert mit der Schachtel für die Buntstifte. Robert ignoriert das, geht hinüber zur Puppenwiege, nimmt die Puppe auf und herzt sie zärtlich. Georg versucht, Robert die Puppe wegzunehmen. Robert weicht ihm aus. Georg nimmt die Schachtel mit den Buntstiften, die Robert in der Hand hält. Robert legt die Puppe hin und versucht mit Gewalt, die Buntstifte wiederzubekommen. Georg verliert die Buntstifte und geht wieder zum Maltisch.]

Georg: Wo ist Rot? Zeig' mir das Rot. (*Timm, der auf dem Boden liegend ein Flugzeug zeichnet, steht auf und gibt Georg die rote Farbe. Georg schmiert rote Farbe über das Papier.*) Dies hier nehme ich mit nach Hause. Ich werde es an die Wand hängen. Ich habe bis jetzt noch nie was gemalt. (*Er lacht fröhlich.*)

Therapeutin: Es macht dir Spaß, zu malen und das zu tun, was die anderen Jungen auch machen. Das macht dich glücklich. (*Rudi liegt auf dem Boden und malt ein Flugzeug. Robert spielt mit dem Puppenhaus. Georg tritt auf Timms Zeichnung und zerreißt sie.*)

Timm: Sieh mal, was du gemacht hast, Georg. Du hast mein Bild zerrissen.

[Georg lacht. Er setzt sich auf den Boden, streckt die Hände aus und greift nach den Lastkraftwagen. Es ist erstaunlich, wie er schon weiß, wo die einzelnen Sachen sich befinden, und wie er es fertigbringt umherzugehen, ohne auf etwas zu treten. Er sitzt da, befühlt die Autos und stößt sie kichernd herum. Robert und Timm spielen mit dem Puppenhaus. Rudi, Timm und Robert behalten die Babyflaschen die ganze Zeit über bei sich; sie sparen sich etwas Wasser auf. Georg drängelt sich an Robert und Timm heran.]

Georg: Gebt mir ein paar Möbel. (*Man gibt ihm die Schachtel mit den Möbeln, er nimmt jedes Stück einzeln heraus und befühlt es. Er fragt: „Was ist das?" „Ist das ein Tisch?" Er ist begeistert, wenn Robert, Timm oder die*

Therapeutin ja sagen. Dann nimmt er noch einmal jedes Stück in die Hand und sagt: „Dies ist ein Stuhl." „Dies ist ein Tisch.")

Therapeutin: Du freust dich, wenn du herausfindest, was du in der Hand hast.

Georg: Man braucht mir das gar nicht immer zu sagen. *(Kichert.)*

Timm: Wieviele Minuten haben wir noch?

Therapeutin: Noch zehn Minuten.

Timm: Die Stunde soll nie zu Ende gehen.

Therapeutin: Du möchtest hier bleiben.

[Timm holt die Bauklötze heraus.]

Georg (zu Robert, der ihm Stück für Stück die Möbel gereicht hat): Gib mir nicht zuviel, ich habe genug. Kriege ich zuviele Sachen, weiß ich nicht, was da ist.

Therapeutin: Wenn man dir nicht zuviele Sachen gibt, kannst du dich daran erinnern, was du bekommen hast.

Timm: Ich will allein spielen und mit keinem anderen.

Therapeutin: Du möchtest alleine spielen.

[Timm baut einen Turm aus Bauklötzen. Rudi hat sein Bild fertiggemalt. Jetzt bespritzt er es mit Wasser aus der Babyflasche.]

Rudi: Es regnet, der Himmel weint.

[Robert hat das Puppenhaus in Ordnung gebracht. Georg langt in eines der Zimmer hinein und stößt dabei ein paar Möbel um.]

Robert: Ach, *Georg!*

Georg (lachend): Bring' das mal wieder in Ordnung. *(Robert kriecht weg vom Puppenhaus und bleibt dann, wieder an der Babyflasche saugend, auf dem Boden liegen.)*

Robert: Hier sind soviele Spielsachen, daß ich gar nicht weiß, womit ich spielen soll.

Therapeutin: Du kannst dich nicht entscheiden, womit du spielen willst, weil so viele Spielsachen da sind.

Robert: Ich kann mich überhaupt nie entscheiden.

Therapeutin: Es wird dir immer schwer, dich für etwas zu entscheiden.

Robert: Wieviele Minuten haben wir noch?

Therapeutin: Noch fünf Minuten.

Robert: Ich werde jetzt soviel Radau machen, daß man denkt, die ganze Stadt stünde in Flammen. *(Er ergreift den Hammer und schlägt mit Wucht auf das Nagelbrett. Rudi und Timm haben sich die Soldaten genommen und veranstalten eine furchtbare Schlacht; sie brüllen und schreien und ahmen das Geräusch von Maschinengewehren nach. Georg macht den Mund ganz weit auf und heult.)*

Therapeutin: Ihr wollt jetzt soviel Lärm machen, wie ihr nur könnt.

Robert (entfernt den Sauger von der Flasche und geht zur Therapeutin): Willst du ihn mir bitte wieder draufmachen?

Georg (hämmert am anderen Ende des Nagelbretts): Peng! Peng! Peng!

Robert (zu Georg): Du haust auf die falsche Seite.

Georg: Das ist mir ganz egal. Der Krach macht mir Spaß.

[Timm stellt zwei Stühle zu einem Bett zusammen, legt sich darauf und trinkt aus der Babyflasche. Robert macht sich ein Bett aus großen Holzklötzen und legt sich wie ein Baby darauf. Georg nimmt sich die Babypuppe, herzt und küßt sie und legt sie wieder ins Bett. Robert nimmt der Puppe die Wolldecke weg, breitet sie auf dem Boden aus und legt sich darauf.]

Timm: Mama! Mama! Ich will zu meiner Mama!

Robert: Ich bin keine Mutter. Ich bin auch ein Baby. Herr Doktor, Herr Doktor! Ich bin krank.

Georg (übernimmt sofort die Rolle eines Arztes): Ja, ich komme schon. (*Er nimmt sich ein Stückchen Ton aus dem Tontopf.*) Hier ist eine Medizin für dich. (*Gibt Robert den Ton.*)

Robert (jammernd):: Ich will zu meiner Mama.

Therapeutin: Robert will auch zu seiner Mama.

[Georg ergreift den Topf mit dem Ton, stellt ihn sich auf den Kopf und geht damit durch das Zimmer, in dem alle Spielsachen verstreut umherliegen.]

Therapeutin (sie konnte es nicht lassen!) Sei vorsichtig!

Georg (schreit vor Lachen): Du hast Angst, daß ich ihn fallen lasse?

Therapeutin (mit sanfter Stimme): Ja, ich hab Angst, daß du ihn fallen läßt.

Georg: Ich hab keine Angst, daß er 'runterfällt.

Therapeutin: Du hast keine Angst, daß er 'runterfällt, aber ich.

[Georg lacht noch lauter als bisher, stellt den Topf auf die Tischkante. Timm schiebt ihn weiter zurück, damit er sicher steht.]

Robert: Ist die Zeit um?

Therapeutin (mit schwacher Stimme): Ja, eure Zeit ist um.

Erläuterung

In dieser Stunde verteilte die Therapeutin ihre Äußerungen gleichmäßig unter die vier Kinder. Timm, Rudi und Robert spielten wieder Baby. Georg beteiligte sich auch diesmal nicht an diesem Spiel. Er übernahm lieber die Rolle eines Erwachsenen. Er wollte der Doktor sein und kündigte an, daß er die Rolle des Vaters spielen werde.

In dieser Stunde erprobten die Jungen die ihrem Verhalten gesetzten Grenzen. Georg und Robert wurde es schwerer als Timm und Rudi, Begrenzungen anzunehmen. Als Georg verkündete, er habe keine Angst, mit Farben um sich zu werfen oder alles kurz und klein zu schlagen, was sich im Raum befand, widerstand die Therapeutin klugerweise der Versuchung, die abgemachten Begrenzungen zu wiederholen. Statt dessen reflektierte sie Georgs Gefühl, daß er *keine Angst* habe, *hier* haarsträubende Dinge zu tun. Den Jungen war bereits klargeworden, daß die Spielsituation etwas Besonderes war. Darauf wies Ernst schon in der ersten Stunde hin, als er sagte: „Hier ist das ganz in Ordnung. Hier könnt ihr Baby spielen." Bei diesem zweiten Treffen stellten die Kinder fest, daß sie Lärm machen dürfen „ohne Klebestreifen". Georg empfand die gewährende Atmosphäre der therapeutischen Situation; trotzdem wehrte er sich gegen die wenigen Begrenzungen. „Wir sollten hier soviel Wasser haben, daß wir darin waten können“ und: „Eine Schildkröte braucht Wasser.“ – Er drohte sogar ganz offen damit, die Begrenzungen nicht einzuhalten. Die Therapeutin war der Ansicht, daß das Anerkennen der Gefühle bei den Kindern mehr Gewähr dafür bot, daß sie die Begrenzungen respektierten, als wenn man sie wiederholte, was sich bei den Jungen leicht als eine Herausforderung ausgewirkt hätte.

Nachdenklich stimmt der Umstand, daß die Jungen in dieser Stunde in einer sehr entspannten Art miteinander umgingen. Nach Angaben der Pflegemutter herrschte im Heim ständig Aufregung und Kampf zwischen ihnen. Sie berichtete, daß Georg den anderen Kindern „auf die Nerven“ ginge und sie unbarmherzig hänsele. Im Spielzimmer gab es erstaunlich wenig Konflikte. Die Kinder verhielten sich Georgs schwacher Sehkraft gegenüber äußerst rücksichtsvoll und halfen ihm, wenn er etwas suchte. Er beteiligte sich an ihren Spielen, und sie nahmen ihn als einen der ihren an. Auch Rudi verhielt sich anders, als nach dem Bericht über ihn zu erwarten war. Kameradschaftlich nahm er am Spiel der anderen Kinder teil und drückte sich beim Sprechen frei aus.

Rätselhaft ist in Rudis Fall die von ihm zum Ausdruck gebrachte Einstellung seinem Vater gegenüber. Von ihm wurde berichtet, daß er einen zuverlässigen Kontakt mit seinem Sohn pflegte. Nach Angaben der Fürsorgerin bestand eine gute Beziehung zwischen Vater und Kind. Das macht die Bedenklichkeit von Interpretationen deutlich. In der ersten Stunde warf Rudi die Vaterpuppe in die Schachtel zurück, was die Therapeutin mit den Worten kommentierte: „Du magst den Vater nicht.“ Rudi schien das zu billigen. Die Gefühle, die Rudi seiner Mutter gegenüber zum Ausdruck brachte, sind seltsam, wenn man bedenkt, daß er sie seit vier Jahren nicht gesehen hatte. Während seiner ersten drei Lebensjahre ging es der Mutter nicht gut; sie bekam Schwermutsanfälle und verhielt sich auch sonst eigenartig. Bevor die Mutter in einer Anstalt untergebracht wurde, hatte sie versucht, Rudi mit einem Küchenmesser zu töten, was der Ehemann aber verhindern konnte. Trotzdem rief Rudi jetzt nach seiner Mutter und schien sich Gedanken über sie zu machen.

Ein weiterer Höhepunkt in dieser Therapiestunde ist der von Georg zum Ausdruck gebrachte Wunsch, Roberts Augen zu haben; ihm folgten aggressive Äußerungen und etwas später der spielerische Angriff auf Roberts Augen, das zärtliche Umgehen mit der Puppe und schließlich seine Malerei und die Erklärung, daß er sein Bild mit nach Hause nehmen würde: „Ich werde es mir an die Wand hängen. Ich habe bis jetzt noch nie etwas gemalt." Er zeigte eine sichtliche Freude darüber, daß er fähig war, dasselbe zu tun wie andere Kinder. Gelegentlich erlaubte die Pflegemutter den Kindern, Malereien und Bilder, die sie gemacht hatten, an die Wände zu hängen. Georgs Malerei bekam einen besonders augenfälligen Platz.

Gegen Ende der Stunde fragte sich die Therapeutin, ob die Brechanfälle, die Robert und Timm hatten, ihre tiefere Ursache vielleicht in der Sehnsucht nach ihrer Mutter haben könnten. Robert rief: „Ich bin auch ein Baby. Doktor, Doktor, ich bin krank! Oh!" Und etwas später: „Ich will zu meiner Mama."

Die Episode am Schluß der Stunde zeigt, was geschehen kann, wenn die Therapeutin ihre Rolle als Therapeut aufgibt und zu einem ganz gewöhnlichen Menschen wird. Fast wäre ihr die Kontrolle über die therapeutische Situation aus der Hand geglitten, nämlich durch ihren Ausruf: „Sei vorsichtig!" Georg reflektierte geschickt die Gefühle, die sie mit dem Zuruf zum Ausdruck brachte. Die Warnung und der Mangel an Vertrauen in seine Fähigkeiten, der hinter den Worten stand, wurden als Herausforderung von ihm empfunden. Es war günstig, daß dieser Fehler erst ganz zum Schluß der Stunde passierte. Die ruhige, unaufdringliche Art, mit der Timm Georg half, den Tontopf in Sicherheit zu bringen, war hilfreicher als die erregte Mahnung der Therapeutin, – aber Therapeuten sind schließlich auch nur Menschen.

DIE DRITTE STUNDE

Als die Therapeutin die Jungen zur dritten Spielstunde abholte, wartete Timm schon am Straßenrand. Die anderen stürmten zum Auto. Sie hatten Anton bei sich. „Darf Anton mitkommen?" fragten sie. Anton, ein großer, stiller Junge von ungefähr zehn Jahren, sagte: „Ich möchte gern mitkommen. Darf ich? Wenn die anderen Jungen wegfahren, bin ich hier ganz allein. Mutter R. meinte, ich solle fragen, ob ich nicht auch mitgehen kann." Die Therapeutin war einverstanden.

Die Pflegemutter gab an, daß Anton ein sehr stiller und zurückhaltender Junge sei, der leicht den Kopf hängen ließ, oft weinte und sich häufig „wie benebelt" verhielt.

Als die Therapeutin sich damit einverstanden erklärt hatte, daß Anton mitkommen durfte, bat Timm sie, doch für ein paar Minuten mit ins Haus zu kommen, um seine Mutter kennenzulernen. Sie war vor wenigen Minuten zu einem kurzen Besuch erschienen.

Als die Gruppe ins Spielzimmer kam, stürzten sich alle mit Ausnahme von Georg auf die Babyflaschen und saugten daran. Anton nahm sich das Spieltelefon.

Anton: Ich werde meine Mutter anrufen. Sie arbeitet in der Fabrik, ich will sie sprechen.

Therapeutin: Du würdest gern mit deiner Mutter sprechen.

Anton: Hallo, Mutti. Ich bin ein Baby. (*Er saugt an der Flasche.*) Ich bekomme gerade die Flasche. Du solltest lieber nach Hause kommen.

Therapeutin: Du willst, daß deine Mutter nach Hause kommt und für ihr Baby sorgt.

[Timm hatte sich die Puppen aus Holz geholt und spielte mit ihnen. Robert malte ein braunes Haus. Georg befühlte den neuen Tisch, die Bänke und die Staffelei, die seit dem letzten Besuch der Jungen angeschafft worden waren. Robert hatte seine Flasche auf die untere Leiste der Staffelei gestellt. Bei Georgs Abtasten der Staffelei war Roberts Flasche heruntergefallen und zerbrochen; die Scherben und das Wasser bedeckten den ganzen Fußboden. Weil die Therapeutin die Scherben aufsammeln und das Wasser aufwischen mußte, konnte ein Teil der Unterhaltung nicht in Notizen festgehalten werden. Robert verzog sein Gesicht, als wolle er weinen.]

Timm: Robert weint gleich.

Therapeutin: Du glaubst, daß Robert weinen wird, weil seine Flasche entzweigegangen ist.

Robert: Nein, ich werde nicht weinen. (*Er unterdrückt seine Tränen.*)

Therapeutin: Dir ist ganz nach Weinen zumute, aber du tust es trotzdem nicht.

Timm: Armer Robert. Er hat seine Flasche verloren. Ich werde alles wieder in Ordnung bringen. Ich werde dir helfen.

Therapeutin: Du willst Robert helfen.

[Timm zieht die Bänke vor und macht ein Bett daraus; er legt Robert hinein, hält seine Flasche an Roberts Lippen, legt den Arm um ihn und behandelt ihn wie ein ganz kleines Baby.]

Therapeutin (zu Robert): Du bist gern ein Baby. (*Robert nickt zustimmend und schließt die Augen. Timm deckt ihn mit der Wolldecke von der Babypuppe zu. Dann zieht er ganz plötzlich mit mutwilligem Augenzwinkern den Sauger von der Flasche und schüttet Robert etwas Wasser direkt ins Gesicht. Robert heult, Timm lacht.*)

Robert: Du bist gemein.

Therapeutin (zu Robert): Du findest, daß Timm dir einen schlechten Streich gespielt hat.

Timm (immer noch lachend): Ein Baby muß doch auch gebadet werden. Das hab' ich gerade getan.

Robert (sein Gesicht mit der Wolldecke abtrocknend): Nicht nur mich, auch die Decke.

Georg: Hier ist ein neuer Tisch. Und dies hier ist eine Bank.

Therapeutin: Du hast die neuen Sachen entdeckt.

Georg (springt herum und schreit): Hier ist es schön! Hier ist es schön!

Therapeutin: Du bist gern hier.

[Georg versucht, Robert in einer der kleinen Tassen etwas Wasser zu geben. Robert, nun wieder ganz Baby, legt sich auf die Bank, läßt Georg seinen Kopf anheben und die Tasse an seine Lippen halten. Georg verschüttet aus Versehen etwas Wasser, das Robert in den Hals läuft. Robert stößt Georg beiseite. Georg fällt gegen die Staffelei. Dann holt Georg sich die farbige Puppe, legt sie übers Knie, ergreift ein langes dünnes Brett und verhaut die Puppe damit.]

Georg: Das ist Robert. Ich geb's ihm tüchtig.

Therapeutin: Am liebsten würdest du Robert verhauen, weil er dich weggestoßen hat.

Georg: Ja. (*Noch ein paar Schläge, und er tut die Puppe beiseite. Er geht zurück zur Fensterbank, nimmt sich seine Flasche, gießt etwas Wasser aus ihr in das Bassin und läßt mit Rudis Hilfe ein Unterseeboot darin schwimmen.*)

Georg (zur Therapeutin): Ich möchte noch mehr Wasser haben.

Therapeutin: Du hättest gern mehr Wasser, aber heute kannst du nicht mehr bekommen.

Georg: Ich weiß, wo ich Wasser bekommen kann.

Therapeutin: Du weißt, wo du Wasser bekommen kannst; aber wir haben letztes Mal abgemacht, daß jeder nur eine Flasche voll haben darf.

Georg (schreit laut): Ich will aber mehr Wasser haben!

Therapeutin: Du denkst, wenn du nur laut genug schreist, bekommst du welches.

Georg: Ich mach' mir gar nichts draus, einfach rauszugehen und mir welches zu holen.

Therapeutin: Du machst dir nichts draus –

Georg (gutmütig): Aber ich werd's nicht tun.

Therapeutin: Aber du wirst es nicht tun.

Rudi: Ich will Krieg spielen.

Robert (springt auf von der Bank): Ich will jetzt spielen.

Georg (schlägt mit einer unzerbrechlichen Flasche auf die Bank): O weh! Ich habe eine kaputtgemacht.

Therapeutin: Du glaubst, daß du eine Flasche zerbrochen hast.

Georg: Stimmt das nicht?

Therapeutin: Nein. (*Lange Pause.*)

Georg: Dann bin ich froh.

Therapeutin: Du freust dich, daß du nicht noch eine kaputtgemacht hast.

[Timm und Anton bevölkern das Spielhaus mit lauter Holzpuppen. Dann werfen sie plötzlich alles hinaus.]

Timm: Ein Sturm hat alles aus dem Hause geblasen.

Therapeutin: Ein Sturm hat das ganze Haus ruiniert.

Timm (zu Anton): Jetzt lass' uns alles wieder in Ordnung bringen. Gib mir die rosa Sachen. Die gehen alle in ein Zimmer. Ich will, daß das Haus hübsch und sauber aussieht.

Therapeutin: Du willst, daß das Haus hübsch und sauber aussieht.

Anton: Ich werde dir helfen. (*Beide Jungen bringen das Haus wieder in Ordnung.*)

[Georg steht auf, geht zum Tisch, betastet alles und entdeckt mehrere Sachen auf dem Tisch, u. a. auch die Babyflaschen.]

Georg (vor sich hin murmelnd): Das ist mir im Wege. *(Zur Therapeutin):* Tu' das alles beiseite, bitte. (*Therapeutin tut es.*) Ist jetzt alles weg?
Therapeutin: Ja. Jetzt ist alles weg.
Georg (murmelnd): Ich will nichts kaputtmachen.
Therapeutin: Du willst nicht, daß etwas kaputt geht, wenn du es aus Versehen herunterwirfst.
Georg (lächelnd): Manchmal kann ich die Dinge nicht sehen.
Therapeutin: Manchmal kannst du sie nicht sehen, und sie fallen herunter, obwohl du das überhaupt nicht willst.
Georg (fängt an, seltsame und unzusammenhängende Zeichen auf einen Bogen Papier zu setzen): Ich zeichne.
Therapeutin: Das macht dir Spaß.
Georg: Hier kann ich zeichnen. (*Singt: „Kommt ein Vogel geflogen." Robert zeichnet mit Buntstiften an der Staffelei Flugzeuge, die Bomben abwerfen. Anton und Timm spielen mit dem Puppenhaus; sie richten sorgfältig jeden Raum ein. Rudi zeichnet Tiere aus Holz. Er ist vollkommen entspannt und unterhält sich dabei mit Anton und Timm über sein Bild, die Tiere und die Möbel.*) Was machst du, Robert? (*Georg sitzt am Tisch, Robert steht an der Staffelei.*)
Robert: Ich zeichne.
Georg: Was zeichnest du?
Robert: Einen Geleitzug.
Georg: Was male ich an?
Therapeutin: Was machst du, Georg?
Georg: Ich weiß nicht. Ich kann es nicht erkennen.
Therapeutin: Was möchtest du, daß es sein soll?
Georg (achselzuckend): Ich weiß es nicht. Ich habe nur ein paar Zeichen hingemacht. Darf ich das mit nach Hause nehmen und in meinem Zimmer an die Wand hängen?
Therapeutin: Ja, du möchtest das Bild, das du zeichnest, gern aufhängen.
Georg (lachend): Ja, ja! Das möchte ich.
[Obwohl sich in diesem Moment die anderen Jungen Georgs Bild ansahen, fiel keine Bemerkung darüber, daß es weder Form noch Sinn hatte. Die Farben, die er benutzt hatte, waren schwarz und rot. Die Zeichen waren klein und viereckig.]
Georg: Nächstes Mal will ich wieder zeichnen.
Therapeutin: Es macht Spaß, hierher zu kommen und zu zeichnen.
Timm (weist auf Georgs Bild hin): Weißt du, das könnten Bolzen und Schraubenmuttern sein.
Georg (kichernd): Oder auch Eichhörnchen.
Timm: Ja. (*Geht wieder zum Puppenhaus. Er schiebt die Lastkraftwagen zum Haus.*) Hier kommt der Geleitzug. Hier sind zwei kleine Mädchen, die nach Hause gehen. Ihr Vater ist auch dabei. Und nun stellt euch vor, daß ein großer Sturm aufkam, als all die anderen Menschen im Hause waren. [*Die anderen Menschen* sind die Mutter, die Großmutter, Mutter R. und die Jungen.] Der Sturm ist ein Mordskerl und kommt mächtig schnell. *(Timm bläst ins Haus hinein, Anton hilft ihm dabei.)* Der Pappi wird auch wieder dort sein. (*Er wirft die Vaterpuppe ins Haus. Er spricht sehr schnell.*) Jetzt sind alle im Haus, und dieser schreckliche Sturm kommt nä-

her und näher. (*Timm wedelt mit seinen Armen wild um das Haus herum.*)

Therapeutin: Der schreckliche Sturm kommt direkt auf das Haus zu.

Timm (klatscht zweimal in die Hände): Stellt euch vor, daß er das Haus in Brand steckt. Das Feuer wütet im ganzen Haus. (*Er fährt mit seinen Händen in alle Räume und wirft mit Gewalt alle Möbel hinaus.*) Alle Menschen verbrennen und die Möbel auch. Das Feuer verbrennt alle Menschen – und all diese – und den Vater und die Mutter –

Rudi (der angekrochen kam und die Zerstörung beobachtete): Nicht die Mutter.

Timm (starrt Rudi wild an): Doch, auch die Mutter.

Rudi (fast weinend): Nicht die Mutter.

Therapeutin: Nicht Rudis Mutter, sondern Timms Mutter.

Robert: Und meine Mutter auch.

Therapeutin: Und Roberts Mutter, aber nicht Rudis Mutter. (*Rudi langt ins Haus hinein und holt die Mutterpuppe heraus.*)

Timm (schreiend): Du verbrennst dich, Rudi. Du wirst verbrennen.

Rudi (schluchzend): Das ist mir ganz egal.

Therapeutin: Rudi hat seine Mutter gerettet. Sie ist jetzt in Sicherheit.

Timm: Komm her, Katze, du darfst heraus. *(Timm rettet die Katze.)*

Anton: Jetzt ist das Feuer aus. (*Das Ganze wird offensichtlich zuviel für Anton.*)

Timm: Nein, es ist nicht aus. Nein, es ist nicht aus.

Therapeutin: Anton wünscht sich, daß das Feuer aus sein soll, Timm aber nicht. (*Timm hebt das Haus hoch, stellt es auf den Kopf, schüttelt es und geht weg.*)

Robert: Ist nur der Feuerwehrmann gerettet worden?

Anton: Der arme Mann. Er war außerdem betrunken. (*Anton stellt eines der Betten hochkant und eine der Holzpuppen darauf.*) Seht mal, das Bett steht an einem Ende hoch, und der Mann steht oben drauf. Er hat Angst vor einer Maus.

Therapeutin: Der Mann hat Angst vor einer Maus, darum hat er sich auf das Bett gestellt.

Anton: Jeder hat vor irgendwas Angst. (*Anton stellt alle Holzpuppen auf irgend etwas, auf Tische, auf den Küchenschrank, das Bett, den Eisschrank etc.*)

Therapeutin: Alle versuchen, von dem, wovor sie Angst haben, wegzukommen.

Robert (umarmt und küßt die Babypuppe): Ich bin ein Schlappschwanz, weil ich die Babypuppe liebe.

Therapeutin: Du hast das Baby lieb und glaubst, daß du deswegen vielleicht ein Schlappschwanz bist.

Robert: Ich *wünschte*, ich wäre noch ein Baby.

Therapeutin: Du wünschtest, daß du noch ein Baby wärst.

Timm: Du kannst ein Baby sein, wenn du hier bist. Das haben wir auch Mutter R. gesagt. Wir kommen so gern hierher, weil wir dann wieder zwei Jahre alt sein dürfen.

Therapeutin: Ihr kommt gern her, um Baby zu spielen.

Robert: Mir gefällt's hier. Ich möchte am liebsten immer hier bleiben. (*Er geht an die Staffelei, nimmt den gelben Farbstift und malt ein Bild ganz in Gelb. Er kommt mit den kleinen Nägeln nicht zurecht und bittet die Therapeutin, ihm zu helfen. Sie tut das und sagt etwas zu dem Bild.*) Wolken, siehst du? Sonne und Hügel.

(*Fünf Minuten lang herrscht absolutes Schweigen.*)

Robert (dessen Bild nun fertig ist): Ich könnte das Bild ja allein herunternehmen, aber ich möchte nicht, daß es dabei beschädigt wird. Hilfst du mir?

Therapeutin (nimmt das Bild für ihn von der Staffelei herunter): Du willst, daß das Bild hübsch bleibt.

Robert: Für mein Zimmer. Ich nehm's mit nach Hause.

[Anton saugt noch immer an seiner Flasche. Dann holt er sich Hammer und Nagelbrett und schlägt zu. Rudi bittet Anton, ihm die „Bomben-Türen" in sein Flugzeug zu zeichnen. Anton tut das bereitwillig; dann widmet er sich wieder seiner Hämmerei. Während der ganzen Zeit saugt er an der Flasche.]

Anton: Ich werde ein Haus bauen, – ganz für mich allein.

Therapeutin: Du willst ein Haus bauen, ganz für dich allein.

Timm (zu Anton): Wie gefällt es dir, mal wieder ein Baby zu sein?

Anton: Gut. Ich werde mich gleich auf den Boden legen und schlafen.

Therapeutin: Du willst weiter Baby spielen und sogar schlafen.

Anton (legt sich auf den Boden und saugt an seiner Flasche): Ich möchte für immer schlafen.

Therapeutin: Du möchtest für immer schlafen.

(*Es herrscht wieder Schweigen. Timm malt Flugzeuge. Georg sitzt am Tisch und macht weiter Zeichen auf das Papier.*)

Timm: Das macht Spaß.

Anton (richtet sich plötzlich auf und langt nach einem Gewehr). Ich will jemanden erschießen.

Therapeutin: Du hast Lust, jemanden zu erschießen.

Anton: Ich *will* jemanden erschießen.

Rudi: Wen willst du erschießen?

Anton: Jeden, der will, daß ich nach Hause gehe.

Therapeutin: Du magst nicht nach Hause gehen.

(*Schweigen. Die Glocke läutet.*)

Therapeutin: Ihr habt noch fünf Minuten.

[Diese Bemerkung wird von der Gruppe ignoriert. Georg holt sich einen neuen Bogen Papier und tastet nach den Buntstiften.]

Anton: Du wirst nicht genug Zeit haben.

Georg: Klar, werd' ich das. Noch fünf Minuten.

Anton (holt sich auch Papier): Dann werd' ich auch – (*Er tut's aber nicht!)*

Georg: Wo ist Schwarz? Ich brauche Schwarz. Dies soll ein schwarzes Bild werden. (*Er macht unzusammenhängende Zeichen auf das Papier. Den Buntstift hält er dicht an seine Augen, um die Farbe zu erkennen, – so dicht, daß er sich fast damit ins Auge sticht.*)

Timm: Hoffentlich ist meine Mutti noch da, wenn ich zurückkomme.

Therapeutin: Du möchtest, daß deine Mutter noch da ist, wenn ihr zurückkommt.

Robert: Ja. Sie kam gerade vor dir und wollte, daß wir dableiben sollten; aber wir wollten hierher gehen.

Therapeutin: Ihr wolltet lieber hierher kommen, als im Heim bei eurer Mutter bleiben.

[Robert geht zum Puppenhaus, das Rudi gerade in Ordnung gebracht hat und wirft dort alles durcheinander.]

Georg: Ich wünschte, ich könnte zum Zahnarzt gehen.

Therapeutin: Du *wünschst,* daß du zum Zahnarzt gehen könntest? (*Die Frage enthielt mehr Zweifel als die Bestätigung seines Wunsches.*)

Georg: Ja. Ich hab' mitten in der Nacht Zahnschmerzen gehabt. Ich bin davon aufgewacht. Wenn ich zum Zahnarzt gehen könnte, wäre ich meine Schmerzen los.

Therapeutin: Der Zahnarzt könnte dir helfen.

Georg: Ja.

Therapeutin: Jetzt ist eure Zeit um, ihr Jungen.

[Die Jungen verlassen langsam und widerstrebend das Spielzimmer. Die Therapeutin fährt sie nach Hause.]

Erläuterung

Der stark emotionelle Inhalt dieser Therapiestunde zeigt, daß Kinder auch in einer Gruppe ihre Gefühle offenbaren. Die Wechselwirkung von konfliktgeladenen Gefühlen in Timm schien diesen nicht besonders zu beunruhigen. Die anderen Jungen zeigten Interesse an seinem Spiel. Als es vorüber war, kam es zu ungewöhnlich ruhigen Spielen. Georgs Stimme war ruhig und leise. Das übliche Brüllen und Schreien gab es nicht mehr. Schon diese wenigen Spiele lassen die Intensität der Gefühle erkennen, die Kinder zum Ausdruck bringen, wenn sie Liebe und Sicherheit entbehrt haben. Timm rettete die Katze, aber nicht Vater und Mutter, die ihn verlassen haben. Für die Kinder war ihr Spiel so wirklichkeitsnah, daß Rudi in dramatischer Weise davor gewarnt wurde, seine Mutter zu retten, weil er sonst selbst verbrennen würde. Rudi war fest entschlossen, seine Mutter zu retten und war emotionell so aufgewühlt, daß er anfing zu weinen. Anton versuchte, das Spiel zu beenden, weil er es noch nicht ertragen konnte, sich mit entsprechenden Gefühlen konfrontiert zu sehen. Aufschlußreich war auch die Tatsache, daß die beiden Brüder ihre Mutter wegen der therapeutischen Spielstunde verließen.

Die Art, wie Georg Robert bestrafte, nachdem dieser ihn gegen die Staffelei gestoßen hatte, zeigt, wie eine Spielsituation Kindern helfen kann, aggressive Gefühle in einem sie befriedigendes Spiel zu sozialisieren. Georg schlug Robert, weil er ihn weggestoßen hatte, aber er benutzte eine Puppe als stellvertretendes Symbol für Robert. Georg erprobte wieder die gesetzten Begrenzungen. Hätte die Therapeutin nicht auf ihrer Einhaltung bestanden, hätte Georg nach einer anderen Forderung gesucht, die abgelehnt werden mußte. Durch das

Bestehen auf den vor Beginn der Therapie abgemachten wenigen Begrenzungen erfuhr die Behandlung eine Unterstützung.

In dieser Spielstunde zeigte sich wieder, daß die Kinder das Spielzimmer als einen besonderen Raum empfanden. Hier dürfen sie sich wie Zweijährige benehmen. Wenn sich auch die Bedürfnisse und Probleme dieser Kinder im einzelnen stark voneinander unterschieden, so war das gruppen-therapeutische Erleben doch für jedes von ihnen eine Hilfe.

DIE VIERTE SPIELSTUNDE

Zu Beginn der Stunde übergaben Georg, Timm, Robert und Anton der Therapeutin vier Mark zur Aufbewahrung, weil sie anschließend ins Kino gehen wollten. Georg brachte zwei Bogen Briefpapier mit. Er gab sie der Therapeutin und sagte, er wolle an seine Mutter schreiben, die er seit fünfeinhalb Jahren nicht gesehen habe. Die Notizen von diesem Treffen sind nur skizzenhaft, weil die Therapeutin sich am Fingermalen beteiligen mußte; sie mußte den Jungen zeigen, wie man das Papier anfeuchtet, wie man mit der tropfenden Farbmasse so vorsichtig wie möglich umgeht und wie man die Bogen an einen Platz bringt, wo sie trocknen können.

Beim Betreten des Spielzimmers griffen die Jungen wie gewöhnlich nach den Babyflaschen und riefen: „Ich bin ein Baby, ich bin ein großes Baby." Sie tranken aus den Flaschen. Die Therapeutin anerkannte ihren Wunsch, ein Baby zu sein. Georg trank nicht aus der Flasche. Er hielt sie in der Hand und lachte. Rudi fehlte dieses Mal in der Gruppe. Sein Vater hatte ihn aus dem Heim abgeholt und war mit ihm in eine andere Stadt gefahren. Sehr bald entdeckten die Kinder die Fingerfarben.

Timm: Laßt mich da 'ran. Das sind Fingerfarben.
Therapeutin: Du hast schon einmal damit gemalt.
Timm (setzt sich an den Tisch und langt nach den Farben): Ich möchte wieder malen.
Therapeutin: Du benutzt die Fingerfarben gern.
Timm: O, ja.

Die Therapeutin half Timm. Sie gab ihm eine Schürze, eine Schüssel mit Wasser und ein paar Lappen. Die anderen Kinder standen um die beiden herum und machten Bemerkungen zu den Farben; sie warteten, bis sie an die Reihe kamen und wollten auch Schürzen haben. Sie tranken dabei aus ihren Flaschen. Die Therapeutin legte Timm das Papier richtig hin, half ihm beim Entnehmen der Farben und band ihm die Schürze um. Sie reflektierte die im Zusammenhang mit den Wünschen der anderen Kinder zum Ausdruck gebrachten Gefühle, nämlich daß sie auch bald an die Reihe kommen wollten und darauf brannten, die neuen Farben auszuprobieren. Schließlich strich Timm, der ohne jedes Zögern Gelb und Schwarz gewählt hatte, mit seinen Händen in freien, weit ausholenden Bewegungen über das Papier. Er rief die ganze Zeit dabei: „O, herrje!“ Er beendete das Bild, indem er seine Arme durch die Farbe kreisen ließ und mit seinem Ellbogen in die Mitte des Bildes einen Punkt setzte. Währenddessen bespritzten Robert und Anton sich gegenseitig mit Wasser. Georg stand ganz ruhig neben der Therapeutin; er fragte sie mehrmals: „Wirst du schreiben, was ich dir sage? Ich will an meine Mutter schreiben“. Die Therapeutin antwortete mit den Worten: „Georg will einen Brief an seine Mutter schreiben. Er möchte, daß ich ihm dabei helfe.“ Sie sagte, daß sie gleich für ihn da sei. Als Timm seine Fingermalerei beendet hatte, kam Anton an die Reihe. Er machte sein Bild sehr sorgfältig; es hatte deutlich erkennbare Formen.

Anton: Dies wird eine Fahne, mit Sternen.

Therapeutin: Du möchtest, daß dein Bild eine Fahne wird. (*Er malt mehrmals dasselbe, wischt es wieder weg und macht es nochmals.*)

(*Timm läuft zum Puppenhaus. Er packt es an beiden Enden, stellt es auf den Kopf und wirft es gegen die Wand.*)

Timm: Feuer! Feuer! Eßt das Haus auf! Haut alles zusammen.

Therapeutin: Du willst das Haus zerstören.

Robert: Ja, das will ich. Das will ich! Feuer! Feuer!

Therapeutin: Robert will das Haus auch zerstören.

Timm (nimmt die Mutterpuppe, hebt ihr Kleid hoch und zeigt sie den anderen Kindern. Kichernd): Seht her.

Therapeutin: Es macht dir Spaß, das Kleid der Mutter hochzuheben.

Timm (zur Therapeutin): Ich werde ihr sogar das Kleid ausziehen.

Therapeutin: Du hast Lust, ihr das Kleid auszuziehen.

Timm (zieht der Mutterpuppe das Kleid aus): Seht her! So 'was Komisches. Sie hat überhaupt nichts an.

Therapeutin: Du hast der Mutter alle Kleider ausgezogen.

Timm (schlägt die Puppe): Ich hau' sie durch, ich schlag' sie in Stücke.

Therapeutin: Du schlägst die Mutter in Stücke.

Timm (versucht, sie mitten durchzureißen): Ich will sie durchreißen.

Therapeutin: Du willst die Mutter kaputtmachen.

Timm: Ich werd's ihr geben. Wir werden quitt miteinander sein.

Therapeutin: Du willst quitt sein mit der Mutter.

Timm (reißt der Puppe die abnehmbaren Arme aus): Seht her! Ich habe ihr die Arme ausgerissen.

Therapeutin: Du hast ihr die Arme ausgerissen.

Timm (wirft die Puppe auf den Boden): Ich werd's ihr heimzahlen. Der werd' ich's geben.

Therapeutin: Du wirst es ihr geben.

Robert (hebt die Puppe auf, wirft sie dann wieder hin): So, damit hat sich's.

Therapeutin: Du willst auch quitt werden mit der gemeinen alten Person.

Robert (stellt seinen Fuß auf den Kopf der Puppe): Ich werde ihr das Gehirn zerquetschen. (*Er wirft sie in die Ecke.*)

Therapeutin: Du hast ihr den Kopf zerquetscht.

Timm (blickt wild um sich): Wo ist der Mann? Wo ist der Vater? Ich will ihn ausziehen und durchhauen.

Robert: Wo ist der Vater? Wir brauchen den Vater.

Therapeutin: Ihr wollt, hier wäre ein Vater, den ihr verhauen könnt.

Timm: Ich würde ihm seinen Kopf zerquetschen.

Therapeutin: Du würdest ihm den Kopf zerquetschen.

Robert: Und ihn mitten durchreißen.

Therapeutin: Ihr würdet ihn mitten durchreißen.

Robert: Er ist ein ganz gemeiner Mensch.

Therapeutin: Der Vater ist ein ganz gemeiner Mensch.

Timm (malt die Babyflasche rot an): Blut. Schaut her, ich werde sein Blut trinken. (*Trinkt aus der Flasche. Brüllt.*) *Ich* trinke sein Blut.

Therapeutin: Ihr trinkt sogar sein Blut. (*Timm stellt sich auf die Mutterpuppe.*) Du trinkst das Blut vom Vater und du stellst dich direkt auf die Mutterpuppe.

Timm (lacht ganz vergnügt, geht hinüber zum Nagelbrett und schlägt mit voller Kraft drauf): Ich bin ein zäher Bursche.

Therapeutin: Du bist ein zäher Bursche und schlägst zu, so toll du kannst.

Timm (schlägt härter zu als je zuvor. Er schlägt das hölzerne Nagelbrett mitten durch und zerschmettert das eine Ende): Da habt ihr's. Ich hab's kaputt gemacht.

Therapeutin: Du hast so stark draufgeschlagen, daß es zerbrochen ist.

Timm (trotzig): Ich freue mich darüber.

Therapeutin: Du freust dich, daß du das Brett entzwei geschlagen hast.

Timm (stößt es unter den Tisch): Ich will die andere Hälfte auch noch kaputtschlagen.

Therapeutin: Du willst sogar auch noch die andere Hälfte kaputtschlagen.

[Timm schlägt mit dem Hammer auf den anderen Teil des Nagelbretts – aber weniger heftig. Schließlich stößt er es auch unter den Tisch, Inzwischen hat Georg mit den Fingern gemalt, wobei Anton ihm die Farben reichte. Robert malt wie wild farbige Striche an der Staffelei und ruft dabei: „Ich bin blind, ich kann nichts sehen." Als Timm schließlich die andere Hälfte des Nagelbretts auch unter den Tisch gestoßen hat und die Therapeutin sich Robert widmen kann, kommentiert sie dessen Bemerkung.]

Therapeutin: Du glaubst, daß es Spaß macht, blind zu sein.

Robert (lacht und schlägt mit der Malerbürste auf das Papier): Ich kann nichts sehen. Bin ein blinder Junge.

[Georg kümmert sich nicht um das, was Robert sagt. Er beendet in aller Ruhe seine Fingermalerei und bittet dann die Therapeutin, einen Brief für ihn zu schreiben. Er überlegt lange zwischen jedem einzelnen Satz.]

Georg: Liebe Mutti! Wie geht es dir? Mir geht es gut. Ich möchte meine

Sparbüchse haben und mein Xylophon. Ich kann hier mit fünf Kindern spielen. Ich habe es sehr gut bei Mutter R. Ich möchte auch meinen Roller haben, den mit dem Sitz. Und mein Fahrrad. Ich möchte nach Hause und dich an einem Sonnabend besuchen. Wir haben Autos, Fahrräder und Roller im Heim. Frau C. will mir einen Matrosenanzug besorgen. Georg.

[Auf das, was Georg diktierte, reagierte die Therapeutin, so gut sie konnte; sie behielt dabei Timm im Auge, der mit roter Farbe mit den Fingern malte und ständig vor sich hin brummte und murmelte. Die Bemerkungen der Therapeutin bezogen sich auf Anerkennung seiner Wünsche – seine Spielsachen, sein Geld, das Wiedersehen mit seiner Mutter –. Als Georg seinen Brief zu Ende diktiert hatte, verkündete die Therapeutin, daß die Spielstunde vorüber sei. Als die Gruppe den Flur entlang ging, kroch Timm wie ein Baby.]

Therapeutin: Du bist ein Baby.

Timm: Ich bin ein Baby.

[Er kroch den ganzen Korridor entlang, über drei Treppenstufen, über das Gras und über die Straße bis zum Auto. Die Therapeutin fuhr die Kinder zum Kino, aber es war geschlossen; deshalb brachte sie die Jungen ins Heim. Als die Jungen feststellten, daß das Kino geschlossen war, wurden sie ruhiger. Als sie bei Mutter R. ankamen, blieben sie einfach im Wagen sitzen und weigerten sich, auszusteigen.]

Therapeutin: Ihr wollt nicht aussteigen.

Die Jungen: Nein. Fahr' wieder zurück mit uns. Wir wollen den ganzen Tag in der Klinik bleiben.

Therapeutin: Ihr wollt, daß ich euch zurückbringe, aber das kann ich nicht tun. Heute nachmittag sind im Spielzimmer andere Kinder an der Reihe.

(*Die Jungen blieben trotzdem sitzen, bis schließlich Timm aus dem Wagen sprang.*)

Timm: Kommt, Jungens. Laßt uns alles auf den Kopf stellen. (*Die Therapeutin zweifelte nicht daran, daß sie das auch tun würden. Robert und Anton folgten Timm. Georg blieb zurück.*)

Georg (zur Therapeutin): Auf Wiedersehen! Steck' auch meinen Brief ein, ja? Ich weiß die Adresse nicht.

Therapeutin: Kannst du nicht Mutter R. um die Adresse bitten?

Georg: Sie ist nicht da, ist weggegangen. Darum sollten wir ja ins Kino gehen. Es ist niemand zu Hause. (*Sogar Georg sollte den Film mit „ansehen" – blind, wie er war.*)

Therapeutin: Ich werde sie mir nächstes Mal von Mutter R. geben lassen.

Georg (mit bekümmertem Gesicht): Ja, ja. Das dürfen wir nicht vergessen.

Erläuterung

Als die Therapeutin später versuchte, die Adresse von Georgs Mutter zu bekommen, erfuhr sie, daß Georg ein Findelkind war; er war so lange in einem Waisenhaus untergebracht worden, bis er das Alter für die Blindenschule erreicht hatte. Sein Brief beruhte offensichtlich auf Wunschdenken. Während der ganzen Therapiestunde war er sehr ruhig. Kein einziges Mal mußte er sich durch das ohrenbetäubende Geschrei Luft machen, das als typisch für sein Benehmen angegeben worden war. Auch beim Fingermalen bewahrte er seine Ruhe. Er war der einzige, der etwas zum Geruch der Farben sagte. Er arbeitete langsam und benutzte zu seiner Orientierung die Fingerspitzen. Später, als er sich an diese Art von Malerei gewöhnt hatte, strich er in freien Bewegungen mit den Händen über das Papier. Mit der rechten Hand beschrieb er Kreise, mit der linken strich er meistens von oben nach unten. Von der linken Hand benutzte er die Finger, von der rechten die Handfläche.

Robert arbeitete mit brauner, roter und blauer Farbe. Er machte mehrere Dutzend Entwürfe und dabei trug er die Farbe dick auf, indem er sie durch seine Finger quetschte. Das letzte Muster kratzte er in sie hinein, die Finger wie Krallen benutzend. Er zog vertikale und horizontale Linien und fauchte während der Arbeit wie eine Katze.

Timms Verhalten in dieser Spielstunde zeigte, daß vom einzelnen Teilnehmer die Gruppentherapie auch als individuelle Behandlung benutzt werden kann und benutzt wird. Die Jungen in dieser Gruppe schienen mehr Schwierigkeiten durch persönliche Probleme zu haben als durch ihr antisoziales Verhalten. Die Art, wie sie sich beim Fingermalen ablösten, wie sie sich gegenseitig halfen und wie sie zusammen spielten, zeigt das deutlich. Man sieht, wie wenig wirksam die Äußerungen des Therapeuten in einer Gruppensituation ausfallen können. Im ersten Teil der Stunde mußte die Therapeutin sich praktisch betätigen; das ging auf Kosten ihrer Äußerungen und Reaktionen. Die Kinder schienen die Therapeutin genauso angenommen zu haben wie sie die Kinder. Ihr Verhalten untereinander entspricht der gewährenden Atmosphäre, die sie selbst im Spielraum erleben.

DIE FÜNFTE SPIELSTUNDE

Die vier Jungen begrüßten die Therapeutin mit dem begeisterten Ausruf: „Weißt du was? Mutter R. hat uns erlaubt, aus den Babyflaschen zu trinken, als wir sie darum baten. Sie sagte, wenn du das erlaubst, dann geht das in Ordnung. Sie hat uns sogar Milch aus der Flasche trinken lassen."

Als sie ins Spielzimmer kamen, schrien sie wieder nach den Babyflaschen, und Anton, Timm und Robert griffen nach ihnen. Georg interessierte sich nicht im geringsten für sie. Er verlangte nach den Fingerfarben, setzte sich an den Tisch und fing an, damit zu arbeiten. Die anderen drei jauchzten beim Anblick des Sandtisches und des Marionettentheaters, die seit ihrem letzten Besuch neu hinzugekommen waren. Die Therapeutin war gerade dabei, die Handhabung der Marionetten zu erklären, als Timm eine davon ergriff, hinter das Theater ging und die Marionette durch den Vorhang stieß.

Timm (läßt die Marionette sprechen): Schaut her! Schaut her! Ich bin ein verrückter alter Clown. Ich lass' die Welt in die Luft gehen, wenn ihr mich nicht anseht. (*Er spricht noch mehr, aber das übrige geht in dem Lärm unter, den die anderen Jungen machen, als sie anfangen, sich mit dem Sand zu beschäftigen.*)

Robert (wirft Sand in das Puppenhaus): Seht euch nur dies alte Haus an! Ich werde Eis und Schnee in das Haus werfen, damit alle, die drin sind, erfrieren.

Anton (wirft auch Sand ins Haus): Wir werden das Haus so zurichten, daß die Leute überhaupt kein Haus mehr haben. Seht mal her! (*Er schüttet mehrere Hände voll Sand auf die Mutter- und Vaterpuppen, so daß sie unter dem Sand begraben werden.*)

Robert: Sie sind im Schnee begraben. Sie werden durch und durch erfrieren. Und *mir ist das ganz egal!*

Therapeutin: Die Erwachsenen erfrieren alle, und dir ist das ganz egal.

Robert (kriecht im Sand herum und setzt sich dann hin): Ich werde hier im Sand bleiben und etwas für mich bauen. Das ist dann mein Bauernhof.

Therapeutin: Du willst einen Bauernhof bauen, der dir ganz allein gehört.

Timm (kommt und kriecht auch im Sandkasten herum): Ich will mir auch 'was bauen.

[Anton und Georg gehen auch an den Sandkasten. Georg fuhr mit den Händen durch den Sand, schien aber nicht befriedigt davon zu sein; er ging hinüber zur Staffelei und zeichnete mit Buntstiften und Farben.]

Timm: Los! Laßt uns das Haus einrichten und dann die Soldaten aufstellen und eine Schlacht schlagen.

[Timm und Anton stellen die Möbel wieder ins Haus; aber nur für wenige Sekunden. Dann nimmt Anton eine Handvoll Sand und wirft ihn ins Schlafzimmer. Timm tut genau dasselbe. Es findet wieder eine fürchterliche Schlacht statt, mit Sand, Geschrei und Jauchzen.]

Timm: Es schneit! Es schneit!

[Alle Jungen, mit Ausnahme von Robert, füllen die Babyflaschen. Robert nimmt drei davon mit in den Sandkasten. Die Therapeutin bittet ihn, das Wasser nicht in den Sand laufen zu lassen, weil das den Sand ruiniert. Robert sagt: „Wird gemacht", und sieht sich vor. Robert trank im Verlauf der Stunde das Wasser in allen vier Flaschen aus, wobei er die Sauger abmachte und es „als Saft" trank, wie er sich ausdrückte.]

Anton: Es schneit. Alle Zimmer werden voll von Schnee, sie werden hier begraben.

Therapeutin: Der Schnee begräbt die Menschen.

Anton: Darunter liegen zwei Menschen, jetzt sogar vier.

Timm: Jetzt sind es sechs. Alle werden getötet.

Therapeutin: Es wird niemand übrig bleiben.

Timm: Hier ist der Vater, er friert sich zu Tode, er stirbt.

Therapeutin: Der Vater stirbt.

Anton: Sie sind in der Falle. Seht her? Sie können nicht mehr 'raus. (*Er nimmt die Babypuppe und wirft sie in den Sandkasten. Dann zerstört er das Haus, stürzt es um und wirft tüchtig Sand darauf.*) Nimm das Ding hier weg. Es gibt kein Haus mehr, kein Haus, kein Haus. (*Er nimmt das Haus aus dem Sandkasten und stellt es auf die andere Seite des Zimmers.*)

Therapeutin: Du willst das Haus dort nicht mehr haben.

Robert: Hier ist kein Platz mehr für Mutter und Vater. Alles gehört jetzt uns.

Therapeutin: Ihr wollt keine Mütter und Väter oder sonst jemanden haben, nur euch selbst.

Timm (laut): Dies ist unsere Welt.

Therapeutin: Das ist allein eure Welt.

[Georg fragt die Therapeutin, ob er mal aus dem Zimmer gehen dürfe, um ein Glas Wasser zu trinken. Die Therapeutin fragt ihn, ob er nicht vielleicht warten könne, bis die Spielstunde vorüber ist. Georg ist ganz einverstanden, malt weiter.]

Timm: Ich hole jetzt ein paar Bauklötze, und dann werden wir uns einen Bauernhof bauen.

Robert: Was sagst du dazu? Wir werden etwas nach unserem Geschmack bauen.

Therapeutin: Ihr werdet etwas bauen, wie's euch gefällt.

[Robert baut eine Garage für die Autos und verteilt die Tiere.]

Anton: In meiner Welt soll es nur Tiere geben. Ich will keine Menschen. Nur Tiere und ein Kind, den Bauernsohn.

Therapeutin: Du willst in deiner Welt nur Tiere haben und nur ein Kind, den Bauernsohn.

Anton (tut die Möbel beiseite): Und keine Möbel. Keine Stühle, keine Betten.

Therapeutin: Du willst auch keine Möbel haben.

Robert: Warum hast du den Pappi weggeworfen?

Anton: Weil ich ihn nicht leiden mag.

Therapeutin: Anton hat den Pappi weggeworfen, weil er ihn nicht leiden mag.

Anton: Und er mag mich nicht.

Therapeutin: Er mag dich nicht, darum magst du ihn nicht.

Georg: Ich möchte ein paar von den Spielsachen mit nach Hause nehmen.

Therapeutin: Das möchtest du, aber es geht nicht. Sie müssen hier bleiben.

Robert: Ich möchte auch etwas mit nach Hause nehmen.

Anton (wirft ein paar Spielsachen auf den Boden): Keine Militär-Lastwagen. Keine Gewehre. In meiner Welt gibt es keine Kämpfe.

Therapeutin: In deiner Welt gibt es keine Kämpfe oder Gewehre oder andere militärische Dinge.

Anton: Wer will die Mutter haben? (*Er wirft Timm die Mutterpuppe zu.*)

Timm: Ich will sie nicht haben. (*Wirft sie Anton wieder zu*).

Anton: Tu' sie sonstwo hin. (*Wirft sie zurück zu Timm.*)

Timm: Ich will die Mutter nicht haben. (Wirft sie Anton wieder zu.)
Therapeutin: Weder Timm noch Anton wollen die Mutter haben.
Robert: Und ich auch nicht.
Therapeutin: Keiner von euch will die Mutter.
Georg (von der Staffelei aus): Ich auch nicht.
Therapeutin: Und Georg will sie auch nicht.
Robert: Macht sie kaputt. Tötet sie, damit wir sie los sind.
Therapeutin: Ihr wollt die Mutter los sein.

[Anton schleudert die hölzerne Mutterpuppe durch das Zimmer. Anton, Robert und Timm bauen mit Bauklötzen Scheunen und Silos in der Sandkiste. Georg malt an der Staffelei.]

Timm (nimmt sich einen Tank): Den hier wollen wir nicht haben. Weißt du, warum nicht?

Robert: Nein. Vielleicht ist hier oben in der Kiste 'was zum Spielen.
Therapeutin: Ihr wollt den Tank nicht haben.

Anton (stellt Tiere auf den Silo): Sie haben Angst; darum sind sie hier oben auf den Silo geklettert.

Therapeutin: Sie flüchten da oben hin, weil sie Angst haben.

Robert (hat aus Bauklötzen eine Garage gebaut): Ich werde ein Auto in die Garage fahren. Guckt mal! Ich überfahre den Vater.

Timm: Das ist famos!
Therapeutin: Nun seid ihr den Vater los.

Timm (sagt etwas zu Anton, was sich auf die abgegrenzten Bereiche der einzelnen Kinder in der Sandkiste bezieht. Jeder der Jungen baut an „seiner Welt"): Warum können Robert und ich nicht zu dir zu Besuch kommen?

Anton: Das könnt ihr doch tun.

[Timm schlägt die hölzernen Nägel aus dem Nagelbrett heraus, um sie zum Bauen mit Holzklötzen zu benutzen.]

Robert: Wo ist das große Haus?
Therapeutin: Hier draußen.
Robert: Schon gut. Laß es draußen. Ich wollte nur wissen, wo es ist.
Therapeutin: Es fehlte dir nur.
Robert: Ja.

Georg (setzt sich neben die Therapeutin): Ich möchte noch etwas dazuschreiben in meinem Brief. Schreib: „Ich möchte Farben haben." Ich weiß nicht, um was ich sonst noch bitten soll. Schreib' das in den Brief.

Therapeutin: Du möchtest gern ein paar Farben haben, die dir gehören.
Georg: Ja. Und sonst weiß ich nichts mehr.

Therapeutin: Du hast wohl gedacht, ich hätte vergessen, daß du hier bist. [Interpretation]

Georg: Ja. (*Lacht.*)
Timm: Mach' ein Tor. Wir wollen dich besuchen.

Anton: Hier könnt ihr nicht 'reinkommen. – Ihr erschreckt meine Tiere. Ich werde meinen wilden Bären auf euch hetzen. Brrr! (*Er jagt Timm mit dem Spielbären aus seinem Bereich und brummt bösartig dabei.*)

Therapeutin: Anton will euch da nicht haben.

Timm: Er meint es ernst. Er hat wirklich einen wilden Bären. Geh' aus dem Sand 'raus, Robert. Dann haben wir mehr Platz. (*Er selbst verläßt den Sand und beseitigt mit einem sauberen und trocknen Lappen etwas von dem*

Sand auf dem Boden. Robert sagt: „Nein". Als Timm auf seinem Wunsch besteht, klettert Robert aus dem Sandkasten heraus.)

Robert: Hetz' den Bären nicht auf mich, Anton.

Anton: Der Bär beschützt mich.

(*Die Glocke läutet.*)

Robert: Wieviel Zeit haben wir noch?

Therapeutin: Noch zehn Minuten.

Timm: Jetzt stellt euch vor, die Feinde kämen. Stellt euch vor, daß sie das ganze Gelände bombardieren. (*Er fängt an, Sand und Bauklötze innerhalb des Sandkastens umherzuwerfen.*)

Robert: Nein! Nein! Tu' das nicht!

[Timm fährt fort, das, was er selbst und die anderen gebaut haben, zu zerstören. Robert protestiert wieder.]

Therapeutin: Robert möchte nicht, daß du kaputt machst, was er gebaut hat.

[Mit dieser Äußerung wurde Timm nicht angenommen; sie war auch nicht der Ausdruck einer gewährenden Einstellung. Mit ihr wurde das, was Robert gesagt hatte, zwar reflektiert, aber nicht direkt auf Timm. Sie hatte deshalb eher den Charakter einer Einmischung der Therapeutin. Es war eine ungeschickte Äußerung. Timms Reaktion war unvermeidbar.]

Timm: Du kannst den Feinden nichts vormachen. (*Er fährt fort, das ganze Gelände zu bombardieren.*)

Therapeutin: Es ist dir gleichgültig, was das für Robert bedeutet. Du wirst es trotzdem tun. [In dieser Äußerung lag zuviel Vorwurf, als daß sie hätte hilfreich sein können.]

Timm: Ja. (*Er fährt fort, das Gelände zu bombardieren.*)

[Robert geht schnell vom Sandkasten weg in die andere Ecke des Raumes, setzt sich auf den Boden und vergräbt sein Gesicht in den Händen, als wollte er weinen. Ebenso schnell springt er wieder auf ohne die geringsten Anzeichen von Tränen und geht zum Marionettentheater. Er stellt eine der Puppen vor den Vorhang und läßt sie sprechen.]

Robert (als Marionette): Ich mag dich nicht leiden. Ich werde dich ermorden, Timm. Jetzt muß ich wieder an meine Arbeit gehen. Ich weiß nie, was ich tun soll. Ich weiß nicht, was ich tun werde. Ich weiß das nie. O, Hilfe! Hilfe! Ach, du liebe Zeit! Ich kann's gar nicht abwarten, bis ich wieder hier 'raufkomme. (*Er nimmt die Puppe herunter und klettert wieder in den Sandkasten. Er wirft wütend mit den Bausteinen um sich. Dann nimmt er sich die Babyflasche.*) Ich habe jemandem seine Flasche gestohlen.

Therapeutin: Nun bist du quitt mit Timm. *(Es war dessen Flasche.)*

Robert: Ja. Die gehört Timm. Willst du mal trinken, Anton? (*Anton tut einen Zug.*) Ja, das ist Timms Flasche.

Therapeutin: Er soll wissen, daß du seine Flasche genommen hast.

Timm (merkt, was da vor sich geht und brüllt): Hallo, du da!

Robert (reicht Timm die Flasche): Hier, mein Herr! Beherrsch' dich gefälligst. (*Timm nimmt die Flasche und grinst Robert an, der wieder eine Marionette in der Hand hält.*) Ich weiß nicht, was ich tun soll. Ich werd' dich schon kriegen.

Timm: Ich werde dir den Schädel einschlagen. (*Robert schmollt.*)

Therapeutin: Du hast das gar nicht gern, wie Timm dich manchmal behandelt.

Robert: Nein!

Timm: Laß es gut sein.

Robert: Nächstes Mal werde ich ein Marionettenspiel aufführen; eine Puppe wird Timm sein und die werd' ich verprügeln.

Therapeutin: Du kannst die Marionette verprügeln, wenn dir danach ist.

Robert: Ja. Wenn er in Fahrt kommt, wird er zu grob.

Therapeutin: Timm ist zu groß für dich. Aber du kannst deinen Ärger auf die Puppe übertragen.

Timm (lachend): Schon gut, Robert. Ich werde ein Spiel mit dir aufführen. Und im Sand werd' ich auch spielen.

[Die Zeit war um. Die Therapeutin fuhr die Jungen nach Hause.]

Erläuterung

In dieser Stunde bringen die Kinder im Spiel ihre heftige Ablehnung der Eltern, von denen sie sich abgelehnt fühlen, zum Ausdruck. Alle Jungen nehmen am Spiel teil. Sogar Georg äußert lautstark die Ablehnung seiner Mutter von der Staffelei aus.

Georg scheint bei diesem Besuch ein wenig vernachlässigt zu werden, aber er malt während der ganzen Stunde. Er gibt sich wieder ruhig und entspannt.

Anton beschäftigt bei seinem Spiel wieder die Angst: Seine Figuren stiegen auf etwas hinauf, weil sie Angst hatten.

Es war erstaunlich, daß die drei Jungen im Sandkasten es fertigbrachten, den Platz gleichmäßig unter sich zu verteilen und die meiste Zeit friedlich miteinander zu spielen.

6. SPIELSTUNDE

Nur Anton, Georg und Robert warteten dieses Mal auf die Therapeutin. Tim besuchte außerhalb der Stadt seine Mutter. Die drei Jungen sausten ins Spielzimmer und schnappten sich die Flaschen. Georg stellte seine sofort beiseite, Robert nahm sich zwei. Er ging dann an den Sandkasten, stürzte das Puppenhaus um und hob es mit Antons Hilfe aus dem Sand heraus.

Robert: Weg hier mit dem verdammten Ding! Wir wollen kein Haus.

Anton: Nein, kein Haus und keine Menschen. (*Robert klettert in den Sandkasten und stellt die Soldaten für eine Schlacht auf. Anton nimmt sich die Marionetten und begibt sich hinter die Bühne des Marionettentheaters.*)

Anton (mit der Clownpuppe): O, mein Herr Clown! Hallo! Wie geht es Ihnen? Jemand hat in der vergangenen Nacht ein Loch in mein Haus geschossen. Wo ist Ihre Bulldogge? Sie hat mir die Hose heruntergerissen. So, das langt für heute.

Therapeutin: Du findest, daß die Puppen jetzt erstmal genug geredet haben.

Anton: Ja. (*Er geht zum Sandkasten hinüber und rückt dort Verschiedenes hin und her.*) Ich will jetzt im Sand spielen.

Georg (nimmt sich die Puppe und die Wiege, stellt sich beides auf den Kopf und marschiert damit durch das Zimmer): Ich gehe mit dem Baby aus. (*Er stellt es oben auf die Staffelei:*) Jetzt will ich malen – mit den Fingerfarben. Rot. Gib mir Rot. (*Die Therapeutin legt ihm das Papier zurecht und gibt ihm die rote Fingerfarbe. Georg arbeitet mit beiden Händen und lacht dabei.*)

Therapeutin: Das macht Spaß, mit Fingerfarben zu malen, nicht wahr?

Georg: Ja, es macht Spaß, damit herumzuschmieren.

Therapeutin: Das bloße damit Herumschmieren macht schon Spaß.

Georg: Ich habe keine Angst davor, mich von oben bis unten schmutzig zu machen.

Therapeutin: Du hast keine Angst davor, hier eine heillose Schmiererei zu veranstalten. (*Er ist gerade im Begriff, das zu tun.*)

Georg: Darum komm' ich ja so gerne hierher. Du bist kein NEIN-Mensch.

Therapeutin: Du kommst gern hierher, weil ich euch so ziemlich alles das tun lasse, wozu ihr gerade Lust habt.

Georg: Ja. Und jetzt will ich was mit dem Ton machen.

Therapeutin: Ich werde dein Bild beiseite tun, damit es dir nicht im Wege ist. (*Die Therapeutin geht aus dem Zimmer. Georg versucht in ihrer Abwesenheit, an den Ton heranzukommen, kann aber den Deckel vom Topf nicht aufbekommen.*)

Georg: Der Deckel rutscht mir immer weg.

Therapeutin: Deine Hände sind glitschig durch die Fingerfarben.

Georg: Vielleicht wäre es besser, ich wasche sie.

Therapeutin: Dann wären sie nicht mehr glitschig.

Georg: Ich sollte sie waschen.

Therapeutin: Du meinst, daß du das tun solltest.

Georg: Du hast mir aber nicht gesagt, daß ich das tun soll.

Therapeutin: Du meinst, ich soll dir sagen, daß du sie waschen sollst.

Georg: Ich meine nicht, daß du das tun *solltest.* Aber viele Menschen *täten* das.

Therapeutin: Die meisten Erwachsenen würden dir sagen, daß du dir die Hände waschen sollst. Es kommt dir komisch vor, daß ich das dir überlasse.

Georg: Du bist 'ne ulkige Person. (*Er wäscht seine Hände in der Schüssel; dann arbeitet er mit Ton. Er schlägt mit dem hölzernen Hammer auf die Glasplatte.*)

Therapeutin: Der Tisch hat eine Glasplatte, Georg. Wenn du zu stark daraufhaust, kann sie zerspringen.

Georg: Gut, dann werde ich eben auf die Bank hauen.

Therapeutin: Auf die Bank kannst du hauen, so toll wie du willst. (*Georg tut das.*)

Anton (stellt Bauklötze an der einen Seite der Sandkiste auf und einen davon in die Mitte): Hier war früher ein Grab. Von einem König oder 'ner anderen wichtigen Person. Es hat darauf geschneit. Hier ist der Friedhof. Seht ihr? Und dies ist der Schnee – kalter Schnee, der fällt und fällt und fällt. (*Er siebt den Sand durch seine Hand auf die Bauklötze.*)

Therapeutin: Der Schnee fällt auf die Gräber.

Robert: Einer von unseren Leuten wurde getötet. Hier, Anton, beerdige ihn mal und setz ihm auch einen Grabstein. (*Anton tut das. Er schüttelt traurig den Kopf.*)

Anton: Jetzt werde ich den Friedhof bombardieren.

Robert: Hier ist ein Gefangenenlager und ein – (*er kann sich nicht auf das Wort besinnen und sieht die Therapeutin hilfesuchend an.*) Wie heißt das doch noch? Erst foltern sie die Menschen; dann stellen sie sie in einer Reihe auf und erschießen sie. Wie nennt man das? Nicht Pfadfinderlager, aber irgendwas mit Lager.

Therapeutin: Meinst du Konzentrationslager?

Robert: Ja. Timm ist da drin.

Therapeutin: O, Timm ist im Konzentrationslager.

Robert: Ja. (*Anton bombardiert den Friedhof mit Bauklötzen.*) Laß uns uns selber hier beerdigen, – alles außer unserem Gesicht.

Anton: O ja, das machen wir. (*Sie beerdigen auf diese Weise die Soldaten. Robert nimmt Anton ein paar Bauklötze weg.*) Nein, Robert, die darfst du nicht nehmen.

Robert: Nein. Laß uns den Platz aufteilen.

Anton: Gut. Ich werde noch mehr Bauklötze holen. (*Er tut das. Er setzt noch ein paar Grabsteine.*) Das ist mein Friedhof. Wie der Schnee darauf fällt! (*Er siebt den Sand durch die Finger und läßt ihn auf die Bauklötze fallen.*)

Robert (zur Therapeutin): Ich mach' den Sauger ab. (*Er tut das und reicht beide Flaschen der Therapeutin.*) Hier! Ich habe keine Lust mehr, ein Baby zu sein. Tu die Flaschen weg. Wo sind die Enten?

Therapeutin: Du willst kein Baby mehr sein.

Robert: Nein. Es macht mehr Spaß, groß zu sein.

Therapeutin: Es macht viel mehr Spaß, erwachsen zu sein.

Robert: Ja.

Anton: Seht nur, wie mein Friedhof bombardiert wird.

Therapeutin: Ja, er wird wirklich bombardiert. Wer ist denn auf dem Friedhof beerdigt?

Anton: Ach, der König und die Königin und die Prinzessin. Alle, die ich kenne, sind da beerdigt. Sie sind alle tot.

Therapeutin: Alle, die du kennst, sind da begraben, und jetzt werden sie bombardiert.

Anton (sehr ernst): Ja. Auch Vater und Mutter.

Robert: Und du auch?

Anton: Ja, ich auch. Nein, ich nicht.

Therapeutin: Anton nicht.

Anton: Nein, mein Herz. Ich liege nicht tot da unten. (*Er legt seinen Kopf auf seine verschränkten Arme und starrt die Grabsteine an. Er seufzt schwer.*)

Therapeutin: Das alles macht dich ein bißchen traurig.

Anton: Ja. Ich denke gerade daran, daß all diese Menschen hier tot sind und sich nicht wehren können und bombardiert werden.

Therapeutin: Das kommt dir nicht ganz richtig vor.

Anton: Ihr nennt das Krieg.

Therapeutin: Ja.

[Anton starrt weiter auf den Friedhof. Dann beginnt er ein heftiges Bombardement, für das er die größten Bauklötze nimmt, die er finden kann und schreit und brüllt wie ein Verrückter. Robert läßt in seiner Ecke auch einen Krieg ausbrechen. Georg knetet einen Jungen auf einem Fahrrad, – eine recht beachtliche Leistung. Als er damit fertig ist, fängt er an, ein Bild zu zeichnen.]

Georg (zur Therapeutin): Das Bild werde ich für dich machen.

Therapeutin: Du willst für mich ein Bild zeichnen.

Georg: Ja.

[Robert springt plötzlich aus der Sandkiste. Er ergreift eine Marionette, begibt sich hinter den Vorhang und dirigiert die Puppen.]

Robert: „Hier bin ich, Leute. Guten Tag!"

Anton: Halt doch den Mund.

Robert: „Ich bin der Herr Clown. Wie geht es euch da draußen?" (*Er geht zur Vorderseite des Marionettentheaters, stößt die Puppe weg und schmiert purpurrote Farbe über das ganze Papier, das auf der Staffelei steht.*) (*Zur Therapeutin*): Da siehst du, wie mir zumute ist. Ich bin ganz durcheinander.

Therapeutin: Du regst dich sicher über irgend etwas sehr auf.

Anton: Benimmst dich wie 'n blinder Mann.

Robert: Ja, wie'n Blinder. Tu das da beiseite. Wirf es weg. Ach, du meine Güte! (*Die Therapeutin wirft die Malerei weg.*)

Anton: Ich bin so unglücklich.

Therapeutin: Du bist unglücklich?

Anton: Ja. (*Er wirft wild mit Holzklötzen um sich und schreit.*)

Therapeutin: Das hilft, Dinge umherzuwerfen und so zu schreien.

Robert (zeichnet ein Flugzeug, das Bomben abwirft): Welches Land bombardierst du?

Anton: Japan. He-Ho ist angezogen wie unsere Soldaten.

[Georg kommt herüber und klettert in die Sandkiste. Er wirft wild mit Bauklötzen um sich und brüllt und schreit. Robert geht an den Tisch und malt mit den Fingern, – erst ein Bild ganz in Rot, das zweite ganz in Blau, das dritte in Braun. Er kratzt das Bild mit den Fingernägeln in die Farbe und zischt und faucht dabei wie eine Katze; aber der Therapeutin sagt er in ganz normaler Sprache, welche Farben er haben möchte.]

Georg (seine Bauklötze fliegen wild umher): Ich werde es jedem zeigen, daß ich keine Angst habe.

Therapeutin: Wir sollen alle überzeugt davon sein, daß du vor nichts Angst hast.

(Georg schleudert die größten Bauklötze wütend gegen den Sandkasten.)

Anton: Wirf die lieber nicht gegen den Tisch; der könnte kaputtgehen.

Georg: Davor habe ich keine Angst.

Therapeutin: Du hast keine Angst, Georg, aber mit den großen Klötzen kannst du jemanden verletzen. Nimm lieber die kleineren.

Georg: Na, gut. (*Er schleudert kleinere Klötze gegen die Decke; sie liegen im ganzen Zimmer umher. Anton, der eine Brille trägt, sieht ein bißchen ängstlich aus.*)

Anton: Paß auf, Georg.

Georg: Ich habe keine Angst. (*Er wirft eine Handvoll Klötze in die Luft.*)

Therapeutin: Georg, du kannst leicht Antons Brille treffen. Wirf, bitte, lieber keine Klötze mehr.

Georg: Ich hab' keine Angst.

Therapeutin: Wir wissen, daß du keine Angst hast. Es geht darum, daß du jemandem wehtun könntest.

Georg: Ich hab' keine Angst. (*Aber er hört auf zu werfen.*)

Anton (schreit Georg an): Willst du etwa jemandem wehtun?

Georg (schreit zurück): Nein, das will ich nicht.

Anton (brüllt Georg an): Na, dann laß das gefälligst.

Georg (brüllt zurück): Laß es selbst. (*Er probiert, Antons Klötze zu nehmen. Es kommt zu einer Rauferei. Beide Jungen stehen in der Sandkiste. Anton gibts Georg tüchtig, der sich in den Sand setzt, sich die Bulldogge aus Zelluloid und einen Bauklotz schnappt und auf den Hund losdrischt.*) Anton, ich erschlage dich. Das hier bist du, verstanden? Ich verhau' dich.

Therapeutin: Wenn du Anton schon nicht schlagen kannst, kannst du dich wenigstens auf das Spielzeug stürzen.

Georg (wirft eine Handvoll Sand um sich): Ich bin verrückt! Ich bin verrückt!

Therapeutin: Du bist wirklich verrückt.

Georg (lachend): Nein. Jetzt ist alles vorbei.

Therapeutin: Du bist schnell damit fertiggeworden.

Anton (gibt Georg die Bauklötze, die er hätte gern haben wollen, und klettert aus der Sandkiste. Er nimmt den Puppenvater aus Filz und benutzt ihn als Marionette im Marionettentheater; er hält ihn an den Füßen in die Höhe): Ich bin der einzige Mann in der Stadt. Ach, ich habe solchen Kummer! Irgendwas bringt mich um. Es kommt jemand. Ich kann die Schritte hören. O! O! (*Stöhnt*) O! (*Er geht wieder an den Sandtisch und läßt den Sand durch seine Finger gleiten.*)

Therapeutin: Dich bedrückt etwas.

Anton (verdrießlich): Ich bin ganz allein auf der Welt. Es gibt nur mich und meinen Friedhof. (*Er beschäftigt sich wieder mit den Grabsteinen.*)

Therapeutin: Eure Zeit ist nun für heute um, ihr Jungs! *(Die Kinder geben durch nichts zu verstehen, daß sie diese Worte gehört haben.*) Ihr würdet gern noch hierbleiben,aber die Zeit ist um.

Georg (springt in die Sandkiste und hält drohend den größten Bauklotz über seinen Kopf.) Seht her!

Therapeutin: Nein, Georg. Ich weiß, daß du gern damit werfen möchtest, weil du nicht nach Hause gehen willst. Aber sei jetzt vernünftig.

Anton: Wenn du den Klotz wirfst, darfst du nie wieder hierher kommen.

Georg: Ich hab' keine Angst davor.

Therapeutin: Wir sollen genau wissen, daß er vor nichts Angst hat.

[Die Therapeutin, Anton und Robert verlassen das Spielzimmer. Robert geht in den Waschraum, um sich sauberzumachen.]

Georg (ruft der Therapeutin zu): Jetzt ist außer mir keiner mehr hier. Darf ich ihn jetzt werfen?

Therapeutin: Wirf ihn in die Kiste, aber gib acht auf deine Zehen. (*Georg lacht, wirft den Bauklotz ganz friedlich in die Ecke und klettert aus der Sandkiste heraus.*)

Therapeutin: Das hat dir jetzt Spaß gemacht.
Georg (lachend): Du wolltest nicht, daß ich mir an den Zehen wehtue.
Therapeutin: Nein, das wollte ich nicht.
Robert: Timm hat zu mir gesagt: „Ich wette, daß du heute nach Hause gehen möchtest." Aber ich sagte zu ihm: „Heute ist der Tag, an dem wir zur Universität gehen, und ich wette, daß du am liebsten auch dorthin gingst." Er sagte: „Ja". Dann sagte er zu Mama, er möchte nicht mit ihr gehen, aber sie verlangte das; da hab' ich ihn ausgelacht.
Therapeutin: Timm dachte, du würdest dich darüber ärgern, daß du nicht mit nach Hause durftest und es endete damit, daß Timm sich darüber ärgerte, daß er nicht mit hierher kommen konnte.
Robert: Ja. Mir wurde sogar schlecht, und ich hab' alles wieder ausgebrochen, was ich gegessen hatte, sogar das Wasser, aber auch das half nichts. Sie wollte mich nicht mitnehmen.
Therapeutin: Deine Mutter gab nicht nach; selbst als dir richtig schlecht wurde, nahm sie dich nicht mit.
Robert: Nein. Sie ist eine ganz gemeine Person.

Robert machte auf dem ganzen Heimweg einen durchaus gebändigten Eindruck. Wieder blieben alle Kinder in der stillschweigenden Übereinkunft, nicht auszusteigen, im Wagen sitzen. Georg sagte im Scherz: „Bring uns, bitte, wieder zurück. Wir werden den ganzen Tag über dortbleiben. Vielen Dank." Die Therapeutin anerkannte ihren Wunsch, wieder umzukehren und blieb auch einfach sitzen. Plötzlich sprangen sie aus dem Wagen.

Georg: Du verlangst nicht, daß wir etwas tun sollen, nicht wahr?
Therapeutin: Du kannst das kaum glauben, scheint mir.
[Sie rannten ins Haus hinein.]

Erläuterung

In dieser Spielstunde unternahm Georg so etwas wie eine Auswertung der Rolle der Therapeutin und kommt zu dem Schluß, daß sie „eine komische Person" sei. Der Bericht zeigt die Schwierigkeiten auf, die Georg hat, wenn er eine Entscheidung zwischen mehreren Möglichkeiten treffen soll. In diesem Fall handelte es sich ums Händewaschen. Die Wahl blieb ihm überlassen. Es wurde außerdem berichtet, wie Robert mit seinem Bruder quitt wurde, indem er ihn in ein Konzentrationslager steckte. Auch Georgs aggressives Verhalten wurde in ein sozial annehmbares gelenkt, indem er auf die Bulldogge einschlug statt auf Anton, als er böse auf ihn war.

Interessant war Antons Verhalten. Aus seiner Vorgeschichte ging hervor, daß sein Vater vor zwei Jahren plötzlich starb und damit das Familienleben sein Ende fand. Die Mutter ging arbeiten und Anton wurde in einem Kinderheim untergebracht. Im Anschluß an die achte Spielstunde berichtete Mutter R. der Therapeutin, daß Anton am Tag vor Eintritt in die therapeutische Spielgruppe „eine ungünstige Erfahrung mit einem abartigen Mann“ gemacht habe. Dadurch dürfte vielleicht die Angst, die Anton unklar in seinem Spiel zum Ausdruck bringt, eine Erklärung finden.

Bei diesem sechsten Treffen zeigt sich auch das Zusammenspiel der Kinder. Jeder entscheidet selbst, ob er mit anderen spielen will oder im Einzelspiel nach einer individuellen Ausdrucksmöglichkeit sucht.

Robert übergibt diesmal die Babyflasche der Therapeutin und sagt dazu: „Tu' das Ding weg! Ich habe keine Lust mehr, ein Baby zu sein.“ Später erzählte er, wie ihm „sogar übel“ wurde, und wie er alles, was er gegessen hatte, „ausbrach“ und „sie“ ihn trotzdem nicht mitnahm. Im Hinblick auf die Tatsache, daß er und Tim wiederholt Brechanfälle bekamen, fragte sich die Therapeutin, ob hier nicht die Ursache für diese Symptomatik zu finden sein könnte.

Bemerkenswert ist die Art und Weise, wie die Therapeutin die Begrenzungen handhabte. Sie gab ihre Anerkennung der Gefühle der Kinder Ausdruck, hielt aber gleichzeitig an den Begrenzungen fest. Die Begrenzungen wurden nicht früher gesetzt, als sich eine Notwendigkeit dazu ergab.

DIE SIEBTE SPIELSTUNDE

Auf dem Weg zur Klinik erzählte Tim der Therapeutin, daß er zu Hause bei seiner Mutter gewesen sei. Er meinte, sie habe ihn deshalb mit nach Hause genommen, weil ihm im Pflegeheim die meiste Zeit schlecht sei. Im Flüsterton sagte er: „Wenn wir im Spielzimmer sind, werde ich dir sagen, warum mir immer schlecht ist.“ Er warf einen verstohlenen Blick auf Georg und flüsterte dann weiter: „Es ist wegen Georg, weil er nichts sehen kann, und weil er soviel schreit und so schrecklichen Krach macht, und weil Robert und ich im Heim bleiben müssen, und weil unsere Eltern nicht in der Nähe wohnen, – darum wird mir schlecht, und darum breche ich alles wieder aus, was ich gegessen habe.“ (Die Therapeutin reflektierte diese Äußerungen des Kindes. Er nahm das begeistert an.) „Ich weiß, daß mir deshalb schlecht wird, denn bevor alles so kam, wurde mir nie schlecht.“

Als sie im Spielzimmer ankamen, griffen alle Kinder nach den Babyflaschen; aber Anton war der einzige, der eine bei sich behielt. Die anderen Jungen stellten sie sofort beiseite. Man hatte das Haus vor Ankunft der Kinder aus dem Sandkasten herausgenommen, aber es stand im Zimmer, so daß die Jungen, wenn sie wollten, damit spielen konnten. Timm, Robert und Anton begaben sich in den Sandkasten und spielten mit den Tieren und Personen, die zum Bauernhaus gehörten, d. h. sie sortierten sie mehr, als daß sie richtig damit spielten. Robert gab Timm die Mutterpuppe.

Robert: Hier, Timm. Zieh' sie aus. (*Timm tut das.*)

Timm (zur Therapeutin): Guck' mal, eine nackte Frau.

Therapeutin: Die Frau ist nackt.

Georg (sitzt auf dem Boden und zieht der großen Babypuppe alle Kleider aus): Sieh' mal. Dem Baby werden alle Kleider ausgezogen.

Therapeutin: Du willst das Baby ausziehen.

(*Timm schlägt mit der Faust auf die Mutterpuppe.*)

Timm: Dies hier ist die Mutter. Der werd' ich 's geben.

Therapeutin: Du willst die Mutter tüchtig verhauen.

Timm: Zerquetschen werd' ich sie.

Therapeutin: Du möchtest sie zerquetschen.

Robert: Ich auch. Mach' sie tot, Timm.

Therapeutin: Robert und Timm wollen beide der Mutter wehtun.

Robert: Na, was! Sie tut uns ja auch weh.

Therapeutin: Ihr wollt mit ihr abrechnen. (*Timm nimmt den langen Holzblock in die Hand und stürzt sich damit leidenschaftlich auf die Mutter.*) Ihr werdet quitt mit ihr sein.

Timm (grinst die Therapeutin an): Klar, ich bin's schon.

Robert: Jetzt laß mich mal, laß mich mal! (*Er stürzt sich ebenfalls auf die Mutter.*)

Therapeutin: Du wirst auch mit ihr quitt sein.

Anton: Jetzt laß mich mal ran! (*Sie tun das gerne. Er schlägt heftig mit dem Hammer auf die Puppe ein.*)

Therapeutin: Auch du wirst quitt mit ihr sein.

Timm. Wir werden jetzt eine Schlacht schlagen.

Robert: Nein, das werden wir nicht tun.

Timm: Wir werden das doch tun.

Robert: Wir werden es nicht tun.

Therapeutin: Timm hat Lust zu einer Schlacht und Robert nicht.

Timm: Wir sind keine Amerikaner.

Robert: Doch.

Timm: Wirklich?

Georg (hat die Puppe ausgezogen, indem er sie abgetastet hat): Hab' ich ihr alles ausgezogen?

Therapeutin: Ja.

Georg (bricht der Puppe aus Versehen einen Fuß ab): Was ist das hier? (*Er hält das abgebrochene Stück in der Hand.*)

Therapeutin: Ein Fuß ist eben abgebrochen.

Georg: Wirklich? (*Lacht.*) Das hab' ich nicht mit Absicht getan.

Therapeutin: Das war ein kleiner Unfall.

Georg: Kann man das wieder heilmachen?

Therapeutin: Ja, das läßt sich leimen.

Georg: Ja, das wird schon halten.

Timm (mit der Mutterpuppe im Sandkasten): Ach, schau mal! Ich habe nichts anzuziehen. Herr Papa, wo sind meine Kleider? (*Verändert seine Stimme.*) Die hast du verloren. (*Wieder mit weiblicher Stimme.*) Verloren hab' ich sie? (*Mit der Vaterstimme.*) Du hast sie alle verloren.

Anton: Aufgegessen hast du sie.

Timm (reißt der Mutter plötzlich die Arme aus): O, sieh' nur! Um Gottes willen! (*Zur Therapeutin*): Sag' mal, dürfen wir hier schwören und fluchen? (*Er wartet die Antwort gar nicht ab.*) Verdammt noch mal, was ist denn mit dir los? Du hast keine Arme und du hast kein Herz. Du bist –. Jedesmal, wenn wir hier sind, passiert der Mutter was.

Therapeutin: Im Spielzimmer passiert jedesmal der Mutter etwas.

Timm: Ja, und das geschieht ihr ganz recht. Sie ist ein dickköpfiges, egoistisches altes Ding.

Therapeutin: Sie ist egoistisch und dickköpfig, und was ihr *hier* passiert, geschieht ihr ganz recht.

Timm: Ja. Jetzt wollen wir eine Schlacht schlagen.

Robert: Ich will keine Schlacht.

Timm: Doch. Es wird eine Schlacht geben und kalten Schnee.

Robert: NEIN. Ohne Schnee.

Timm: Doch! Doch! Doch! Mit Schnee (*Timm schaufelt Sand mit der Hand und schleudert ihn gegen Robert, der zurückwirft, was er abbekommt. Schließlich fliegt Robert etwas Sand ins Auge.*) Ich spiel' nicht mehr im Sand mit dir.

Timm: Du willst also nicht mehr im Sand spielen. Nun gut. (*Er bewirft Robert noch mehr mit Sand.*)

Robert: Der Teufel soll dich holen! Wenn du immer überall herumkommandieren willst, dann hau' ich ab.

Therapeutin: Robert hat keine Lust, mit Timm zu spielen, wenn er immer nur kommandiert. (*Robert klettert vom Sandtisch herunter.*)

Timm: Als wenn ich mir daraus was mache! (*Brüllt.*) Als wenn ich mir daraus was mache!

Therapeutin: Timm will, daß Robert glaubt, er mache sich nichts daraus.

Georg: Ich will die Babypuppe ausziehen.

Therapeutin: Du willst dem Baby die Kleider ausziehen.

Anton: Er zieht alle Babypuppen aus, die er erreichen kann.

[Timm und Anton bekommen wegen der Soldaten miteinander Streit. Anton bewirft Timm mit Sand und schlägt die Kanone und zwei Soldaten von Timm zusammen. Timm wirft alle Soldaten von Anton um.]

Anton: So toll hab' ich bei dir nicht gehaust.

Timm: Wenn mir einer 'was tut, kriegt er's von mir zehnfach zurück.

Anton: Das ist unfair. (*Zur Therapeutin*): Stimmt's?

Therapeutin: Anton findet es nicht fair von Timm, wenn er's dem anderen zehnmal zurückgibt, aber Timm findet das ganz richtig.

Timm: Darauf kannst du dich verlassen. Er hat ja doch nicht genug Mumm, um sich zu wehren.

Anton: Nicht genug Mumm?

Timm (schreiend): Ja. Du hast ganz richtig verstanden. Du hast keinen Mumm, sonst würdest du dir nicht soviel von mir gefallen lassen.

Anton: Oh! Du willst wohl, daß ich dich total zusammenhaue?

Timm: Das habe ich nicht gesagt. Ich habe gesagt, du hast keinen Mumm.

Anton: Das ist doch genau dasselbe. Ich werde dir meinen Mumm schon zeigen.

Timm: Gut, dann man los!

Georg (schreiend): Er hat nicht genug Mumm. Er hat nicht genug Mumm. Mumm! Mumm! Mumm! (*Bricht in dröhnendes Gelächter aus.*)

Robert (schreit ebenfalls aus vollem Halse): Mumm! Mumm! Mumm!

[Georg ergreift zwei große lange Blöcke, schlägt sie gegeneinander und lacht. Der Sturm hat sich gelegt.]

Robert (holt sich die Fingerfarben): Ich will hiermit herumschmieren, immer nur schmieren. Das macht mir Spaß. Diesmal werd' ich euch nicht erzählen, was ich mache. Ihr sollt es raten. (*Zu Georg*): Du kannst meine Flasche haben. Ich will sie nicht mehr. (*Macht nach dem Fingermalen alles sauber. Dann geht er an den Sandkasten und tut so, als wolle er dort alles durcheinanderbringen. Timm schreit ihn an. Robert schreit Timm an und zeichnet dann ein Bild von einem Flugzeug, das schließlich nur ein Gekritzel wird. Dann dreht er das Papier um und zeichnet sehr sauber ein anderes Bild.*) Dies ist ein Flugzeug.

Anton: Donnerwetter, das ist prima!

Therapeutin: Die Zeichnung gefällt dir.

Anton: Ja.

Timm: Anton hat heute in der Bibelstunde eine prima Kirche gemalt.

Therapeutin: Du meinst, daß Anton ein nettes Bild gemalt hat.

Georg (baut mit Bauklötzen): Seht euch das hier mal an.

Timm: Ja.

Robert: Das hast du fein gemacht, Georg.

Therapeutin: Robert gefällt das, was Georg gebaut hat.

Georg (ist entzückt und lacht): Was tust du, Timm?

Timm: Ich spiel' hier im Sand.

Georg: Machst du was Hübsches?

Timm: Na, klar.

Therapeutin: Jeder von euch kann etwas machen, was den anderen gefällt.

Anton und Timm: Ja! (*Sie sind ganz erstaunt. Ein paar Minuten lang herrscht Stille. Dann fangen Anton und Timm wieder ihre Bombardierungen mit Sand an. Die Therapeutin mahnt zur Vorsicht im Interesse der zerbrechlichen Möbel.*)

Timm: Nun gut. (*Er entfernt die Möbel, dann zur Therapeutin gewandt*): Aber im Krieg werden die richtigen Möbel, die Häuser und die Menschen bombardiert; da kann man sie nicht vorher beiseite schaffen.

Therapeutin: Im wirklichen Krieg werden Möbel, Häuser und Menschen bombardiert. Aber weil wir Krieg haben, können wir keine Spielmöbel ersetzen; darum hab' ich euch gebeten, sie nicht kaputt zu machen.

Timm: Es ist auch schwer, richtige Möbel zu bekommen.

Therapeutin: Ja, das stimmt. Du bist böse, weil ich gesagt habe, daß ihr die Möbel nicht kaputt machen sollt.

Timm: Na klar! Ich mach' gern was kaputt.

Therapeutin: Du machst gern was kaputt und willst nicht, daß ich dich daran hindere.

Timm: „Wenn ihr das noch einmal tut, dürft ihr nicht mehr hierher kommen", hast du gesagt. Warum sollen wir denn dann nicht alles kaputt machen?

Therapeutin: Du meinst, wenn ihr doch nicht mehr kommen dürft, könnt ihr auch alles kaputt machen.

Timm: Dann kann niemand mehr hierher kommen.

Therapeutin: Du meinst, wenn alles kaputt ist, kann niemand mehr hierher kommen. Du willst nicht, daß andere kommen, wenn du das nicht darfst.

Timm: Wenn *wir* nicht kommen dürfen, warum dann andere?

Therapeutin: Es will dir nicht einleuchten, daß andere Kinder herkommen, wenn ihr das nicht dürft.

Georg (nimmt den Holzhammer und schlägt damit auf die Bank; aus Versehen zerschmettert er dabei eine Babyflasche): Was war das?

Therapeutin: Du hast eine Babyflasche kaputt gemacht.

Georg (lachend): Das hab' ich nicht mit Absicht getan.

Timm (zur Therapeutin): Da siehst du mal, was ich meine: Immerzu hat er etwas nicht mit Absicht getan. Das macht mich verrückt. (*Er ist ganz aufgeregt.*)

Therapeutin: Daß bei Georg ständig etwas schief geht, weil er nicht genug sehen kann, das macht dich ganz verrückt.

Timm: Jawohl.

[Anton steht auf, schlägt mit der Faust an seine Brust und schreit: „Verdammter Mörder!"]

Georg (mit voller Lautstärke): Hilfe! Hilfe! Hilfe!

Robert (ebenfalls so laut er nur kann): Hilfe! Mörder! Hilfe! Ich werde ermordet! Jemand ist hinter mir her! (*Er springt in den Sandkasten, wirft in alle Richtungen mit Sand und schreit dabei: „Verdammter Mörder!" Er springt hinter das Marionettentheater, steckt die Kanone durch den Vorhang und spricht dann mit ruhiger Stimme*): Also gut. Spießt ihn auf! Peng! Peng! Peng! Alle in diesem Zimmer sind jetzt ermordert. Peng! (*Zur Therapeutin*): Peng! Du auch, mein Schätzchen!

Therapeutin: Du möchtest alle los sein, weil wir dir nicht immer alles durchgehen lassen.

[Diese letzte Bemerkung wäre besser unterblieben. Sie enthält nichts als Interpretation, und zwar ohne jeden Anlaß.]

Timm (nimmt sich die andere Kanone): Also gut, Robert. Peng! Jetzt hat's dich aber erwischt.

Robert (tritt vor das Puppentheater): Du willst mich also los sein? (*Er schreit plötzlich auf, worauf ein Höllenlärm losbricht. Alle Jungen zerstören soviel wie sie nur können, der Sand fliegt im ganzen Zimmer umher. Sie werfen kleinere Gegenstände durch die Luft.*)

Timm (langt eine Handvoll Sand auf und sieht die Therapeutin mit einem Augenzwinkern an): Das hier wird dir direkt in die Haare fliegen.

Therapeutin: Du willst mich damit bewerfen, weil –? (*Die Therapeutin unterbricht sich an dieser Stelle absichtlich, um zu sehen, ob Timm den Satz wohl beenden wird. Er tut das wirklich.*)

Timm: ... du uns nicht wiederkommen lassen willst.

Therapeutin: Weil ich euch nicht wiederkommen lassen kann, willst du mich mit Sand bewerfen.

Timm (lächelt und läßt den Sand sanft durch seine Finger gleiten, kniet sich im Sandkasten neben der Therapeutin hin und sagt mit leiser Stimme ganz erstaunt): Wieso weißt du eigentlich immer, warum ich etwas tue und was ich zu tun vorhabe?

Therapeutin: Du findest, daß ich dich ganz gut verstehe.

Timm: Das tust du wirklich. Du mußt eine Zauberin sein.

Robert (brüllend): Ich will jemanden umbringen. Der Häuptling will sich selbst totschlagen. (*Er springt auf den Tisch und macht das kleine Fenster zum Nebenzimmer auf. Die anderen Jungen tun das gleiche und sehen auch durch das Fenster.*) Nichts als ein leerer Raum.

Georg (schreit): Ich habe vor keinem hier Angst. Seht her! Ich werde euch zeigen, was ein Häuptling ist. (*Er schlägt mit einem länglichen Bauklotz gegen die Wand.*)

Anton: Wieviel Minuten haben wir noch?

Therapeutin: Noch fünf Minuten.

[Alle Jungen brüllen und schreien. Georg haut mit dem Bauklotz gegen die Wand. Dann wirft er ihn in den Sandkasten. Anton fängt an zu zeichnen. Timm malt mit den Fingern. Robert nimmt sich Marionetten und geht besonnen mit ihnen um. Anton langt sich etwas Zeichenpapier, hält es wie ein Zeitungsjunge im Arm und beginnt zu schreien.]

Anton: Die Nazis! Die Nazis! Lest über die Nazis, wie man sie zusammenhaut. Extrablatt! Extrablatt!

Timm: Extrablatt! Extrablatt! Den Hitler machen sie fertig. (*Georg brüllt wie Tarzan, und die anderen machen es ihm nach.*)

Therapeutin: Manchmal tut es einem gut, wenn man mal ordentlich brüllen kann.

Georg: Was hast du gesagt?

Timm: Ich kann dich nicht verstehen.

Therapeutin (wiederholt ihre Worte lauter): Manchmal macht's euch Spaß, tüchtig zu schreien.

Georg (zur Therapeutin): Manchmal brüllst du auch gern, was? (*Alle lachen – auch die Therapeutin.*)

(*Timm kommt und schmiert Robert mit schwarzer Fingerfarbe voll. Robert zieht sich lachend zurück.*)

Robert: Pfui, du Ferkel! Du willst mich schwarz anmalen? (*Er taucht einen Finger in die blaue Farbe und tut sie auf Timms Nasenspitze.*)

Therapeutin: Jetzt hast du's Timm wiedergegeben.

Timm: Ja. Ist mir aber ganz egal. (*Die Glocke läutet. Während die Gruppe den Raum verläßt, schmiert Timm braune Fingerfarbe auf seine Hände und Arme. Zur Therapeutin.*) Nimm den kleinen Negerjungen bitte mit nach Hause. Und vielen Dank für die schöne Stunde. (*Auch Anton und Robert bedanken sich bei der Therapeutin.*)

Therapeutin: Das war wirklich heute eine schöne Stunde für euch.

Georg: Heute und immer.

[Die Therapeutin brachte die Kinder nach Hause.]

Erläuterung

In der 7. Spielstunde hatten die Jungen kein Interesse mehr am Babyspielen. Sie befreiten sich in erster Linie von aggressiven Gefühlen untereinander, gegenüber der Mutterpuppe und anderen Menschen.

Timms Erklärungen über die Ursachen seiner Krankheit waren außerordentlich aufschlußreich. Seine Eltern hatten in der voraufgegangenen Woche während eines Besuchs bei ihnen in seiner Gegenwart über eine eventuelle Scheidung gesprochen. Es mußte damals eine sehr bewegte Szene gegeben haben, über die Timm nach seiner Rückkehr ins Heim mit Robert gesprochen hatte. Beide Buben waren äußerst beunruhigt durch die Unsicherheit ihrer Situation. Recht typisch war ihre Reaktion auf die Spielsituation, nachdem es für sie ja nur noch eine weitere Spielstunde geben würde. Sie setzten der Beendigung der Spielstunden einen gewissen Widerstand entgegen.

Timms Staunen über das Verständnis, das er in der Spielsituation erlebte, dürfte sich daraus erklären, daß er wahrscheinlich sonst ständig um ein wenig Verständnis kämpfte.

Am Ende der Stunde dankten die Jungen der Therapeutin für die Freude, die sie beim Spielen gehabt hatten. Dieser freiwillige Dank weist darauf hin, daß die Kinder ein Gefühl echter emotioneller Entspannung in dieser Therapiestunde erlebten.

DIE ACHTE SPIELSTUNDE

Da die Jungen den ganzen Sommer über darum gebeten hatten, einmal über die „eiserne Treppe" nach oben gehen zu dürfen, und weil dieses das letzte Zusammentreffen war, kamen und gingen die Kinder über die Nottreppe für Brandgefahr. Im Spielzimmer gingen sie dorthin, wo die Babyflaschen standen, ohne sich welche zu nehmen. Anton und Timm kletterten auf den Sandtisch. Georg erklärte, er wolle wieder mit den Fingern malen. Er bat um die blaue Farbe und malte mit freien rhythmischen Bewegungen etwas sehr Hübsches. Robert goß den Inhalt aller Babyflaschen in das Bassin mit Wasser und stellte sie dann auf das Bord.

Robert: Ich will ein Unterseeboot schwimmen lassen.

Anton: Seht mal, es schneit. *(Er siebt den Sand durch die Finger.)*

Timm: Warum bauen wir uns eigentlich keine Bauernhöfe? Anton, bau du deinen Hof dorthin. Diese Seite gehört mir.

Georg: So zu malen, das macht mir Spaß, – immer rundherum und auf und ab und rundherum. Patsch! Patsch! Patsch! (*Erbummelt vor sich hin.*)

Therapeutin: Fingermalen macht Spaß.

Georg: Das ist was, was ich machen kann.

Therapeutin: Es macht Spaß, etwas zu tun, womit man gut fertig wird.

Georg: Ja. Male ich mit einem schönen Blau?

Therapeutin: Ja. Du malst mit einem schönen Blau.

[Die anderen Kinder sind alle in den Sandkasten gestiegen und spielen dort in netter Weise zusammen, indem sie sich dabei miteinander unterhalten. „Dieses ist mein bestes Pferd." „Von dieser Kuh bekomme ich viel Milch." „Wenn du deinen Hof fertig hast, komm' ich dich besuchen."]

Georg: Wenn ich fertig gemalt habe, werde ich hämmern und brüllen. Heute werde ich alle meine Lieblingsdinge tun.

Robert: Sagt dem Spielzimmer, dem schönen, wunderbaren Spielzimmer auf Wiedersehen! Sagt auf Wiedersehen, auf Wiedersehen!

Therapeutin: Es tut euch leid, daß ihr heute zum letzten Mal hier seid.

Robert: Und wie!

Timm: Auf Wiedersehen, Spielzimmer. Auf Wiedersehen, Sand. Auf Wiedersehen, Farbe. (*Zur Therapeutin*): Auf Wiedersehen, meine Freundin.

Therapeutin: Ihr wollt allem hier „auf Wiedersehen" sagen.

Anton: Es fällt der Schnee, der kalte Schnee. Timm, nimm dir doch diese Soldaten. Wir werden sie uns teilen.

Timm (grinsend): Halb und halb oder zehn zu eins?

Anton: Wie du willst.

Timm: Dann halb und halb. Aber nimm du mal erst diese sechs und ich werde mir auch sechs nehmen. Ich hab' Angst, daß es sonst wieder Krieg zwischen uns gibt.

Anton: Das kann schon sein. Du kämpfst da drüben.

Timm: Ich werd' jetzt meine Soldaten aufstellen.

Robert (stürzt sich auf Timms Soldaten, indem er Sand darauf wirft und brüllt): Überraschungsangriff! Überraschungsangriff!

Timm: Nun laß das mal! Warum kannst du mich nicht in Ruhe lassen?

Robert: Warum ich dich nicht in Ruhe lassen kann? Weil ich Saul bin, der mächtigste Riese der Welt. (*Es folgt ein weiterer Überraschungsangriff, bei dem Timm Sand ins Auge bekommt.*)

Timm (schreit Robert an): Du weißt, was passiert, wenn ich wild werde.

Robert (äfft Georg nach): Ich fürchte mich vor keinem in diesem Zimmer.

Timm (lacht): Denk' dran, daß ich mich auch vor keinem in diesem Zimmer fürchte.

Georg: Ich hab' vor keinem in diesem Zimmer Angst. (*Er hat mit dem Fingermalen aufgehört. Jetzt langt er sich den Hammer und schlägt so lange auf das hölzerne Nagelbrett, bis es entzweigeht.*)

Anton: Ich werde meinen eigenen Krieg führen. (*Tut es.*)

(Georg nimmt sich die Babypuppe, füllt eine Tasse mit Wasser aus dem Wasserbecken und füttert die Puppe. Timm geht zu ihm und nimmt ihm die Puppe weg.)

Timm: Schau' her, Georg. Du fütterst das Baby. Fühl' mal, wie ihm das Wasser in den Mund läuft. (*Er nimmt Georgs Hand und führt dessen Finger an den Mund der Puppe.*) Fühl' mal. (*Georg tut's.*) Und jetzt fühl' mal die Höschen. (*Georg tut das; dann kreischt er und lacht.*)

Timm: Es hat sich naßgemacht.

Georg: Na so was! Es trinkt und macht sich naß.

Timm: Ich weiß, wo das rauskommt. Es kommt aus seinem Hintern.

Georg: Ich wollte, ich könnte es mit nach Hause nehmen, aber das geht nicht. Jetzt werde ich malen.

[Timm füllt die Puppe mit Wasser. Es läuft durch sie hindurch. Plötzlich schleudert er die Puppe quer durch den Raum. Dann geht er hinterher und stößt sie unter den Sandtisch.]

Timm: Ich werde das Baby töten. Alle Babys! Alle Babys! Ich hasse diese nassen und schreienden Dinger. Diese hier mache ich tot.

Therapeutin: Du ärgerst dich über Babys. Dies hier kannst du loswerden.

Timm: Ja, dies hier habe ich weggestoßen.

Georg: Ich habe keine Angst davor, jeden hier im Zimmer zu malen.

Therapeutin: Wir sollen alle wissen, daß du keine Angst hast.

Georg: Wenn ich sie nicht male, dann ist das nicht, weil ich Angst habe.

[Diese Bemerkung hätte die Therapeutin Georg zurückgeben sollen.]

Anton: Dies hier ist doch die Mutter, nicht wahr? (*Er hat sich die Mutterpuppe genommen. Er entkleidet sie und reißt ihr die Arme aus.*)

Therapeutin: Das ist die Mutter.

Anton: Jetzt seht mal her! (*Er bedeckt die Mutter mit Sand, und während er das tut, plappert er unzusammenhängende Sätze vor sich hin.)*

[Robert beerdigt Soldaten im Sand. Timm malt. Georg taucht die Malerbürste in die falsche Farbe. Timm macht ihn darauf aufmerksam, nimmt die Bürste wieder heraus und wäscht sie ab; dann taucht er sie in den richtigen Topf.]

Anton (im Tonfall der Babysprache): Es ist schon wieder mit der Mutter 'was passiert. Seht ihr das?

Therapeutin: Sie wird im Sand begraben.

Anton: Ja. Wenn ich damit fertig bin, trampele ich auf ihr herum.

Therapeutin: Du wirst es der Mutter schon geben.

[Robert streut Sand auf Antons Kopf.]

Anton: Ich wünschte, du ließest das.

Robert: Sag bitte.

Anton: Bitte.

Robert: Also gut. (*Er arrangiert das Puppengeschirr im Sand rund um sich herum, sagt, er veranstalte jetzt ein Picknick und spricht zu sich selbst über das gute Essen, die hübschen Schüsseln und das schöne Picknick. Anton streut immer noch Sand auf die Mutter.*)

Anton (ahmt die Stimme der Mutter nach): Hilfe! Hilfe! Ich habe lauter Sand in mir.

Robert: Einhundertundfünfzehn Nächte lang hat es geschneit. Hilfe! Mörder!

Anton: Hilfe! Hilfe!

Georg: Hilfe! Hilfe!

Robert: Der große, böse Wolf wird uns auffressen.

[Ruhe. Anton beerdigt die Mutter. Robert und Timm helfen dabei. Sie benutzen eine kleine Schaufel und beerdigen leise und mit ernster Miene die Mutterpuppe. Robert füllt ein Körbchen mit Sand, hält es hoch und schüttet den Sand über das Grab der Mutter.]

Robert (flüsternd): Schnee, Schnee, fall nieder und begrabe die Mutter.

Anton: Wie eine Bettdecke. Sie bedeckt das Grab der Mutter. Im Winter fällt er auch auf das Grab meines Vaters. *(Zur Therapeutin):* Mein Vater ist nämlich tot, weißt du?

Therapeutin: Ja. Dein Vater ist tot, und der Schnee fällt im Winter auf sein Grab – wie eine Decke.

Anton: Er ist weit weg von hier, im Rheinland, weißt du.

Therapeutin: Er ist weit fort, im Rheinland.

Anton: Er ist tot, und ich vermisse ihn sehr. (Seufzt.)

Therapeutin: Dir fehlt dein Vater sehr.

[Tim und Robert sitzen im Sandkasten und starren Anton an. Dann lassen sie alle drei wieder Sand auf die Mutterpuppe fallen.]

Therapeutin: Auf dem Grab deines Vaters liegt viel Schnee.

Anton (grimmig): Dies ist das Grab meiner Mutter.

Robert: Ach, liegt hier die Mutter? (*Er wirft Sand auf das Grab.*)

Georg (von der Staffelei aus): Ich wette, daß ihr nicht raten könnt, was das hier sein soll.

Therapeutin: Willst du es uns sagen?

Georg: Ich weiß nicht, was es geworden ist, aber es soll ein Holzstapel sein.

Therapeutin: Dann ist es eben ein Holzstapel.

Georg: Ja, und du sollst es haben.

Therapeutin: Du willst es mir schenken.

Georg: Ja. [Alle anderen Bilder hatte er mit nach Hause genommen.]

[Timm springt aus dem Sandkasten heraus und fängt an zu malen. Er wirft aus Versehen die weiße Farbe um.]

Timm: Seht nur, seht nur: Ich hab die weiße Farbe verschüttet. Wo ist ein Lappen? Ich will das wieder saubermachen.

Georg: Verhaut ihn! Verhaut ihn!

Therapeutin: Du willst, daß er verhauen wird, weil er Farbe verschüttet hat.

Georg: Ja. Verhaut ihn!

Timm (nachdem er alles „aufgeräumt“ hat): Das hat doch ein bißchen geholfen.

[Georg geht zu Timm und hilft ihm beim „Saubermachen“, ohne sichtbaren Erfolg.]

Timm: Laßt mich noch mehr malen.

Anton: Du malst.

Robert: Ich will noch mehr mit den Fingern malen. Das macht so'n Spaß.

Timm: Macht das nicht Spaß – herumschmieren – Unfug machen – brüllen?

Therapeutin: Ihr habt Spaß am Herumschmieren – Unfugmachen – Brüllen.

Timm: Tut das nicht jeder gern oder nur Kinder?

Therapeutin: Du meinst, jedem macht es Spaß, herumzuschmieren, Unfug zu machen und zu brüllen.

Timm: Ist das nicht so?

Therapeutin: Manchmal schon.

Robert: Das ist schöner als ein Schläfchen zu machen.

Anton: Es ist noch schöner als ins Kino gehen.

Timm: Vielleicht holst du uns im nächsten Sommer wieder hierher.

[Anton, Timm, Robert und Georg zeichnen. Zum erstenmal tun alle vier zu gleicher Zeit dasselbe. Die Stunde geht ihrem Ende entgegen. Die Therapeutin kündigt an, daß die Kinder nur noch fünf Minuten haben. Anton und Timm versuchen im Zimmer aufzuräumen. Plötzlich hört Timm damit auf.]

Timm: Ich will nicht aufräumen. Hier brauchen wir nichts tun, was wir nicht tun wollen und ich will nicht aufräumen.

Therapeutin: Du willst lieber draußen warten, als hier helfen. Also bitte! (*Timm verläßt den Raum.*)

Robert: Ich will auch nicht mithelfen.

Therapeutin: Das brauchst du auch nicht, wenn du nicht willst.

Anton (hilft weiter beim Aufräumen): Ich werde das hier in Ordnung bringen. (*Er sammelt die Sachen aus dem Sandkasten zusammen. Georg „hilft" auch weiter mit.*) Vorsicht, Georg! Ich will dir die Sachen lieber geben. Wir wollen das Grab hier nicht ruinieren.

Therapeutin: Anton will das Grab stehen lassen.

[Georg geht nach unten in den Waschraum. Schließlich sagt die Therapeutin, die Zeit sei um. Georg stößt einen fürchterlichen Schrei aus, bevor er aus dem Zimmer geht; dann lacht er ganz vergnügt.]

Therapeutin: Das war wohl dein letzter Schrei, was?

Georg: Ja, jedenfalls hier.

Anton (dreht sich noch einmal um, als er in der Tür steht, wirft noch einen Blick auf den Sandkasten und seufzt): Nun, die Mutter haben wir wenigstens endgültig begraben, stimmt's?

Therapeutin: Ja, die Mutter seid ihr losgeworden.

Die Therapeutin brachte die Kinder nach Hause. Sie hatte noch ein Gespräch mit der Pflegemutter, die berichtete, daß Timms und Roberts Verhalten sich sehr zum Guten hin verändert hatte, seit sie zur Spieltherapie gingen, bis Timms Mutter den Jungen mit nach Hause nahm, wo die Eltern in seiner Gegenwart über die Scheidung sprachen. Seit dieser Zeit hätten die Jungen soviel geschrien und gebrüllt, daß sie „fast den Verstand verloren habe." „Auch Georg macht mich rasend", sagte sie. Er schreie und brülle soviel und stolpere ständig über irgend etwas, so daß sie ihn kaum ertragen könne. Mit Anton ginge es sehr viel besser, er sei ein reizender Junge, aber immer so traurig. Sie erzählte, daß seine Mutter sich nie viel um ihn gekümmert habe, obwohl sie in der gleichen Stadt lebe. Im Grunde genommen kümmere sich übrigens keiner der Eltern auch nur etwas um diese Jungen. Es seien wirklich verlassene Kinder.

Zwei Wochen später besuchte die Therapeutin die Kinder und die Pflegemutter. Die Pflegemutter berichtete, daß sie eine erhebliche Besserung im Verhalten der Kinder feststellen müsse, – sogar bei

Georg. Sie sagte, die Jungen spielten zusammen, ohne sich viel dabei zu zanken; sie spielten zwar mehr Kampfspiele mit Soldaten als früher, bekämpften sich aber untereinander weniger. Sie erzählte, daß in den letzten vierzehn Tagen weder Robert noch Timm Brechanfälle gehabt hätten. Anton mache einen reiferen Eindruck, weine überhaupt nicht mehr und schiene mehr Freude am Zusammensein mit den anderen Kindern zu haben.

Der Leser wird feststellen, daß es den Kindern gelang, die Tatsache, daß diese achte Spielstunde ihre letzte war, zu akzeptieren. Es zeigt sich deutlich, daß die Jungen durch die therapeutische Spielerfahrung an Einsicht gewannen. Aus Timms „zehn mal zehn" war zum Beispiel „halb und halb" geworden. Ihr Sinn für Humor kam ihnen zustatten, wenn sie in Augenblicken gesteigerter Spannung sich gegenseitig nachmachten.

Die Tatsache, daß Anton sich mit dem Tod seines Vaters auseinandersetzte, als er die Beerdigung seiner Mutter „ausspielte", stimmt nachdenklich. Robert und Anton lernten sich aneinander anzupassen, so daß Anton sogar zu Robert sagen konnte: „Ich wünschte, du ließest das" und Robert diesen Wunsch respektierte. Timms Verhalten den Babys gegenüber wird verständlich, wenn man bedenkt, daß im Pflegeheim sechs kleine Babys waren, welche die Fürsorge von Mutter R. in Anspruch nahmen. Tim stellte fest, daß alle Kinder Spaß am Herumschmieren und am Gebrüll haben. Mit den letzten Handlungen der Jungen im Spielzimmer wurde sozusagen ihre Freude dramatisiert, die durch die Möglichkeit, eigene Entscheidungen zu treffen, ausgelöst wurde. Zwei von ihnen entschieden sich dazu, nicht mit aufzuräumen. Georg stieß zum Abschied einen Schrei aus.

Die Jungen dieser Gruppe nahmen die Spielsituation mit den zu ihr gehörenden Begrenzungen in äußerst positiver Weise an und benutzten sie zum Abreagieren von aufgestauten Gefühlen. Daß die Kinder Gefühle von einer derartigen Intensität hatten, mag manchen Leser erschrecken, aber die meisten abgelehnten Kinder werden bitter und unsicher; in ihnen entwickeln sich Vergeltungswünsche. Das therapeutische Spielerlebnis ermöglichte es den Jungen, sich von diesen Gefühlen zu befreien.

Erläuterung

Eine Studie dieser Gruppe führt zur Frage nach der zeitlichen Dauer derartiger Kontakte. Wann ist der rechte Zeitpunkt, sie abzubrechen? Sollte von Anfang an eine Begrenzung der Dauer festgesetzt werden? Waren diese Jungen reif für die Beendigung der Arbeit? Oder hätten sie Gewinn davon gehabt, wenn ihre Besuche fortgesetzt worden wären? Ich möchte mich dafür aussprechen, daß die Zahl der Spielstunden vor Beginn festgelegt werden sollte, allerdings mit der Möglichkeit einer Verlängerung, wenn dazu genügend Zeit zur Verfügung steht und wenn es sich zeigt, daß die Gruppe Gewinn davon hat. Entsprechende Vereinbarungen schreiben den Kindern und dem Therapeuten ein Zeitminimum für die Arbeit vor und ermöglichen es, richtig zu planen.

In dieser Gruppe fiel Rudi nach der dritten Spielstunde aus. Bestimmt hätte er weiterer therapeutischer Kontakte bedurft, und wenn von vornherein eine Abmachung bestanden hätte, daß er acht Wochen im Heim bleibt, so hätte das zu befriedigenderen Erfolgen geführt. Was die anderen Kinder betrifft, so hätte man sich sicher für eine Verlängerung der Therapie um weitere fünf Wochen entschieden, wenn die Voraussetzungen dazu gegeben gewesen wären. Am Ende der Arbeit hätte dann eine Auswertung der Verhaltensweisen der Kinder ergeben, ob eine nochmalige Verlängerung um weitere fünf Wochen angebracht gewesen wäre.

Eine zu Beginn der Arbeit festgesetzte Zeitbegrenzung hat den weiteren Vorteil, daß die Kinder von Anfang an auf das Aufhören der Besuche vorbereitet sind. Es ist nicht gut, wenn der Therapeut die Arbeit ohne eine entsprechende Vorbereitung der Kinder beendet.

Nach meinen Erfahrungen ist es ratsam, die Spielstunden für fünf Wochen zu planen und die Therapie gegebenenfalls zu verlängern. Periodische Überprüfungen ermöglichen es, festzustellen, ob das einzelne Kind ein Maximum an Hilfe durch die Spielstunden erhalten hat; das Gleiche gilt für die laufende Auswertung seines Verhaltens im Spielzimmer.

Ein in dieser Weise umrissenes Programm macht es Eltern und behördlichen Stellen möglich, für die Kinder zu planen; es verhindert eine unregelmäßige Teilnahme und läßt ein Gefühl von Vertrauen in die Situation entstehen. Es beugt außerdem den allwöchentlichen Erkundigungen ängstlicher Eltern vor, die fragen: „Wie benimmt er sich?“ „Geht es schon besser mit ihm?“ „Muß er noch einmal kommen?“ Es gibt Eltern, die von einer einzigen Spielstunde Wunder erwarten. Ein festgelegtes Programm für die Behandlungsdauer verhindert, daß solche Eltern Kinder und Therapeuten unter Druck setzen.

Ich halte noch einen anderen Faktor für ausschlaggebend im Hinblick auf den Erfolg einer Therapie, nämlich Einzelkontakte mit dem Therapeuten für alle Kinder, die an einer Spielgruppe teilnehmen. Da die Gruppe bestimmte Verhaltensweisen fördert, ist es ratsam, daß allen Kindern die Teilnahme an einer Gruppe ermöglicht wird. Trotzdem ziehen Kinder, die einer Gruppe zugewiesen sind, Gewinn aus Einzelkontakten. Während die Therapeutin mit der Jungen-Gruppe aus dem Pflegeheim arbeitete, fragte sie sich, wie wohl das Ergebnis der Arbeit aussehen würde, wenn zusätzlich zu den Gruppenstunden Einzelkontakte stattgefunden hätten. Fälle, bei denen auf diese Weise verfahren wurde, verliefen – wie der Bericht im nächsten Kapitel zeigt – äußerst befriedigend. Meistens lagen die Einzelkontakte auf Wunsch der Kinder vor den Gruppenstunden. Dieser Wunsch an sich gibt einen Hinweis auf den Grad der Reifung des Kindes, wenn es freiwillig von sich aus die Einzelkontakte aufgibt und in einer Gruppe Befriedigung sucht. Alle diese Feststellungen haben allerdings eine begrenzte Fallzahl zur Voraussetzung. Es bedarf außerdem weiterer Untersuchungen, um die Stichhaltigkeit dieser Theorie zu beweisen.

Ein weiteres Problem der therapeutischen Arbeit, von der hier die Rede war, ist die Zusammensetzung der Gruppen. Durch welche Kriterien wird sie bestimmt? Sollten beide Geschlechter in einer Gruppe zusammengefaßt werden oder ist es sinnvoller, getrennt mit Jungen und Mädchen zu arbeiten? Ist es ratsam, Geschwister in die gleiche Gruppe aufzunehmen? Spielt die Altersspanne eine ausschlaggebende Rolle? Alle Versuche in bezug auf die Zusammensetzung der Gruppen haben zu der Erkenntnis geführt, daß es allgemeingültige Faustregeln für sie nicht gibt. Die Gruppenzusammensetzung hat sich bei einer Arbeit mit Teilnehmern beiderlei Geschlechts, mit Geschwistern und mit einer großen Altersspanne als erfolgreich erwiesen. Ein aufmerksamer Therapeut, der die Verhaltensweisen der einzelnen Teilnehmer seiner Gruppe ständig auswertet, dürfte in der Lage sein, das, was dieser Gruppe schadet, zu erspüren, um dann etwa notwendige Veränderungen vorzunehmen, – sei es, daß er eine andere Gruppe zusammenstellt, die sich besser um die schwierigen Teilnehmer kümmern kann, oder daß er die Überweisung von Kindern, die sich in seiner Gruppe nicht einfügen konnten, in eine andere, für das betreffende Kind hilfreichere Gruppe vornimmt. Häufig ist es notwendig, Geschwister in die gleiche Gruppe aufzunehmen, damit sie lernen, besser miteinander fertig zu werden. Ist allerdings eines der

Geschwister der erklärte Liebling in seiner Familie und wird das andere eindeutig von ihr abgelehnt, so wäre es nicht ratsam, beide in dieselbe Gruppe aufzunehmen; es besteht dann nämlich die Gefahr, daß das geliebte Kind außerhalb des therapeutischen Spielzimmers über das Verhalten des anderen Kindes schwatzt. Letztlich ist ein gesunder common sense auf seiten des Therapeuten der ausschlaggebende Faktor bei der Zusammensetzung einer Gruppe.

Im Hinblick auf die Rolle der Eltern bzw. der Eltern-Ersatzpersonen für den Erfolg der Gruppentherapie – ein Problem, das im 6. Kapitel besprochen wurde – ist festzustellen, daß Mutter R. ein recht beachtliches Maß von Einsicht in die Probleme der Jungen zeigte. Sie brachte ein wohlwollendes Verständnis und Interesse für die Kinder auf. Daß sie ihnen erlaubte, im Heim Milch aus den Babyflaschen zu trinken, ist ein Beweis für ihre Bereitschaft, den Jungen zu helfen. Es ist bezeichnend, daß die Kinder, bald nachdem man ihnen ihren Wunsch, Baby zu spielen, erfüllt hatte, in den therapeutischen Stunden keine Lust mehr zu diesem Spiel hatten. Eine spätere Überprüfung zeigte, daß für die Kinder wenige Tage, nachdem sie im Heim Baby gespielt hatten, auch dort keine weitere Notwendigkeit für dieses Spiel bestand. Mutter R. ließ ihnen die Freiheit, sich auf ihre Weise auszudrücken, sie nahm die Kinder so an, wie sie waren. Obwohl ihr der Lärm, den sie machten, auf die Nerven ging, konnte sie ihnen Wärme und Freundlichkeit – natürliche Wesenszüge dieser Frau – entgegenbringen, weil sie verstanden hatte, daß es „verlassene Kinder" waren. Daraus ergibt sich, daß die Grundprinzipien, in jeweils abgewandelter Form, in allen Situationen, in denen die Erwachsenen-Kind-Beziehung im Mittelpunkt der Arbeit steht, anwendbar sind.

Die geschilderte Gruppenarbeit zeigt auch, daß ein körperbehindertes Kind in einer Gruppe von „normalen" Kindern behandelt werden kann. Die Therapeutin bemerkte, daß Georg sowohl Einsicht wie persönliche Befriedigung durch das Gruppenerlebnis gewonnen hatte.

22. Kapitel

Kombinierte Einzel- und gruppentherapeutische Kontakte

Die Ergebnisse einer sehr begrenzten Anzahl von Untersuchungen lassen die Vermutung zu, daß sich weitere Forschungsarbeit im Hinblick auf ein kombiniertes Therapieprogramm, das sowohl Einzel- wie Gruppenstunden umfaßt, als lohnend erweisen würde. Ein derartiges Programm hat den Vorteil, daß das Kind die therapeutische Einzelstunde, in der es sich allein und ohne dynamische Beziehungen zu anderen Gruppenteilnehmern befindet, dazu nutzen kann, seine Gefühle kennenzulernen; gleichzeitig bietet sich ihm die Gelegenheit, dieselbe Behandlungsweise in Beziehungen zu anderen Kindern zu erleben. Mit Erfahrungen innerhalb der Gruppe sind Anpassungsprobleme verbunden, die in der Einzelbehandlung fortfallen; im Mittelpunkt der Einzelbehandlung steht vor allem die individuelle Persönlichkeit; etwaige Anregungen zu bestimmten Handlungen, die die Gruppensituation mit sich bringt, fallen fort.

Das Programm, das beide Arbeitsweisen umfaßt, sieht die Planung von wöchentlich zwei Stunden für das Kind vor, von denen eine in einem Gruppentreffen und die andere in einer Einzelbehandlung besteht. Das Kind gewinnt in einem solchen Programm schneller eine Beziehung und Vertrauen zum Therapeuten als dies der Fall wäre, wenn es nur eine der beiden therapeutischen Arbeitsweisen erlebt.

Dem Kind sollte erlaubt sein, entweder die Einzel- oder die Gruppenstunden aufzugeben, wenn es den Wunsch danach äußert. Es dürfte allerdings ratsam sein, es zu bitten, an beiden zweimal teilzunehmen, ehe es eine Entscheidung trifft, damit es die Vorteile von beiden Therapieweisen kennenlernen kann.

Die nun folgende Darstellung besteht in einer kombinierten Einzel- und Gruppentherapie, die später auf Wunsch des Kindes ausschließlich mit Gruppenstunden endet.

DER FALL EMMA

Den Akten nach war Emma sieben Jahre und acht Monate alt; sie hatte einen I. Q. von 112 und wurde für eine Spieltherapie überwiesen, weil sie „unangepaßt und asozial war und Verhaltensschwierigkeiten hatte.“ Seit fast drei Jahren befand sie sich im Waisenhaus. Die Eltern waren geschieden. Emma hatte noch eine ältere Schwester, die im gleichen Waisenhaus war.

Emmas Schulleistungen waren nur dürftig. Sie ging ungern zur Schule und zeigte dort ein mangelhaftes Betragen. Sie raufte sich mit den anderen Kindern, schnitt ihnen Gesichter, bockte, wenn sie korrigiert wurde, hänselte und quälte ihre Mitschüler, widersprach den Hausmüttern im Heim.

Sie war kein sehr reizvolles Kind. Ihr glattes, fahles Haar hing ihr über eines der Augen ins Gesicht. Sie hatte grüne Augen, die feindselig um sich blickten. Sie zog ständig die Nase in Falten zusammen und verzerrte ihren Mund zu einem bitteren und ironischen Lächeln. Stets war sie in Verteidigungshaltung und wies jedes freundliche Entgegenkommen ab.

Das Waisenhaus war ein moderner Landsitz, der finanziell zum Teil von einer religiösen Sekte, zum Teil von den Eltern der dort untergebrachten Kinder getragen wurde. Es gab ein Knaben- und ein Mädchenhaus und einen Kindergarten. Damals waren etwa 125 Kinder im Alter von zwei bis vierzehn Jahren im Heim. Die Schulkinder unter ihnen fuhren per Bus zu einer ca. 9 km entfernten Gemeinschaftsschule.

Als man dem Waisenhaus eine psychologische Beratung anbot, zu der auch Spieltherapie für Kinder, welche die Sozialarbeiterin oder die Hausmütter vorschlugen, gehörte, wurde als erstes Emma genannt. Die Therapeutin hatte sich vorgenommen, mit vier kleinen Mädchen zu arbeiten; jedes von ihnen sollte einmal wöchentlich zu einer 45-Minuten-Stunde einzeln zu ihr kommen und einmal in der Woche für die gleiche Zeitdauer an einer Gruppenstunde teilnehmen. Sie hatte vor, nach demselben Plan mit vier Jungen zu arbeiten. Einmal wöchentlich faßte sie außerdem Sechsjährige zu einer Gruppe zusammen, in der Geschichten erzählt wurden. Es wurde den Kindern der therapeutischen Arbeitsstunden freigestellt, ob sie an diesen „Erzählstunden“ teilnehmen wollten oder nicht; sie versäumten nicht eine einzige.

Der „Therapieraum“ bestand aus einer Ecke des Kindergartens, der zu dieser Zeit nicht in Betrieb war. Dort befand sich fließendes Wasser; die Toiletten lagen unmittelbar vor dem Zimmer.

Die Therapeutin, von der dieser Plan durchgeführt wurde, hatte zwar noch keine Erfahrungen in Gruppentherapie, aber viel einschlägige Literatur gelesen. Der nun folgende Bericht bezieht sich auf die Arbeit mit Emma, die während der Sommerferien stattfand.

Das Spielmaterial brachte die Therapeutin jedesmal selber mit. Zu ihm gehörte eine Babypuppe, Babyflaschen, Ton, Buntstifte, Spielsoldaten, eine Spielpistole mit Tasche, Papierpuppen, ein Spielbus, eine Eisenbahn, Scheren, Schreibpapier, Bleistifte, Zeichenpapier in verschiedenen Größen, eine Klapper, Masken, darunter eine schwarze, eine Puppenfamilie, Puppenmöbel und Farben. Die Farben kamen erst hinzu, nachdem die Arbeit angelaufen war.

DER ERSTE EINZELKONTAKT

Als Emma zum erstenmal kam, wurde ihr mitgeteilt, daß sie jeden Dienstag 45 Minuten lang zum Spielen kommen dürfe, wenn sie Lust dazu hätte. Es wurde hinzugefügt, daß sie mit den vorhandenen Spielsachen umgehen könne, wie sie wolle. Auch über die „Begrenzungen" wurde bei ihrem ersten Besuch gesprochen: Sie dürfe z. B. den mit Stühlen abgeteilten Spielraum nicht verlassen; sie dürfe Wände und Möbel nicht ruinieren; sie dürfe kein Spielzeug mitnehmen. Sonst könne sie alles tun und sagen, was sie wolle, während sie mit der Therapeutin zusammen sei, und diese würde zu niemanden über das sprechen, was sie sage und tue.

Emma starrte die Therapeutin an. Sie lächelte, indem sie in einer für sie charakteristischen Weise die Lippen verzerrte und machte sich an das Zeichenpapier. Sie nahm sich ein Blatt davon und Buntstifte, legte alles auf den Tisch, an dem die Therapeutin saß und fing an zu zeichnen. Sie machte einen innerlich äußerst gespannten Eindruck und schwieg. Sie sprach kein Wort zur Therapeutin und sah sie auch kein einziges Mal an, bevor ihr Bild fertig war. Dann warf sie einen kurzen Blick auf die Therapeutin, um sofort wieder wegzusehen.

Emma: Das ist mein Haus. Hier wohne ich mit meinen Eltern und Geschwistern. Meine Schwester ist älter als ich.

Therapeutin: Wohnt deine Schwester auch da?

Emma: Ja.

(Emma stand auf, ging hinüber zur Bank, auf der die Papierpuppen lagen, und legte sie auf den Tisch, an dem sie gezeichnet hatte. Ohne ein Wort zu sagen, fing sie an, die Puppen auszuschneiden – erst die Vaterpuppe, dann den Hund, dann das kleine Mädchen, dann das große Mädchen und zum Schluß die Mutterpuppe. Sie warf nun öfter einen Blick auf die Therapeutin. Als sie mit dem Ausschneiden fertig war, sah sie auf und grinste. Dann schnitt sie noch ein Abendkleid für die Mutter aus.)

Emma (flüsternd): Ist das ihr Kleid?

Therapeutin: Ja, das Kleid ist für die Mutter.

(Emma fuhr fort, Kleider auszuschneiden. Sie war ganz versunken in diese Beschäftigung.)

Therapeutin: Du spielst gern mit den Papierpuppen.

Emma (schneidet der Therapeutin eine Grimasse): Nein, nicht sehr gern.

Therapeutin: Möchtest du lieber mit etwas anderem spielen?

Emma: Lieber würde ich malen, aber Sie haben ja kein Malheft.

Therapeutin: Du wünschtest, ich hätte ein Malbuch, in dem du malen könntest.

Emma: Ja.

(Emma fuhr fort, für alle Papierpuppen Kleider auszuschneiden, nur nicht für den Vater. Sie nahm ihn in die Hand und starrte ihn an. Dann legte sie alles sehr ordentlich auf einem Haufen beiseite. Sie ging wieder zur Bank, auf der die Spielsachen ausgebreitet lagen und betrachtete sie. Plötzlich drehte sie sich um und sah die Therapeutin an.)

Emma (kurz angebunden): Kann ich was zu trinken haben? (*Sie wies auf die Babyflaschen.*)

Therapeutin: Du darfst mit den Spielsachen machen was du willst.

(Emma nahm sich eine Babyflasche und trank daraus. Der Therapeutin kehrte sie den Rücken zu. Dann ergriff sie die Klapper und schüttelte sie. Danach spielte sie friedlich mit den Soldaten, die auf Pferden saßen, immer mit dem Rücken zur Therapeutin; darum konnte diese auch nicht beobachten, was Emma mit den Soldaten tat, aber ihr schien es so, als fände zwischen zwei Soldaten so etwas wie ein ziemlich ruhiger Kampf statt. Erst wurde der eine zu Boden geworfen, dann der andere. Emma brummelte etwas vor sich hin, was die Therapeutin nicht verstehen konnte. Sie schien sich über irgend etwas aufzuregen und sah die Therapeutin mit finsterer Miene an. Dann nahm sie sich wieder die Flasche, trank daraus, sah wieder die Therapeutin an, trank weiter, sah wieder die Therapeutin an, trank weiter, sah wieder die Therapeutin an.)

Therapeutin: Du trinkst gern aus der Flasche.

(Sofort stellte Emma die Flasche weg. Sie ergriff die Pistole, nahm sie aus der Tasche, flüsterte „peng" und tat sie wieder zurück. Dann nahm sie die Eisenbahn aus der Schachtel und baute sie auf. Sie schob sie etwa zweieinhalb Zentimeter auf der Bank entlang und verstaute sie dann wieder in der Schachtel. Dann, immer noch mit dem Rücken zur Therapeutin, stand sie da und rieb ihre Hand an der Kante der Bank entlang.)

Therapeutin: Für dieses Mal ist unsere Zeit um, Emma.

(Emma kam an den Tisch und starrte die Therapeutin an. Die Therapeutin lächelte ihr freundlich zu. Emma feuchtete ihre Lippen an und lächelte zurück, nur mit dem Mund.)

Therapeutin: Möchtest du mir noch etwas sagen, Emma?

Emma (flüsternd): Ja.

Therapeutin: Was möchtest du sagen? (*Emma verdrehte ihre zusammengelegten Hände und schnitt eine Grimasse.*)

Emma (flüsternd): Ich möchte wiederkommen.

Therapeutin: Wenn du magst, kannst du jeden Dienstag allein zu mir kommen. Und wenn du willst, außerdem noch morgen mit einer Gruppe. (*Da lächelte das Kind wirklich und ging zur Türe.*)

Therapeutin: Auf Wiedersehen, Emma.

(Keine Antwort. Emma öffnet die Tür, geht hinaus, blickt noch einmal zurück, flüstert „auf Wiedersehen", und weg war sie.)

Erläuterung

Emma machte bei ihrem ersten Besuch eine ganz konventionelle Zeichnung: ein quadratisches braunes Haus mit drei Fenstern und einer Tür. Die Vorhänge an den Fenstern waren blau, rot und purpurfarben. Ein großer Baum stand neben dem Haus. Oben am Bild war etwas blauer Himmel zu sehen, und in der linken Ecke sah man eine lächelnde blaue Sonne, von der gelbe Strahlen ausgingen. Fünf Blaukehlchen flogen am Himmel. Das Bild wird hier absichtlich so genau beschrieben, weil die Kunstwerke dieses Kindes im Laufe der Zeit immer ausdrucksvoller wurden. Dieses erste Bild war von einem rein formellen Typ. Interessant war, daß Emma unbefragt mitteilte, in diesem Hause würde sie mit ihren Eltern und ihrer Schwester wohnen, obwohl sie doch seit fast drei Jahren im Waisenhaus lebte. Die Mutter schrieb den Kindern allerdings ständig, daß sie sie nach Hause holen würde. Oft rief sie an, die Kinder sollten ihre Sachen packen, denn sie käme, um sie abzuholen. Die Kinder machten sich fertig, aber die Mutter erschien nicht. Die Fürsorgerin hatte versucht, die Mutter von diesem Verhalten abzubringen, hatte das aber bis zur Zeit dieses Berichtes nicht erreichen können. Gelegentlich kam die Mutter zu einem kurzen Besuch, sie verließ aber nur selten das Grundstück mit den Kindern.

Die erste Reaktion der Therapeutin war keine sehr glückliche: Im Moment, in dem Emma ihr Problem zum Ausdruck brachte, reagierte sie mit einer Frage, die das Interesse von Emma auf die Schwester verlagerte. Daraufhin zog Emma sich natürlich zurück. Als Emma mit den Papierpuppen spielte und der Therapeutin widersprach, als diese meinte, sie spiele wohl gern mit Papierpuppen, versuchte die Therapeutin in ihrer Unsicherheit, Emma mit der Frage zu aktivieren, ob sie vielleicht mit etwas anderem spielen wolle. Emma nannte daraufhin etwas, was nicht vorhanden war. Es wäre auf alle Fälle besser gewesen, wenn die Therapeutin mehr dem Kind die Führung überlassen hätte.

Im allgemeinen sind unausgeschnittene Papierpuppen für die Spieltherapie wenig sinnvoll, aber in diesem Fall waren sie als Einführungsmaterial nicht schlecht. Bemerkenswert ist die Reihenfolge, in der Emma die Puppen ausschnitt. Auch die Tatsache, daß sie für alle Personen Kleider ausschnitt, außer für den Vater, ist bedeutungsvoll; das zeigt sich später im Verlauf der folgenden Stunden, als das Kind mit der Puppenfamilie spielte.

Die Reaktionen der Therapeutin bei diesem ersten Kontakt sind etwas dürftig. Sie wußte oft nicht recht, was sie sagen sollte und bedachte nicht, daß Schweigen der fruchtbarste Weg gewesen wäre, um sich Emma gedanklich und gefühlsmäßig zu nähern. Im Rückblick auf dieses Gespräch kommt man zu der Ansicht, als habe die Therapeutin merken und anerkennen müssen, daß Emma aus der Babyflasche trinken wollte, als sie fragte, ob sie etwas zu trinken bekommen könne; statt dessen erfolgte eine Antwort, die ganz allgemein auf die gewährende Atmosphäre im Spielraum hinwies: Als Emma etwas später ganz offensichtlich ihrer Verärgerung über die Worte der Therapeutin Ausdruck gab und aus der Flasche trank, hätte die Therapeutin diese Verärgerung anerkennen sollen. Auch als Emma in aller Ruhe auf die Therapeutin schoß, weil sie sie als aufdringlich empfand, hätte der Wunsch des Kindes, die Therapeutin zu erschießen, mit Worten anerkannt werden sollen. Ebenso wäre Emmas Wunsch, wiederkommen zu dürfen, besser durch eine spezielle Bemerkung anerkannt worden, als daß wieder nur ganz allgemein auf die gewährende Atmosphäre Bezug genommen wurde.

DER ZWEITE EINZELKONTAKT – DIE ERSTE GRUPPENSTUNDE

Die Notizen von dieser Stunde werden vollständig wiedergegeben, weil man mit ihrer Hilfe Emmas Verhalten mit dem der anderen Kinder vergleichen kann.

An der Gruppe nahmen vier Mädchen und vier Jungen teil, die während der letzten Wochen bereits Einzelkontakte mit der Therapeutin gehabt hatten. Alle Kinder hatten Verhaltensschwierigkeiten, sowohl in der Schule wie zu Hause. Die vier Jungen waren Bettnässer. Zur Gruppe gehörten: Annemarie, sieben Jahre und vier Monate; Erna, sieben Jahre; Erika, sieben Jahre und sechs Monate; Manfred, sieben Jahre und fünf Monate; Martin, sieben Jahre und sieben Monate; Philipp, sieben Jahre und drei Monate; Egon, acht Jahre und fünf Monate und Emma.

(Die vier Mädchen kamen als erste ins Spielzimmer. Sie alberten und kicherten und machten Bemerkungen wie: „Guckt mal, was ich da sehe!“ „Ich möchte eine Babyflasche haben.“ „Da sind Masken!“ „Ich will ein Geist sein!“ „Ich will, daß niemand weiß, wer ich bin.“ Diese Äußerungen wurden so schnell nacheinander gemacht, daß es nicht möglich war, festzustellen, wer sie gemacht hatte. Erna nahm sich eine Babyflasche und eine Klapper. Sie setzte sich auf den Stuhl neben der Therapeutin, trank aus der Flasche und schüttelte die Klapper.)

Erna: Ich bin ein Baby.

(Emma setzte sich der Therapeutin quer gegenüber und begann zu zeichnen.)

Annemarie: Ich werde ein Baby sein. (*Sie setzte sich die Babymaske auf und griff nach der Flasche.*) Da – Da – Da – Da!

(Emma, die in der ersten Einzelstunde einen so gehemmten Eindruck machte, gab sich in der Gruppe sehr viel freier. Auch sie nahm sich eine Babyflasche und trank daraus, aber dieses Mal sah sie die Therapeutin dabei an.)

Erna: Fräulein X hat gesagt, die Jungens kämen heute auch hierher.

Erika: Ach, hoffentlich nicht. Ich habe Angst vor Jungens.

(Die vier Mädchen setzten sich an den kleinen Tisch. Sie fingen an zu spielen, aber nicht zusammen, sondern jedes für sich. Jedes ging seinen eigenen Interessen nach. Emma zeichnete. Erna und Annemarie spielten Baby. Sie tranken aus den Babyflaschen. Erna kroch auf dem Boden herum. Erika holte sich die Papierpuppen und betrachtete sie. In diesem Augenblick erschienen die Buben. Manfred ging zu den Masken und setzte sich eine Babymaske auf.)

Manfred: Ich will ein Mädchen sein.

Martin: Ich bin ein schwarzer Geist. Guckt mal. Ich bin der schwarze Mann.

Philipp: Ich will auch ein Mädchen sein. Mädchen kriegen immer alles.

(Er setzte sich die Mädchenmaske auf. Martin, der immer noch die schwarze Maske trug, holte sich die Pistole. Die Jungen ignorierten die Anwesenheit der Mädchen, die Mädchen die der Jungen. Sie unterhielten sich über Schwimmen und über die Fahrt zum Schwimmbecken und zurück. Die Therapeutin wurde mit in die Unterhaltung einbezogen. Sie erzählten ihr von ihren Erfahrungen.)

Martin: Ich bin der schwarze Mann. Ich will dich erschießen. Ich will euch alle töten.

(Plötzlich nahm Martin sich die Tasche mit der Pistole ab. Egon hängte sie sich um. Dann schoß er auf die anderen Kinder. Philipp und Manfred nahmen sich die Babypuppe und kämpften in spielerischer Weise um sie. Manfred nahm sie Philipp weg, drückte sie an sich und küßte sie und benahm sich absolut wie ein kleines Mädchen, obwohl er kein weichlicher Typ ist. Plötzlich wurde Manfred sehr kühn.)

Manfred: Ich will aus einer Flasche mit Sauger trinken. (*Annemarie reichte ihm eine.*)

Erna: Jetzt ist Manfred ein Mädchen.

Manfred: Klar, das will ich auch sein.

Egon (im Baby-Tonfall): Gib mir die Babyflasche.

(Philipp verspritzt aus Versehen etwas Wasser auf dem Fußboden, und plötzlich konzentriert sich die gesamte Gruppe auf diesen Zwischenfall.)

Egon: Du wirst jetzt sicher tüchtig bestraft.

Therapeutin: Du hast Angst, daß du was abkriegst, weil du Wasser verschüttet hast.

Egon: Ich weiß schon, das ist immer so.

Therapeutin: Hier passiert dir gar nichts.

(Erika hängte sich die Pistolentasche um, nahm die Pistole heraus und schoß auf alle Jungen. Sie stand dicht neben der Therapeutin, als sie das tat.)

Therapeutin (zu Erika): Dir wär's lieber, die Jungen wären nicht hier.

Erika: Ich hab' Angst vor Jungs.

Therapeutin: Du hast Angst vor Jungs.

Erika: Ja. (*Sie sah ängstlich aus, obwohl die Jungen nicht einmal in ihre Richtung schauten. Sie legte die Pistole beiseite und setzte sich so nah wie möglich neben die Therapeutin.*)

Therapeutin (zu Erika): Du setzt dich möglichst nah zu mir, weil du Angst vor den Jungen hast.

Erika: Ja. (*Flüsternd*): Sie sind immer so grob. Sie tun den Mädchen immer weh.

(Egon setzte sich in den Schaukelstuhl, schaukelte hin und her und saugte an der Flasche.)

Egon: Mama! Mama! (*Erna lief zu ihm.*)

Erna: Was hast du denn, mein Liebling?

Egon (ahmte ein kleines Baby nach): Schaukel mich, Mama! Schaukel mich! (*Erna schaukelte ihn sanft.*) Jetzt schlafe ich.

Manfred: Ich werde ein schreiendes Baby sein. (*Er setzte sich die weinende Maske auf.*) Guckt mal! Ich bin ein weinendes Baby. (*Er legte sich auf den Boden und weinte wie ein Baby.*) Ich will zu meiner Mama! Mamamamamama.

Manfred: Ich bin nur ein ganz kleines Baby.

Erna: Ich möchte einen Brief an meinen Pappi schreiben, und eine Flasche möchte ich auch haben. (*Dann weinte auch sie wie ein kleines Baby.*)

(Erna trank beim Zeichnen aus der Flasche. Egon gab seine Flasche an Manfred.)

Egon: Hier, mein Babychen.

Manfred: Dadadadada!

Egon (zur Therapeutin): Zuerst hatte ich Angst, aus der Flasche zu trinken.

Erna: Ich auch. Ich dachte, das dürfen wir nicht.

Egon: Ich dachte, ich wäre schon zu groß, um Baby zu spielen, aber es macht mir doch solchen Spaß.

Therapeutin: Wenn du auch schon groß bist, du spielst trotzdem gerne Baby.

Egon: Ja.

Erna: Ich spiel' auch gern Baby.

Manfred: Ich hab' keine Angst gehabt. Ich hab' vor gar nichts Angst. Ich hab' überhaupt keine Angst, irgendwas zu tun oder zu sagen.

Egon: Dann setz' man hinzu, daß du *hier* keine Angst hast.

Manfred: Na, meinetwegen: hier.

Therapeutin: Ihr habt keine Angst, hier etwas zu sagen oder zu tun. Darum könnt ihr hier Dinge tun, die ihr oft sehr gerne tätet, aber nicht tun dürft, weil man sie euch verbietet oder wegen anderer Kinder und so.

Egon: Du foppst uns doch nicht, nicht wahr?

Annemarie: Als ich herkam, hatte ich zuerst Angst, das zu tun, was ich tun wollte.

Erna: Ich auch.

Erika: Ich habe noch Angst. (*Die anderen Mädchen lachten über sie.*)
Erna: Warum solltest du Angst haben? Sie wird dir nichts tun, was immer du tust.
Erika: Ich hab' immer noch Angst.
Therapeutin: Du willst dich erst noch ein bißchen sicherer fühlen, ehe du tust, was du willst.
Erika (zur Therapeutin): Du bist nett. Vielleicht werde ich auch mal ... (*Sie beendete den Satz nicht. Sie streichelte schüchtern die Hand der Therapeutin.*)
Egon: So jemanden wie dich hab' ich in meinem ganzen Leben noch nicht gesehen. – Dir ist das ganz egal, was wir tun. Die anderen sagen immerzu: „Laß das mal!" und: „Halt den Mund."
Therapeutin: Ihr merkt, daß man nicht immer tun und sagen kann, was man will.
Egon: Genau. So ist das. Es gibt zuviele Meckerer auf der Welt.
Erika: Bring mir nächstes Mal acht Flaschen mit.
(Emmas Bild war fertig. Man sah darauf einen braunen Tisch mit einer Obstschale. Die Schale war tiefrot. Sechs Stück Obst lagen darin.)
Emma (stand auf und stürzte sich plötzlich auf Manfred): Her mit der Flasche! (*Sie rannte hinter Manfred her, und er lief ihr lachend und quietschend davon.*)
Erna: Wenn wir alleine hier sind, dürfen wir tun, was uns Spaß macht. Wir dürfen spielen, womit wir wollen. Wir dürfen die ganze Zeit an den Flaschen saugen, wenn wir Lust dazu haben.
Therapeutin: Ihr findet es schön, daß ihr allein herkommt und tun könnt, was ihr wollt.
Erna: Ja.
Egon: Das ist oft so. Wenn man allein ist, kann man Dinge tun, die man nicht tun kann, wenn andere dabei sind. (*Er fing an, Wasser auf den Boden zu spritzen. Emma erwischte Manfred. Sie kicherte.*)
Emma: Ich werd' dich küssen. Ja, das werd' ich tun. Und was wirst du dann tun?
(Manfred zog sich von ihr zurück und gab ihr die Flasche, die er noch hatte. Emma ging wieder an den Tisch. Erika, Erna und Annemarie machten sich an die Papierpuppen. Erna war fertig mit dem Brief an ihren Vater. Sie zeigte ihn der Therapeutin, faltete ihn zusammen und steckte ihn in die Tasche. Auf dem Blatt Papier stand nur: *Lieber Pappi von Erna.*)
Therapeutin (zu Erna): Wenn du einen Brief an deinen Pappi schreiben willst, will ich dir gern dabei helfen.
Erna: Mir fällt absolut nichts anderes ein. Nur: *Lieber Pappi!*
(Emma stand wieder vom Tisch auf und ging zur Bank. Sie nahm sich die Babyklapper. Als sie bei Manfred vorbei kam, küßte sie ihn. Manfred schlug nach ihr. Emma schüttelte die Klapper und trank aus der Flasche. Dann setzte sie sich wieder an den Tisch. Sie hielt die Hände hoch, so daß ihr Gesicht vor den anderen verdeckt war, blieb aber mit ihren Lippen an der Flasche. Die anderen Kinder teilten sich in kleine Gruppen. Die Jungen spielten mit Soldaten, die Mädchen mit den Papierpuppen. Emma saß abseits von den Gruppen und beschattete ihr Gesicht mit den Händen. Dann forderten die anderen Mädchen sie auf, doch mit ihnen zu spielen. Emma

nahm die Papierpuppe in die Hand, die die anderen vor sie hingelegt hatten. Sie stand vom Tisch auf und nahm die Papierpuppe mit.)

Emma (tat so, als spräche sie zu der Puppe): Ich geh' weg und werde niemals wiederkommen.

(Sie kroch unter den Sandtisch und saugte dort an der Flasche, bis die Stunde aus war. Dann kroch sie wieder hervor, lächelte die Therapeutin offenherzig an, sagte ganz unbefangen „Auf Wiedersehen" und verließ das Zimmer mit den anderen Kindern.)

Erläuterung

Es war interessant, Emmas Verhalten den anderen Kindern gegenüber in dieser Gruppenstunde zu beobachten. Sie zog sich weder in auffallender Weise zurück, noch war sie übermäßig aggressiv.

Die Gefühle, die bei den Kindern zum Ausdruck kamen, sprechen dafür, daß selbst eine so große Gruppe von therapeutischem Wert sein kann. Die Schwächen der Stunde lagen nicht in den Reaktionen der Kinder auf die Spielsituation, sondern vielmehr in der Unzulänglichkeit der Reaktionen der Therapeutin. Zweimal waren ihre Äußerungen besonders wenig konstruktiv. Das eine Mal gingen sie an den zum Ausdruck gebrachten Gefühlen vorbei, als sie sagte: „. . .weil man sie euch verbietet oder wegen anderer Kinder und so". Manfred prahlte ein bißchen. Daß daraufhin die Stimme der Autorität erklang, war ganz überflüssig. Es hätte leicht geschehen können, daß sie das Ausdrücken von Gefühlen bei den Kindern verhindert hätte. Eine zweite unadäquate Reaktion erfolgte im Zusammenhang mit Ernas Brief an den Vater. In dem Angebot, Erna beim Briefschreiben behilflich zu sein, lag Kritik.

Es kam noch hinzu, daß die Therapeutin zuweilen schwieg, wenn sie sich hätte äußern sollen. Ein Beispiel dafür ist ihr Schweigen, als Manfred erklärte, er wolle lieber ein Mädchen sein.

Interessant war, wie ein Kind das Spiel des anderen nachahmte. Spielte ein Kind mit Genuß Baby, probierten die anderen Kinder das auch. Für den therapeutischen Prozeß bedeutete das eine Beschleunigung. Vorbehalte, die jedes Kind auf seine besondere Art mitbrachte, wurden aufgegeben. Auch die Echtheit der Ausdrucksweise wirkte ansteckend. Zwar hat der Therapeut in einer Gruppe weniger Gelegenheit, auf die Handlungsweise der einzelnen zu reagieren, aber die Kinder unter sich reagieren aufeinander. Das Spiel zwischen Erna und Manfred stellte die Verbalisierung von Gefühlen der beiden dar. Die Rolle, die Emma in dieser Stunde spielte, zeigt deutlich ihre Beziehung zu anderen Kindern.

DER DRITTE KONTAKT – DIE ZWEITE EINZELSTUNDE

(Als Emma ins Zimmer kam, griff sie sofort nach der Babyflasche; sie nahm sie mit an den Tisch, wo sie sich der Therapeutin gegenüber hinsetzte.)

Therapeutin: Du trinkst gern aus der Flasche.

Emma: Ja. (*Sie nahm den Sauger ab und trank ohne ihn.*)

Therapeutin: Manchmal trinkst du lieber mit dem Sauger, manchmal lieber ohne.

Emma: Ja.

(Emma begann mit der Puppenfamilie zu spielen. Sie stellte die Flasche in Reichweite beiseite und besah sich die Puppen. Sie setzte die Mutter und die große Schwester an den Tisch. Dann setzte sie den Vater und die Jungen auf den Boden. Die Mutter ließ sie erst hin und her gehen und brachte sie dann zum Ofen. Dabei bewegte sie schweigend die Lippen. Dann blickte sie die Therapeutin an.)

Emma: Die Mutter brät Speck.

Therapeutin: Die Mutter bereitet eine richtige Mahlzeit.

Emma: Guck mal! (*Sie grinste die Therapeutin an. Dann setzte sie die Mutter wieder an den Tisch.*) Wie oft kann ich noch hierherkommen?

Therapeutin: Ich werde den ganzen Sommer über jede Woche zu euch kommen. An deinem Tag kannst du so oft kommen, wie du willst. Ich habe jeden Mittwoch diese Zeit für dich reserviert. Wenn du kommen magst, kannst du das tun.

Emma: Und jeden Freitag mit der Gruppe. Vergiß das nicht!

(Emma zog der Mädchenpuppe alle Kleider aus. Die Puppe packte sie ins Bett. Die Mutterpuppe umarmte die Jungenpuppe und küßte sie. Danach wurde die Mutter wieder an den Tisch gesetzt. Emma zog der Vaterpuppe die Hosen aus und legte sie mit der Mädchenpuppe zusammen ins Bett. Dann legte sie die Mutter dazu. Später zerrte sie die Mädchenpuppe aus dem Bett, schleppte sie an den Haaren hinüber zu ihren Kleidern, verhaute sie und zog ihr die Kleider alle wieder an. Auch der Vater wurde wieder angezogen. Dann setzte sie Vater und Mutter an den Tisch. Alle übrigen Puppen setzte sie in eine Reihe und zwar so, daß sie alle den Vater und die Mutter anschauten. Vater und Mutter und der Tisch, an dem sie saßen, wurden dann von den Kindern weiter weggesetzt. Emma setzte das Baby und den Hund so auf einen Stuhl, daß sie die Kinder ansahen. Dann kam der Vater wieder ins Zimmer. Er verabschiedete sich von allen Kindern, ignorierte die Mutter und wurde schließlich auf das Bett gesetzt. Dann wurde das Baby in den Schoß der Mutter gelegt, und sie selbst so auf einen Stuhl gesetzt, daß sie alle Kinder sehen konnte. Der Vater wurde vom Bett genommen. Emma ließ ihn den Hund streicheln und setzte ihn dann wieder auf das Bett. Der Hund knurrte die Mutter an und wurde unter den Stuhl gelegt. Emma trank wieder ohne Sauger aus der Flasche. Sie warf den Puppen einen langen und strengen Blick zu. Dann stand sie auf, ging zur Bank und holte sich Zeichenpapier und Buntstifte. Sie brachte alles an den Tisch und setzte sich neben die Therapeutin. Sie begann zu zeichnen.)

Emma: Das hier wird eine Kirche. (*Eine Zeitlang zeichnete sie schweigend.*) Ich weiß nicht, wie man Kirchenfenster macht.

Therapeutin: Du möchtest Kirchenfenster zeichnen, weißt aber nicht wie.

Emma: Ja. Kannst du es mir sagen?

Therapeutin: Kirchenfenster haben manchmal bunte Bilder. Und manchmal sehen sie so aus, als bestünden sie aus verschiedenfarbigen Glasstücken.

Emma: Ich werde verschiedenfarbige Fenster machen.

Therapeutin: Ja.

(Emma zeichnete, über das Bild gebeugt, mit großem Eifer die Fenster. Die fertige Zeichnung überreichte sie der Therapeutin.)

Emma: Hier. Für dich.

(Dann legte sie die Buntstifte beiseite und setzte sich wieder zu den Puppen. Sie betrachtete sie und lachte kurz auf. Sie ging zu den Soldaten hinüber und veranstaltete mit ihnen eine kleine Schlacht. Als ihr gesagt wurde, die Zeit sei um, kam sie an den Tisch und lachte die Therapeutin an.)

Emma: Ich komm' wieder, ich komm' wieder, ich komm' wieder, – solange ich nur kann.

Therapeutin: Du kommst gern her.

Emma: Ja. (*Sie sagte „Auf Wiedersehen" und hüpfte aus dem Zimmer.*)

Erläuterung

Emmas Bild zeigte eine braune Kirche; diese hatte eine schwarze Tür, auf die ein weißes Kreuz mit Emmas Namen gezeichnet war. Die Fenster waren ziemlich hoch oben angebracht und hatten verschiedene Farben. Die Glocken waren hellrot und befanden sich hinter Gittern, die aus dicken schwarzen Strichen bestanden. Auch der Schornstein war hellrot, aus deutlich voneinander abgegrenzten Ziegelsteinen. Am oberen Rand des Bildes standen in Blockschrift und in hellen Farben die Buchstaben A B C E F D X Y. Wir können nur raten, welche Bedeutung die Kirche für Emma gehabt haben mag. Bedenkt man, daß das Heim eine religiöse Institution war, in der religiöse Unterweisung eine große Rolle spielte, so weist möglicherweise die Darstellung einer Kirche auf Schuldgefühle hin, zumal die Zeichnung nach dem Spiel mit den Puppen, einem sexuell beunruhigenden Spiel, entstanden war. Emma war während dieses Spiels innerlich äußerst gespannt und lebhaft daran beteiligt. Die Mutterpuppe war eine dominierende, Angst einflößende Person. Das kleine Mädchen wurde für die Art, wie es mit dem Vater umging, bestraft. Niemand mochte die Mutter leiden; sogar der Hund knurrte sie an. Die Therapeutin verbalisierte keine der Handlungen, die Emma so anschaulich darstellte, weil sie befürchtete, damit vielleicht das Spiel zu unterbrechen. Emma hatte die Therapeutin zum Zuschauen aufgefordert und diese beschränkte sich auch darauf. Sie hätte dem Kind vielleicht seine Schuldgefühle nehmen können, wenn sie einige der zum Ausdruck kommenden Gefühle anerkannt hätte. In einer der späteren Therapiestunden spielte Emma wieder in ähnlicher Weise mit der Puppenfamilie. Bei dieser Gelegenheit übersetzte die Therapeutin das Spiel in Worte. Vielleicht war sie zunächst allzu vorsichtig in ihrer Zurückhaltung gewesen; sie hielt aber zu diesem Zeitpunkt eine Verbalisierung der im stummen Spiel ausgedrückten Gefühle für verfrüht.

DER VIERTE KONTAKT – DIE ZWEITE GRUPPENSTUNDE

(Die vier Mädchen kamen gleichzeitig. Die Jungen waren nicht erschienen. Erika und Erna holten die Babyflaschen. Erika begann zu zeichnen. Annemarie saß neben der Therapeutin und zeichnete, ohne ganz dabei zu sein. Dann nahm sie sich einen Soldaten und eine Krankenschwester und zeichnete einen Strich um sie herum. Emma nahm Erika ihre Flasche weg und trank daraus. Erika sagte kein Wort dazu, sondern zeichnete weiter.)

Annemarie (zu Emma): Immer nimmst du anderen was weg.

Emma: Na, und wenn schon!

Annemarie: Von meinen Sachen kriegst du nichts.

Emma: Nein? Dann werd' ich dich verpetzen. Ich werde erzählen, was du getan hast.

Annemarie: Die olle Emma muß immer petzen. Immer, immer rennt sie 'rum und petzt.

Emma: Klar! Alle werde ich verpetzen.

Erna (setzte sich die schwarze Maske auf): Masken sind prima. Ich setz' mir die schwarze auf.

(Emma gab Erika die Flasche zurück. Sie setzte sich an den Tisch, nahm sich die Vaterpuppe und behielt sie in der Hand.)

Emma (zu Erika, mit zarter, singender Stimme): Bitte, kann ich die Flasche haben?

(Erika gab sie ihr. Emma nahm die Flasche, entfernte den Sauger und trank daraus. Sie brach in Hohngelächter aus. Annemarie holte sich den Ton. Nach etwa zwanzig Minuten setzten sich beide Mädchen auf den Boden und spielten zusammen mit Ton. Erna ließ eine der Flaschen fallen, die dabei zerbrach. Sie sah aus, als würde sie gleich anfangen zu weinen.)

Annemarie (versuchte sie zu trösten): Weine nicht. Das Fräulein tut dir bestimmt nichts.

(Die Therapeutin beruhigte Erna und kehrte dann die Scherben zusammen.)

Annemarie: Ich kann verstehen, wenn du weinst, weil du glaubst, man wird dich ausschimpfen. Aber wozu weinst du jetzt, du weißt doch, daß niemand schimpfen wird? (*Erna lächelte über diese Weisheit.*)

Erna: Brauche ich mich nicht mal entschuldigen?

Therapeutin: Du brauchst dich nicht einmal zu entschuldigen, Erna. Du magst dich nicht immerfort für irgend etwas, was du getan hast, entschuldigen.

Erna: Nein. Aber es tut mir wirklich leid, daß ich die Flasche kaputt gemacht habe. Wirklich!

Therapeutin: Das tut dir wirklich leid.

Erna: Ja.

(Die anderen Kinder arbeiteten nicht gerade besonders konzentriert mit dem Ton. Meistens sahen sie sich im Zimmer um und unterhielten sich über den für den Nachmittag geplanten Ausflug zum Schwimmbad. Sie fummelten mit dem Ton herum, ohne ihn zu formen. Nur Emma brachte etwas zustande. Sie saß mit dem Rücken zu den anderen Kindern, so daß diese nicht sehen konnten, was sie machte. Später ging Annemarie zur Therapeutin und fragte sie sehr nachdrücklich, ob sie wohl so gut wäre, etwas nach China zu schicken, um den Menschen dort zu helfen, die vor Hunger sterben würden und nichts anzuziehen hätten.)

Therapeutin: Du sorgst dich um die Kinder in China.

Annemarie: Ach ja. Sie sterben vor Hunger. Sie sterben, weil sie nichts zu essen haben. Das haben wir in der Sonntagsschule gelernt. Manchmal muß ich nachts weinen, so leid tun sie mir. (*Sie sah aus, als wollte sie gleich wieder anfangen zu weinen.*)

Emma (sah sich nach Annemarie um und sagte mit boshaftem Grinsen): Ja, schick' ihnen Abfall zum Essen und spuck' drauf.

Annemarie (entsetzt): Aber nein! So was darfst du nicht sagen, Emma Blank.

Emma (äffte sie nach): Emma. Emma Blank. Jawohl, so denkt Emma an die hungernden Kinder. Aber konnte ich das vielleicht der Lehrerin sagen?

Therapeutin: Du willst das hier sagen, weil du weißt, daß du das der Lehrerin nicht sagen kannst.

Emma: Ja, die würde mich umbringen und mich zu den chinesischen Kindern schicken, damit sie mich aufessen. *(Sie lachte.)*

Annemarie: Das täte sie nicht. Aber sie sollte es tun. Du bist abscheulich, Emma Blank. Keiner mag dich leiden. (*Emma versuchte sofort, Erika mit Gewalt die Flasche wieder wegzunehmen. Es kam zu einer Schlacht.*)

Erika: Nimm dir die da drüben, aber nicht meine.

Emma: Du kannst dir die da drüben holen, ich will deine haben.

Erika: Ich hab' diese zuerst gehabt. Laß sie gefälligst stehen. Deine steht da drüben.

Therapeutin: Emma will deine haben, weil sie wütend ist über das, was Annemarie von ihr gesagt hat.

Emma: Natürlich bin ich das. Ich bin schon die ganze Zeit wütend auf euch, auf euch alle.

Annemarie: Jedenfalls steht da drüben eine Flasche. Nimm dir die. (*Emma machte sich wieder an den Ton.*)

Therapeutin: Emma wollte die Flasche von Erika haben und nicht irgendeine. (*Emma blickte auf und grinste.*)

Emma (auf die Therapeutin hinweisend): Ich zanke mich nicht mit der da.

Annemarie: Natürlich nicht. So verrückt bist du nicht.

Emma: Ich hab' keine Angst vor ihr. (*Lange Pause.*)

Erna: Was machst du? (*Emma versteckte, was sie geknetet hatte.*)

Emma: Das möchtest du wohl wissen? Das sag' ich aber nicht.

(Die Stunde war um, und die Mädchen brachen auf. Keine machte eine Bemerkung darüber, daß die Jungen nicht gekommen waren. Emma ging zur Therapeutin und zeigte ihr die Gestalt eines Mannes, die sie gemacht hatte.)

Emma (grinsend): Siehst du, daß er keine Kleider anhat?

Therapeutin: Der Mann hat keine Kleider an. (*Emma drückte ihn zu einem Klumpen zusammen und warf ihn mit dem Rest des Tons auf das Papier.*)

Emma: Jetzt kann ihn keiner mehr erkennen. Die brauchen nicht zu wissen, was ich gemacht habe.

Therapeutin: Du möchtest nicht, daß sie wissen, was du gemacht hast.

Emma (grinsend): Ich hasse ihre Angeberei.

Therapeutin: Du haßt ihre Angeberei.

(Emma lachte laut. Die anderen Kinder hatten sich verabschiedet und waren gegangen. Emma rief vergnügt „auf Wiedersehen" und verließ johlend und lachend das Zimmer.)

Erläuterung

Als die Mädchen gegangen waren, kamen die Jungen. Sie erklärten, sie hätten keine Lust gehabt, mit den Mädchen zusammen herzukommen. Die Therapeutin war damit einverstanden, daß künftig Mädchen und Jungen getrennt zu ihr kämen.

Diese Spielstunde veranschaulicht, wie die wechselseitigen Wirkungen der Gruppenteilnehmer aufeinander es ermöglichen, daß das einzelne Individuum an Einsicht gewinnt. Emma schien die Tatsache erkannt zu haben, daß sie mit anderen Kindern besser zurechtkommt, wenn sie ihnen in höflicher Weise begegnete, als wenn sie Zuflucht zu Gewalt nahm. Das wurde im Laufe der Arbeit noch deutlicher. Zum Schluß gab sie es ganz auf, sich mit Gewalt durchzusetzen. In dieser Stunde brachte sie eindeutig ihre Feindseligkeit gegenüber anderen Kindern, Erwachsenen – z. B. den Lehrern an der Sonntagsschule – und der Welt im ganzen, einschl. der leidenden Menschen, zum Ausdruck. Emmas Giftigkeit ist das Ergebnis jahrelanger Enttäuschungen und seelischer Entbehrungen. Noch deutlicher zeigte sie ihr Interesse für geschlechtliche Dinge. Die Therapeutin hätte geschickter vorgehen können, indem sie die zum Ausdruck gelangten Gefühle angepackt hätte, statt sich immer nur in Wiederholungen zu äußern.

Emma ließ Selbsteinsicht erkennen, als sie zugab, sie wolle nur deshalb Erikas Flasche haben, weil sie Erika angreifen wollte. Bei diesem Vorfall äußerte sich die Therapeutin in befriedigender Weise. Emma testete die Möglichkeit aus, ob man vielleicht mit Höflichkeit weiter komme als mit Gewalt.

In dieser Spielstunde wird die dynamische Wirkung einer therapeutischen Arbeit erkennbar. Die Wechselwirkung unter den Teilnehmern, das Annehmen von Emma, so wie sie wirklich war, von seiten der Therapeutin, die Freiheit des Kindes, seine Gedanken und Gefühle auszudrücken, führten zu positiveren Verhaltensweisen. Obwohl Emma die anderen Kinder mit ihren gewagten Bemerkungen schockierte, gab es doch auch Hinweise dafür, daß sie den Mädchen gleichzeitig Spaß machten. Wieder spielte der nackte Mann eine Rolle, der in drei von vier Stunden vorkam. Emma schien jede Minute der Spielstunden zu genießen. Sie hatte ihre innere Gespanntheit vollkommen verloren. Sie freute sich über die Möglichkeit, „sie selbst" sein zu dürfen.

DER FÜNFTE KONTAKT – DIE DRITTE EINZELSTUNDE

(Emma kam herein, machte die Farbdosen auf und lächelte freundlich.)

Emma: Wo ist die schwarze Farbe? (*Die Therapeutin zeigte auf die schwarze Farbe. Emma malte die Umrisse eines Hauses. Dann tat sie rote Farbe auf das Papier. Als die Farbe anfing, herunterzulaufen, zog sie ein Gesicht.*) Sieh' mal, Schwarz und Rot mischen sich.

Therapeutin: Und das gefällt dir nicht.

Emma: Nein. (*Sie malte einen blauen Baum neben das Haus und schien sehr glücklich zu sein.*) Kannst du für mich *„die drei Bären"* schreiben, damit ich das meiner Schwester vorlesen kann?

Therapeutin: Du möchtest, daß ich das für dich schreibe, weil ich das gestern für Erika geschrieben habe.

Emma: Ja, darum. Tust du's?

Therapeutin: Ja. Und du sagst mir, was ich schreiben soll. So hat Erika das auch gemacht.

Emma: Es waren einmal drei Bären, die stanken. Sie kochten eine Suppe – Bohnensuppe – und taten zuviel Pfeffer 'rein und dann gingen sie spazieren. Da kam Goldlöckchen daher. Die war ein ganz gemeiner Dieb. Sie brach das Schloß auf, ging ins Haus rein und aß die Suppe auf. Als die Bären wiederkamen und sie fanden, machten sie eine Suppe aus ihr und die schmeckte viel besser als Bohnensuppe. (*Emma lachte beglückt. Plötzlich hielt sie ihr Bild hoch, so daß wieder alle Farben durcheinanderliefen.*)

Emma: Verflixt noch mal! (*Schnell warf sie einen Blick auf die Therapeutin.*)

Therapeutin: Du hast gedacht, jetzt kriegst du was ab, nicht wahr?

Emma: Etwa nicht? (*Grinst. Die Therapeutin sagt wieder nichts. Emma lacht laut.*) Ich glaube, du wirst mir nichts tun. (*Sie scheint entzückt zu sein. Malt wieder.*) Verdammt noch mal! Verdammt noch mal! Verdammt noch mal!

Therapeutin: Du fluchst gern. (*Emma nickt bejahend mit dem Kopf und fährt fort zu fluchen.*)

Emma: Darf ich mir neues Wasser holen?

Therapeutin: Wenn du willst.

(Emma holte sich sauberes Wasser und fing an ein neues Bild zu malen. Sie lächelte, als sie in roter Farbe ihren Namen malte. Dann malte sie ein B vor baRRa mit grüner Farbe; dann mit blauer Farbe ROSIE 515; dann orangefarben LAB und U.S.A. in gelber Farbe, dahinter ein V in Gelb.)

Emma: Wie findest du das?

Therapeutin: Hm.
Emma: Weißt du, was das sein soll?
Therapeutin: Willst du es mir erklären? (*Emma nickte eifrig.*)
Emma (auf das Grün weisend): Das sind bloß so Buchstaben. Die haben keinen Sinn. Rosie ist meine Schwester. Die ist acht. (*Ganz vorsichtig legte sie das Blatt auf den Tisch. Diesmal flossen die Farben nicht durcheinander. Auf das andere Blatt malte sie wieder in roter Farbe Buchstaben E.B.R.B.)* R.B., das ist meine Schwester Rosie. (*Sie malte ein grünes Haus, einen grünen Baum und grünes Gras.*) Guck' mal! Wenn ich den Pinsel nicht zu naß mache, laufen die Farben nicht zusammen. (*Sie lächelt freundlich.*)
Therapeutin: Das stimmt. Nun freust du dich, weil du das herausgefunden hast.
Emma: Weißt du, ich hab' ja noch nie so gemalt. Noch nie.
Therapeutin: Und es macht dir Spaß.
Emma (lachend): Ich rede auch mehr, nicht wahr?
Therapeutin: Ja, das tust du. Du hast das Gefühl, daß du mir alles sagen kannst, was du willst.
Emma: Huh, huh! (*Dann übermalte sie das grüne Haus mit schwarzer Farbe):* Hier. Das kannst du behalten. Ich möchte, daß du das bekommst. (*Die Therapeutin nahm das Geschenk an.*)
(Emma begann, ein drittes Bild zu malen. Sie malte eine Militärfahne auf das Papier.)
Emma: Dieses Bild ist für mich.
Therapeutin: Das willst du für dich behalten.
Emma: Ja. Kannst du raten, was das sein soll?
Therapeutin: Es sieht aus wie eine Militärfahne.
Emma: Stimmt. (*Sie schien sehr erfreut, daß die Therapeutin das erkannt hatte; es war sehr deutlich gemalt.*) Es ist eine Militärfahne für meinen Pappi. Der ist nämlich bei der Armee.
(Sie malte über die Fahne ein Flugzeug, und gerade als sie das tat, stieß ein Flugzeug auf das Gebäude herab, in dem sie sich befanden. Es flog so langsam, daß die Kinder draußen anfingen zu schreien: „Es landet!" Die Hausmütter liefen zur Tür hinaus und fingen an zu schreien. Dreimal kam das Flugzeug herunter. Einige Kinder im Kindergarten fingen an zu schreien. Emma malte unbeirrt weiter, sie lächelte sogar ein wenig vor sich hin. Sie drehte den Bogen um zur Therapeutin hin und sagte: „Schreib hierhin: Flugzeug." Die Therapeutin tat es. Dann stellte Emma die Farben beiseite, schüttete das Wasser aus und kam zur Therapeutin zurück.)
Emma: Nun man los! Spiel' mal was mit mir.
Therapeutin: Soll ich „Dame" mit dir spielen?
Emma: Ja, zeig' mir das mal. Die anderen Rotznasen im Heim lassen mich nie mitspielen, weil ich nicht weiß, wie man das spielt.
Therapeutin: Du meinst, daß du vielleicht besser mit den anderen Kindern auskämst, wenn du dieselben Spiele spielen kannst wie sie.
Emma: Ja.
(Die Therapeutin erklärte Emma die Regeln beim Spielen und zeigte ihr, wie man die Züge macht. Emma begriff sehr rasch.)
Emma: Und jetzt wollen wir noch einmal spielen, und du läßt mich gewinnen.

Therapeutin: Du willst ganz sicher sein, daß du das Spiel gewinnst.
Emma: Ja. (*Die Therapeutin und Emma spielten noch ein Spiel, das Emma gewann.*) Haben wir Zeit für noch eins?
Therapeutin: Ja, wir haben genug Zeit für noch ein Spiel.
(Das Spiel ging reibungslos vonstatten, bis Emma merkte, daß sie verlieren würde.)
Emma: Ich glaube, du wirst wütend, wenn du dieses Spiel verlierst.
Therapeutin: Du denkst, mir wäre das nicht recht, wenn du alle Spiele gewinnen würdest.
Emma: Stimmt das nicht?
Therapeutin: Mir wäre das gleich. Du möchtest dieses Spiel auch gewinnen, nicht wahr?
Emma: Ja. Laß mich dies auch gewinnen. (*Die Therapeutin machte absichtlich Züge, die dazu führten, daß Emma gewann.*) Nun zeig' mir mal, wie ich die andern beim Spielen betrügen kann, so daß ich immer gewinne.
Therapeutin: Du willst wissen, wie man die anderen betrügen kann, damit du beim Damespielen immer gewinnst.
Emma: Ja, genau das hab' ich dich gefragt.
Therapeutin: Bevor wir anfingen zu spielen, hast du mir gesagt, du wolltest Damespielen lernen, damit die anderen Kinder dich mitspielen lassen. Das werden sie nicht tun, wenn du sie betrügst.
Emma: Das brauchen die doch gar nicht zu merken.
Therapeutin: Du möchtest so brennend gern gewinnen, daß du wissen willst, wie man beim Spielen betrügt, und du glaubst, daß die anderen Kinder das nicht merken. Sie werden es aber merken.
(Emma stand auf und ging hinüber zur Bank, holte sich die Babyflasche und trank daraus. Sie sah die Therapeutin mürrisch und böse an.)
Emma: Ich werd' die Flasche auf den Boden werfen und kaputt machen.
Therapeutin: Du willst die Flasche kaputtmachen, weil ich dir nicht zeige, wie du beim Spielen betrügen kannst. (*Emma nickte mit dem Kopf. Sie befand sich in großer innerer Spannung. Sie zog den Sauger ab und trank das Wasser.*)
Emma: Ich werd' sie hinschmeißen und kaputtmachen.
Therapeutin: Du wirst sie hinwerfen und kaputtmachen, weil ich nicht tue, was du mir gesagt hast. (*Plötzlich grinste Emma und stellte die Flasche auf die Bank.*)
Emma: Ich kann nicht wütend sein, wenn du's nicht auch bist.
Therapeutin: Du möchtest gern, daß ich auch wütend werde.
Emma: Nein, nein, wirklich nicht. Außerdem würdest du mir verbieten, aus der Flasche zu trinken, wenn ich sie kaputtgemacht habe.
Therapeutin: Aus einer zerbrochenen Flasche könntest du nicht trinken.
Emma: Nein. Jetzt ist meine Zeit um, nicht wahr?
Therapeutin: Ja, in drei Minuten.
Emma: Mit drei Minuten kann man nicht viel anfangen.
Therapeutin: Nein. Mit drei Minuten kann man nicht viel anfangen.
Emma: Du bist mir doch nicht böse?
Therapeutin: Nein, ich bin dir nicht böse. Du fürchtest, ich könnte es sein, aber ich bin es nicht.

Emma: Dies Bild werde ich mit nach Hause nehmen. Du kannst das von unserem Haus behalten. Ich würde nicht hineingehen, selbst wenn man mir Geld dafür gäbe. Ich will das Haus nicht um mich haben. Auf Wiedersehen!

(Emma ging schnell fort. Sie nahm das Fahnenbild und das mit den Buchstaben mit, ließ aber das von dem Haus zurück.)

Erläuterung

Während dieser Stunde brachte Emma tiefe und wesentliche Gefühle zum Ausdruck. Sie schien auch ein klein wenig an Einsicht in ihr anti-soziales Verhalten gewonnen zu haben. Sie griff in aktiver Weise zur Selbsthilfe, indem sie ein Spiel lernen wollte, das sie mit anderen Kindern spielen konnte. Sie berücksichtigte mögliche Gefühle der Therapeutin, als sie diese fragte, ob es ihr etwas ausmache, das Spiel zu verlieren. Sie zeigte, daß sie die gegebene zeitliche Begrenzung akzeptierte, als sie sich erkundigte, ob noch Zeit für ein weiteres Spiel sei. Emma schien auch eine gewisse Verantwortung für sich selbst zu übernehmen, als sie ihr eigenes Verhalten mit den Worten auswertete: „Ich spreche auch mehr" und „... wenn ich die Flasche kaputt mache, verbietest du mir vielleicht, daraus zu trinken."

Die Äußerungen der Therapeutin bei diesem Kontakt waren zum Teil oberflächlich und deshalb unadäquat. Trotzdem fühlte das Kind sich zutiefst angenommen, denn es brachte höchst feindselige Gedanken und Gefühle zum Ausdruck. Die „Betrugsepisode" wurde von der Therapeutin denkbar mangelhaft gehandhabt. Emmas Widerstand im Zusammenhang mit diesem Thema zeigt, wohin es führt, wenn der Therapeut von den therapeutischen Grundprinzipien abweicht und die übliche Rolle des Erwachsenen übernimmt: sie moralisierte ein wenig und versuchte vorsichtig, dem Kind vom Betrügen abzuraten. Sofort reagierte Emma auf ihre „normale" Weise: sie wurde feindselig und mürrisch. Wäre Emma die Möglichkeit gegeben worden, die Verantwortung für ihre Einstellung zu übernehmen, wäre es nicht dazu gekommen. Als sie gebeten wurde, ihr zu zeigen, wie man betrügt, hätte die Therapeutin z. B. sagen können: „Du möchtest gern lernen, wie man beim Spiel betrügen kann, aber ich werde dir das nicht beibringen." Eine solche Äußerung hätte gewisse Grenzen gesetzt in bezug auf das, was man vom Therapeuten erwarten kann, aber in ihr hätte nicht der Versuch gesteckt, Gefühle und Verhalten des Kindes zu kontrollieren.

Interessant war auch Emmas Reaktion auf das Flugzeug. Sie machte nach einigen Tagen die Bemerkung, daß sie schreckliche Angst gehabt habe, als das Flugzeug so nah über dem Hause flog, aber während dieses Vorgangs hatte sie nicht das geringste Zeichen von Angst gezeigt.

Auch die gemalten Bilder gaben interessante Hinweise auf Emmas Persönlichkeit. Man fragt sich nach dem tieferen Sinn jenes schwarzen Hauses, das sie nicht in ihrer Nähe haben wollte, und das sie selbst dann nicht betreten würde, wenn man ihr Geld dafür gäbe.

Emma war entspannter als bei ihren früheren Besuchen. Es war interessant zu beobachten, wie sie sich sofort wieder die Babyflasche nahm, als ihre Beziehungsbereitschaft durch das ungeschickte Reagieren der Therapeutin blockiert wurde.

DER SECHSTE KONTAKT – DIE DRITTE GRUPPENSTUNDE

(Die Mädchen kamen ans Auto der Therapeutin und bestanden darauf, das Köfferchen mit den Spielsachen ins Haus zu tragen und auszupacken. Emma schnappte sich sofort eine Babyflasche.)

Emma: Heute nehm' ich keinen Sauger. Ich trinke dies wie Bier.

Erna: Ich nehm' auch keinen Sauger.

Annemarie: Aber ich.

Therapeutin: Emma und Erna wollen keinen Sauger nehmen, nur Annemarie.

Annemarie: Ich bin hier das einzige Baby.

Therapeutin: Du willst das einzige Baby sein.

Erna: Baby! Baby!

Emma: Du stinkendes kleines schmutziges Baby.

(Erna, Erika und Emma saßen an einem Tisch und malten. Annemarie saß der Therapeutin gegenüber und trank aus der Flasche.)

Erika: Ich konnte es heute kaum abwarten, bis du gekommen bist.

Emma: Das schmutzige, stinkende kleine Baby Erna macht ihr Wasser ganz dreckig. Mein Wasser bleibt schön sauber.

Erna: Nun hört bloß, wie Emma wieder angibt! Sie sagt, ich mache meine Farben alle schmutzig, und ihre seien immer sauber.

Erika (zu Erna): Wir sind Schmutzfinken, nur Emma malt sauber. (*Sie schüttelte ihren Pinsel und bespritzte Erna dabei etwas mit Wasser.*)

Erna: Laß das gefälligst! Fräulein, gucken Sie mal! Sie bespritzt mich mit Wasser.

Annemarie: Ach, das ist ganz gut für dich.

Erika: Seht mal, wie das Farbwasser die Farbe verändert. Alle Kinder sind Schmutzfinken.

Emma: Wenn man ihnen das erlaubt. Alle – außer mir. Ich bin sehr sauber. Ich bin der sauberste Maler auf der ganzen Welt. Ich bin keine schmutzige stinkende Göre. Ich bin besser als alle anderen. (*Die anderen Mädchen lachten höhnisch über Emma.*)

Erika: Hört euch bloß an, wie die sich wieder aufspielt.

Emma (mit überlegenem Lächeln): Erika, geh' mal etwas sparsamer mit dem Rot um. Es hat doch keinen Sinn, es einfach zu verschwenden.

Erna: Du scheinst gern herumzukommandieren.

Emma: Klar. Und noch eins. Heute Nacht werd' ich die Feinde töten.

(Annemarie stellte die Flasche beiseite.)

Emma: Stellst du die Flasche weg?

Annemarie: Ja.

(Erna fing an, im Zimmer herumzuhopsen.)

Emma: Setz' dich hin, Mädchen und male, bevor ich dir eine klebe.

Erna: Ich kann mich nicht hinsetzen. Ich hab' Ameisen in der Hose.

Emma: Oh! Mir ist Farbe auf den Boden gekleckert. Wie schön, daß ich weiß, daß ich sie nicht wieder wegwischen muß! Aber ich werde trotzdem den Boden wieder saubermachen.

Therapeutin: Du magst nicht, wenn man dir befiehlt, nach der Arbeit sauberzumachen.

Erna: Warum würde Emma geradezu einen Anfall bekommen, wenn man ihr sagen würde, was sie tun soll? Emma ist einfach unausstehlich.

Emma: Unser Fräulein hier findet gar nicht, daß ich unausstehlich bin.

Therapeutin: Emma ist überzeugt davon, daß ich sie nicht unausstehlich finde.

Erika (zu Emma): Ich will jetzt genau dasselbe malen wie du.

Emma: Dann man los. Du bist verrückt, wenn du das tun willst.

Erna: Ach, Emma! Wie du nur immer redest! Laß das doch!

Emma: Unser Fräulein hat gesagt, ich kann sagen, was ich will, wenn ich hier bin.

Therapeutin: Emma will mal sehen, ob ich auch wirklich meine, was ich sage. Sie will das mal ausprobieren.

Erna: Seht mal! Erika hat immer noch Wasser in ihrem Glas.

Emma: Die will ja auch immer alles für sich behalten.

(Annemarie sah sich Emmas Bild an.)

Annemarie: Was soll das sein?

Emma: Das ist das Bild von einem großen Gestank. Genau das ist es.

Annemarie: Von einem großen Gestank?

Emma: Ja. Es ist wirklich ein Bild von einem großen Gestank. Es ist ein Klo. Und jemand hat es gerade benutzt.

Erna (nachdem sie angefangen hat zu malen und das Wasser aus der Babyflasche dazu benutzt hat): Du malst aber ulkige Bilder! (*Emma begab sich zu Erna.*)

Emma: Darf ich dein Wasser mitbenutzen? Die anderen Mädchen haben meins benutzt, verstehst du? (*Erna nickte zustimmend mit dem Kopf. Als Emma ihren Pinsel in das Wasser getaucht hatte, wurde das Wasser orangefarben.*)

Erna: Seht mal! Wie Orangensaft. Jetzt werde ich Orangensaft trinken. (*Sie griff nach der Flasche.*)

Erika (wollte Wasser holen und rief von der Toilette aus nach Emma): Komm mal lieber her und hilf mir, Emma. Ich schaff' das nicht alleine, was ich tun will.

Emma: Zum Teufel nochmal! Bitte doch den schwarzen Mann!

Annemarie: Ach, Emma! (*Die Mädchen lachten.*)

Therapeutin: Emma macht es Spaß, andere mit ihren Ausdrücken zu schockieren.

Erna (zu Annemarie): Guck' mal, alte Schlampe! Du verbrauchst ja das ganze Grün. Weißt du was? Wir haben uns hier gut amüsiert, bis du hereingeplatzt bist. Du bringst immer alles durcheinander.

(Emma verschüttete Farbe. Sie holte sich schnell ein Handtuch aus der Toilette und wischte sie damit auf.)

Emma: Das Fräulein X. würde wild werden, wenn sie das wüßte. Seht euch das mal an! Hahaha!

Therapeutin: Du meinst, Fräulein X würde nicht gern haben, wenn ihr Handtuch voll Farbe ist.

Emma: Mein liebes Fräulein, sie stirbt, wenn sie das sieht – hoffentlich.

(Die Therapeutin nahm sich vor, das Handtuch mit nach Hause zu nehmen und es auszuwaschen, bevor sie es wieder an seinen Haken hing. Emma sprang auf und marschierte um den Tisch herum. Dabei sang sie ihre eigene Fassung von „Auf, auf, christliche Soldaten!")

Emma:

Auf, auf, christliche Soldaten,
Geht hinein in den Krieg.
Wenn die wüßte, was ich eben tat,
Junge, Junge, würde sie da toben!

(Die anderen Kinder lachten fröhlich.)

Emma (Fräulein X. nachahmend): Ach, mein Handtuch! Mein Handtuch! Wer hat da Farbe dran gemacht? Die werd' ich aber verhauen. *Töten* werde ich sie. Mein Handtuch! Mein Handtuch! (*Die anderen Mädchen schrien vor Vergnügen über Emmas Spiel. Emma grinste; dann wurde sie plötzlich ernst.*) Hört gefälligst sofort mit der albernen Lacherei auf! Benehmt euch! (*Die anderen Mädchen johlten vor Lachen. Emma setzte sich der Therapeutin gegenüber und grinste.*)

Emma: Weshalb wohnt unser Fräulein eigentlich nicht ganz bei uns?

Erika: Ach ja, tu' das doch.

Therapeutin: Ihr denkt, es wäre schön, wenn ich bei euch wohnen würde.

Annemarie: Geht das nicht?

Emma: Nein, das macht sie nicht. Wer würde hier schon wohnen wollen, wenn er nicht müßte? (*Sie blickte die anderen Mädchen bösartig an.*)

Therapeutin (zu Emma): Dir gefällt es hier nicht.

Emma: Ich *hasse* das Haus hier.

Annemarie: Es ist *schön* hier.

Emma: Bah! Einfach greulich ist es.

Therapeutin: Annemarie findet es hier schön, aber Emma findet es greulich.

Erika (flüsternd): Ich finde es auch greulich.

Therapeutin: Du magst nicht laut sagen, was du denkst.

Erika: Nein. Nachher sagt das vielleicht jemand weiter.

Therapeutin: Du glaubst, du könntest Schwierigkeiten bekommen, wenn jemand weitersagt, was du denkst.

Emma: Ich hab' keine Angst. Ich werd's denen schon sagen. Herausschreien werde ich es. Ich werde sagen: Ich hasse euch. Ich hasse diese alte Bude. Ich hasse euch alle.

Erika (in tiefer Bewunderung): Das bringt die fertig. Sie hat keine Angst.

Therapeutin: Emma hat keine Angst zu sagen, was sie denkt.

Emma: Ich hab' keine Angst.
Erika: Aber wenn sie nun bestraft wird?
Emma: Das ist mir schnuppe.
Therapeutin: Es ist dir egal, ob du bestraft wirst. Du sagst auf jeden Fall, was du denkst.
Annemarie: Es ist schön hier.
Emma: Vielleicht, wenn man ein Lieblingskind ist wie du. Aber ich bin keins.
Therapeutin: Du meinst, für einige von euch ist es vielleicht schön hier, aber für dich nicht.
Emma: Ich hasse gar nicht alle.
Therapeutin: Es gibt also hier auch Menschen, die du leiden magst.
Emma: Ich mag unser Fräulein. Ich mag Erna. Ich mag Erika.
Therapeutin: Einige von uns hast du richtig gern.
Emma: Ja.
Erika (höchst erstaunt): Du magst mich?
Emma: Ja, sogar dich, alter Angeber.
Therapeutin: Unsere Zeit ist um für heute.
Emma: Fix! Fix! Helft aufräumen! Wir wollen die Spielsachen zusammenpacken.
(Die Mädchen räumen schnell auf und stellen die Spielsachen weg.)
Emma (zur Therapeutin): Hier ist das letzte Bild. Guck mal. Das ist ein Gefängnis. Und ich bin da drin.
Therapeutin: Ach, du hast dich selber ins Gefängnis gesteckt.
Emma: Du kannst es haben, wenn du willst. Und dies hier auch. Meinen großen Gestank und mich.
(Die Mädchen gingen gemeinsam weg.)

Erläuterung

In dieser Spielstunde stießen die Persönlichkeiten der einzelnen Mädchen wiederholt heftig aufeinander, bis sie sich zum Schluß miteinander vertrugen. Interessant ist der Umschwung von Emmas Gefühlen, nachdem sie ihre äußerst negativen Gefühle dem Heim und allen Menschen gegenüber zum Ausdruck gebracht hatte. Daß Emma imstande ist, freiwillig zuzugeben, sie könne einige Menschen ganz gut leiden, ist bei diesem Kind bestimmt als Fortschritt in seiner Entwicklung zu werten. Emma genießt es, daß sie im Mittelpunkt einer Szene steht und durch ihre gewagten und giftigen Bemerkungen die Bewunderung der anderen Kinder gewinnt. Diese Spielstunde veranschaulicht den Wert der Gruppentherapie. In einer Einzelstunde hätte Emma nicht die Erfahrung machen können, wie andere Kinder auf ihre Bemerkungen reagieren. Es ist anzunehmen, daß Emma jetzt in der Lage war, zu den anderen Mädchen in eine Beziehung zu treten, nachdem diese entweder Zustimmung oder Beifall in bezug auf Emmas Gefühle dem Heim gegenüber geäußert hatten. Annemaries Ausschluß aus der Gruppe, in die Emma so gerne kam, dürfte ihre Beziehungsbereitschaft noch verstärkt haben.

Auch die Wahl des künstlerischen Materials ist wieder interessant. Wäre die Therapeutin imstande gewesen, Emmas Gefühle, die sie in der Zeichnung von „ihrem großen Gestank“ zum Ausdruck brachte, besser gegenüber Emma zu reflektieren, hätte sie es vielleicht nicht nötig gehabt, sich selbst zu bestrafen, indem sie sich in ein gemaltes Gefängnis steckte.

Emma scheint erheblich an Einsicht in ihr Verhalten gewonnen zu haben. Auch die Therapeutin macht einen entspannten Eindruck. Für die Kinder war sie zu „unserem Fräulein“ geworden. In den voraufgehenden Stunden war sie vollkommen anonym geblieben. In den folgenden Spielstunden wechselte ihr Name je nach Art der Beziehung, die sich zwischen ihr und den Mädchen entwickelt hatte.

Es ist nicht anzunehmen, daß Emma die gleichen Fortschritte gemacht hätte, wenn sie nur zu Einzelkontakten gekommen wäre. Da bei ihr vor allem eine bessere soziale Anpassung erreicht werden mußte, dürfte sie durch die Ausdrucksmittel, die eine Gruppe bietet, am besten gefördert werden.

DER SIEBTE KONTAKT – DIE VIERTE EINZELSTUNDE

(Emma kam ins Spielzimmer, sah die Therapeutin grinsend an und setzte sich an den Maltisch. Sie knurrte wie ein Hund, holte sich die Babyflasche, zog den Sauger ab, nahm sie mit zum Maltisch und setzte sich wieder hin.)

Emma: Ich weiß nicht, was ich malen soll.

Therapeutin: Du kannst dich nicht zu irgendwas entscheiden.

Emma: Nein.

(Sie tauchte den Pinsel in die rote Farbe und malte die Buchstaben USA auf das Papier. Sie benutzte einen Mallappen als Löschpapier und umrandete das USA mit grüner Farbe.)

Emma: Wissen Sie, daß die Jungens gestern abend in der Schlucht Indianertänze getanzt haben, und daß einer von ihnen ins Feuer gefallen ist und sich verbrannt hat? Wir konnten das Geschrei im Mädchenhaus ganz deutlich hören. Die Jungens verbrannten Unkraut und einer von ihnen fiel ins Feuer, als er drumherumtanzte. Er fiel mitten in die Flammen und verbrannte sich.

Therapeutin: Dann wurde er also ernsthaft verletzt.

Emma: Ja, an Armen und Händen und im Gesicht. Auch seine Haare bekamen was ab.

Therapeutin: Hm!

(Emma malt BUS in lila Buchstaben.)

Emma: Sag mir mal, was das heißen soll.
Therapeutin: Das heißt Bus.
Emma (lachend): Wirklich? Ich wußte das nicht. Ich hab' das nur so ganz zufällig gemalt. So also schreibt man Bus! B-U-S. (*Sie lacht wieder.*)
Therapeutin: Es macht dir Spaß, daß du ein Wort buchstabieren kannst.
Emma: Ja, ich werde immer klüger.
Therapeutin: Das ist ein schönes Gefühl.
Emma: Ja. Kann ich etwas von dem Papier hier mit 'rüber ins Mädchenhaus nehmen?
Therapeutin: Das geht leider nicht. Du kannst hier auf das Papier malen. Aber ich hab' nicht genug davon, um dir noch welches mitzugeben.
Emma: Darf ich noch zwei Bilder malen?
Therapeutin: Ja.
(Emma malt ein großes gelbes Kreuz, ein schwarzes Hakenkreuz, ein Flugzeug und ein rotes E.)
Emma: Als ich am letzten Freitag in unser Haus kam, saßen schon alle bei Tisch. Ich bin zu spät gekommen.
Therapeutin: Du kommst nicht gern zu spät.
Emma: Oh, das ist mir doch egal, vollkommen egal ist mir das. Ich komm' sogar gerne zu spät.
Therapeutin: Ach so, du kommst gern zu spät.
Emma: Heute abend gibt's bei uns die ersten Maiskolben vom Gutshof. (*Sie zeigt durch das Fenster auf das Kornfeld.*)
Therapeutin: Die werden dir gut schmecken.
Emma: Das kann ich dir sagen! Ich bin ein Vielfraß.
Therapeutin: Dir macht Essen Spaß.
Emma: Ich bin gern ein Vielfraß.
Therapeutin: O, du bist gern ein Vielfraß. (*Emma nickt nachdrücklich mit dem Kopf.*)
Emma: Natürlich! (*Sie lacht verschmitzt.*) Ich bin eine eingebildete und mordsfreche Göre.
Therapeutin: Du hältst dich für eingebildet und frech.
Emma: Ich bin das niederträchtigste Balg von der ganzen Bande hier.
Therapeutin: Du glaubst, du wärst hier das niederträchtigste Mädchen.
Emma: Ich bin streitsüchtig, verlogen und schwatzhaft.
Therapeutin: Du bist zänkisch und verlogen und schwatzhaft.
Emma: Ja. Erinnerst du dich noch an das Flugzeug, welches das letzte Mal so niedrig über unseren Kopf wegflog?
Therapeutin: Ja.
Emma: Das hat mir einen mächtigen Schrecken eingejagt, aber ich tat so, als wär' mir das ganz egal.
Therapeutin: In Wirklichkeit hattest du Angst, aber du tatest so, als hättest du keine.
Emma: Mein Gott, hab ich mich erschrocken!
(Emma malte ein Hakenkreuz auf das Flugzeug und auf den Flugzeugschuppen. Auf das Haus malte sie USA in grüner Farbe. In diesem Augenblick klopften zwei kleine Mädchen im Kindergartenalter an die Tür und fragten, ob sie mal auf die Toilette gehen dürften. Während sie im Waschraum waren, grinste Emma die Therapeutin an.)

Emma: Die rennen immerzu ins Badezimmer.

(Als die Mädchen wiederkamen, blickte Emma sie mit so finsteren Blicken an, daß sie sich schnellstens aus dem Staub machten.)

Emma: Ich kann die Kleinen ganz leicht erschrecken. Ich brauch' bloß so'n Gesicht zu machen. sieh' mal her! Und dann knurr' ich, und schon rennen sie weg und verstecken sich.

Therapeutin: Du erschreckst sie ganz gern.

Emma: Na, klar doch! (*Sie malte weiter, grinste und schwieg.*) Zum Halmaspielen ist wohl keine Zeit mehr, was?

Therapeutin: Du hast nur noch fünf Minuten Zeit.

Emma: Ich möchte Halma spielen und auch ein Bild zeichnen. Ich möchte beides gleichzeitig tun. Ich weiß nicht, was ich am liebsten täte.

Therapeutin: Es wird dir etwas schwer, dich zu entscheiden.

Emma: Ja, ich werd' zeichnen. Das geht schneller.

Therapeutin: Zum Zeichnen braucht man weniger Zeit als zum Halmaspielen.

Emma: Sieh' dir das hier mal an. (*Sie malt in großen Buchstaben US und füllt das U ganz schwarz aus.*) Darf ich das Bild mit 'rüber nehmen ins andere Haus?

Therapeutin: Wenn du das gern möchtest.

Emma: Morgen komm' ich doch mit der Gruppe, nicht wahr?

Therapeutin: Ja.

Emma: Weißt du was? Am liebsten käme ich immer nur mit der Gruppe. Mir macht das mehr Spaß. Lieber komm' ich zweimal in der Woche mit der Gruppe als alleine. Geht das?

Therapeutin: Du meinst, daß es dir mehr Spaß macht, wenn du immer nur zu den Gruppentreffen kämst statt so, wie wir das jetzt gemacht haben.

Emma: Ja, das meine ich. Ich bin ja sowieso immer allein. Hier hab' ich dann Kinder, die mit mir spielen.

Therapeutin: Du findest es schöner, wenn andere mit dir spielen, als ganz allein hier zu sein.

Emma: Und wenn du noch was wissen willst: Diese Woche kommt meine Mutter, um mich für einen Tag mitzunehmen. Wo wir dann hingehen, da wird eine Musikkapelle sein, und Tiere will ich mir ansehen. Große wilde Tiere sind da. Und sie wird meinem Stiefvater sagen, daß er kommen und mich holen soll. Vielleicht tut er das. Vielleicht fressen ihn aber auch die Löwen und Tiger auf. Affen gibt's auch da.

Therapeutin: Du glaubst, daß deine Mutter in dieser Woche kommen und dich besuchen wird. Das wird ein richtiger Festtag werden.

Emma: Ja, mit einer großen Musikkapelle.

Therapeutin: Mit einer Musikkapelle und Tieren und was sonst noch allem.

Emma: Ich kann wirklich doll schwindeln. (*Sie grinst vergnügt.*) Sie hat *gesagt,* daß sie kommt. Vielleicht tut sie's auch. Ich denke, diesmal kommt sie wirklich. Aber nein, sie kommt sicher nicht.

Therapeutin: Sie hat dir gesagt, daß sie kommt, aber du bist trotzdem nicht ganz sicher, ob sie das auch wirklich tun wird.

Emma (ihr Gesicht in den Händen verbergend): Du bist mein Fräulein.

Therapeutin: Du wünschtest, ich wäre dein Fräulein.

Emma (flüsternd): Ja, ganz allein meins – und keinem anderen seins.
Therapeutin: Du möchtest gern, daß ich dir ganz alleine gehöre.
Emma (steht auf und macht die Schachtel mit den Zeichenstiften zu): Morgen komme ich wieder. Heute ist meine Stunde sicher um.
Therapeutin: Ja, für heute ist deine Zeit zu Ende.
Emma: Auf Wiedersehen, liebes Fräulein!
(Emma lächelte der Therapeutin traurig zu, als sie zur Tür ging. Dann schnitt sie plötzlich eine Grimasse, kicherte und rannte davon.)

Erläuterung

In diesem Gespräch erfolgt allerhand an Selbstbetrachtung von seiten Emmas. Das Kind sieht in sich hinein und spricht mehrmals genau das an, was ihr Schwierigkeiten macht. Man merkt, wie Emma gewisse negative Auswertungen in bezug auf ihr Verhalten in ihre Selbstbeobachtung einbezieht. Es macht ihr immer noch Spaß, die Therapeutin zu schockieren. Wenn sie erklärt, sie sei ein Vielfraß, dann will sie, daß man sie auch als Vielfraß bezeichnet. Abschwächende Verallgemeinerungen läßt sie nicht gelten. Nachdem sie erklärt hat, sie käme gerne zu spät zu den Mahlzeiten und sei gern ein Vielfraß, gibt sie zu, daß solche Bemerkungen und ein solches Verhalten „frech" seien. Unschwer, sich Emmas Reaktionen auszumalen, wenn die Therapeutin derartige Feststellungen gemacht hätte. Das hätte nur negative Reaktionen hervorgerufen. Weil sie sich vorbehaltlos angenommen fühlte, war sie imstande, zu sagen, daß sie „das niederträchtigste Balg von der ganzen Bande" und streitsüchtig, verlogen und schwatzhaft sei. Dann versuchte sie der Therapeutin zu erklären, was in ihr vorging. Sie sprach von ihrer Angst vor dem Flugzeug und schilderte, wie ihr äußeres Verhalten im Gegensatz zu ihren Gefühlen stand:

Als Emma vorschlug, sie doch mit den anderen Kindern zusammenkommen und sie mit ihnen spielen zu lassen, schien sie ein ganz richtiges Gefühl zu haben für das, was sie brauchte. Es war merkwürdig, daß in derselben Woche jedes der Mädchen in seiner Einzelstunde den gleichen Wunsch äußerte. Natürlich wußte die Therapeutin nicht, ob sie sich alle vorher miteinander abgesprochen hatten. Auf alle Fälle gab sie ihr Einverständnis dazu, daß die Mädchen von nun an zweimal wöchentlich zu einer Gruppenstunde zu ihr kamen. So war dies Emmas letzter Einzelkontakt.

Emmas Äußerungen zu dem erwarteten Besuch ihrer Mutter, brachten deutlich die verwirrten Gefühle zum Ausdruck, die durch die immer wieder in Aussicht gestellten mütterlichen Besuche im Inneren des Kindes ausgelöst wurden. Emma war auf der Suche nach einem zuverlässigen Anker; darum ihre dringende Bitte an die Therapeutin, doch „ihr Fräulein“ zu sein. Die Gefühlslage, aus der heraus Emma diesen Wunsch äußerte, vermochte sie aber nicht lange aufrecht zu erhalten. Sie zeigte schnell wieder ihre alten Abwehrhaltungen, schnitt eine Grimasse, kicherte und verabschiedete sich auf diese Weise in ihrer alten Rolle.

DER ACHTE KONTAKT – DIE VIERTE GRUPPENSTUNDE

(Die vier Mädchen befanden sich bereits im Spielzimmer, als die Therapeutin ankam. Als sie die Therapeutin sahen, schrien sie alle durcheinander.)

Emma: Verflixt noch mal! Ich dachte schon, du kämst überhaupt nicht mehr. Reinkommen! Reinkommen!

(Sie gingen dann mit zum Wagen der Therapeutin, trugen das Köfferchen mit den Spielsachen ins Haus und packten es aus. Jede von ihnen griff nach einer Babyflasche.)

Emma: Los! Laßt uns alle Babys sein! Füll' mir meine Flasche!

Die anderen: Mir auch. Ich bin ein Baby .

(Alle tranken aus den Flaschen und babbelten wie ganz kleine Babys vor sich hin. Annemarie holte sich Ton. Erika, Erna und Emma fingen an zu zeichnen.)

Erna: Wo ist das Glas mit den Farben?

Erika: Das ist kaputt. Annemarie hat es kaputtgemacht.

Erna (zu Annemarie): Stimmt das?

Annemarie: Ja, aber ich konnte nichts dafür. Das ist doch wahr, nicht? Ich konnte wirklich nichts dafür. Stimmt's?

Therapeutin: Ja, du hast das nicht mit Absicht getan.

Annemarie (zur Therapeutin): Nicht wahr? Es hat mir wirklich sehr leid getan.

Therapeutin: Ja, es hat dir sehr leid getan.

Erna: Ich hab' auch mal 'ne Flasche kaputtgemacht. Da hab' ich beinah geheult.

Emma (trocken): Ha! Ha! Ha!

Erna: Ich hab' wirklich beinah geweint, nicht wahr?

Therapeutin: Ja, du hättest beinah geweint.

Annemarie (zur Therapeutin): Und einmal hast du eine fallen lassen; das fanden wir gar nicht so schlimm.

Therapeutin: Jeder macht mal etwas kaputt.

Annemarie: Ja, jeder macht einmal etwas kaputt.

Emma (ironisch): Jeder macht mal was kaputt.

Erna (in einem Ton von Verteidigung): Na und?

Emma (zur Therapeutin): Hast du uns gern, Mutti?

Therapeutin: Du möchtest wissen, ob ich euch gern habe.

Emma: Na ja! Hast du uns gern?

Therapeutin: Ja.

Erna: Und wir mögen sie so gern, als wär' sie unsere Mutti, stimmt's?

Annemarie: Ich werde ...

Erna: Ich werde meinen Pappi heiraten.

Annemarie: Ach, das geht doch nicht.

Emma: Ich werde einen Mann aus Wachs heiraten. Ich werde ihn zerquetschen und dann auseinanderreißen.

Erna: Ach, Emma!

Erika: Ich werde Jesus heiraten.

Emma: Wie könnt' ihr euch um so 'was streiten. Ich werde alle heiraten. Da bleibt keiner für euch übrig.

Erika: Alle willst du heiraten? *(Sie zeigt mit dem Finger nach unten zum Keller hinunter.)*

Emma: Auch ihn!

(Die drei Mädchen zeichneten schweigend weiter. Annemarie knetete schmale Streifen und drückte sie gegen die Tischplatte.)

Erna: Marie hat mich gebeten, ihr ein bißchen Zeichenpapier mitzubringen. Aber das geht wohl nicht, was?

Therapeutin: Nein. Das Papier könnt ihr nur hier benutzen, aber ihr dürft es nicht mitnehmen.

Annemarie: Komm' lieber her zu mir, Erna. Ich werd' dich nicht stören.

Erna: Schaut euch nur diese Gemälde hier an! Sie sind alle verschmiert.

Annemarie: Aber das hast du doch selbst gemacht.

Emma: Hört doch auf mit dem Unsinn! Ihr stört meine Mutti damit.

Erna: Sie ist *nicht deine* Mutti.

Emma (brüllt): Sie *ist* meine Mutti. Du bist bloß eifersüchtig, weil sie nicht deine Mutti ist, sondern *meine.*

Annemarie: Sie ist meine Freundin.

Emma: Ich mag sie lieber als meine richtige Mutti. Meine richtige Mutti ist gemein. Und ich hab' einen Stiefvater, der ist auch gemein. Wenn ich zehn bin und meine Schwester auch älter ist, geht meine Mutter zu den Soldaten.

Erna: Wahrhaftig? Meine Mutti schuftet furchtbar.

Emma: Na, meine geht jedenfalls zu den Soldaten, und ich hoffe, daß sie da erschossen wird. Peng! Peng! Peng!

(In diesem Moment entstand ein heftiger Streit wegen des Farbwassers, und Erna und Erika wandten sich abwechselnd an die Therapeutin mit Ausrufen wie: „Schau' mal, was die gemacht hat! Das hat sie gemacht.")

Emma (äfft sie nach): Schau' mal! Schau' mal! (*Im weiteren Verlauf der Zankerei wurde das Farbwasser umgeworfen.*)

Erika (schreit Emma an): Hol' mal den Lappen und wisch' das wieder auf, du Schmutzfink.

Emma: (tut, worum man sie bat): Beherrsch' dich mal ein bißchen und hab' dich nicht so! Du bist verrückt, Erika.

(Der Therapeutin entging in diesem Augenblick viel von der Unterhaltung der Kinder; sie verstand aber, daß es um eine Aufführung im Mädchenhaus des Heimes ging.)

Emma: Keiner wird dich leiden mögen, Erika, wenn du dich so benimmst.

Erika (stellt sich dicht neben die Therapeutin): Mutti hat Erika doch gern, nicht wahr?

Therapeutin: Die anderen Mädchen sollen wissen, daß ich dich leiden mag.

Erika: Du bist meine Mutti.

(Sie geht wieder an den Tisch und schmiert mit den Farben herum; dann fängt sie an zu zeichnen.)

Erna: Ich will dir was schenken, Mutti.

Emma: Ich auch.

Erika: Die wissen genau, daß sie das gar nicht tun können, nicht wahr?

Therapeutin: Sie wollen, daß ich weiß, sie würden mir gerne etwas schenken.

Erika: Ich werde dir mein Bild schenken. Das ist ganz hübsch geworden.

(Emma malt ein rotes Haus und schneidet es aus.)

Erna: Die verbraucht das ganze Rot. Jetzt kann ich mein Bild nicht fertigmachen. Erika hat einfach alles Rot für ihr Bild genommen.

Erika: Das hat doch da gelegen.

Erna: Jetzt kann ich mein Bild nicht fertigmachen.

Erika: Ist mir doch egal.

Erna: Ich werd' das Fräulein N. sagen.

Erika: Ich werd' ihr das zuerst sagen. Ich bin schneller als du.

Erna: Ach, Erika!

Emma: Alles wollt ihr Fräulein N. sagen.

Erna: Na ja, sie ist ...

Emma: Sie findet euch schrecklich.

Erna: Aber sie ist doch ...

Emma: Alles wollt ihr ihr sagen.

Erna: Ich hab' das Rot zuerst gehabt.

Emma: Und bloß weil du es zuerst gehabt hast, denkst du, du kannst es für dich behalten.

Erna: Na ja ...

Emma (ironisch): Brave kleine Mädchen teilen ihre Sachen mit anderen. Nur gierige Menschen wollen alles für sich behalten – außer Erna natürlich.

Erna: Das ist nicht wahr! Das ist nicht wahr! Ich werd' dich verpetzen.

Emma: Und jetzt wirst du mich wieder mal verpetzen. Wie oft hast du mich heute schon verpetzen wollen?

Erna (mit schwacher Stimme): Ach, du verkohlst mich immer.

Emma: Oh, ich verkohl' dich. Mein *liebes* Kind, das tut mir ja *so* leid (*voll Sarkasmus. Eine Zeitlang wird schweigend gemalt. Dann schubst Emma ihren Tuschkasten zu Erna hinüber. Scherzhaft*): Da, nimm dir ein bißchen Rot, Erna. (*Erna sieht Emma mißtrauisch an, taucht aber vorsichtig ihren Pinsel in die rote Farbe.*)

Emma (lacht boshaft): Ach, meine Liebe. Was bin ich doch für'n nettes Kind! Siehst du, Mutti? Ich hab' ihr was abgegeben. (*Die Kinder lachen alle.*)

Therapeutin: Emma hat von ihrer roten Farbe etwas abgegeben, wie ein *braves* kleines Mädchen. (*Emma gibt Erika ihren ganzen Tuschkasten.*)

Emma: Du kannst alle meine Farben haben. Und auch meinen Pinsel.

Erika (zu Emma): Und dafür kannst du meine Farben haben.

Erna (zu Erika): Da! Nimm meine.

(Sie schieben einander ihre Tuschkästen zu und machen ein Spiel daraus, die Sachen miteinander zu teilen. Bald müssen sie alle lachen. Als die Stunde zu Ende ist, verläßt Emma das Spielzimmer Hand in Hand mit Erika und Erna.)

Erläuterung

Im ersten Teil dieser Spielstunde suchten die Kinder eine Bestätigung dafür, daß die Therapeutin ihnen nahestand. Später identifizierten sie sie mit „ihrer Mutti". Dabei kamen verschiedene Gefühle zum Vorschein; die Kinder brachten z. B. ihre Eifersucht und ihre Rivalität in bezug auf die Zuwendung der Therapeutin zum Ausdruck. Solche Probleme spielen häufig in therapeutischen Spielstunden eine Rolle. Das beste, was der Therapeut tun kann, ist, die Gefühle, die erkennbar werden, die Kinder spüren zu lassen – z. B. ihren Wunsch, die Therapeutin möge doch aussprechen, daß sie die Kinder gern hat und ihr dringendes Bedürfnis, zu irgendeinem Menschen dazuzugehören. Das gilt besonders für Kinder, die so schwere emotionelle Entbehrungen erleiden mußten wie diese hier. Dagegen ist es von geringem, wenn nicht von gar keinem Wert, wenn der Therapeut eine die ausgedrückten Emotionen „unterstützende Rolle" einnimmt, wodurch nur neue Probleme geschaffen werden, weil diese Gefühle eines Tages zwangsweise enttäuscht werden müssen.

Emma war in dieser Spielstunde diejenige, die auf sarkastische Weise Kritik am Betragen der anderen Mädchen übte und dadurch versuchte, zum Friedensstifter zu werden, – eine zweifellos für dieses Kind vollkommen neue Rolle. Erstaunlich, wie Emmas Verhalten sich ansteckend auswirkte und sofort ein Nachlassen der Spannungen zur Folge hatte. Emma überließ das Gespräch mit der Therapeutin in dieser Spielstunde fast ausschließlich einem der anderen Kinder. Das veranschaulicht den Wert einer Gruppentherapie. Die Therapeutin hätte gut daran getan, am Ende der Spielstunde einige der zum Ausdruck gebrachten Gefühle den Kindern bewußt zu machen.

DER NEUNTE KONTAKT – DIE FÜNFTE GRUPPENSTUNDE

(Die Mädchen kamen ins Spielzimmer hereingetobt. Sie griffen sich die Babyflaschen und schrien mit voller Lautstärke durcheinander.)

Annemarie: Ich will aus der Flasche trinken.

Erna: Ich will ein Baby sein.

Erika: Ich bin ein kleines Baby und krieche auf dem Boden herum.

Therapeutin: Es macht euch Spaß, Babys zu sein.

Die Mädchen: Ja!

(Die Mädchen legten sich auf die Hände, krochen auf den Knien durch das Zimmer und plapperten wie ganz kleine Babys.)

Emma: Bin ich die einzige, die malen will? Ich will ein Klo malen.

Therapeutin: Du willst ein Bild mit einem Klo malen.

Emma: Ja. Mit einem Klo, das benutzt ist.

Therapeutin: Du willst ein Bild malen mit einem Klo, das jemand benutzt hat.

Emma: Ja. Aber ich will ...

(Erika und Erna hatten auf dem Fußboden ein Damespiel angefangen. Emma ging zu ihnen und stieß alle Steine durcheinander, die dann überall verstreut umherlagen. Das hatte ein heftiges Wortgefecht zur Folge. Die beiden anderen Mädchen waren weniger böse auf Emma als eine auf die andere; sie beschuldigten sich gegenseitig, gemogelt zu haben.)

Emma: Ihr gemeinen kleinen Betrüger! Wenn ihr nicht ehrlich spielen könnt, dann laßt es lieber ganz.

Erika: Halt du doch den Mund!

(Annemarie und Erika sahen aus dem Fenster. Draußen standen die vier Jungen, die nach ihnen zur Spieltherapie kamen. Die beiden Mädchen unterhielten sich mit den Jungen über einen anderen Buben, der aus dem Heim weggelaufen war. Emma malte und zwar ein seltsames Bild mit roten, schwarzen und gelben Flecken, die keine bestimmte Form hatten. Als sie fertig war, zeigte sie das Bild der Therapeutin.)

Emma: Gefällt's dir?

Therapeutin: Magst du mir sagen, was es bedeutet?

Emma: Es ist das Bild von einem kleinen Mädchen, das spazieren ging. Als es bei dem Haus vom bösen Mann vorbeikam, sprang er heraus und griff nach ihm. Er nahm eine Axt und zerteilte es in lauter kleine Stücke und das hier ist ihr Blut. Dann schien die Sonne, und der Mann sah sich nach einem anderen kleinen Mädchen um. Die schwarzen Flecken hier sind seine Fußspuren, überall wo er herumgejagt hat. Er hatte so ein langes Messer. (*Sie deutete eine Länge von ca. 60 cm an.*)

Therapeutin: Der Mann war sicher sehr grausam, nicht wahr? Darum verfolgte er das kleine Mädchen und zerlegte es in lauter kleine Stücke.

Emma: Ja. Und überall klebte Blut an ihm.

Therapeutin: Ist das hier sein Blut?

Emma: Ach, bitte, bitte, willst du nicht meine Mutti sein? Nimm mich doch bitte weg von hier!

Therapeutin: Du möchtest so gern, daß ich deine Mutti wäre, nicht wahr? Und du wärst froh, von hier wegzukommen.

Emma: Ja. Machst du das?

Therapeutin: Ich weiß, du wünschst dir, ich täte es, aber das kann ich nicht. Ich kann wohl zu den abgemachten Zeiten hierherkommen, aber mitnehmen kann ich dich nicht.

Emma: Ich hab' auch gar nicht geglaubt, daß du das tun kannst. Aber ich will trotzdem hier weg. Ich finde es hier gräßlich. (*Sie nahm die schwarze Farbe und schmierte sie über das ganze Papier. Dann rief sie Erika, die zu ihr kam.*) Hol' mir mal frisches Wasser zum Malen, Erika.

Erika: Gut. Aber du sollst mitkommen.

(Beide Mädchen gingen in den Waschraum. Sie machten die Tür zu und blieben eine Zeitlang fort. Schließlich machten sie die Tür wieder auf und kamen zurück.)

Emma: Erika hat da drin etwas Schreckliches getan.

Therapeutin: Du meinst, sie habe auf der Toilette etwas ziemlich Schlimmes getan.

Emma: Ja. Sie ging aufs Klo, und als sie fertig war, hat sie reingesehen.

Therapeutin: Du findest es schlimm, daß sie ins Klo hineingeschaut hat, nachdem sie es benutzte.

Emma: Aber ja! Fräulein X. sagt uns das doch immer. Wir probieren immer, mal reinzusehen, aber wenn sie das merkt, sagt sie, daß das ungezogen sei.

Therapeutin: Aber trotzdem möchtet ihr gerne hineinschauen.

Emma: Wir werden sicherlich in die Hölle kommen.

Therapeutin: Du glaubst, ihr könntet sogar in die Hölle kommen, wenn ihr das tut.

Emma: Das sagt sie immer.

Therapeutin: Das sagt sie immer.

Emma: Ja.

(Sie setzte sich der Therapeutin gegenüber. Dann ging sie plötzlich ans Regal und holte sich ein Bilderbuch, das die Therapeutin mitgebracht hatte, um einer jüngeren Kindergruppe im Heim daraus vorzulesen. Emma setzte sich wieder der Therapeutin gegenüber und sah in das Buch hinein.)

Emma: Schreib' mal: „Es war einmal eine alte Frau, die lebte in einem Schuh."

Therapeutin: Du möchtest, daß ich das für dich schreiben soll?

Emma: Ja. (*Die Therapeutin schrieb es für Emma.)*

(Die Hausmutter kam aus dem Haus und jagte die Jungen vom Fenster weg.)

Annemarie: Prima! Prima! Die mußten da weggehen.

Emma: Ruhe! (*Sie las weiter in dem Buch.*)

(Annemarie fing an zu malen. Sie schmierte alles voll roter Farbe. Erika malte auch.)

Erika: Wirst du uns nächstes Mal was mitbringen?

Therapeutin: Du möchtest, daß ich euch etwas mitbringe.

Erika: Tust du das? Nächstes Mal?

Therapeutin: Wenn ich zum letztenmal herkomme, dann werde ich euch was mitbringen.

Annemarie: Prima! Was denn?

Therapeutin: Was wollt ihr dann haben?

Erika und Erna: Babyflaschen!

Annemarie: Bitte, bring' uns doch 'ne Babyflasche mit. Wenn wir uns dann wie Babys benehmen, kann Fräulein X. uns dran saugen lassen. Dabei würde ich so tun, als ob ich das gar nicht gern tu', aber in Wirklichkeit macht's mir Spaß. Ich werde nuckeln und schreien.

Therapeutin: Du möchtest also eine Babyflasche haben.

Die Mädchen: Ja!

(Die Mädchen griffen wieder nach den Flaschen und spielten mit ihnen, bis die Stunde vorbei war; dabei krochen sie auf dem Boden herum und taten so, als ob sie weinten.)

Erika: Sei doch meine Mutti!

Therapeutin: Du möchtest gern eine Mutti ganz für dich allein haben, nicht wahr?

Emma: Mutti, schau' mal! Sieh' dir mal das hübsche Geschmiere von Emma an. Siehst du, wie Emma aus der Flasche trinkt?

Erika: Schau' mich mal an!

Erna: Meine Mutti ist sehr hübsch. Sie hat rote Haare.

Annemarie: Sieh' mich mal an! Sieh' mich mal an!

Therapeutin: Ich soll euch alle anschauen.

Erika: Mutti, guck' mal her! Du bist *meine* Mutti.

(Für die anderen Kinder war dieser Ausruf wie ein Signal: Den Rest der Stunde brachten sie damit zu, die Therapeutin für ihre Mutti zu erklären. Die Therapeutin anerkannte die Gefühle, die dahinterstanden. Die vier Mädchen gingen zusammen mit fröhlichem Geschrei fort.)

Erläuterung

Die Bitte der Mädchen, ihnen etwas zu schenken, stellte die Therapeutin in dieser Spielstunde vor ein Problem. Es handelte sich dabei um keine ungewöhnliche Forderung; sie kann sich negativ auswirken, wenn der Therapeut nicht an dem Grundsatz festhält, während der Therapie keine Geschenke zu machen. Gibt er entsprechenden Wünschen der Kinder nach, so führt das leicht zu sich ständig steigernden Forderungen. Die Therapeutin fühlte, was diese Kinder an Entbehrungen zu erdulden hatten; darum versprach sie, ihnen etwas mitzubringen, wenn sie zum letzten Mal kommen würde. Die Bitte um Babyflaschen machte deutlich, von was für Gefühlen die Kinder zu diesem Zeitpunkt der Therapie beherrscht wurden.

Es war für Kinder, die emotionell derartig frustriert waren, typisch, daß sie plötzlich die Therapeutin zu „ihrer Mutti" erklärten. Ihre seelischen Entbehrungen führten zu einem starken Bedürfnis nach menschlicher Zuwendung und nach Sicherheit.

Die Toilettengeschichte war insofern von Bedeutung, als sie die Wirkungslosigkeit der Erziehungsmethoden der Hausmutter veranschaulichte. Die Art, in der diese der natürlichen Neugier der Kinder begegnete, hatte lediglich ein erhöhtes Interesse zur Folge, das dabei in den Bereich von etwas Verbotenem geriet und dadurch nur um so reizvoller wurde.

DER ZEHNTE KONTAKT – DIE SECHSTE GRUPPENSTUNDE

(Die vier Mädchen kamen ins Spielzimmer und griffen sofort nach den Babyflaschen. Sie sprachen wie kleine Babys und krochen auf dem Boden herum. Dabei nannten sie die Therapeutin wieder „ihre Mutti".)

Erika: Vergiß nicht! Du hast uns letztes Mal versprochen, uns was mitzubringen, wenn du zum letztenmal herkommst. Ich möchte genau so eine Flasche haben, wie diese hier.

Therapeutin: Ich werde das nicht vergessen. Du willst also eine Babyflasche haben. (*Die anderen Mädchen schlossen sich im Chor diesem Wunsch an.*)

Annemarie: Weißt du was? Emma ist so viel netter geworden als früher.

Erna: Ja. Sie zankt sich lange nicht mehr so viel mit uns und tratscht weniger.

Erika: Wir mögen Emma jetzt richtig gern. (*Erika wurde ganz rot im Gesicht und grinste die Therapeutin an. Sie und Erna fingen an zu malen.*)

Emma (spöttisch): Ich benehme mich so reizend wie ich nur kann.

Therapeutin: Alle finden, daß du netter geworden bist, Emma.

Emma: Ich versuche, artig zu sein.

Therapeutin: Du versuchst ernsthaft, artig zu sein.

(Erna bespritzte Erikas Bild aus Versehen mit Wasser.)

Erna: Entschuldige bitte, Erika! Ich hab' das nicht mit Absicht getan.

Erika: Nun sieh' dir das mal an! Mein Kleid hat was abgekriegt. Das setzt Prügel.

Emma (holt einen sauberen Lappen und wischt das Wasser wieder ab): Ich werd' das schon in Ordnung bringen.

Erna: Es wird trocknen, bevor du nach Hause gehst.

Emma: Vielleicht gehst du am besten hinaus und setzt dich an die Sonne.

Erna: Nun, laß gut sein. Kommt, wir setzen uns auf den Boden und malen.

(Alle vier Mädchen ließen sich auf dem Boden nieder und malten. Annemarie malte ein Gesicht, Erna ein Haus und Erika eine etwas seltsam aussehende Person.)

Erika: Das ist Fräulein X.

Emma: Laß sie mich mal tüchtig mit Wasser bespritzen!

Erika: Dann man los! Aber bespritz' mich nicht dabei. (*Beide Mädchen begannen, Fräulein X. mit Wasser zu bespritzen.*)

Therapeutin: Du machst sie auch naß.

Erika: Und jetzt werd' ich sie verhauen. (*Sie schlug mit dem Pinsel auf das Bild.*)

Emma: Ich will jetzt noch das Klo-Zeug auf sie 'raufschmieren.

Therapeutin: Jetzt macht ihr sie richtig schmutzig.

Emma: Jetzt stinkt sie auch noch.

(Erna und Annemarie kamen auch noch dazu und förderten die Aktion durch destruktive Einfälle. Im Handumdrehen wurde aus Fräulein X. eine große nasse und braune Schmiererei. Emma setzte dem Zerstörungswerk die Krone auf, indem sie mit dem Stiel ihres Pinsels durch das Papier stieß.)

Therapeutin: Jetzt seid ihr quitt mit ihr.

Emma: Wir werden's ihr schon zeigen.

Erika: Wieviel Zeit ist noch?

Therapeutin: Zehn Minuten.

(Die Mädchen holten sich neues Papier und fingen wieder an zu zeichnen. Emma verschmierte aus Versehen ihr Bild.)

Emma (mit Abscheu): Seht mal! Ich hab' mir mein Bild ruiniert. Es sieht überhaupt nicht mehr hübsch aus. Ich hab' alles verschmiert; ich kann so 'ne Schmiererei nicht leiden.

Erika: Du magst so 'was Verschmiertes nicht, nicht wahr?

Emma: Nein. Du etwa?

Erika: Och, mir macht das nicht soviel aus. Mir macht das überhaupt nichts aus. Ich bin eine Schmutz- und Schmier-Erika.

Emma: Schmutz- und Schmier-Erika und Schmutz- und Schmier-Annemarie!

Annemarie: Ich schmier' nicht herum, nicht wahr, Fräulein ...? Ich nicht! Ich will ...

Emma: Sicher wirst du das Fräulein N. erzählen. O weh! O weh! Und was wird dann aus mir? Du wirst es ihr erzählen, und ich werde sterben!

Annemarie: Tja!

Erika: Nächste Woche machen wir im Mädchenhaus eine Aufführung. Willst du dir das ansehen? Sollen wir unsere Aufführung für dich machen?

Therapeutin: Ja. Ich möchte sie gerne sehen.

Erika: Wir haben das Stück selbst geschrieben, und Fräulein N. hat gesagt, wir dürfen es aufführen. Sie weiß allerdings nicht, wovon es handelt.

Emma: Ich spiel' auch mit.

Erika: Emma spielt gut.

Emma: Ich bin der *Star!*

Therapeutin: Du hast eine schöne Rolle in dem Stück bekommen, und das macht dir Spaß.

Emma: Wart' man ab! Es wird ein schönes Stück. Wir schreiben noch daran. Nächstens werden wir es aufführen.

Erika (zur Therapeutin): Was schreiben Sie da?

Therapeutin: Etwas, was ich nicht vergessen möchte.

Erika (sieht sich die Notizen an): So 'n Gekritzel!

Therapeutin: Das ist Stenografie.

Erika: Ich finde, es sieht wie Gekritzel aus. Da steht ein Wort. Und hier ist noch eins. Aber lesen kann ich das nicht. Da steht mein Name.

Therapeutin: Hier steht, daß eure Zeit beinah um ist.

Erika: Wir wollen aufräumen und die Spielsachen wegpacken.

Emma: Ich werd' mithelfen.

(Die Mädchen brachten das Zimmer in Ordnung.)

Erläuterung

In dieser Stunde kam es zum erstenmal zu einer gemeinsamen Beschäftigung der vier Mädchen. Der Glanzpunkt bei diesem Treffen war die freiwillige Feststellung aller, daß Emma soviel netter geworden war. Dieses Angenommen-sein und das Gefühl, etwas mit anderen gemeinsam tun zu können, schien Emma zutiefst zu beeindrucken. Die Mädchen schienen sie in mancherlei Hinsicht zu bewundern.

Durch den solidarischen Angriff der Gruppe auf die Hausmutter, von der Erika möglicherweise eine Bestrafung zu erwarten hatte, brachte äußerst dynamische Gefühle an die Oberfläche. Die Mädchen schafften gemeinsam Ordnung im Spielzimmer. Das alles ließ einen Fortschritt in der Entwicklung der Kinder erkennen.

DER ELFTE KONTAKT – DIE SIEBTE GRUPPENSTUNDE

(Die vier Mädchen liefen der Therapeutin entgegen und erzählten ihr, daß die Hausmutter einen Augenblick zugesehen hätte, als sie ihr Stück im Mädchenhaus aufführten und daraufhin verlangt habe, sofort damit aufzuhören. Sie waren empört und bezeichneten sie als „hundsgemein" und „unfair". Daraufhin fragte die Therapeutin, ob sie ihr Stück vielleicht im Spielzimmer aufführen wollten.)

Erika: Dann werden wir die Jungens und die Kindergartenkinder dazu einladen.

Emma: Lauf' mal und hol' sie. Inzwischen machen wir hier alles fertig.

(Als die Mädchen ins Spielzimmer kamen, blieben sie voller Empörung in der Tür stehen. Im Raum herrschte ein heillose Unordnung. Am gestrigen Nachmittag hatten die Kindergartenkinder dort gespielt, und sämtliche Spielsachen lagen wie Kraut und Rüben durcheinander. Fahrräder standen auf dem Kopf; Bauklötze waren über den ganzen Boden verstreut; überall lag kaputtes Spielzeug herum. Die Mädchen waren ganz entsetzt, aber – ohne jegliche suggestive Aufforderung – begannen sie damit, in der Mitte des Zimmers einen freien Platz zu machen. Dann wurde ein Teil davon als Bühne markiert und Stühle für die Zuschauer hingestellt. Es folgt hier nun ein Bericht über das, was dann vor sich ging. Emma eröffnete die Aufführung mit einem Hula-Gesang und -Tanz. Anschließend sang Annemarie: „Jetzt geht's los!" Mitten in die Singerei hinein rief Emma: „Du hast was vergessen." Daraufhin gabs einen Streit zwischen Emma und Erna über das, was Annemarie denn hätte tun sollen. Die Therapeutin begriff nicht genau, worum es sich handelte. Annemarie sang ihr Lied unbeirrt bis zum bitteren Ende, obwohl die Streiterei so heftig wurde, daß die Zuschauer sie mit anhören mußten.)

Erna (schreiend): Halt' lieber deinen Mund! Willst du die ganze Aufführung verderben?

Emma (ebenso schreiend): Verderbe ich etwa die Aufführung? Was tust du denn? Du willst bloß alle herumkommandieren.

Erna: Klar will ich das. Halt' du lieber deinen Mund!

Emma: Wir haben doch abgemacht, daß sie sich *vor* dem Lied verbeugen soll, weil sie das *hinterher* immer vergißt.

Erna: Natürlich haben wir das abgemacht. Wir haben aber *nicht* abgemacht, daß du die ganze Zeit, während sie singt, dazwischenreden sollst.

(Schließlich war Annemarie mit ihrem Gesang fertig. Erika trat dann vor und sang „Sei ehrlich mit mir." Erna und Emma hörten plötzlich mit ihrer Zankerei auf, fingen aber sofort wieder damit an, als das Lied zu Ende war.)

Erna: Jetzt kommst du zuerst dran.

Emma: Bloß weil du willst, daß ich anfange.

Erna: Jawohl, und das wirst du auch gefälligst tun.

Emma: Ich könnte ja auch einfach weggehen.

Erna: Dann werd' ich dich verpetzen.

Emma: Du wirst mich verpetzen. Das tust du ja fünf- bis sechsmal am Tag. Also los, verpetz mich doch!

(Plötzliches Stillschweigen, dann trat Erna vor.)

Erna: Also gut, dann werde ich eben anfangen.

(Sie fing an, das Lied „Bei der Marine" zu singen. Als sie halb fertig war, begann Emma zu singen. „Bei der Eisenbahn hab' ich gearbeitet." Erika und Annemarie unterhielten sich die ganze Zeit über, aber die Therapeutin konnte nicht verstehen, was sie sagten, weil die beiden Sängerinnen jetzt versuchten, sich gegenseitig zu übertönen. Die Zuhörer, inklusive der Therapeutin, waren ganz weg von der Aufführung. Schließlich war Erna mit ihrem Lied fertig und nahm Erika mit in den Waschraum. Erna warf einen Blick auf die Zuschauer und brüllte: „So, jetzt darf hier niemand 'reinsehen!" Prompt ging Emma hin, öffnete die Tür, rief: „Pfui! Da stinkt's ja" und ging hinein. Annemarie machte es ebenso. Der Lärm einer heftigen Auseinandersetzung drang bis zu den Zuschauern.)

„Was ich euch sage: Ich werde der Mörder sein."

„Immer willst du die besten Rollen für dich haben."

„Meint ihr, ich hab' Lust, die Großmutter zu spielen?"

„Du mußt aber die Großmutter sein. Die Aufführung kann doch ohne Großmutter gar nicht stattfinden."

„Na gut. Ich werde die Großmutter spielen. (*Mit Emmas Stimme*): „Aber diese Großmutter ist eine Mörderin." Das Publikum verfolgte in höchster Spannung das Drama. Plötzlich wurde die Tür aufgerissen, und die Schauspielerinnen stürzten herein.)

Erna (auf dem Weg zur „Bühne"): In diesem Stück wird jemand umgebracht.

Erika: Ach, verrate doch nichts!

Erna: Na gut. (*Dann fing sie an, das „Fliegerlied" zu singen, und die Jungen im Publikum fingen an zu lachen.*)

Erna (hörte auf zu singen und schrie die Buben an): Ihr lacht, Ihr Bengels? Ihr sollt nicht lachen, wenn wir ermordet werden!

Erika: Wenn du das nochmal sagst, darfst du nicht mehr mitspielen. Wir wollen doch jetzt anfangen.

(Alle machten sie sich um den Tisch auf der Bühne herum äußerst wichtig, und es sah aus, als würde es nun wirklich endlich losgehen; aber erst trat Erika noch einmal vor und sang: „Kinder, wollt ihr gerne mitgehen?")

Erna: Wir wollten doch jetzt erklären, wer wir sind.

Erika: Schön, ich bin Betty. Ich bin eine von den Schwestern.

Erna: Mein Name ist Mimi. Ich bin auch eine von den Schwestern.

Annemarie: Und wer bin ich? Wie heiße ich? (*Sie tuschelte mit den anderen; dann, nach einer längeren Diskussion*): Ich bin auch eine von den Schwestern, aber ich habe keinen Namen.

Emma: Ich bin die Großmutter.

Annemarie (langte nach einem kurzen, stumpfen Stock): Benutz' den hier, um uns zu erstechen.

Erna (blickte Annemarie wild an): Wage nicht, so 'was nochmal zu sagen! Dann werd' ich dich wirklich erstechen.

Erika: Geht schlafen! (*Sie ging um den Tisch herum und versetzte beiden eine Ohrfeige.*) Habt ihr gehört, was ich gesagt hab'? Schlafen sollt ihr gehen! (*Emma kroch in ihre Nähe.*)

Erna: Was ist denn das für ein Geräusch?

Emma (mit Geisterstimme): Alles nur Einbildung.

Erna: Ich rieche Großmutters Füße.

(Erika ging zu Annemarie und erstach sie. Emma kroch bis ans Bett.)

Emma (gab einen fürchterlichen Schrei von sich): Um Gottes Willen! Eins meiner Kinder ist erstochen worden!

Erna: Du machst doch bloß Unsinn. (*Sie sprang auf.*) Jetzt haben wir hier einen Tanzsaal.

(Alle vier fingen an, herumzujazzen. Erika schlich sich hinter Annemaries Rücken und erstach sie. Annemarie stürzte zu Boden.)

Erika: Ich stehe hier auf der sechsten Stufe, jetzt auf der siebenten. Und jetzt bin ich an eurer Tür. Ha! Jetzt hab' ich euch! (*Sie erstach Erna. Emma versteckte sich hinter einem Stuhl. Erika jagte hinter ihr her und stach schließlich auch nach ihr. Dann rannte sie wieder hinter Erna her, die sich inzwischen wieder erholt hatte.*)

Erna: Du sollst mich doch gar nicht töten!

Erika: Das ist mir ganz egal. Ich werde dich sowieso ermorden.

Erna: Dann will ich im nächsten Stück der Mörder sein.

(Alle Schauspieler wurden schließlich erstochen und lagen in dramatischen Stellungen auf der Bühne. Nur Erika setzte sich an den Tisch und tat so, als rauche sie eine Zigarette. Dann stand sie auf, wischte sich an ihrem Kleid die Hände ab und grinste.)

Emma: Blut. Ich hab' auch was abbekommen.

Erna: Das Spiel ist aus.

(Das Publikum klatschte begeistert. Die Mädchen traten zusammen, um das nächste Stück zu besprechen, das bereits nach wenigen Sekunden begann.)

Erika: Geh' in den Laden und kaufe mir Leber. (*Erna verließ die Bühne und kam mit einem Paket zurück.*) Wo hast du die Leber her?

Erna: Aus dem Laden.

(Dies Frage- und Antwortspiel wurde mit zunehmender Eindringlichkeit immer wieder wiederholt, – bis ein Höhepunkt erreicht war.)

Erika: Sag mir: Wo hast du diese Leber her?

Erna: Also, wenn du's durchaus wissen willst: Ich hab' sie aus Großvaters Grab.

(Es folgte ein Höllenlärm. Erika schrie, griff sich ans Herz, raufte sich die Haare. In diesem Moment erschien Emma; sie beugte sich über das Paket, schüttelte sich und zitterte.)

Emma (mit flehender Stimme): Gebt mir meine Leber zurück! Gib mir meine Leber zurück! Ich werde euch verfolgen.

Erna (ergriff einen Stuhl): Noch ein einziger Schritt, Großvater, und ich werde dir auf den Kopf hauen.

Emma: Ich kann ohne meine Leber nicht leben. Oh! (*Sie sank zu Boden und tat in dramatischer Weise ihren letzten Seufzer.*)

(So endete die Theatervorstellung der Mädchen.)

Erläuterung

Dieser Bericht veranschaulicht, wie die Dynamik von Konflikten und Kämpfen schließlich in einer Art von innerem Gleichgewicht endete. Die Persönlichkeiten der Kinder bekämpften sich gegenseitig. Der Typ von Schauspiel, den ihre Phantasie hervorbrachte, war allerdings erstaunlich. Ihre dramatischen Darbietungen waren ganz offensichtlich aggressiver Natur. Die Zusammenarbeit der Mädchen beim Aufräumen des Spielzimmers und beim Herrichten der Bühne war recht beachtlich. Ihr Wettstreit um die „besten" Rollen dürfte seinen Ursprung in den frustrierenden Lebensumständen der Mädchen haben. Die Tatsache, daß sie gegebenenfalls – hier zur Inszenierung des Stückes – zu einem befriedigenden Geben und Nehmen imstande waren, darf als ein gewisser Fortschritt in ihrer Entwicklung bewertet werden.

DER ZWÖLFTE KONTAKT – DIE ACHTE GRUPPENSTUNDE

(Die Kinder kamen und fingen an zu malen. Bevor sie sich auf den Boden setzten, deckten sie ihn mit altem Zeitungspapier ab, damit er nicht schmutzig wurde. Sie machten einen ruhigen und entspannten Eindruck. Sie unterhielten sich leise über Farben und allerhand andere Dinge. Mehrmals wandten sie sich an die Therapeutin mit Worten wie: „Guck' mal, Mama!" „Sieh' dir mal die hübsche Farbe an, Mama!" Nach etwa fünfzehn Minuten verließ Annemarie die Gruppe und holte sich die Papierpuppen. Sie spielte am Tisch mit ihnen. Es kam zu einem heftigen Wortgefecht zwischen Erika und Erna, in dem sie sich gegenseitig beschuldigten, das Wasser verschmutzt zu haben.)

Emma: Ich will euch mal zeigen, wie schön ich zaubern kann. Emma, die Zauberin, wird alles wieder in Ordnung bringen.

(Emma ergriff das Wasser zum Malen, ging damit in den Waschraum und goß es aus; sie kam dann mit sauberem Wasser zurück. Die beiden anderen Mädchen sahen Emma konsterniert an.)

Erika: Ich will nicht, daß du uns verläßt, Mama.

Therapeutin: Du möchtest, daß es mit unserem Zusammensein immer so weitergeht.

Erika: Ja. Bald fängt die verflixte Schule wieder an.

Emma: Ich hasse die Schule.

Erna: Ich hasse unsere schielende alte Lehrerin.

Emma: Die sieht wie ein schielender Affe aus.

Erika: Die sagt bloß immer: „Laß das!" Oder: „Mach' jetzt das!" Und: „Halt den Mund!"

Erna: Oh, seht euch mal Emmas Bild an! Ist das nicht prima?

Erika: Donnerwetter! Die kann malen, wie 'n richtiger Künstler.

Emma (mit einem strahlenden Lächeln): Gefällt euch das wirklich?

Erna: Ich möchte ebenso gut malen können.

Emma: Willst du das Bild haben?

Erna: Au, ja! Dankeschön! (*Freudig nahm sie das Bild an sich.*)

Erika: Malst du mir auch eins, Emma?

Emma: Ich denk' schon. Was für ein Bild soll ich für dich malen?

Erika: Das ist mir ganz egal. Mal' irgendwas.

(Emma malte für Erika ein Bild mit einem Haus. Auf dem Bild für Erna war eine Blumenvase. Die Mädchen freuten sich sehr über die Bilder.)

Erika: Ich geb' dir auch von meinen Papierpuppen welche ab, wenn du willst, Emma. Ich hab' ne ganze Menge davon.

Emma: Gut, wenn du mir welche geben willst.

Annemarie: Ich schenk' dir meine Apfelsine, wenn du mir auch ein Bild malst.

Emma: Was soll denn drauf sein?

Annemarie: Das ist ganz egal.

(Emma malte ihr ein Bild mit einem Flugzeug. Sie lächelte beim Malen die ganze Zeit vor sich hin. Sie benutzte für diese Bilder ausschließlich helle Farben, – Gelb, Rot, Grün und Orange.)

Erika: Was wirst du uns mitbringen, Mama?

Therapeutin: Was möchtest du haben?

Annemarie: Eine Flasche mit Sauger.

Erika: Oder eine Haarschleife. Ich wünsch' mir eine rosa Haarschleife.

Erna: Ich wünsch' mir ein blaues Federhütchen, – wie das, was Jenny hat, mit zwei kleinen Blaumeisen drauf.

Emma: Wann kommst du zum letztenmal?

Therapeutin: Wir werden noch zweimal zusammenkommen.

Erika: Wenn du nicht mehr kommst, werd' ich bestimmt weinen.

Therapeutin: Es wird dir gar nicht recht sein, wenn wir nicht mehr zusammenkommen.

Erna: Ich werde auch weinen. Ich hab dich so lieb, Mama.

Erika: Was soll sie dir mitbringen, Emma?

Emma: Das ist mir egal.

Erika: Sag' ihr doch was!

Emma (errötend): Ach, ich hätte gern eine Flasche Parfum und einen kleinen Kamm. Mein Kamm hat überhaupt keine Zähne mehr.

Therapeutin: Erika wünscht sich eine rosa Haarschleife, Erna ein blaues Federhütchen, Emma Parfum und einen Kamm und Annemarie eine Babyflasche.

Annemarie: Ach, vielleicht noch lieber ein Paket Zeichenpapier.

Therapeutin: Du glaubst, daß du lieber Zeichenpapier als eine Babyflasche haben möchtest.

Annemarie: Ich werd' dir das in der nächsten Woche ganz genau sagen.

Emma: Hier ist dein Bild, Annemarie.

Annemarie: Vielen Dank, Emma, ich finde es sehr hübsch.

Emma: Mir gefällt das Bild, das du gemacht hast, Erika.

Erika: Wirklich? Aber guck' doch, wie ich geschmiert habe.

Emma: Ja, aber diese kleine Partie hier, die ist nicht geschmiert.

Therapeutin: Emma hat auch in deinem Bild etwas Hübsches entdeckt.

Emma: Wir werden die Farben für dich saubermachen.

Erika: Ja, das werden wir tun.

Erna: Ich werd' dir sauberes Wasser holen.

(Die Mädchen reinigen die Tuschkästen.)

Emma: Heute kommt meine Mutter, um mich abzuholen.

Therapeutin: Tatsächlich?

Emma: Sie kommt heute. Ich hab' schon all meine Sachen zusammengepackt.

Erika: Ach, Emma, wie werden wir dich vermissen!

Emma: Ich komm' ja wieder, fahre nur übers Wochenende weg.
Therapeutin: Darüber bist du sehr glücklich, nicht wahr?
Emma: Ja, und meine Schwester auch. Sie holt uns beide ab.
(Die Mädchen machten die Farben sauber, brachten die Spielsachen in Ordnung und packten sie in das Köfferchen. Als die Stunde vorbei war, gingen sie zusammen fort, – Emma in ganz besonders guter Stimmung.)

Erläuterung

In dieser Gruppenstunde zeigten die Mädchen einen erstaunlichen Grad von sozialer Anpassung. Zum erstenmal wurde etwas, was eine von ihnen gemacht hatte, bewundert. Emma empfing viel Lob durch die anderen, und als man sie darum bat, ihnen ein Bild zu malen, tat Emma das in der liebenswürdigsten Weise. Sie fand sogar an Erikas Bild etwas zu bewundern. Sie war merklich bewegt durch die Anerkennung der anderen und durch die Geschenke, die sie ihr machen wollten. Alle hatten noch eine äußerst negative Einstellung zur Schule, schienen aber nicht allzu belastet dadurch. Sie akzeptierten die Schule als einen höchst unangenehmen Aufenthaltsort, mit dem man sich aber eben doch abfinden mußte.

Interessant war die Änderung ihrer Wünsche. Hier zeigte sich eine Entwicklung zu größerer Reife. Sie brauchten und wünschten sich nicht mehr die infantilen Symbole, sondern baten vielmehr um „reifere Geschenke". Nur Annemarie konnte sich noch nicht ganz entscheiden.

Emma hatte wieder einmal alles für den Besuch ihrer Mutter vorbereitet und, wie üblich, erschien diese nicht. Das enttäuschte Emma so bitterlich, daß sie sich in einer Ecke des Grundstücks unter einem Baum auf die Erde warf und dort so lange schluchzte, bis sie richtig krank war. Sie bekam Fieber und ihr wurde übel; für zwei Tage legte man sie ins Krankenzimmer. Die Hausmutter berichtete, der Arzt habe gesagt, daß das die Folge des Versagens der Mutter sei, die wieder einmal ihr Versprechen nicht gehalten hatte.

DER DREIZEHNTE KONTAKT – DIE NEUNTE GRUPPENSTUNDE

(Die Mädchen stürzten ins Spielzimmer. Sie packten sofort das Köfferchen mit den Spielsachen aus und setzten sich alle zusammen auf den Boden; sie zeichneten, malten, schnitten Bilder aus und klebten sie auf einen Bogen Papier. Sie unterhielten sich über den bevorstehenden Schulanfang. Etwa eine Viertelstunde lang blieben sie bei diesen Beschäftigungen; dann holten Erika und Erna die Wäscheleine und die Wäscheklammern. Es folgte ein kurzer Disput darüber, wer was zuerst benutzen durfte.)
Erika: Das werd' ich Fräulein N. sagen.

Emma: Denkste! Die ist ja gar nicht hier.
Erika: Aber sie kommt ja wieder.
Emma: Du petzt doch zu gern.
Erika: Na und? (*Emma ging rückwärts und gab Erika die Wäscheleine.*)
Emma: Meinetwegen nimm du sie. Ich werd' schon was anderes zum Spielen finden.
Therapeutin: Emma denkt, sie wird etwas anderes zum Spielen finden und überläßt dir die Wäscheleine.
Erika: Ich hätte sie ja gar nicht verpetzt. Du kannst mit mir spielen.
Therapeutin: Erika hat das nicht so gemeint mit dem Verpetzen.
Emma: Weißt du schon, daß meine Mutter letzte Woche überhaupt nicht gekommen ist?
Therapeutin: Sie hat dich wieder enttäuscht.
Emma: Ich kann meine Mutter nicht ausstehen.
Therapeutin: Darum kannst du deine Mutter nicht ausstehen.
Annemarie: Aber so 'was sagt man nicht. Es ist Sünde, wenn man jemanden nicht ausstehen kann.
Emma (bestimmter als je zuvor): Ich *hasse, hasse, hasse* meine Mutter!
Therapeutin: Emma haßt ihre Mutter, weil die sie so oft enttäuscht hat.
Emma: Krank geworden bin ich, als ich gehört habe, daß sie wieder nicht kommt. Ich habe mich übergeben und konnte nichts essen. Zwei Tage mußte ich ins Krankenzimmer.
Therapeutin: Du warst so unglücklich, weil deine Mutter nicht gekommen ist, daß du krank geworden bist.
Erika: Emma hat sogar mit keinem von uns ein Wort gesprochen.
Therapeutin: Sie war sehr unglücklich.
Annemarie: Meine Mutter würde so was nicht mit mir machen.
Emma: Ich wünschte, ich würde sterben. Ich hab' sogar versucht zu sterben.
Therapeutin: Du wolltest sogar nicht mehr leben, – so unglücklich fühltest du dich.
Erna: Ich will jetzt ein sehr hübsches Bild malen und dies hier und das hier draufkleben. Hör' bloß auf, immer von deiner Mutter zu reden, Emma!
Therapeutin: Du magst das nicht hören.
Erika: Ich werde jetzt mit der Puppenfamilie spielen.
(Emma setzte sich an den Tisch und legte ein komisches Buch, das sie mitgebracht hatte, vor sich hin. Sie zog sich von der Gruppe zurück und sah sich das Buch an. Erika installierte sich auf dem Boden und zog die Puppenfamilie aus. Die Kleider hing sie auf die Wäscheleine.)
Erika: Guckt mal! Ihre Hosen! (*Die anderen Mädchen lachten. Emma schien keine Notiz davon zu nehmen.*) Ach, sie ist wie ein kleines Mädchen. Aber sie macht ihre Hosen naß. Kommt mal her und besucht mich in meinem kleinen Heim.
Erna: Wir müssen unsere Bilder fertig malen. Unser Fräulein kommt nicht mehr oft, darum müssen wir jetzt alles fertigmachen.
Erika: Dann kommt, wenn ihr Zeit habt.
Erna (zur Therapeutin): Sag' denen, für die du arbeitest, daß du noch weiter hierher kommen mußt.

Therapeutin: Ihr wollt, daß ich noch öfter zu euch komme.

Erna: Ja, sag' ihnen das mal!

Emma: Ach, wir werden doch in der Schule sein. Die blöde alte Schule!

Erika (zu den Puppen): Ihr geht jetzt ins Bett! Trink' dein Fläschchen, mein liebes kleines Babychen! (*Sie hielt der Puppe die Flasche ans Gesicht.*) Ach, du hast ja das Bett naßgemacht. Heute gehst du weg. Heute ist Sonntag. Da gehen eine Menge Kinder nach Hause. Ich werde dir die Haare waschen. Halt' schön still! Tauch' deinen Kopf in die Schüssel! Herrgott nochmal! Halt den Kopf still! Weißt du was? Die anderen Kinder gehen an den Fluß, aber du fährst nach Hause. Hör' auf zu weinen! (*Schrie*): Ach, ich hab' ja das Baby vergessen! Dein Haar muß gewaschen werden. (*Sie goß der Puppe Wasser über den Kopf.*) Jetzt wird nicht gelacht. Laß das alberne Gekicher! (*Sie schlug die Puppe.*) Verstanden? Du bist ein unausstehliches Baby. Laß das Gegreine! Halt' mal die Puppe! (*Sie reichte der Therapeutin die Puppe und fragte, ob sie die Kleider richtig waschen dürfe oder ob sie nur so tun solle. Die Therapeutin schlug vor, lieber nur so zu tun, weil die Kleider nicht schnell genug trocknen würden. Erika wandte sich wieder den Puppen zu.*) Schrei' nicht so! Warum weinst du?

Emma: Sie weint, weil sie Lust hat zu weinen.

Erika: Du fährst nicht nach Hause. Das ist der große Pappi. Du verdienst Prügel. Seht euch mal seine Hosen an! (*Sie zog ihm die Hose aus und lachte.*) Du wirst dir noch Unannehmlichkeiten zuziehen. Verhauen werd' ich dich. Du bist ein ganz gemeiner Kerl. Denk' dran, was ich dir gesagt habe. (*Sie nahm das Baby auf.*) Armes Baby! Ich hab' dich so lange nicht gesehen. (*Sie gab Erna das Baby.*) Da! Und du paßt auf das Baby Erika auf. Das ist die Mutter. Wo hab' ich ihre Kleider hingetan? Ach, du bist abscheulich! (*Sie schlug die Mutterpuppe.*) Seht euch mal den Jungen an! Er hat keine Kleider mehr an. Ihr wart alle so ungezogen, daß ihr im Bett bleiben müßt. (*Sie hing die Kleider an der Wäscheleine auf.*) Ich hab' noch nie solche Kinder gesehen.

Emma: Ich hoffe, daß meine Mutter mich nicht noch einmal anlügt.

Therapeutin: Du hoffst, daß sie dich nicht noch einmal enttäuscht.

Emma: Ja, das hat sie wirklich getan. Jetzt hat sie gesagt: Diesen Freitag ganz bestimmt. Freitag holt sie mich also ab.

Erna: Meine Mutter enttäuscht mich auch immerzu. Ich will nach Hause und will auch zu Hause bleiben.

Emma: Ich will auch nach Hause.

Erika: Ich komm' im Dezember nach Hause.

Emma: Niemand hat uns lieb.

Therapeutin: Alle wollt ihr nach Hause.

(Erika ging in den Waschraum.)

Annemarie (zur Therapeutin): Hast du was nach China geschickt?

Emma (heftig): Wer interessiert sich schon für China? Von mir aus können die verhungern.

Erika (mit einem Teelöffel voll Wasser): Das ist Rizinusöl für die Puppen. Jeden Tag einen Teelöffel voll, weil sie unreife Äpfel gegessen haben.

Erna (zur Therapeutin): Wetten, daß du wieder sagen wirst: Hier zum Spielen ja, aber nicht zum Mitnehmen? Und trotzdem möchte ich die Farben und Scheren behalten.

Emma: Gerade weil wir sie nicht behalten dürfen, möchten wir sie gern mitnehmen.

(Erika begann zu malen; sie schmierte mit Rot und Schwarz herum, ohne daß ihr Bild irgendwelche Formen zeigte.)

Therapeutin: Selbst wenn ihr wißt, daß ihr gewisse Dinge nicht mitnehmen dürft, wünscht ihr sie euch zuweilen.

(Emma fing an, ein Bild zu malen.)

Therapeutin: Wir haben nur noch fünf Minuten Zeit.

Emma: Ich muß mich beeilen. Ich will mein Bild mit ins Mädchenhaus nehmen.

Erna: Warum?

Emma: Weil ich es meiner Mutti schenken will, wenn sie am Freitag kommt.

Erna: Nächste Woche kommst du zum letztenmal, nicht wahr?

Therapeutin: Ja.

Erna: Und dann bringst du uns was mit.

Therapeutin: Ja.

Erika: Für mich eine rosa Haarschleife.

Erna: Ich hätte gern ein Armband.

Annemarie: Und ich Buntstifte, – eine große Schachtel mit vielen verschiedenen Farben.

Emma: Ich wünsche mir Parfum und einen Kamm.

(Erna ging in eine Ecke und blickte von dort aus schmollend auf die Therapeutin.)

Erna: Ich will nicht, daß du nicht mehr zu uns kommst.

Annemarie: Ich auch nicht.

Erika: Wütend bin ich darüber.

(Erna begab sich zu den Puppen und stieß die Mutterpuppe im ganzen Zimmer herum. Erika ging zu ihr und stellte sich auf eine Babypuppe. Plötzlich sprang Emma auf und sammelte die ganze Puppenfamilie wieder ein. Sie setzte sich auf den Boden und spielte mit ihr. Dabei redete sie sehr schnell und im Dialekt vor sich hin.)

Emma: Hör zu, Mama! Zieh deine Kleider aus! Ganz nackend sollst du sein. Du bist hier nicht der Chef. Ich werde dich in den Dreck 'reintun. Deine Haare sind ganz verlaust. Wenn du nur erst mal dein Kleid ausgezogen hättest. Ich werde dich eines Tages noch auf den Kopf hauen. Ich bin aus Kaugummi. Zieh' dir jetzt die Hosen aus! (*Sie hielt die Puppe hoch.*) Seht mal, sie ist splitternackt! (*Die anderen Kinder standen um Emma herum, lachten und beobachteten Emma bei ihrem Spiel.*) Ich hab' keine Wäscheklammern mehr. Ach, mein Gott! Ist das 'ne komische alte Mama! Zieh' dir die Kleider aus, Mädchen! (*Sie entkleidete das Mädchen.*) Ach, du bist ein böses Kind! Du bist jetzt auch ganz nackend. Und du, Vater, du mußt auch nackend sein.

Erika: O, auch der Vater wird ausgezogen.

Erna: Sie befiehlt allen, daß sie sich nackt ausziehen sollen. Komische Familie!

Emma: Pappi, zieh die Hosen aus! Du bist ein widerlicher Kerl. (*Sie drehte den Kopf des Vaters um und um.*) Ach, Vater, dein Körper geht auseinander. Vater, steh' mal auf deinem Kopf!

Erika: Halt mal den Mund!

Emma: Ich kann das Hemd nicht 'runterkriegen von dem alten Kerl. (*Emma reichte die Vaterpuppe der Therapeutin.*) Zieh du's ihm aus oder zeig' mir, wie man das macht! (*Therapeutin zog der Puppe das Hemd aus.*) Jetzt ist der Vater nackend. Er ist der Sohn einer Hündin.

Erna: Aber, Emma! Ich kann das gar nicht hören. (*Emma grinste sie an. Sie zog das kleine Mädchen aus.*)

Emma: Noch einer splitterfasernackt.

(Plötzlich wurde es ganz still im Zimmer.)

Erna: Donnerwetter, wie still das hier mit einmal ist!

(Emma fing an zu singen.)

Emma: Ich wünsch mir einen Kamm. Mein Kamm hat hundert Zähne verloren. Meine Mutter müßte mir einen neuen kaufen. Sie tut's aber nicht. Sie ist alt und grau und häßlich. Und so faul! (*Sie nahm sich die große Puppe.*) Zieh' dir die Hosen aus, du Bengel!

Therapeutin: Jetzt sind sie alle ausgezogen.

Emma: Sie sind nackt. Nackte, böse Menschen.

Therapeutin: Du glaubst, daß es böse Menschen sind.

Emma (sprang weg von den Puppen): Jetzt wollen wir uns ein bißchen unterhalten.

Erika: Nein, mal' lieber ein Bild für deine Mutter.

Emma: Nein. Ich will ihr nichts schenken. (*Sie versuchte, Erika den Klebstoff wegzunehmen, woraufhin Erika heulte. Emma zog sich zurück und verhielt sich abwartend.*) Wo ist die Schere?

Erika: Die kannst du jetzt nicht haben. (*Sie stieß die Schere über den Tisch zu Emma hinüber.*)

Emma: Das ist nett von dir. (*Sie kleckste ein wenig rote Farbe auf ihr Papier. Dann riß sie Erika den Bleistift aus der Hand. Erika stürzte sich voller Wut auf sie. Emma gab Erika den Bleistift zurück.*) Entschuldige bitte, Erika! (*Emma grinste Erika an.*)

Erika: Wenn du mich darum bittest, gebe ich ihn dir.

Emma: Ich will ihn ja gar nicht haben. Ich wollte bloß, daß du mit mir spielst.

Erika: Wie, bitte?

Emma: Laßt uns doch das nächste Mal alle zusammen einen Ausflug machen. Wir werden Ihnen dann mal den Gutshof zeigen, Fräulein X.

Erna: Ach ja, bitte!

Emma: Wir werden alle über den Zaunsteig klettern.

Erika: Und Ihnen auch das Kornfeld zeigen.

Erna: Und die Unterstände für die Kühe.

Annemarie: Wir werden Ihnen auch das Spukhaus zeigen.

Emma: O ja! Da wohnt der Teufel.

Alle Mädchen: Ach ja! Machen wir das?

Therapeutin: Wenn ihr wollt.

Emma: Laßt uns auch die Jungs dazu einladen!

Erika: Einverstanden.

Therapeutin: Dann werden wir also das nächste Mal einen Ausflug machen, wenn's nicht regnet.

Emma: Es wird nicht regnen. Ich mache, daß es nicht regnet.

Therapeutin: Du glaubst, du kannst machen, daß es nicht regnet.

Emma: Ja, ich werde das einfach verhindern.

Therapeutin: Nun, unsere Zeit ist um.

Die Mädchen: Auf Wiedersehen, Fräulein X! Wir werden einen Ausflug machen und Ihnen das ganze Gelände zeigen.

(Sie stürzten auf und davon, und als sie an den Jungen vorbeikamen, die nach ihnen zur Spielstunde bestellt waren, erzählten sie ihnen von ihrem Plan.)

Erläuterung

In dieser Stunde spielten die Mädchen in spürbarer Harmonie miteinander. Aufflackernde Konflikte wurden schnell beigelegt.

Emma befreite sich ein wenig von den bitteren Gefühlen, die sie ihrer Mutter gegenüber empfand. Sie erkannte sogar den Zusammenhang zwischen ihrer Krankheit und ihrer Enttäuschung; das spricht für eine zunehmende Einsichtsfähigkeit. In Erikas und Emmas Spiel mit den Puppen wurden die Gefühle, die beide bewegen, dramatisiert. Emmas Bereitschaft, ihrer Mutter zu verzeihen und sogar ein Geschenk für sie in Betracht zu ziehen, liefert den Beweis dafür, daß dieses Kind nur einer entsprechenden Chance bedurfte, um sich in einer für alle befriedigenden Art und Weise in eine Gemeinschaft einzufügen. Erika dagegen zeigte sich etwas nachtragender. Sie verabreichte den Erwachsenen Rizinusöl und bestrafte sie damit für die Ungerechtigkeiten, die ihr von ihnen zugefügt wurden.

In dieser und der darauffolgenden letzten Spielstunde machten die Kinder keinen Gebrauch mehr von den Säuglingsflaschen, um mit ihnen Baby zu spielen. Die auch dieses Mal wiederholten Bitten um Geschenke lagen bereits auf einer reiferen Ebene. Interessant ist, daß die Therapeutin für die Mädchen wieder zu „Fräulein X." geworden war.

Die Art und Weise, wie sie für das letzte Zusammensein mit der Therapeutin eine gewisse Verantwortung übernahmen, läßt den Entwicklungsfortschritt der Mädchen in bezug auf ihre soziale Anpassung erkennen. Als sie davon sprachen, was sie auf dem Ausflug der Therapeutin alles zeigen wollten, klang so etwas wie Stolz durch ihre Worte hindurch. Sie dachten an die positiven Elemente in der Umgebung, die jetzt zu ihrem Zuhause gehörte. Auch die Einbeziehung der Jungen in ihren Plan dürfte als Hinweis auf einen Entwicklungsfortschritt zu werten sein. Der geplante Ausflug war für sie ein Erlebnis, das sie gern mit anderen teilen wollten.

Die Mädchen kamen in den Wagen. Sie hatten eine Schachtel bei sich, die in Fetzen von zerknittertem Seidenpapier eingewickelt war. Sie riefen alle auf einmal, daß das Päckchen für die Therapeutin bestimmt sei. Sie bestanden darauf, daß diese es sofort auspackte. In der Schachtel befand sich ein Stückchen roter Samt, ein „Glücksstein", etwas blaue Kreide, ein winziges leeres Fläschchen und ein Stückchen weiße Spitze. Es handelte sich offensichtlich um lauter kleine Kostbarkeiten der Mädchen; sie hatten unter sich ausgemacht, sie der Therapeutin zu schenken. Ihre eigenen Geschenke nahmen sie ohne jede Aufregung entgegen. Sie bedankten sich dafür und fragten, ob sie sie wohl während des Ausflugs im Wagen lassen dürften, und zwar aus Rücksicht auf die Jungen, die sich an dem Ausflug beteiligen wollten. Die Buben hatten um keine Geschenke gebeten; aber die Therapeutin hatte auch ihnen etwas mitgebracht, um kein Gefühl von Ungerechtigkeit bei ihnen aufkommen zu lassen, wenn sie merkten, daß die Mädchen ein Geschenk bekamen. Die Therapeutin hatte nämlich am Anfang des Sommers die Entdeckung gemacht, daß die Kinder bei jeder sich bietenden Gelegenheit gegenseitig mit ihren Geschenken prahlten.

Die Mädchen übernahmen die Führung. Unten am Bach unter einem Walnußbaum traf die Gruppe mit den Jungen zusammen. Die Kinder hatten den Ausflug mit erstaunlicher Gründlichkeit vorbereitet. Die Therapeutin war während dieses Unternehmens für alle Fräulein X. Die Kinder zeigten ihr wild wachsende Blumen, das Spukhaus, in dem der Teufel wohnte, das Kornfeld, die Weide für die Kühe, den Schweinestall, den Schuppen, in dem der Schulbus stand, ein Goldamselnest in einer großen Ulme, das Nest eines roten Eichhörnchens und das Versteck des braunen Kaninchens mit der lahmen Pfote. Das Kaninchen war gerade da, und die Kinder gingen auf Zehenspitzen, um es nicht zu erschrecken. Sie pflückten Blumen für die Therapeutin. Dann kamen sie an den Zaun. Die Jungen halfen den Mädchen, mit Hilfe des Zaunsteigs hinüberzukommen. Sie waren alle sehr rücksichtsvoll untereinander.

Schließlich war die Forschungsreise beendet. Die Jungen verabschiedeten sich am Übertritt vom Zaun; die Mädchen begaben sich mit der Therapeutin zum Wagen, um sich ihre Geschenke zu holen. Die Therapeutin gab jedem Mädchen eines der Geschenke für die Buben mit und bat sie, diese in ihrem Namen den Jungen zu überreichen. Die Mädchen versprachen das. Sie standen in der Auffahrt, sahen zu, wie die Therapeutin abfuhr und riefen: „Auf Wiedersehen!"

ANMERKUNGEN – SOFORTIGE AUSWERTUNG DES THERAPEUTISCHEN PROZESSES

In der auf diese letzte Stunde folgenden Woche nahm die Therapeutin Kontakt mit der Heimleiterin auf und bat diese um einen Bericht über das Verhalten der Kinder. Die Hausmutter sprach von einer eindeutigen Besserung, ganz besonders bei Emma. Emma war freundlicher und kooperativer geworden. Sie spielte jetzt „ohne ständige Reibereien und Hänseleien" mit anderen Kindern; sie hatte sich sogar angeboten, der Hausmutter bei irgendwelchen Arbeiten im Mädchenhaus zu helfen, was als geradezu phänomenal bewertet wurde. Die Hausmutter erzählte, daß Emma wieder alles vorbereitet hatte, um am vergangenen Freitag mit ihrer Mutter nach Hause zu fahren; die Frau war aber wiederum nicht erschienen. Dieses Mal war Emmas Reaktion auf die Enttäuschung vollkommen anders als früher. Sie weinte nicht und wurde auch nicht krank. Sie ging mit Ruhe und Entschlossenheit wieder auf ihr Zimmer und sagte zur Hausmutter: „Zum Teufel mit meiner Mutter! Sie ist eine Hexe." Die Hausmutter meinte, es habe sie all ihre Willenskraft gekostet, um nicht zu sagen: „Das ist sie wirklich!" Als dann die Mutter das nächste Mal im Heim anrief und Emma sprechen wollte, weigerte sich die Hausmutter, die Frau mit Emma zu verbinden. Sie erklärte der Mutter, die Heimleitung habe beschlossen, das Kind künftig nicht noch weiteren Enttäuschungen auszusetzen. Wenn die Mutter mit Emma sprechen wolle, müsse sie schon ins Heim kommen. Sie würde in Zukunft auch den Kindern nicht eher Anweisung geben, alles für einen Besuch bei ihrer Mutter vorzubereiten, als bis sie tatsächlich im Heim erschienen sei.

Annemaries Mutter hatte vor, ihr Kind im kommenden Monat wieder zu sich zu nehmen. Erika war zur Adoption angemeldet worden. Ein älterer Geistlicher und seine Frau interessierten sich für das Kind. Man plante, Erika für eine Probezeit zu ihnen zu geben. Ernas Lebensumstände blieben die gleichen.

Die Hausmutter schloß ihren Bericht mit den Worten: „Und vielen Dank dafür, daß sie den Kindern die ewige Petzerei abgewöhnt haben. Sie haben uns schon seit Wochen nicht mehr damit belästigt."

23. Kapitel

Eine therapeutisch arbeitende Lehrerin behandelt ein körperbehindertes Kind*

Die nun folgende Falldarstellung beschreibt, wie einem körperbehinderten Kind durch eine therapeutisch arbeitende Lehrerin geholfen wurde. Der Bericht verfolgt den Zweck, auch andere Lehrkräfte zu ermutigen, die Möglichkeiten in bezug auf ein therapeutisches Angehen von Problemen in ihren Klassen neu zu überdenken; vielleicht wird dann dieser oder jener dazu angeregt, einige der in diesem Buch beschriebenen Techniken selbst einmal auszuprobieren. In jeder Klasse dürfte wenigstens ein Problemkind sein. Wenn auch der Fall Ernst recht kompliziert ist, so veranschaulicht er doch den bedeutenden Wert eines therapeutischen Vorgehens im Klassenzimmer; zum mindesten können Lehrer sich bei besonderen Fällen an ihm orientieren, wenn sie das Gefühl haben, sie müßten Kinder ebenso lehren, mit sich selbst fertig zu werden wie Lesen, Schreiben und Rechnen.

Da der Fall Ernst äußerst komplex ist und sehr detailliert geschildert wird, dürfte es angezeigt sein, an den Anfang eine kurze Zusammenfassung des ganzen Entwicklungsprozesses während der sieben Monate, auf die der Bericht sich bezieht, zu stellen. Damit soll keine Beurteilung des Prozesses vorweggenommen werden; es wird damit nur eine Art Denkmodell angeboten, von dem der Leser sich beim näheren Studium des Materials unschwer absetzen kann. Diese Zusammenfassung besteht aus zwei Abschnitten.

Ernst, ein 6jähriges, von seinen Eltern abgelehntes Kind mit einer Speiseröhrenverengung, ist ein ängstlicher, infantiler und kontaktgestörter Junge. In den therapeutischen Kontakten mit einer verständnisvollen Lehrerin bringt Ernst sein Bedürfnis nach Mutterliebe zum Ausdruck und sucht von sich aus nach Möglichkeiten, um mit seiner Mutter zusammenzuleben. Auf ihre Ablehnung reagiert er äußerst aggressiv, richtet aber gleichzeitig Bedürfnisse nach emotioneller Zuwendung an seine Lehrerin. Allmählich wird er mit seiner Enttäuschung fertig; er betrachtet die Pflegefamilie, die ihn zu sich nahm,

---

* Über diesen Fall wurde im Journal of Abnormal and Social Psychology, April 1945 von *Carl R. Rogers* und der *Verfasserin* berichtet. Siehe auch S. 133 ff. u. 197 ff.

als seine eigene und lernt sogar die Tatsache annehmen, daß seine Lehrerin kein Mutterersatz für ihn sein kann.

Parallel laufend mit dieser Entwicklung gewinnt er den nötigen Mut, den Versuch zu machen, sich beim Essen so zu benehmen, wie Erwachsene das tun. Ernst schwankt lange Zeit zwischen infantilen und reiferen Reaktionen, bis er allmählich mehr die Rolle eines Erwachsenen anstrebt und Babyflasche, Gummischlauch und den neurotischen Mißbrauch seiner körperlichen Behinderung aufgibt. Seine neue Art der Anpassung ist immer wieder durch Perioden von Krankheit und durch Krankenhausaufenthalte Belastungsproben unterworfen, aber er ist imstande, die erworbene reifere Art von Lebensbewältigung beizubehalten.

Detaillierte Angaben über den therapeutischen Prozeß, die angewandte Technik und die einzelnen Phasen von Einsicht und Reifung sind in den eingeschalteten Anmerkungen enthalten.

Nach dieser Einleitung soll nun der Fallbericht, so wie die Lehrerin, die therapeutisch mit Ernst arbeitete, ihn aufgezeichnet hat, wiedergegeben werden. Redigiert wurde er lediglich im Interesse einer Kürzung und der notwendigen Anonymität.

Ernst wurde im September mit sechs Jahren und drei Monaten eingeschult. Er war klein für sein Alter; dafür hatte er aber einen um so inhaltsschwereren Lebenslauf hinter sich. Mit drei Jahren hatte er Salzsäure getrunken und mußte deshalb ins Krankenhaus. Sein Vater hatte Ernsts Mutter verlassen. Die Mutter brachte den Jungen nach D. ins Krankenhaus und verließ dann die Stadt wieder. So wurde Ernst ein Fürsorgekind. Die Mutter fuhr wieder nach Hause, in einen mehr als 60 km von D. entfernt gelegenen Ort. Das Kind blieb drei Jahre lang im Krankenhaus, wo seine Mutter es nur zweimal besuchte. Da es die Mutter nur einmal im Jahr zu sehen bekam, vergaß es sie schließlich, und bei ihrem letzten Besuch erkannte es sie nicht mehr. Ernst mußte eine Anzahl von Operationen und Dehnungen seiner Speiseröhre durchmachen. Im letzten September wurde er für „chirurgisch geheilt“ erklärt. Er weigerte sich aber, selbst zu essen; man mußte deshalb dabei bleiben, ihn durch einen Schlauch, der direkt in den Magen führte, zu ernähren.

Bereits vier Wochen nach der Krankenhausentlassung kam Ernst in die Schule. Er hatte bisher keinerlei Kontakte mit anderen Kindern gehabt, konnte sich noch nicht allein an- und ausziehen und war Bettnässer. Er war in einer Pflegestelle untergebracht und kam dadurch in die Obhut einer sehr dominierenden Frau mittleren Alters. Kind und Pflegemutter kamen schlecht miteinander aus. Ernst verweigerte jegliche Nahrungsaufnahme und lehnte es sogar ab, Wasser zu trinken. Die Pflegemutter empfand das als Rache an ihr. Auch die Ärzte betrachteten Ernsts Verhalten als ein ausschließlich psychologisches Problem.

Am ersten Schultag war Ernst stark beeindruckt durch die anderen Kinder, von der Größe des Gebäudes und von allem, womit man sich in der Schule beschäftigte. Außer ihm waren in der Klasse weitere sechsunddreißig Schulanfänger. Er beobachtete, wie die anderen Kinder aus der Trinkfontäne tranken. Alle Kinder waren von diesem Springbrunnen fasziniert und taten in den ersten Tagen so, als ob sie literweise Wasser tränken. Ernst, der abseits neben seiner Lehrerin stand, beobachtete die anderen und meinte: „Das muß Spaß machen." Die Lehrerin reagierte auf diese Äußerung mit ein paar Worten, durch die sein offensichtlicher Wunsch, dasselbe zu tun wie die anderen, angesprochen wurde. Ein kurzer Wortwechsel verlief ungefähr folgendermaßen:*

E.: Das muß Spaß machen.

L.: Du glaubst, daß es dir auch Spaß machen würde, daraus zu trinken.

E. (nickt zustimmend): Aber ich kann das nicht.

L.: Du glaubst, daß du so nicht trinken kannst.

E.: Nein. Das muß Spaß machen.

L.: Du meinst, du kannst das nicht, tätest es aber gern.

E.: Ich möchte es mal probieren.

L.: Du möchtest es mal probieren.

E.: Im Krankenhaus hab ich mal aus so was getrunken, aber jetzt will ich nicht.

L.: Du erinnerst dich noch daran, daß das viel Spaß gemacht hat. (*Ernst grinst und geht zum Springbrunnen.*)

E.: Vielleicht bleibt's nicht drin.

L.: Du meinst, daß das Wasser vielleicht nicht drin bleibt, aber versuchen möchtest du's trotzdem. (*Ernst nickt mit dem Kopf. Er dreht den Hahn zu weit auf, so daß der Strahl zu hoch aufschießt, und springt zurück.*)

E.: Da ist aber viel Wasser!

L.: Es kommt dir vor wie sehr viel Wasser.

E.: Ich werde ertrinken. (*Er trinkt, schaut die Lehrerin an und strahlt über das ganze Gesicht.*) Es ist drin geblieben!

L.: Ja. Es ist drin geblieben. (*Er trinkt noch einmal.*)

E.: Es ist drin geblieben. (*Er ist ganz begeistert.*)

(Schon bei dieser ersten Begegnung werden bei beiden – bei Ernst so-

* In diesem Kapitel bedeutet *E.* Ernst und *L.* die therapeutisch arbeitende Lehrerin.

wohl wie bei der Lehrerin – bedeutsame innere Einstellungen sichtbar. Die Lehrerin zeigt eine annehmende, nicht-argumentierende und nicht-drängende Haltung, aus der heraus sie bereit und fähig ist, sowohl ein entmutigtes und ängstliches wie auch ein mutiges Verhalten des Kindes zu akzeptieren. Unausgebildete Helfer neigen dazu, ihren Gesprächspartner überreden zu wollen („Ich glaube ganz sicher, daß du auch aus der Fontäne trinken kannst"), oder zuviel Hilfe anzubieten („Ich werde dir helfen, dann wird es dir nicht so schwer"), oder den anderen unter Druck zu setzen („Du willst doch ein großer Junge sein wie die anderen, nicht wahr?"). Es bedarf großer Zurückhaltung und einer therapeutischen Einstellung, um einem Kind das Gefühl zu geben, angenommen zu werden als das, was es ist und nicht als das, was es nicht ist.

Ernst wiederum zeigt eine ausgesprochene Bereitschaft, trotz aller Ängste mutig zu sein, was charakteristisch für jeden Wachstumimpuls ist. Nur weil er das sichere Gefühl hat, daß die Lehrerin beide in ihm wirksamen gegensätzlichen Impulse akzeptiert, kann er seine Trinkversuche riskieren.)

Als er ins Klassenzimmer zurückkam, erzählte er allen Kindern, daß er „was getrunken" habe. Sie würdigten diese Leistung mit der Hochschätzung von Sechsjährigen. Ihnen war nicht bewußt, daß Ernst „anders" war als sie. Sie merkten nur, daß er enorm stolz darauf war, aus dem Springbrunnen getrunken zu haben. Das veranlaßte sie, nun auch ihrerseits mit ihren Trinkleistungen zu prahlen. Ernst benahm sich, als habe er mindestens fünfhundertmal getrunken. Von diesem Tage an hatte der Junge in der Schule keinerlei Schwierigkeiten mehr beim Trinken, und er behielt das Wasser auch bei sich. Zu Hause allerdings weigerte er sich nach wie vor zu trinken.

Zwei Tage darauf entdeckte Ernst einen großen roten Apfel auf dem Pult der Lehrerin. Er erschien ihm sehr verlockend. Die Bewegung durch den Schulweg hin und zurück und durch alles, was er in der Schule tat, steigerten seinen Appetit. Die anderen Kinder aßen in der Pause Äpfel, Birnen und Apfelsinen; dadurch kam Ernst der Gedanke, genauso zu essen wie sie. Am Spätnachmittag dieses zweiten Tages begab er sich in die Nähe der Lehrerin und sagte zu ihr: „Wenn du mir nach der Schule die Hälfte von deinem Apfel abgeben würdest, dann würde ich dir beim Essen helfen." Die Lehrerin anerkannte sofort seinen Wunsch, den Apfel zu essen und nahm die Aufforderung, ihren Apfel mit ihm zu teilen, an. Nach Schulschluß schnitt sie ihn durch und gab ihm die eine Hälfte. Ernst aß den Apfel, von dem er einen Teil gleich wieder ausspuckte; aber er behielt genügend bei sich, um das befriedigende Gefühl haben zu können, ihn gegessen zu haben.

Über das Apfelessen kam es zu etwa folgendem Gespräch:

E.: Das ist ein hübscher Apfel.

L.: Das ist ein sehr hübscher Apfel.

E.: Das ist ein schöner Apfel.

L.: Das ist ein schöner, roter Apfel.

E.: Du willst den Apfel mit mir teilen. Du hast gesagt, daß du das tun wirst.

L.: Du willst den Apfel mit mir teilen.

E.: Wir beide wollen ihn uns teilen. (*Die Lehrerin schnitt den Apfel in zwei Teile und Ernst nahm mit einem beinah' ehrfürchtigen Gefühl seine Hälfte entgegen.*) Vielleicht bleibt er nicht drin.

L.: Du meinst, daß er vielleicht nicht drin bleibt, möchtest es aber doch mal versuchen.

E.: Ich will's mal versuchen. (*Er biß in den Apfel.*) Du ißt die andere Hälfte.

(Der hier zum Ausdruck gelangende Wunsch, sein Essens-Problem zu lösen, ist prognostisch ein gutes Zeichen. In vielen Fällen läßt der Hilfsbedürftige beim ersten oder zweiten Kontakt deutlich erkennen, ob er von innen her genügend dazu gedrängt wird, seine Schwierigkeiten zu überwinden oder nicht.)

L.: Du willst, daß ich diese Hälfte esse, während du die andere Hälfte ißt.

(Ernst nickte mit dem Kopf, woraufhin die Lehrerin ihre Hälfte aß. Ernst lächelte sie an, seine Augen strahlten.)

E.: Der Apfel schmeckt sehr, sehr gut.

L.: Du findest, daß der Apfel sehr, sehr gut schmeckt.

(Ernst nickte ernsthaft. In Wirklichkeit war dieser Apfel, wie sehr viele besonders schön aussehende Äpfel, trocken und geschmacklos wie Sägemehl. Von Zeit zu Zeit spuckte er etwas wieder aus, aber einiges schluckte er auch richtig hinunter. Er sprach über die Spiele, die sie an diesem Tag gespielt hatten, und über ein Bild, das er gezeichnet hatte. Da passierte, wie ein Donnerschlag aus heiterem Himmel, folgendes):

E.: Sag mal, was ist eigentlich dein IQ?

L.: Mein IQ? Du willst wissen, wie mein IQ ist?

E.: Ja, das möchte ich gern wissen.

L.: Wie kann ich den nur für dich feststellen?

E.: Laß dich von irgend jemandem testen.

L.: Weißt du denn, wie hoch deiner ist?

E.: Ja, der ist 119. Jemand war ins Krankenhaus gekommen und hat ihn gemessen. Die Schwestern haben mir gesagt, daß er 119 ist und auch, daß das gut sei und daß ich stolz darauf sein könne.

L.: Hatten sie auch einen?

E.: Ich glaube nein. Jedenfalls wußten sie ihn nicht. Und der von Frau S. [der Pflegemutter] ist furchtbar.

L.: Du glaubst, daß ihrer furchtbar ist? Warum denn?

E.: Nun, ich hab' sie danach gefragt, als ich zum erstenmal bei ihr gewesen bin. Sie wußte ihn nicht. Ich sagte: „Dann rate ihn doch mal!" Sie tippte auf 100. Ich sagte ihr, meiner sei 119. Und weil meiner höher ist als ihrer, brauchte ich mich auch nicht weiter um sie zu kümmern. Ich war ja klüger als sie.

L.: Du glaubst, daß du klüger bist als sie.

E. (großmütig): Ich nehme an, daß deiner auch ungefähr 119 ist.

(Hier wird zum erstenmal deutlich, wie eine positive gefühlsmäßige Einstellung zur Lehrerin bei Ernst im Entstehen begriffen ist. Die Gestaltung dieser immer enger werdenden Beziehung ist eine der wesentlichsten Grundlagen dieser therapeutischen Arbeit.)

L.: Du glaubst, daß ich ungefähr ebenso klug wie du bin?

E.: Ja, das glaube ich wirklich.

(Inzwischen war der Apfel verspeist, trotz – oder wegen? – des IQs. Die Lehrerin brachte den Jungen nach Hause.)

Eine Woche später wurden in der Schule gebrannte Mandeln verkauft. Jeder aß gebrannte Mandeln. Ernst besah sie sich mit großem Interesse. Nach Schulschluß bat er die Lehrerin um ein kleines Stückchen davon. Sie gab es ihm, er aß es und behielt es bei sich. Die ganze Zeit über sprach er von gebrannten Mandeln und wie gut sie doch schmeckten. Diese kurze Begegnung mit der Lehrerin währte etwa fünfzehn Minuten. Danach brachte sie ihn nach Hause und besuchte bei dieser Gelegenheit die Pflegemutter. Als sie dieser berichtete, daß Ernst anfinge, sich in der Schule fürs Essen zu interessieren, zeigte sie ganz offenkundig eine feindliche Einstellung dem Jungen gegenüber; sie meinte, er weigere sich ihretwegen, zu Hause zu essen. „Neulich habe ich ihm direkt gesagt: „Ich weiß, daß du denkst, ich würde mich ärgern, wenn du nichts ißt. Es ist mir aber ganz egal. Meinetwegen kannst du bis an dein Lebensende mit so einem albernen Gummischlauch in deinem Magen herumlaufen; wenn dir das nichts ausmacht, mir ist das egal." Daraufhin sah er mich neugierig an und fragte: „Denkst du wirklich so darüber?" Ich antwortete: „Mir ist es gleich, was du tust." Das schien Eindruck auf ihn zu machen. Mit dem Bettnässen ist es genau dasselbe. Ich bin überzeugt davon, daß er mich nur damit ärgern will.* Ich hab' ihm das auch gesagt. Er ist ein ganz gemeiner Bengel. Er lügt und stiehlt und ist bockbeinig. Als der Arzt mir sagte, es bestünde eigentlich kein Grund dafür, daß Ernst nicht normal ißt, habe ich die Fütterei mal eine Zeitlang eingestellt. Da hat er das Essen so lange verweigert, bis er beinahe ohnmächtig wurde. Da hab' ich ihn wieder durch den Schlauch ernährt.

---

* Es ist interessant festzustellen, daß auch die Pflegemutter die innere Einstellung, durch die Ernsts Verhalten bestimmt wurde, verstand. Sie war aber nicht imstande, sie zu akzeptieren, wodurch die Lage sich mehr und mehr verschlechterte. Um zu sehen, wie die Lehrerin eine sehr ähnliche Situation meisterte, vergleiche man die Anmerkungen auf Seite 321.

Ich weiß einfach nicht mehr, was ich mit ihm anfangen soll. Wenn er bei Ihnen essen kann, warum dann nicht auch bei mir?“

Danach berichtete Frau S. über die I.Q.-Affäre und zwar genau so, wie Ernst sie der Lehrerin erzählt hatte, auch in bezug auf den I.Q. 100 von Frau S. Sie war offensichtlich auch hierüber sehr verärgert.

Als die Lehrerin berichtete, Ernst habe ein paar gebrannte Mandeln gegessen und bei sich behalten, meinte Frau S.: „Na, das ist doch die Höhe! Gebrannte Mandeln! Die hätte ich ihm nicht einmal zugemutet. Wenn er nun daran erstickt wäre? Was würden Sie tun, wenn er an irgend etwas, was man ihm zu essen gibt, erstickt?“ Die Lehrerin antwortete Frau S., die Schwester im Krankenhaus habe gesagt, daß man Ernst unter allen Umständen zum Essen bewegen solle, und daß keine Gefahr durch Ersticken bestünde; die Gefahr sei nicht größer als bei jedem normalen Kind. Je mehr Ernst esse – oder auch nur versuche zu essen, – einerlei ob er's bei sich behielte oder nicht –, desto besser werde es ihm gehen. Frau S. hörte das nicht sehr gern, aber sie billigte die „törichten Ansichten“ der Lehrerin, nicht ohne die boshafte Bemerkung: „Nun, das ist Ihre Verantwortung.“ Es wurde dann noch über ein paar andere Kleinigkeiten gesprochen, um die Atmosphäre ein wenig zu bereinigen. Als die Lehrerin fortging, erschien Ernst in der Eingangstür und rief der Lehrerin nach: „Ich wünschte, du nähmst mich mit. Ich mag hier nicht sein“, was seine Situation in der Pflegefamilie nicht gerade verbesserte.

In der darauffolgenden Woche kam Ernsts Vormund in die Schule und bat die Lehrerin um eine Rücksprache. Die Lehrerin traf eine Verabredung mit ihm für den nächsten Tag. Sie fuhr in sein Büro und besprach den Fall mit ihm. Der Vormund sah sich durch die Ansichten der Lehrerin mehr oder weniger in seinem Verdacht, daß Ernst nicht gut untergebracht sei, bestärkt. Man beschloß, für den Jungen eine neue Pflegestelle zu suchen, und zwar sollte er möglichst mehr in der Nähe der Schule untergebracht werden. Das geschah dann auch. Der Vormund kam einen Tag vor dem geplanten Wechsel in die Schule, um Ernst zu informieren. Das Kind stand also vor der Aufgabe, sich wieder neu einzuleben und anpassen zu müssen. Therapeutische Einzelstunden nach Schulschluß wurden geplant. Soweit das möglich war, bemühte man sich in dieser Arbeit, die vom Kind zum Ausdruck gebrachten Gefühle und inneren Einstellungen zu erkennen und zu akzeptieren.

29. September

Am 28. September zog Ernst zu seiner neuen Pflegemutter, Frau R., um. Am darauffolgenden Tag fand nach Schulschluß auf Ernsts Wunsch ein Gespräch mit seiner Lehrerin statt. Der Junge war durch den plötzlichen Umzug in sein neues Heim ziemlich verstört.

Die neue Pflegemutter war über sechzig, der Pflegevater über siebzig Jahre alt. Sie hatten noch ein zweites, fünfzehnjähriges Pflegekind. Frau R. kochte hervorragend und hatte besondere Erfahrungen in Internatsernährung. Sie sprach mit einer sanften Stimme, war herzleidend und sehr religiös eingestellt. In bezug auf Ernst zeigte sie viel Mitgefühl und sagte: „Wenn ich merke, daß ich dem Jungen nicht helfen kann, werde ich ihn nicht behalten. In dem Fall werde ich darum bitten, daß er anderswo untergebracht wird. Sein Wohl ist mir wichtiger als das Pflegegeld, das ich für ihn bekomme. Ich werde ihm nicht im Wege stehen. Aber ich habe das Vertrauen, daß man den Jungen heilen kann. Ich weiß nicht, wie Sie darüber denken, aber ich glaube, Gott wird Ernst helfen, wenn wir für ihn beten."

In der Einzelstunde nach Schulschluß am Tage nach seinem Umzug stand Ernst am Maltisch und rührte ein paar Minuten lang versunken in einem Farbtopf herum. Die Lehrerin saß dicht neben ihm an einem Tisch. Alle Einzelstunden fanden im Klassenraum statt, und alles Material, das dabei gebraucht wurde, stand Ernst und den anderen Kindern auch während der Schulstunden zur Verfügung. Ernst konnte alles benutzen, was sich im Zimmer befand. Das einzige, was von ihm verlangt wurde, war, daß er im Zimmer blieb. Das Material bestand aus Ton, Farben, verschiedenen Sorten Papierbögen in verschiedenen Größen, einem Arbeitstisch, Hammer, Nägel, Sägen, Buntstifte, Cowboy-Anzug, Kanonen, Soldaten, Flugzeuge, Tanks, Bauklötze, ein Satz Puppen und Puppenmöbel und viele andere Spielsachen und Brettspiele.

(Ernst sah die Lehrerin an, ging zu ihr und lehnte sich an sie.)

E.: Ich möchte meiner Mutter einen Brief schreiben. Du weißt doch, sie lebt in X. Das ist weit weg von hier. Schreib' ihr, was ich dir sage.

L.: Du willst einen Brief an deine richtige Mutter schreiben.

E.: Ja. Schreib' mal: „Liebe Mutter!"

(Die Lehrerin schrieb das auf einen Bogen Briefpapier, den Ernst ihr gegeben hatte. Man erinnere sich daran, daß das Kind seine Mutter fast ein Jahr lang nicht gesehen hatte. Er hatte sie nur viermal in den letzten drei Jahren gesehen, und beim letzten Wiedersehen nicht erkannt.)

E.: Nein! Schreib' lieber: „Es geht mir gut." Es geht mir doch gut, nicht wahr?

L.: Du möchtest, daß deine Mutter erfährt, daß es dir gut geht.

E.: Ja, wenn es mir besser geht, kann ich doch nach Hause zu meiner *richtigen* Mutti.

L.: Du willst, daß es dir besser geht, damit du nach Hause kannst.

E.: Ja. Erzähl ihr ... (*Pause.*) Schreib: „Ich habe gestern Abend dicke Bohnen gegessen und Schweinekotelettes und Kartoffelbrei und obendrauf Sauce. Und ein Glas Milch hab' ich getrunken. Zum Frühstück heute morgen hab' ich Weizenflocken mit Orangensaft und *zwei* Stück Toast gegessen." Hast du das *alles* geschrieben?

(Es war dies die erste richtige Mahlzeit, die Ernst zu sich nahm. Er behielt nach Angabe der Pflegemutter nur sehr wenig, wenn überhaupt etwas, davon bei sich.)

L.: Ich habe das *alles* geschrieben.

E.: Mittags gab's heute Suppe mit Mohrrüben und Zwiebeln drin. Dazu ein Stück Toast und Kekse." (*Zur Lehrerin*): Und ich hab' das bei mir behalten, wenigstens etwas davon, eine Zeitlang.

L.: Etwas davon hast du bei dir behalten, und darüber hast du dich gefreut. Du *wolltest,* daß es drin blieb.

E. (mit dem Kopf nickend): Ja. Und das wird es eines Tages auch tun.

L.: Eines Tages wird es das auch tun.

E.: Ich will in meinem Brief noch mehr schreiben. Schreib' mal: „Gestern abend bin ich umgezogen zu Frau R." Das stimmt nämlich. Frau R. ist sehr nett. Sie ist nicht so wie Frau S. Ich *mag* Frau R. Ich glaube wenigstens, daß ich sie *mag.*

L.: Gestern abend bist du umgezogen und du möchtest deine neue Mutter gernhaben.

E.: Ja. Aber sie ist keine Mutter. Ich nenn' sie Großmutter R. Ich hab' jetzt auch einen *Großvater* und einen Bruder – einen großen Bruder. Der heißt –, ich kann seinen Namen nicht behalten, aber er ist *nett.*

L.: Du hast jetzt eine ganze Familie, und alle sind sie nett.

E.: Schreib: „Wie geht es meinen Schwestern?" Ich hab' zu Hause nämlich zwei Schwestern.

L.: Zu Hause hast du zwei Schwestern.

E.: Schreib: „Wie geht es meinem kleinen Hund? Hoffentlich geht es ihm gut. Ich hoffe, daß ich mal wieder nach Hause darf." (*Zur Lehrerin*): Ich wünschte, ich könnte nach Hause gehen.

L.: Du willst wieder nach Hause. Durch den Umzug gestern hast du besonders viel an dein eigenes Zuhause denken müssen. Du weißt noch nicht, wie es in deinem neuen Zuhause sein wird, darum denkst du viel an deine eigene Familie.

E. (nickt): Ja, natürlich. Zu Hause sind meine Schweine und mein kleiner Hund. Ich möchte gern meine Schweine wiedersehen.

L.: Du möchtest deine Schweine und deinen kleinen Hund wiedersehen.

E.: Schreib noch: „Dr. B. hat jetzt Urlaub. Viele Grüße für Großmama und für Mutter. Dein Ernst" (*Ernst legte den Arm der Lehrerin um seinen Hals und schmiegte sich an sie.*)

L.: Du fühlst dich in deinem neuen Zuhause noch nicht ganz wohl. Du kennst ja die Menschen dort noch so wenig.

(Die Lehrerin hatte in ausgezeichneter Weise die innere Einstellung des

Jungen erfaßt, die Ernst mit den Worten „Ich mag Frau R. Ich *glaube* wenigstens, daß ich sie mag" zum Ausdruck brachte. Seine nächste Äußerung zeigte, wie ihm durch die Klärung seiner Gefühle seine innere Einstellung mehr ins Bewußtsein rückte.

Zu Beginn der Einzelgespräche geschah das Anerkennen innerer Einstellungen durch die Therapeutin mit einer verhältnismäßig vordergründigen Ebene wie z. B. von Ernsts Wunsch, zu trinken und seine gleichzeitige Angst davor. Das gilt fast für jeden Therapiebeginn; aber in dem Maße, wie diese vordergründigen inneren Haltungen angenommen und anerkannt werden, wird für das Kind der Weg frei, tiefer verwurzelte und dynamischere Einstellungen zum Ausdruck zu bringen. Die Aufmerksamkeit des Therapeuten muß ganz darauf ausgerichtet sein, solche tiefer reichenden inneren Einstellungen zu verstehen, sie zu klären und ihnen nachzugehen.)

E.: Ich hab' sie ja gestern zum erstenmal gesehen, vorher noch nie.

L.: Das ist wahr. Da kann ich gut verstehen, wie dir zumute ist. Alles ist dir noch so fremd.

E.: Gehst du heute abend mit mir nach Hause und besuchst Frau R.?

L.: Du möchtest gern, daß auch ich Frau R. kennenlerne.

E.: Ja. Kommst du mit?

(In diesem Gespräch übernahm die Lehrerin eher eine stützende Mutterrolle, als daß sie bei der bisherigen streng nichtdirektiven Rolle blieb. Mit den Freundlichkeiten, die sie Ernst erwies, indem sie ihm z. B. etwas zu essen schenkte und ihn am nächsten Morgen in bezug auf die neue Pflegemutter beruhigte, sagte die Therapeutin ihm deutlich: „Ich will dir helfen", statt zu sagen: „Ich will dir dabei helfen, dir selbst zu helfen." Es bleibt offen, welches die bessere Technik ist. Wir werden noch erfahren, daß Ernst an eine demonstrative Zuneigung von seiten des Krankenhauspersonals gewöhnt war und darum ein gleiches Verhalten bei der Lehrerin als etwas empfand, was seinen bisherigen Erfahrungen mit Erwachsenen entsprach. Außerdem betrachten Schulanfänger eine Lehrerin immer als eine Art Mutterersatz; sie wenden sich ständig an sie, um von ihr gelobt zu werden und um Unterstützung durch sie zu bekommen. Man kann also davon ausgehen, daß die stützende Rolle der Lehrerin ganz natürlich und gesund war. Es wird aber, wie wir noch sehen werden, notwendig sein, mit der auf diese Weise geschaffenen Abhängigkeit richtig umzugehen. Man könnte sich durchaus vorstellen, daß die Therapie bei Ernst ebenso befriedigend verlaufen wäre, wenn man ihm bei der Konfrontation mit seinen eigenen inneren Einstellungen geholfen hätte, statt ihm zu erlauben, einem anderen Menschen Verantwortung zuzuspielen. Die Therapeutin hätte die emotionellen Bedürfnisse des Jungen etwa durch die folgende Äußerung anerkennen können: „Du möchtest gern, daß ich bei dir bin, wenn du zu all den fremden Menschen nach Hause gehst." Hätte Ernst auf seinem Wunsche beharrt, daß sie ihn begleiten solle, so hätte sie verständnisvoll darauf reagieren können mit Worten wie: „Heute abend gehe ich nicht mit dir, aber morgen früh bin ich wieder hier, und dann kannst du mir erzählen, wie alles gewesen ist.")

Auf dem Heimweg hielten sie vor einem Lebensmittelgeschäft, in dem die Lehrerin Ernst eine Eiswaffel kaufte. Sie tat das auf Grund einer Vereinbarung mit den Ärzten und Schwestern, dem Vormund und anderen an diesem Fall beteiligten Personen; sie vertraten alle die Theorie, daß jeder *Versuch*, etwas zu essen, zur Besserung von Ernsts Gesundheit beitragen würde, selbst dann, wenn er nichts bei sich behielte. Er behielt wenig, wenn überhaupt etwas, bei sich, obwohl er sich Mühe gab und betonte, wie gut es ihm schmecke. Die Lehrerin wiederholte seine Bemerkungen darüber, wie schön es doch sei, etwas zu essen. Sie unterhielt sich etwa eine Stunde lang mit Frau R., nachdem diese Ernst zum Spielen fortgeschickt hatte. Dann kam die Schwester aus dem Krankenhaus und holte ihn zum Wiegen und zur Untersuchung in die Klinik.

Das erste, was Ernst am nächsten Morgen zu der Lehrerin sagte, war: „Mochtest du Frau R. leiden? Ist sie nett?" Die Lehrerin antwortete: „Du möchtest gern wissen, wie *ich* Frau R. finde. Nun, ich glaube, sie ist ein sehr netter Mensch." Ernst lächelte. Dann wurde er ganz ernst und sagte: „Weißt du was? Sie hat gestern abend für mich *gebetet*. Sie hat den lieben Gott darum gebeten, mich wieder ganz gesund zu machen. Jetzt *will* ich wieder gesund werden." Die Lehrerin erwiderte: „Jetzt bist du ganz sicher, daß du wieder gesund wirst."

Am darauffolgenden Tag behielt er nichts bei sich. Er schien vollkommen durcheinander zu sein und wollte auch nichts mit anderen Kindern zu tun haben.

Ernsts Vormund hatte der Lehrerin mitgeteilt, daß man versuchen wolle, eine bessere Beziehung zwischen dem Jungen und seiner Mutter herzustellen, damit er vielleicht doch eines Tages wieder nach Hause könnte. Bisher waren aber alle Bemühungen umsonst gewesen. Die Mutter behauptete, es sei ihr aus finanziellen Gründen unmöglich, das Kind zu besuchen. Die Frau lebte bei ihren Eltern etwa neunzig Kilometer von Ernst entfernt, und der Vormund war der Ansicht, daß es geldliche Gründe waren, weshalb die Mutter sich nicht um ihren Sohn kümmerte. Er sagte, daß man auch weiterhin um einen Besuch der Mutter bemüht bleiben würde. Darum glaubte die Lehrerin, es könne ein gutes Mittel sein, die Mutter-Kind-Beziehung zu bessern, wenn man der Frau Ernsts Brief schicken würde. Es war dies der allererste Brief, den der Junge jemals an seine Mutter geschrieben hatte. Dazu angeregt worden war er durch ein Schulerlebnis: Die Klasse sollte an abwesende Schüler Briefe diktieren. Als die Lehrerin Ernsts Brief abschickte, fügte sie von sich aus ein paar Zeilen hinzu:

Liebe Frau F.,

Ernst kam im vorigen Herbst in die Schule und geht bei mir in die unterste Klasse. Er hat den Wunsch geäußert, Ihnen schreiben zu dürfen. Ich habe alles genauso hingeschrieben, wie er es diktiert hat. Ich füge seinen Brief hier bei.

Ernst ist ein reizender kleiner Junge; er ist gut in der Schule und hat gute Manieren.

Wenn Sie ihm antworten, so tun Sie das, bitte, an die folgende Adresse: [es folgt die Anschrift der Schule].

Ernst kam gestern abend in eine neue Pflegestelle, wo es ihm gut zu gefallen scheint. Er versucht jetzt, auf normale Weise zu essen.

Die Kinder haben Ernst alle gern, er hat ein ansprechendes Wesen. Ein Brief von Ihnen wäre eine große Freude für das Kind.

Mit freundlichen Grüßen
Ernsts Lehrerin

6. Oktober

Am 4. Oktober erhielt Ernst von seiner Mutter Antwort. Er war an diesem Tag länger in der Schule geblieben, weil er einem Stanford-Binet-Test unterzogen wurde. Er erkannte sofort das IQ-Material wieder, obwohl es, wie er sagte, „nicht ganz dasselbe" war. Ihm lag an diesem Test und er fragte die Lehrerin, ob sie denn glaube, sein I.Q. sei nicht gut. Die Lehrerin versicherte ihm, daß sein I.Q. gut sei. Merkwürdigerweise ergab sich wieder eine Punktzahl von 119, also der gleiche I.Q. wie der frühere, von dem er so fachmännisch berichtet hatte. Nach dem Test sagte die Lehrerin, daß sie eine Überraschung für ihn habe. Während des Testens war Ernst vollkommen entspannt gewesen, aber als die Lehrerin ihm nun den Brief zeigte und sagte, der käme von seiner Mutter, wurde er sehr erregt.

E.: Ich wußte ja, sie würde mir schreiben. Frau R. hat das auch gesagt.

(Frau R. wußte gar nichts von der Angelegenheit und konnte ihm unmöglich etwas dazu gesagt haben.)

L.: Du weißt vor lauter Freude gar nicht, was du tun sollst.

E.: Lies ihn mir vor.

(Er kletterte auf den Schoß der Lehrerin, und sie las ihm den Brief vor. Wenn Ernst erregt wurde, mußte er Schleim ausspucken. Mehrmals während des Vorlesens spuckte er in den für ihn bereitstehenden Spucknapf.)

L. (liest): „Mein lieber kleiner Sohn!"

E.: Das bin ich. Ich bin der „liebe kleine Sohn".

L.: Da freust du dich aber, daß deine Mutter dich „lieber kleiner Sohn" genannt hat.

E.: Ich bin ihr lieber kleiner Sohn. Sie nennt mich so, weil ich ja ein Junge bin. (*Er gleitet herunter vom Schoß der Lehrerin, um wieder auszuspucken.*)

L.: Du regst dich auf, weil deine Mutter dir geschrieben hat, und darum mußt du Schleim ausspucken.

E.: Lies noch mal, ganz von vorne.

L. (liest): „Mein lieber kleiner Sohn! Schnell ein paar Zeilen, um dir deinen Brief zu beantworten. Ich habe mich gefreut, etwas von dir zu hören und daß es dir gut geht ..."

E.: Es geht mir doch gut, nicht wahr? Der Brief da ist von meiner Mutter an mich.

L.: Du findest auch, daß es dir gut geht. Du freust dich über den Brief von deiner Mutter an dich.

E.: Wenn es mir noch besser geht, geh' ich nach Hause zu meiner Mutter. Ich hab' ein paar Schweine und auch eine Kuh. Und einen Großpapa.

L.: Du möchtest gern nach Hause, und wenn es dir noch besser geht, kannst du das auch.

(Ernst mußte wieder ausspucken. Die Lehrerin fragte sich, ob es richtig sei, weiterzulesen, weil er so aufgeregt war. Sie war dafür, es trotzdem zu riskieren.)

L.: Wenn du aufgeregt bist, mußt du spucken.

E.: Wenn's mir noch besser geht, fahre ich nach Hause.

L. Wenn du alles essen kannst, ohne zu spucken, dann geht es dir besser.

E.: Was hat sie sonst noch geschrieben? Wie geht es meinen Schweinen und Großpapa?

L. (liest weiter): „Dein Brief war sehr nett. Deinen Schwestern geht es gut und ..."

E.: Ich habe zwei Schwestern. Ich kenne sie nicht. Wie alt sind sie?

L.: Das weiß ich nicht. Du machst dir Gedanken um sie.

E.: Ich bin der *einzige* Junge. Ich habe keinen Bruder.

L.: Du bist der *einzige* Sohn.

E. (grinst): Der einzige Sohn. (*Er nickt feierlich mit dem Kopf. Dann zupft er die Lehrerin am Ärmel.*) Jetzt lies weiter.

L. (liest): „Deinem kleinen Hund geht es auch gut und Deine Schweine sind ganz große Tiere geworden."

E. (lacht): Ich habe große Schweine. Mein Hund war ein reizendes Tierchen, ein kleiner brauner Hund.

L. (liest): „Wir haben noch eine Kuh für Dich. Deine älteste Schwester geht zur Schule. Sie geht in die dritte Klasse. Ich freue mich, daß Du so gut lernst, mein Liebling ..."

E.: Sie nennt mich „mein Liebling".

(Die Äußerungen, die Ernst machte, während ihm der Brief vorgelesen wurde, waren ein Zeichen für das Ausmaß der emotionellen Entbehrungen, die dieses Kind erlitten hatte. Es waren diese massiven emotionellen Entbehrungen, welche die stützende Rolle der Therapeutin gerechtfertigt erscheinen ließen. Wenn sie allerdings nicht bereit war, wirklich ein Mutterersatz, mit der ganzen kontinuierlichen Fürsorge, die dieser Begriff einschließt, zu sein, dann mußte ihre stützende Funktion eines Tages aufgegeben werden, trotz aller damit verbundenen seelischen Schmerzen.)

L.: Sie nennt dich Liebling, und du hast das gern.

E. (lehnt sich mit geschlossenen Augen an die Therapeutin an): Ich habe Schweine und eine Kuh.

L.: Es ist ein schönes Gefühl für dich, daß du zu Hause etwas hast, was dir gehört.

E.: Wenn ich zu Hause bin, werde ich die Kuh melken. Was schreibt sie sonst noch?

L. (liest): „Ich freue mich, daß Du in der Schule gut lernst, mein Liebling und sei ein braver Junge, geh zur Schule und lerne, wie man ein Lehrer wird, wäre das nicht schön. Und Großmutter läßt Dir sagen, es ginge ihr auch gut und Du sollst recht brav sein und richtig essen lernen, damit Du wieder nach Hause kannst . . ."

E.: Ich werde lernen, richtig zu essen. Und dann fahr' ich nach Hause zu meinen Schweinen. Und zu meiner Kuh.

L.: Du willst lernen, richtig zu essen, weil du gern nach Hause willst, zu deinen Schweinen und zu deiner Kuh.

E.: Ich wette, daß sie riesig groß sind. Was für eine Farbe sie wohl haben?

L.: Das schreibt deine Mutter nicht. Was glaubst du wohl, welche Farbe sie haben?

E.: Das weiß ich nicht. (*Lacht.*) Aber sicher nicht *blau.*

L.: Nicht blau.

E.: Gibt es schwarze Schweine?

L.: Ja, es gibt schwarze Schweine.

E.: Dann sind sie sicher schwarz. *(Während dieser Unterhaltung wird Ernst ganz entspannt. Er murmelt vor sich hin.)* Was schreibt sie sonst noch?

L. (liest): „Sei brav und lerne essen, damit Du nach Hause kommen und bei uns bleiben kannst, mein Liebling. Dein Brief war sehr nett und ich freue mich, wenn Du schreibst und es ist nett von Dir, daß Du Dir Mühe mit dem Essen gibst, ich habe mich gefreut, das zu hören. Mutter wird Dich bald mal besuchen, sowie ich kann.

Auf bald mit Liebe von Mutter
Auf Wiedersehen, Ernst"

E. (immer noch ganz entspannt): Ja, sie wird mich bestimmt besuchen. Sie hat es ja geschrieben.

L.: Du freust dich, weil sie geschrieben hat, daß sie dich besuchen wird. (Als die Lehrerin den Brief zu Ende gelesen hatte, machte Ernst einen ganz ruhigen Eindruck. Die Lehrerin schrieb schnell den Brief ab und tat die Kopie zu ihren Notizen.)

E.: Was machst du da? Schreibst du eine Antwort auf den Brief?

L.: Nein. Ich habe ihn nur abgeschrieben. Wenn *du* ihn dann beantworten willst, kann ich ihn dir noch einmal vorlesen, wenn du möchtest. *Deinen* Brief kannst du mitnehmen und ihn Frau R. zeigen, wenn du magst.

E. (ganz erstaunt): Ich darf ihn mitnehmen?

L.: Ja, wenn du willst.

E.: Das will ich. Und jetzt wollen wir Eiswaffeln kaufen.

11. Oktober

(In dieser Einzelstunde nach Schulschluß beschäftigte Ernst sich zuerst damit, eine Kugel aus Ton hin und her zu rollen. Dann lief er zur Lehrerin.)

E.: Wir wollen meiner Mutter schreiben.

L.: Du bekommst gerne Briefe von deiner Mutter.

E.: Meine Mutter ist ganz dünn.
L.: Tatsächlich?
E.: Ja. So dünn wie 'n Zahnstocher.

(Es ist interessant, wie positiv Ernst sich über sein Zuhause äußerte. In Wirklichkeit wußte er überhaupt nichts darüber, auch nicht über seine Verwandten.)

E.: Bist du so weit? Dann schreib: „Liebe Mutter! Ich möchte meine Kuh melken, wenn ich nach Hause komme. Ich hoffe, Du kriegst genug Milch von Deiner Kuh. Wenn ich nach Hause komme, will ich mein Schwein schlachten! (*Zur Lehrerin*): Das will ich wirklich tun. Ich werde mit einem scharfen Messer seine Kehle durchschneiden. (*Er nimmt ein Lineal und schlägt damit auf den Tisch.*) Ich werde das alte Schwein töten. (*Er quietscht und wird sehr aggressiv.*)

(Zum erstenmal zeigte Ernst sich aggressiv, und zwar schien die Aggressivität seinem Zuhause zu gelten. Die Äußerung der Lehrerin dürfte kaum der Tiefe und Heftigkeit entsprochen haben, die den Jungen zu seinen destruktiven Bemerkungen veranlaßten. Sie hätte deutlicher ihre Annahme gezeigt und das Kind vielleicht dazu gebracht, einige der hinter seinen Worten stehenden Gedanken und Gefühle zum Ausdruck zu bringen, wenn sie etwa gesagt hätte: „Du möchtest dem Schwein gerne die Kehle durchschneiden.")

L.: Wenn du wieder zu Hause bist, willst du das Schwein töten.

E. (nickt mit dem Kopf, haut auf den Tisch und quietscht. Dann legt er das Lineal plötzlich hin): Schreib' weiter: „Wie alt ist meine jüngste Schwester jetzt? Wie wirst Du mit Deiner Arbeit fertig? Hoffentlich kann Großpapa Dich bald mal hierher fahren, damit Du mich besuchen kannst!" (*Zur Lehrerin*): Vielleicht kommt er auch!

L.: Du möchtest deine Mutter wiedersehen.
E.: Schreibe! „Bring mir ein Spiel mit, wenn Du mich besuchen kommst."
L.: Deine Mutter soll *dir* etwas mitbringen.
E.: Ja, irgendein Spiel. Ich hab' nämlich keins.
L.: Du willst, daß deine Mutter dir etwas schenkt.
E.: Schreib' ihr: „Ich habe in der Schule Milchschokolade getrunken." (*Er diktiert sehr schnell.*) „Ich habe auch Grahambrot bekommen. Besuch mich bald und sieh Dir an, wie ich hier arbeite. Grüße Großpapa und Großmama! In Liebe, Dein Ernst."

(Ernst ging zum Tisch hinüber und holte sich die Puppen. Er stellte die Puppenmöbel auf und begann, damit zu spielen. Die Mutter kochte am Herd Mittagessen. Dann rief sie die Kinder. Der Junge und die Schwester kamen herein. Ernst sprach für jede Puppe.)

Junge: Was wollen wir spielen?
Mädchen: Laß uns Ringelreihen spielen. (*Die Puppen tun das. Dann kommt die zweite Schwester ins Zimmer.*)
Schwester: Wir wollen Blindekuh spielen. (*Die Puppen tun das auch. Das Spiel verläuft sehr diszipliniert und geordnet. Dann kommt der Vater nach Hause.*)
Vater: Was hast du heute getan?
Junge: Ich habe geschuftet. Einen Kuchen habe ich gebacken.
Vater: Hat er auch was getaugt?

Junge: O ja!

Vater: Wo ist er?

Junge: Da drüben auf dem Ofen. (*Der Vater geht hinüber zum Ofen.*) Willst du ein Stück davon haben?

Vater: Oh, der schmeckt gut! Jetzt geht raus und spielt! (*Die Mutter nimmt die Schwester an der Hand und geht mit ihr hinaus.*)

(Plötzlich stülpt Ernst die Puppenschachtel über die beiden und fängt sie auf diese Weise.)

E. (schreiend): Euch hat der Riese gepackt. Er wird euch auffressen. (*Ernst spielt jetzt den Riesen und tut so, als fresse er sie auf.*)

L.: Der Riese verschlingt die Mutter und die kleine Schwester.

(Es wäre ein besseres Echo gewesen, wenn die Lehrerin gesagt hätte: „Es macht dir Spaß, der Riese zu sein und sie aufzufressen." Man läuft leicht Gefahr, die ambivalenten Gefühle des Jungen zu übersehen, weil er so eindeutig den Wunsch geäußert hatte, seine Mutter zu sehen und weil ihm so sehr an einem Liebeszeichen von ihr gelegen war. Er hatte ganz offensichtlich feindselige Einstellungen seiner Familie gegenüber, die ihn ja verlassen hatte; gleichzeitig sehnte er sich nach Kontakt mit ihr.)

E.: Ja. Paß mal auf!

(Der Vater schickt den anderen Bruder und die andere Schwester hinaus. Sie erleiden das gleiche Schicksal. Dann ruft der Vater: „Ernst!")

E. (zur Lehrerin): Der versteckt sich. Siehst du? Er will nicht kommen.

L.: Der Junge gibt dem Vater keine Antwort.

E.: Nein. (*Er seufzt*): Aber er muß es tun, er ist gut erzogen. (*Er gibt seiner Stimme einen zuckersüßen Ton.*) Ja, Vater?

Vater: Sieh mal nach, was deiner Familie passiert ist.

E.: Ich weiß es nicht. Wahrscheinlich hat der Riese sie aufgefressen.

Vater: Der Riese? Um Gottes Willen!

(Der Vater rannte hinaus, wurde ebenfalls gefangen und aufgefressen. Dann wurde er mit voller Wucht in die Spielkiste geschleudert. *E.:* „Du auch, mein kleiner Junge!" Und auch der andere Junge, den er als Ernst bezeichnet hatte, wurde gefangen, verschlungen und in die Spielkiste geschleudert. Ernst ging daraufhin von den Puppen weg und ganz nah an die Lehrerin heran.)

(Der Grund für diese symbolische Selbstbestrafung und Selbstzerstörung lag sehr wahrscheinlich darin, daß seiner Aggressivität nicht mit genügendem Verständnis begegnet wurde; sie wurde vom Therapeuten nicht deutlich genug herausgestellt und akzeptiert. Wäre Ernsts feindselige Einstellung seiner Familie gegenüber eindeutig angenommen worden, hätte er sich vermutlich in seinem Spiel nicht selbst bestrafen müssen.)

E. (zur Lehrerin): Glaubst du, daß von der Salzsäure, die ich getrunken habe, noch was in mir drin ist?

L.: Du glaubst, daß von der Salzsäure noch etwas in dir sein könnte?

E.: Ja. Das war damals schrecklich. Ich konnte nichts bei mir behalten. Gestern blieb nur das Frühstück und Mittagessen drin, aber nicht das Abendbrot. Und heute kam das Frühstück und Mittagessen wieder 'raus. (*Pause.*)

L.: Und das macht dich ganz mutlos. (*Pause.*) Magst du mir was von der Salzsäure erzählen?

(Hier wird in ausgezeichneter Weise die nicht-direktive Methode eines Gespräches angewandt, die dem Jungen dazu verhilft, sich die Gefühle bewußt zu machen, die ihn in bezug auf seine frühere Verletzung durch die Salzsäure erfüllen. Diejenigen, die noch nicht mit dem Ablauf einer nicht-direktiven Therapie vertraut sind, werden mit einigem Erstaunen feststellen, daß die therapeutisch arbeitende Lehrerin hier zum erstenmal eine Frage stellt. Diese Frage hat einen sehr allgemeinen Charakter und betont eigentlich nur die gewährende Atmosphäre der Beziehung zwischen ihr und dem Kind. Es wird mit ihr kein sondierendes Moment in die Situation hineingetragen, weil ein solches Nachforschen von vornherein zum Mißerfolg verurteilt wäre. Die meisten Helfer überwältigen das Kind mit einer Fülle von Fragen mit dem Erfolg, daß sie es in eine Abwehr- und Verteidigungshaltung drängen.)

E.: Ich dachte, es sei Milch. Es war in einem Glas, das draußen beim Hinterausgang stand. Verstehst du, ich dachte, es sei richtige gute Milch und trank es. Ich glaube, etwas davon ist immer noch in meinem Bauch.

L.: Du glaubtest, es sei Milch und hast es getrunken. Dann wurde dir schlecht davon. Und jetzt denkst du, es wäre noch was von der Salzsäure in dir drin, weil dir immer noch manchmal schlecht wird.

E.: Ja, genau das denke ich. (*Pause. Ernst starrt die Lehrerin ganz unglücklich und niedergeschlagen an.*)

L.: Was sagt denn der Doktor?

E.: Er sagt, daß jetzt alles aus mir 'raus sei. Er meint, daß ich jetzt schlucken kann, und ich schlucke auch, aber es bleibt eben nicht drin.

L.: Manchmal bleibt es nicht drin.

E.: Ja. Und manchmal bleibt es drin.

L.: Manchmal bleibt es nicht drin, und das magst du gar nicht und manchmal bleibt es drin, und dann freust du dich.

E.: Essen wir heute wieder Eiswaffeln?

L.: Möchtest du gern eine Eiswaffel haben?

E.: Ja.

L.: Meinst du, daß sie drin bleibt?

E.: Ich glaube, ja.

(Sie kauften zusammen eine Eiswaffel für Ernst. Er aß sie ganz auf, ohne zu spucken. Die Lehrerin machte eine entsprechende Bemerkung.)

L.: Du hast gleich gesagt, daß du sie wohl bei dir behalten würdest.

E.: (sieht die Lehrerin neugierig an und nickt dann feierlich zustimmend mit dem Kopf): Ich hab' dir gleich gesagt, daß sie drin bleiben wird. (*Er sagt das sehr zutraulich.*)

18. Oktober

Bei Ernst wurde alle drei Wochen die Speiseröhre gedehnt. Er mußte dazu ins Krankenhaus, bekam einen Ätherrausch und blieb dort oder zu Hause mindestens einen Tag lang im Bett. Er war vor dieser Behandlung immer sehr aufgeregt gewesen und mehrere Tage im Bett geblieben. Die Krankenschwester verständigte die Lehrerin davon, daß er wahrscheinlich ein paar Tage fehlen würde. Nach der

Behandlung war sein Hals rauh und wund. Der Arzt meinte, diese Behandlung müsse wahrscheinlich beibehalten werden, bis Ernst fünfzehn Jahre alt sei. Die Lehrerin wurde jeweils vorher darüber informiert, was dem Kind bevorstand. Meist war sie es, die ihm das dann beizubringen hatte. Dieses Mal hatte ihm auch die Krankenschwester Bescheid gesagt. Das nun folgende Gespräch fand einen Tag vor einer solchen Krankenhausbehandlung statt. Die Lehrerin war gespannt darauf, ob er sich wohl in dieser Therapiestunde mit diesem seinem Problem auseinandersetzen würde. Er tat das wirklich.

E. (begibt sich an den Maltisch und tropft dicke Klumpen roter Farbe auf einen großen Bogen Papier): Morgen gehe ich ins Krankenhaus. Da wird mein Hals wieder geweitet.

L.: Morgen gehst du ins Krankenhaus.

E.: Ich wette, daß du mich vermissen wirst.

L.: Du weißt, daß ich dich vermissen werde.

E.: Bestimmt wirst du das. (*Er schlägt mit dem Pinsel auf das Papier und verspritzt Farbe.*) Ach, wird das wieder wehtun! Wie wird mir das wieder wehtun!

L.: Du glaubst, daß dir das wehtun wird, wenn man den Hals weitet.

E.: Manchmal blutet es! Schau' her! (*Er weist auf das Papier mit den roten Flecken.*) Blutig wie mein Hals innen.

(Jeder Zweifel an der einfachen und unmittelbaren Art, in der Kinder Symbole benutzen, um ihre Gedanken und Gefühle auszudrücken, wird durch Ernsts Verhalten zunichte gemacht. Der Junge verwandte die Farbe so eindeutig dazu, um seine Ängste auszudrücken und andere Spielsachen, um feindliche innere Einstellungen auszuagieren, daß jeder Kommentar überflüssig ist.)

L.: Du glaubst, daß dein Hals innen so blutig aussehen wird wie das, was du gemalt hast.

E.: Ja. (*Er legt den Pinsel beiseite und zerreißt das Papier.*) Ich werde das wegwerfen. Ich will das los sein.

L.: Du willst das Blut auf dem Papier los sein.

E.: Ja. (*Er stopft das Papier in den Papierkorb, klettert in diesen hinein und trampelt auf seiner Malerei herum. Dann nimmt er die Babypuppe und bearbeitet sie mit Fäusten.*) Du böses, böses Baby, du! Verhauen werd' ich dich. (*Er tut das. Dann schlägt er mit dem Hammer auf den Kof des Babys. Die Puppe war aus Stoff.*) Ich werd' den Kopf vom Baby kaputtmachen. In Stücke werd' ich ihn schlagen. Ich werd' *ihn* zum Bluten bringen. (*Es liegt Herausforderung im Ton seiner Stimme.*)

L.: Du wirst den Kopf des Babys blutig schlagen.

E. (holt sich ein Gewehr): Erschießen werde ich es. Peng! Peng! Dem hab' ich's gegeben. (*Er zielt auf die Lehrerin.*) Peng! Peng! Dich hab' ich auch erschossen, – natürlich nicht in Wirklichkeit; ich hab' bloß so getan. (*Er geht zur Lehrerin und streichelt ihre Hand.*)

L.: Am liebsten möchtest du alle erschießen.

E. (schreit laut): Ich will nicht ins Krankenhaus.

L.: Du willst nicht ins Krankenhaus, und weil du trotzdem dorthin gehen mußt, möchtest du am liebsten alle erschießen. Ich kann es gut verstehen, wenn dir danach zumute ist.

(Das körperbehinderte Kind – oder der körperbehinderte Jugendliche – ist oft voller Aggressivität der ganzen Welt gegenüber, weil es sich grausam von ihr behandelt fühlt. Es ist keineswegs erstaunlich, daß Ernst, ein Kind, dessen Familie es verlassen hatte, dem immer wieder Schmerzen durch Ärzte zugefügt wurden und dem jetzt eine neue Feuerprobe bevorstand, voll destruktiver Empfindungen war. Die Bemerkung der Lehrerin zu Ernsts Aggressivität war ausgezeichnet. Man kann sie als eine Interpretation von bereits früher zum Ausdruck gebrachten Gedanken und Gefühlen bezeichnen; als solche kann sie vom Kind angenommen werden. Man sieht, wie durch die Möglichkeit, derartige innere Einstellungen frei zum Ausdruck zu bringen und durch das Erleben ihrer Annahme von seiten des Erwachsenen das Bedürfnis nach destruktivem Verhalten verringert wird. Ernst konnte seine Aggressivität fast sofort aufgeben, nachdem seine Gedanken und Gefühle auf Verständnis stießen und angenommen wurden.)

E. (lachend): Peng! Peng! Peng! (*Dann nimmt er den Hammer und schlägt auf die Werkbank.*)

L.: Es tut dir gut, auf die alte Werkbank zu schlagen.

E. (legt den Hammer hin und stößt ihn mit dem Fuß durch das ganze Zimmer. Er begibt sich zur Lehrerin, setzt sich neben sie und legt den Kopf in ihren Schoß): Jetzt bin ich müde. Wir wollen spazierengehen.

L.: Du möchtest spazierengehen.

(Sie gehen zusammen spazieren. Ernst spricht vom Krankenhaus. Sie kaufen unterwegs Bonbons, aber Ernst ißt keine.)

E.: Ich will sie mir für später aufheben. Jetzt würden sie, glaube ich, nicht drin bleiben.

L.: Du willst warten, bis *du glaubst,* daß du sie bei dir *behalten* kannst, und sie dann erst essen.

20. Oktober

Ernst blieb nur einen Tag lang fort. Diese Stunde sollte dazu dienen, gegebenenfalls seine Reaktionen auf den Krankenhausaufenthalt aufzufangen. Ernst verbrachte die meiste Zeit damit, daß er auf die Werkbank und auf die Babypuppe schlug. Er lachte die ganze Zeit über.

E.: Ich bin ein Kerl, was? Der Doktor war platt, als ich ihm sagte, daß ich alles esse und bei mir behalte.

L.: Und darüber freust du dich.

E.: Na, darauf kannst du dich verlassen. Er meinte: „Du erzählst mir wohl Märchen?" Ich sagte: „Nein, ich nicht." Und es hat diesmal überhaupt kein bißchen weh getan.

L.: Der Doktor hat sich bestimmt auch gefreut. Und weh getan hat's diesmal auch nicht.

E.: Ich hab' dem Doktor gesagt, daß alles drin bliebe, weil es mir in der Schule gut gefällt – ich mag die Kinder und ich mag meine Lehrerin. Ich bin auch gern dort, wo ich jetzt wohne. (*Er lacht, nimmt die Puppe und tanzt um den Tisch herum. Dabei singt er.*) Ich mag's gern! Ich mag's gern! Ich mag's gern!

(„Ich kann's bei mir behalten, weil's mir in der Schule gefällt." Ernst zeigte Verständnis für die Grundlagen der psychosomatischen Medizin.

In dieser Stunde wurde mit großer Klarheit die Befriedigung offenbar, die das Kind aus seiner reiferen und mutigen Anpassung gewann. Es ist gewiß kein Zufall, daß in der gegebenen Situation sein Gesang voller positiver spontaner Gefühle war. Die Zuneigung zu seiner Lehrerin wurde ebenso spürbar, wie daß für ihn diese Beziehung eine wechselseitige war.)

E. (Er geht auf den Korridor hinaus, um sich etwas zum Trinken zu holen. Die Lehrerin geht mit ihm. Draußen ist noch eine andere Lehrerin. Ernst und sie unterhalten sich in freundschaftlicher Weise): Ich bleibe heute abend hier, Fräulein A. und ich wollen zusammen spielen.

Die andere Lehrerin (ihn neckend): Du willst bei *ihr* bleiben? Wozu denn? Die ist doch nicht nett.

E. (wird plötzlich wütend; er stößt wie ein Ziegenbock mit dem Kopf nach ihr und bearbeitet sie mit Fäusten): Sag' das nicht noch einmal! Ich *mag* sie. Und sie *mag* mich. (*Die andere Lehrerin geht lachend fort. Er und seine Lehrerin gehen ins Klassenzimmer zurück. Er ergreift ein Gewehr*): Die werd' ich erschießen. Peng! Peng!

L.: Du willst sie erschießen, weil sie gesagt hat, ich sei nicht nett.

E.: Ja. (*Er rennt im Zimmer herum, indem er zu schießen behauptet, wirft Stühle über den Haufen, lacht, kehrt wieder zum Tisch zurück, setzt sich, wirft das Gewehr über seinen Kopf nach rückwärts, ohne sich darum zu kümmern, wohin es fällt, taucht seine Finger in die Gläser mit den Farben. Dann schmiert er auf das Papier.*) Ich bin ein Schmutzfink.

L.: Du schmierst gern mit den Farben herum.

(Ernst verschmiert weiter die Farben mit seinen Händen. Schließlich geht er zur Lehrerin.)

E.: Jetzt will ich meine Hände waschen. (*Er geht hinaus und wäscht seine Hände. Dann kommt er zurück.*) Eigentlich müßte ich doch wieder einen Brief von meiner Mutter bekommen, nicht wahr?

L.: Du möchtest gern wieder einen Brief von deiner Mutter haben.

E.: Ja. Na, vielleicht kommt morgen einer.

L.: Du hoffst, daß morgen einer kommt.

E.: Ja. (*Er setzt sich an den Tisch, legt den Kopf auf die Tischplatte, sieht die Lehrerin mit halb zugekniffenen Augen verschmitzt an und grinst.*)

L.: Jetzt müssen wir gehen.

E.: Ich möchte gern eine Eiswaffel haben.

(Sie gehen fort und kaufen eine Eiswaffel. Ernst ißt sie ganz und gar auf, ohne zu spucken.)

21. Oktober

Eltern der anderen Kinder besichtigten an diesem Nachmittag die Schule und das Klassenzimmer. Zu Ernst kam niemand. Einige Kinder fragten ihn, ob seine Mutter nicht da sei. Er gab zur Antwort:

„Ja. Sie ist nicht da.“ Er trug nachmittags immer den Cowboy-Anzug. Dabei schnallte er sich die Pistolentasche mit dem Revolver um. Die Lehrerin hatte im Schrank einen Cowboy-Anzug in Ernsts Größe verwahrt. Ernst hatte ihn entdeckt und trug ihn seit dem 11. Oktober auch während der Schulstunden. Dieser Anzug wurde bald zu einem Spiegelbild seiner Gefühle. Wenn er erregt und voll innerer Spannungen war, benutzte er seine Verkleidung in der Pause zu wilden Cowboyspielen. Als die Eltern gingen, schoß er auf alle. Die Lehrerin äußerte dazu: „Am liebsten würdest du die anderen Mütter alle erschießen, weil deine Mutter nicht hier ist.“ Ernst gab das zu. Wenn die Kinder von ihren Müttern sprachen und ihn nach seiner Mutter fragten, wies er auf die Lehrerin und sagte: „Sie ist meine Mutter.“ Die anderen Kinder fragten dann: „Ist das wahr?“ Und Ernst antwortete: „Ja. Meine Mutter ist also hier, verstanden?“ Als die Eltern gegangen waren, blieb er zurück zur Therapiestunde.

(Ernst nahm sich die Babyflasche, füllte sie voll Wasser, trank daraus, greinte wie ein kleines Baby und machte ungezielte Bewegungen.)

L.: Du spielst gerne Baby.

E.: Ja. (*Er legt sich auf zwei Stühle, aus denen er ein Bett gemacht hat.*) Baby will jetzt schlafen.

L.: Baby will schlafen.

E. (trinkt mit geschlossenen Augen aus der Flasche; dann richtet er sich auf): Schau' mal! Ich trinke wie ein Baby.

L.: Baby spielen macht manchmal Spaß. (*Tut so, als ob er wieder weint.*)

(Der Besuch der anderen Eltern verkörperte für Ernst den sichtbaren Beweis für seine seelischen Entbehrungen und brachte all seine infantilen Wünsche, die in guter Weise von der Therapeutin anerkannt wurden, an die Oberfläche. Eine etwas mehr in die Tiefe gehende, ein wenig mehr interpretierende Antwort wäre zu diesem Zeitpunkt vielleicht noch hilfreicher gewesen. Z. B. hätte die Lehrerin sagen können: „Durch all die anderen Kinder mit ihren Müttern bist du dir wie ein Baby, das bei seiner Mutter ist, vorgekommen.“)

(Ernst hatte seine infantilen Haltungen zunächst symbolisch zum Ausdruck gebracht; später zeigten sie sich in der Abhängigkeit von der Lehrerin; er bat sie indirekt um Schutz und Fürsorge. Sie behielt ihre „stützende“ Rolle bei, indem sie ihm die geforderte Fürsorge zuteil werden ließ und die Tragkraft der Beziehung zwischen ihr und ihm dazu benutzte, ein reiferes Verhalten bei der Nahrungsaufnahme zu erreichen.)

(Ernst erhob sich, ging zur Puppe hin und tat so, als ob er sie füttere; dann schleuderte er sie plötzlich durch das ganze Zimmer, stellte die Flasche beiseite und sah aus dem Fenster. Es fiel ein leichter Regen.)

E.: Du mußt mich heute im Wagen mitnehmen, weil es regnet.

L.: Du willst nicht naß werden.

E.: Wenn ich naß werde, werde ich krank, und dann bin ich traurig.

L.: Du willst nicht krank werden.

E.: Dann kann ich ja nicht zur Schule gehen. Das will ich aber.
L.: Wollen wir ein bißchen spazierenfahren?
E.: Na klar will ich das. (*Er lacht. Sie gehen zum Wagen.*)
L.: Ich würde dir gern eine Eiswaffel kaufen, aber wenn du im Wagen spuckst, so –
E.: Aber ich *brauch'* ja nicht zu spucken.
L.: Woher weißt du denn, daß du nicht zu spucken brauchen wirst?
E.: Ich werde eben aufpassen, daß es drin bleibt.
L.: Wie willst du das denn machen?
E: Ich werde gut 'runterschlucken und aufpassen, daß alles drin bleibt. Das hängt nämlich von mir ab, weißt du?
L.: Das hängt von dir ab.
(Sie kauften eine Eiswaffel. Er aß sie und behielt sie bei sich. Die Lehrerin machte auf dem Weg nach Hause einen großen Umweg. Als Ernst ausstieg, sagte er: „Siehst du, es ist alles drin geblieben. Ich kann nämlich bestimmen: »Du bleibst drin!« und dann tut es das auch.
Die Therapie wäre – abgesehen von der notwendigen allmählichen Aufgabe der „stützenden" Beziehung – zu diesem Zeitpunkt so gut wie abgeschlossen gewesen, wenn es nicht wenig später Schwierigkeiten innerhalb der Familie gegeben hätte.)

Nach dieser Stunde konnte Ernst alle Nahrung bei sich behalten; drei Wochen lang bedurfte er keiner zusätzlichen Ernährung durch den Schlauch – bis zu dem Tag, an dem er zum Erntedankfest nach Hause fuhr.

27. Oktober

Ernsts Mutter hatte geschrieben. Ernst blieb nach Schulschluß in der Klasse, um ihren Brief vorgelesen zu bekommen. Er unterbrach die Lehrerin dabei nicht und verriet keinerlei gefühlsmäßige Erregung. Der Brief lautete:

Mein lieber kleiner Junge,

will Dir Deinen Brief beantworten und freue mich, von Dir zu hören, daß Du gut in der Schule bist. Sicher kannst Du schon gut rechnen. Du kannst die Kuh melken, wenn Du nach Hause kommst und beim Schlachten helfen. Wir haben viele Küken für Dich zum Füttern. Deine kleine Schwester ist vier Jahre alt und Deine ältere Schwester acht. Sie geht jeden Tag zur Schule, in die dritte Klasse. Großmama sagt, daß es ihr gut geht und sie freut sich, wenn Du nach Hause kommst. Sei ein braver Junge und geh fleißig zur Schule und Mutter wird Dich bald besuchen. Du hast eine sehr nette Lehrerin. Es ist nett von ihr, daß sie für Dich schreibt. Also sei schön brav. Vielleicht hol' ich Dich am Erntedankfest-Tag ab. Sonst fällt mir nichts mehr ein, darum Schluß. Von Mutter an Ernst

Auf Wiedersehen,
mit Liebe, Mutter.

E. (seine Augen strahlen, als er vom Abholen am Erntedankfest hört): Sie holt mich ab am Tag vom Erntedankfest. Dann fahre ich nach Hause.

L.: Du möchtest gern nach Hause.

E.: Ich will die Küken tot machen. Ich will ihnen die Federn ausreißen. Ich will ihnen den Kopf abhacken und ihre Eingeweide 'rausholen.

L.: Du willst die Küken wirklich umbringen.

(Durch den Brief seiner Mutter werden in Ernst sowohl seine infantilen Wünsche, wie seine tief in ihm verwurzelten aggressiven Impulse angesprochen. Er wagt es nicht, die letzteren direkt auf ihr eigentliches Ziel zu richten. Die Lehrerin hätte sich besser etwa so geäußert: „Du möchtest nach Hause, und zu Hause möchest du irgendetwas tot machen." Auf diese Weise wäre es dem Jungen möglich gewesen, seinen feindseligen Gefühlen noch deutlicheren Ausdruck zu verleihen.)

E. Ich will einen Brief an meine Mutter schreiben. Ich werde alle Küken tot machen. Jetzt will ich an der Flasche saugen. (*Er holt sich eine.*) Siehst du, ich bin ein Baby! (*Greint wie ein Baby.*) Guck mal, wieviel ich trinken kann!

L.: Du wünschtest, du wärst noch ein kleines Baby.

E.: Laß uns den Brief beantworten. (*Er fängt an zu diktieren*): „Liebe Mutter, wenn ich nach Hause komme, dann will ich ein Küken töten und meine Schweine füttern. Ich freue mich, daß meine kleine Schwester vier Jahre alt ist. Ich will die Küken saubermachen, wenn ich nach Hause komme. Das wird ein Spaß! Ich will auch das ganze Haus aufräumen."

L.: Du willst deiner Mutter tatsächlich *helfen,* wenn du nach Hause kommst, und du willst, daß sie das weiß.

E. (diktiert weiter): „Ich freue mich, daß meine Schwester in die dritte Klasse geht. Warum schreibt sie mir nicht manchmal? Sag' Großmama, ich hoffte, daß sie mich auch besuchen kommt. Ich hoffe, daß Du am Erntedankfest mit mir Mittagessen kannst. Hoffentlich bringt mir der Nikolaus zu Weihnachten einen Schlitten. Ich hoffe, daß Ihr Weihnachten alle hierher kommt und bei mir Mittag eßt."

L.: Du willst mit deiner Familie zusammensein.

E. (diktiert): „Ich bin gut in der Schule. Ich höre auf das, was meine Lehrerin mir sagt. Ein Junge ist mein Freund. Er heißt Robert. [Er ist fünfzehn Jahre alt.] Ich habe auch eine Freundin. Sie heißt Fräulein A. [Das ist die Lehrerin an der Sonntagsschule.] Die hat mir vor zwei Wochen einen Tuschkasten geschenkt."

L.: Du hast Robert und Fräulein A. gern.

E. (nickt mit dem Kopf): „Ich wünsche mir zu Weihnachten eine Kukkucksuhr. Ich kann jetzt schon ein bißchen lesen. Meine Lehrerin kauft mir immerzu Eiswaffeln. Sie hat eine Menge Spielsachen für uns. In der Schule ist es ganz prima. Manchmal trage ich in der Schule einen Cowboy-Anzug." (*Zur Lehrerin*): Ach, ich hab' solche Sehnsucht nach meiner Mutter! Sie ist so dünn wie 'n Bleistift." Schreib' weiter! „Zu Nikolaus habe ich eine komische Maske getragen und einen Cowboy-Anzug. In der Schule male ich Bilder. Die Schule macht mir Spaß, wenn ich da arbeite und spiele. Wir bauen ein Spielhaus. Ich trinke Milchschokolade in der Schule. Ich esse jetzt sehr gut. Grüße für Mutter und meine ganze Familie. In Liebe Ernst."

(Als Ernst diesen seltsamen Brief fertig diktiert hatte, entfernte er den Sauger von der Flasche und trank das Wasser aus. Diesmal ging er allein nach Hause. Es war Nachmittag. Er bat weder um Eiswaffeln noch um Bonbons. Er machte einen äußerst glücklichen Eindruck.)

Ernsts Vormund hatte mit der Mutter verabredet, daß sie ihn in der Schule abholen solle. Der Junge hatte große Sehnsucht nach ihr. Die Lehrerin wußte, daß sie vor halb drei Uhr nicht da sein konnte. Sie unternahm mit der Klasse einen Spaziergang, auf dem die Kinder lebende Truthähne zu sehen bekamen. Sie wollte auf diese Weise Ernsts innere Unruhe etwas beschwichtigen. Der Junge war nervös und aufgeregt. Als die Klasse wieder in der Schule war, wollte er gleich zu seinem Spucknapf gehen. Da bemerkte er zufällig, wie die Lehrerin ihn beobachtete. Daraufhin drehte er um und erklärte: „Nein! Ich werde nicht spucken, auf gar keinen Fall." Er spuckte tatsächlich nicht. Die Klasse holte sich die Orchester-Instrumente (die sich stets als ein gutes Ventil für innere Spannungen erwiesen hatten). Ernst war ein ausgezeichneter Trommler und verpaßte nicht einen Trommeleinsatz. Die Kinder hatten gerade ein Stück gespielt, als die Mutter und der Vormund an die Tür klopften. Eines der Kinder machte die Tür auf und rief dann nach der Lehrerin, die beide hereinbat und Stühle für sie holte. Zum Erstaunen des Vormunds und der Mutter sagte sie Ernst nicht Bescheid, sondern bewahrte eine eindeutig nicht-direktive Haltung. Sie begab sich wieder ans Klavier, und Ernst sah sich nach den beiden um. Er erkannte den Vormund Herrn S. wieder und schloß daraus, daß die Frau wohl seine Mutter sein würde. Schließlich legte er die Trommel beiseite und ging zu ihr hin. „Bist du meine Mutti?" Sie küßte ihn nicht und sah ganz aufgeregt aus. Ernst blieb ein paar Minuten bei ihr stehen, sie legte sacht ihren Arm um ihn. Dann kehrte er wieder zu seinen Kameraden zurück.

(An keiner Stelle dieses Fallberichtes wird die tiefe Achtung des Therapeuten vor dieser sechsjährigen kleinen Persönlichkeit so deutlich wie bei diesem Vorgang. Die Mehrzahl der Pädagogen – selbst solche mit einer psychologischen Ausbildung – hätte in diesem Augenblick wahrscheinlich dem Kind die Angelegenheit aus der Hand genommen. Die Lehrerin aber überließ sie mitsamt den sehr konstruktiven – und äußerst dramatischen – Ereignissen dem Kind.)

Ernst fuhr mit seiner Mutter nach Hause und blieb das Wochenende über bei ihr. Nach seinen Berichten war die Mutter den ganzen Sonnabend von zu Hause abwesend; Sonntag ließ sie ihn von einem Nachbarn an den Bus bringen und allein zurückfahren.

29. November (die erste Stunde nach Ernsts Besuch zu Hause)

E. (schlägt mit dem Hammer auf die Werkbank. Er stößt die Schachtel mit den Nägeln von der Bank; sie liegen über den ganzen Boden verstreut im Zimmer herum): Da liegen die Nägel! Denen hab' ich's gegeben. Ich werd' sie nicht aufheben. Bleibt ihr nur da liegen! Als wenn mir das was ausmacht. (*Stößt mit dem Fuß nach den Nägeln.*) Ich will, daß sie da liegen bleiben.

L.: Jetzt bist du heute wütend. Du möchtest gemein sein. Mach' nur so weiter und tob' dich aus.

(Das Ansprechen und Anerkennen von Ernsts Gefühlen ist richtig. Die Anweisung „mach nur so weiter" ist vollkommen überflüssig. Der Junge hätte dadurch möglicherweise dazu ermutigt werden können, mehr Aggressivität auszuagieren, als er imstande ist zu verkraften.)

E.: Das sind ganz verdammte Nägel. Das sind Mama- und Papa-Nägel. (*Er setzt sich auf den Boden und wühlt mit seinen Fingern in den Nägeln. Er hebt einen verbogenen Nagel auf und zeigt ihn der Lehrerin. Dabei grinst er.*) Sieh' dir diese alte Hexe mal an! So sieht eine Hexe aus. Verdammt noch mal!

L.: Du hast inzwischen ein paar neue Ausdrücke gelernt und willst damit ein bißchen angeben.

(Hier wird eine Situation durch das einfache Anerkennen der vom Kind zum Ausdruck gebrachten inneren Haltung hervorragend gehandhabt. Wieder zeigt es sich, wie eine gute Aufhellung von Gedanken und Gefühlen in einer akzeptierenden Atmosphäre sofort die symbolisch-aggressive Ausdrucksweise unnötig macht. Daraus ergibt sich, daß durch eine vom Therapeuten ermöglichte Katharsis, d. h. durch das Herauslassen von Gefühlen, ein Wandel von Verhaltensweisen erfolgt. Im Rückblick auf die Fußnote auf Seite 303 und das dazugehörige Material wird der Leser bemerken, daß die Pflegemutter ein ähnliches Verhalten bei Ernst in einer Weise handhabte, durch die es nur noch schlimmer wurde.)

E.: Frau R. hat geradezu einen Anfall gekriegt. Sie sagte, ich käme in die Hölle. Das sind ja auch schlimme Worte.

L.: Frau R. sagt, das seien schlimme Worte, aber du gebrauchst sie trotzdem gern.

E.: Ja. Meine Mutter sagte, Frau R. mache es gar keinen Spaß, sich um mich zu kümmern, sie täte das nur, weil sie Geld dafür bekäme. Und du würdest auch dafür bezahlt, daß du dich um mich kümmerst, du tätest nur, was du tun mußt. Du *müßtest* dich um mich kümmern.

L.: Du glaubst, daß Frau R. und ich uns nur um dich kümmern, weil das zu unserer Arbeit gehört, und das macht dich ganz unglücklich. Du möchtest gern, daß wir uns um dich kümmern, weil du zu uns gehörst und weil wir dich liebhaben.

(Ernst sammelt eine Handvoll Nägel auf und schleudert sie quer durch das Zimmer. Die Schachtel für die Nägel fliegt hinterher. Dann wirft er sich plötzlich in den Schoß der Lehrerin und weint fassungslos.)

L.: Wein' dich nur aus, Ernst! Du bist enttäuscht von deinem Besuch zu Hause.

(Wieder bringt dem Kind eine Klärung seiner verborgenen Gefühle Erleichterung.)

E. (weint noch heftiger als zuvor und fragt die Lehrerin schluchzend): Hast du mich denn lieb?

L.: Ja, Ernst, ich habe dich lieb.

(Damit gibt die Lehrerin offen ihre „stützende" Rolle zu. Das damit verbundene Risiko wird sich später zeigen. Es stellt sich tatsächlich die Frage, ob nicht selbst in diesem Moment der tiefsten Entmutigung des Jungen ein einfaches Reflektieren seiner Gefühle der bessere Weg gewesen wäre. Eine entsprechende Äußerung hätte etwa lauten können: „Du fürchtest, daß deine Mutter dich nicht liebhat und nun möchtest du wissen, ob ich dich liebhabe." Die Therapeutin versucht, das Kind zu beruhigen, aber eine solche Beruhigung erfolgt immer auf Kosten des optimalen therapeutischen Erfolges. Zweifel und Unsicherheit liegen im Inneren des Kindes und können nicht von außen durch die Lehrerin aufgefangen werden.)

E.: Frau R. hat gesagt, daß sie mich nicht mehr liebhat. Sie sagt, ich könne nicht bei ihr bleiben, wenn ich mich so benähme.

L.: Du glaubst, sie hat dich nicht mehr lieb, und daß du nicht bei ihr bleiben kannst.

E. (nickt zustimmend mit dem Kopf. Dann versucht er, sich die Tränen aus den Augen zu wischen): Du hast mich angelogen.

L.: Ich habe dich angelogen? Was habe ich denn gesagt?

E.: Du hast gesagt, daß man nicht mit Streichhölzern spielen darf.

L.: Nun, das ist wirklich gefährlich, und was gefährlich ist, sollte man besser nicht tun.

E.: Meine Mutter hat gesagt, das sei eine Lüge.

L.: Erzähl mir doch bitte ein bißchen mehr davon.

E. (klettert auf den Schoß der Therapeutin): Weißt du, was ich zu Hause gemacht habe?

L.: Nein, was war das denn?

E.: Ich hab' mit Streichhölzern gespielt. Sogar geraucht habe ich. Ich hab' meiner Mutter von morgens bis abends die Zigaretten angezündet. Und ich hab' gelernt, wie man in den Ofen spuckt, ohne sich zu verbrennen. Und wir aßen immer bloß Schweinefleisch. Das war so zäh, daß ich's kaum beißen konnte. Frau R. kocht besser. Und barfuß bin ich gegangen. Nur im Haus natürlich. Und Großmama kann nicht gut hören und verstand darum nicht, was ich sagte. Und meine Schwestern haben überhaupt nicht mit mir gespielt. Und meine Mutter ging weg und ließ mich allein. Ich mußte auch ganz allein mit dem Bus zurückfahren. Frau B. brachte mich an die Haltestelle. Und ich ... ich ... ich ... (*Plötzlich strahlt er.*) Du hättest meine Schweine sehen sollen! Weißt du, wie sie heißen?

L.: Ich weiß nicht, wie deine Schweine heißen.

E. (lachend): Ich hab' Schweine, und du hast keine.

L.: Du hast etwas, was ich nicht habe.

E. (klatscht vergnügt in die Hände): Ich habe eigene Schweine. Später werde ich sie tot machen und ihre Eingeweide im ganzen Haus verstreuen. (*Lacht wieder.*)

L.: Und das wird dir Spaß machen.

(Die Therapeutin verfällt in dieser Arbeit ständig in den Fehler, die aggressiven Gefühle nicht ebenso anzuerkennen wie andere negative Einstellungen, die das Kind zum Ausdruck brachte. An dieser Stelle ist die Anerkennung äußerst dürftig. Eine Äußerung wie: „Und du willst sie mausetot machen" wäre besser gewesen. Man beachte, wie feindliche und infantile Haltungen in diesem Gespräch ständig nebeneinander herlaufen.)

E. (holt sich die Babyflasche und kaut am Sauger): Schau' her. Ich bin wieder ein Baby. Das Baby hat Hunger.

L. (bietet ihm Schokolade an): Will das Baby Süßigkeiten haben?

E. (nimmt die Schokolade und legt sie dann wieder auf den Tisch zurück. Er sieht sehr verzagt aus und flüstert): Ich kann nichts mehr essen, alles kommt wieder hoch. (*Seine Augen füllen sich mit Tränen.*)

L.: Du bist traurig darüber, daß du nichts bei dir behalten kannst.

E. (zeigt plötzlich eine für ein Kind seines Alters ganz ungewöhnlich depressive Niedergeschlagenheit und explodiert dann förmlich in einem Strom von Worten. Einige davon gehen verloren oder sind unverständlich. Im wesentlichen sagt er etwa folgendes): Mir ist ganz egal, was passiert. Es ist mir auch egal, ob ich jemals wieder essen kann oder nicht. Es ist mir auch egal, ob ich sterbe. Ich möchte sterben. Ich hoffe, daß ich sterbe. (*Er beginnt wieder zu weinen.*) Ich hab' nur dich auf der Welt. Ich will zu dir nach Hause und bei dir bleiben. Ich will sterben. Ich hasse Frau R. Sie ist 'ne ganz gemeine Person. Ich hasse sie. (*So geht es immer weiter, während er sein Gesicht im Schoß der Lehrerin vergräbt.)* Wenn ich esse, komme ich nach Hause, und ich will nicht nach Hause.

L.: Du willst nicht nach Hause, und darum ißt du nicht.

(Als Ernst ruft: „Ich will bei dir bleiben", fordert er mit der untrügerischen Logik eines Kindes, daß die Therapeutin ihrer schützenden Mutterrolle treu bleibt. Liebt sie ihn, muß sie auch bereit dazu sein, ihn ganz zu sich zu nehmen.

Der verzweifelte Ausbruch seiner Hoffnungslosigkeit offenbart eine tiefere Einsicht, als das Kind bisher jemals gezeigt hat. Nach seinem enttäuschenden Besuch bei der Mutter klammert er sich an seine Symptome und Schwächen, um sich auf diese Weise das bißchen Sicherheit zu erhalten, das ihm verblieben ist.)

(Endlich legte sich der Sturm. Die Lehrerin beruhigte ihn, indem sie ihm versicherte, sie sowohl wie Frau R. hätte ihn lieb. Frau R. habe das nicht im Ernst gemeint, wenn sie sage, daß sie ihn nicht behalten wolle. Als der Junge auf seinen Wunsch, ganz bei ihr zu bleiben, zurückkam, sagte sie ihm, sie habe keinen Haushalt, in dem er mit ihr nach der Schule zusammen leben könne. Sie versuchte, ihm klarzumachen, daß er ja an jedem Schultag fünf Stunden lang bei ihr sei. Danach verhielt sie sich in der ganzen Angelegenheit äußerst töricht, unwissenschaftlich und sentimental, indem sie Ernst anbot, ihn eines Tages mit in die Stadt zu nehmen, um ihm den Nikolaus zu zeigen. Sofort strahlte er und meinte, er wolle den Nikolaus bitten, ihm ein richtiges Maschinengewehr zu bringen. Er sprang vom Schoß der Lehrerin hinunter und langte die Nägel wieder auf. Dann brachte ihn die Lehrerin nach Hause.)

(Das Risiko der „stützenden" Rolle liegt darin, daß die Lehrerin unmöglich den sich aus ihr ergebenden Verpflichtungen gerecht werden kann. Daß sie das Kind durch ihre Versicherung, sie habe es lieb, beruhigte, bedeutet (selbstverständlicherweise) durchaus nicht, daß sie bereit ist, alle sich aus der Mutterrolle ergebenden Konsequenzen auf sich zu nehmen. Sie ist wenigstens ehrlich genug, um sich das Ausmaß, in das sie emotionell in dieser Situation verstrickt ist, bewußt zu machen; das dürfte eine adäquatere künftige Handhabung des Problems als gesichert erscheinen lassen.)

Die Lehrerin hatte ein langes Gespräch mit Frau R., die erklärte, sie wolle Ernst nicht behalten, wenn sein Betragen sich nicht ändere. Sie sagte, er spräche „einfach entsetzlich" mit ihr. Z. B. sagte er ihr, sie bekäme dafür bezahlt, daß sie sich um ihn kümmere und verdiene dadurch Geld. Sie berichtete, daß er fluche und in den Ofen spucke. Sie sprach von furchtbaren Angewohnheiten, die er von zu Hause mitgebracht habe. Sie würde sich das nicht gefallen lassen, und er habe sich schnellstens zu ändern. Die Lehrerin versuchte, Frau R. Ernsts Reaktionen verständlich zu machen; sie erzählte ihr auch, daß Ernst gesagt habe, sie könne besser kochen als seine Mutter. Sie bat Frau R., den Jungen zu ertragen, Geduld mit ihm zu haben und zu versuchen, ihn zu verstehen.* Frau R. war dazu bereit. Die Lehrerin gab zu, daß es für Frau R. enttäuschend und entmutigend sei, daß man sozusagen bei Ernst wieder ganz von vorn anfangen mußte. Sie anerkannte, daß das etwas war, was einem schon zu schaffen machen konnte, aber da es sich doch vermutlich nur um eine vorübergehende Erscheinung handele, sollte man es auch nicht allzu wichtig nehmen. Als die Lehrerin fortging, versicherte ihr Frau R., daß sie zu einem neuen Versuch bereit sei.

Ein paar Tage später, mitten in einer Lesestunde:

E. (faßt sich an den Magen, greift nach dem Magenschlauch und sieht die Lehrerin an, die ein heimliches Zwinkern in seinen Augen entdeckt): Ach, es ist was 'rausgekommen!

L.: Es ist was 'rausgekommen?

E. (sehr dramatisch): Ja, hilf mir! Sonst sterbe ich!

(Wir erleben hier Ernst bei dem Versuch, noch stärker neurotisch auf sein Leiden aufmerksam zu machen. Das Problem liegt ziemlich an der Oberfläche, so daß das Erkennen der ihm zugrunde liegenden inneren Einstellung zu seiner Lösung beiträgt und dem Kind ermöglicht, sich die eigentliche Ursache seines Verhaltens klarzumachen – nämlich die Befriedigung, die es auf diese Weise gewinnt.)

---

* Zum ersten und einzigen Mal versuchte die Lehrerin, Ernsts Umwelt zu verändern. Das war in der hier gegebenen Situation eine große Hilfe. Es gelang, auch mit der Pflegemutter ein wenig therapeutisch zu arbeiten, ohne die Beziehung zum Kind zu gefährden. Im allgemeinen ist es aber zu schwer für den Therapeuten, gleichzeitig einen Wandel der Umwelt und eine Einzeltherapie durchzuführen, denn das bedeutet einerseits die Übernahme von Verantwortung für das betreffende Kind und andererseits, ihm die Verantwortung für sein Auswählen und Handeln zu überlassen.

L.: Du willst, daß ich mich aufrege.

(Ernst lacht. Die anderen Kinder sind wirklich alarmiert. Die Lehrerin erklärt ihnen, daß Ernst nur Spaß mache.)

E.: Hast du dich nicht auch erschrocken?

L.: Du wolltest mich gern erschrecken, nicht wahr?

E.: Na, da hättest du meine Mutter mal sehen sollen! Die kriegte vielleicht einen Schreck! Ich schrie: „Ach, ich sterbe, ich sterbe!"

(Er lacht herzlich dabei. Der Lehrerin wird klar, daß er sich vermutlich auf diese Weise einige Male an der Mutter gerächt hat.

Ernst trug auch weiterhin den Cowboy-Anzug während der Schulstunden. In der Pause raste er wie wild herum und schoß auf dem Schulhof nach jedem. Diese Aggressionen ebbten allmählich ab.)

6. Dezember

Die Lehrerin und eine Freundin von ihr nahmen Ernst mit zu Weihnachtsbesorgungen. Der Junge sollte bei dieser Gelegenheit auch einen Nikolaus sehen. Ernst war von diesem Erlebnis geradezu überwältigt.

Als er den Nikolaus sah, ging er mit dem Blick eines kleinen Engels auf den alten Herrn zu und sagte zu ihm: „Ich möchte eine Maschinenpistole haben, eine richtige, verstehst du? Und eine scharfe Axt und was du sonst noch hast, um Menschen zu töten. Ich sag' das nicht zum Spaß, verstehst du?" (Weil die Mutter ihn nicht angenommen hatte, war sein Haß auf die Welt immer noch sehr groß.) Dann schlich er sich davon, und der Nikolaus hätte sich vor Staunen fast den Bart abgerissen.

Weil Ernst müde aussah, beschloß die Lehrerin, ihn nach seinem Gespräch mit dem Nikolaus nach Hause zu fahren. Seine Bemerkungen auf dem Rückweg waren schnippisch und sarkastisch. Als die Freundin der Lehrerin ihm z. B. eine ganz einfache Frage stellte, die sich auf Süßigkeiten, welche die Lehrerin ihm gegeben hatte, bezog, antwortete er mit einem Kraftausdruck. „Was bedeutet das denn?" fragte sie ihn. „Das bedeutet, daß du verdammt neugierig bist!" antwortete er. „Frau R. hat mir gesagt, das soll ich immer antworten, wenn mich jemand ausfragt."

In den Tagen nach seinem Besuch zu Hause war Ernst schlecht gelaunt, aggressiv, trotzig und depressiv. Er trug andauernd den Cowboy-Anzug. Er stampfte mit dem Fuß auf, wenn er durchs Zimmer ging und verkritzelte ganze Bogen von Papier. Auf alles kleckste er Farbe, – entweder schwarze oder rote. Seine Spielzeit verbrachte er damit, daß er die Bauklötze zurück in die Schachtel warf. Kindern ging er aus dem Wege. Kamen sie in seine Nähe, stieß er sie fort. Die

Lehrerin sprach so viele seiner Gefühle an wie nur möglich. Man drängte ihn nicht dazu, sich „konform" zu verhalten. Seine verschmierten Schulhefte wurden als Ausdruck seiner Gefühle angenommen.*

Eine Übersicht über sein Milchtrinken in der Schule sah folgendermaßen aus:

29. November – verweigert die Milch.
30. November – trank eine halbe Flasche; spuckte alles wieder aus.
1. Dezember – nahm nur einen Mundvoll zu sich; spuckte ihn wieder aus.
2. Dezember – trank eine halbe Flasche; spuckte alles wieder aus.
3. Dezember – trank eine halbe Flasche; spuckte alles wieder aus.

Wenn er die Milch wieder ausspucken mußte, machte er einen entmutigten und deprimierten Eindruck. Seine Gefühle wurden jedesmal verbal anerkannt mit Bemerkungen wie: „Du bist ganz unglücklich, weil du die Milch nicht bei dir behalten konntest."

„Du möchtest gern, daß du die Milch bei dir behältst, aber es gelingt dir nicht. Irgend etwas regt dich auf." Dann:

6. Dezember – trank ein Drittel der Flasche; behielt die Milch bei sich.
7. Dezember – trank eine halbe Flasche; behielt die Milch bei sich.
8. Dezember – trank eine halbe Flasche; behielt die Milch bei sich.
9. und 10. Dezember – es gab keine Milch. Ernst verlangte nach ihr, sagte, er „brauche sie".

10. Dezember

Ernst bat darum, noch nach der Schule dableiben zu dürfen. Er machte einen äußerst deprimierten Eindruck. Frau R. hatte berichtet, daß das Kind nichts bei sich behielte und die meiste Nahrung überhaupt verweigerte. Er fing an abzunehmen. Sein Betragen in der Schule war launisch. Er klagte über Müdigkeit. Wenn er nach der Schule dablieb, saß er am Tisch und legte den Kopf auf die Arme.

L.: Du bist müde.

(Keine Antwort. Schweigen. Dann sprang er plötzlich auf und holte sich

* Es war schwer festzustellen, wie weit die während der therapeutischen Arbeit erzielten Fortschritte auf die grundsätzlich akzeptierende Haltung innerhalb der Gruppe zurückzuführen waren, und wie weit sie zu Lasten der therapeutischen Einzelstunden gingen. Die Grundprinzipien waren immer die gleichen, und darum dürfte auch beides zur Entwicklung des Kindes beigetragen haben.

die Trommel. Er brachte sie zum Tisch und schlug aus Leibeskräften darauf herum. Nach zehn Minuten hörte er damit auf, stieß die Trommel beiseite und fing an zu weinen.)

L.: Du bist sehr unglücklich.

E. (nickt mit dem Kopf): Es ist mir ganz egal, was man mit mir macht. Vielleicht werde ich sterben. Ich hoffe, daß ich sterbe.

L.: Du bist mutlos geworden, weil du nicht mehr richtig essen kannst. (*Weint heftiger als zuvor.*) Wein' dich nur tüchtig aus, Ernst! Dann wird dir wohler sein.

E. (sieht schließlich die Lehrerin an): Ich möchte bei dir wohnen.

L.: Du weinst, weil du gern bei mir wohnen möchtest. Und müde und hungrig bist du auch. (*Die Lehrerin bietet ihm Schokolade an. Er ißt ein Stückchen und spuckt sie prompt wieder aus. Er beginnt wieder zu weinen.*) Wenn du aufgeregt bist wie jetzt, kannst du nichts bei dir behalten, und dann weinst du, weil du dich unglücklich fühlst.

(Ernst hat sich nun schon mit verschiedenen seiner Schwierigkeiten auseinandergesetzt. Jetzt geht es noch um die Aufarbeitung eines von der Lehrerin geschaffenen Problems – dem der „stützenden" Beziehung. Die Lehrerin anerkennt die Gefühle des Jungen, vermeidet aber zum erstenmal, die innere Einstellung anzusprechen, die er zum Ausdruck gebracht hatte. In dem Augenblick, in dem wir in eine gefühlsmäßige Verstrickung mit einem Klienten geraten, läßt die Exaktheit und die hilfreiche Wirkung unserer Reaktionen nach. Diese Tatsache liefert das stärkste Argument für eine streng nicht-direktive Begegnung mit dem Klienten. In ihrem Rahmen werden innere Einstellungen nur auf den Hilfsbedürftigen reflektiert, und der Helfer wird nicht in ein persönliches emotionelles Engagement mit ihm verstrickt. Im vorliegenden Fall bleiben die Versuche der Therapeutin, Ernsts Gefühle seiner Müdigkeit zuzuschieben und ihn mit Hilfe von Süßigkeiten zu versöhnen, erfolglos.)

(Ernst geht und holt sich das Buch „Drei kleine Schweinchen". Er blättert ohne wirkliches Interesse darin herum. Als er an die Seite mit dem Bild vom Wolf kommt, wirft er mit dem Buch nach der Lehrerin.)

E.: Friß sie auf! Fang' sie dir!

L.: Du willst, daß der Wolf mich auffrißt, weil ich dich nicht mit zu mir nach Hause nehmen kann.

(Jetzt führt die Lehrerin das Gespräch bedeutend konstruktiver; klar und eindeutig nimmt sie die feindselige Einstellung des Jungen zu ihr an, die dadurch entstanden war, daß sie sich für ihn nicht als eine wirkliche Mutter erwies. Durch das Annehmen seiner destruktiven Einstellung verlieren die negativen Gefühle des Kindes zwar an Intensität, aber daran, daß er mit dem Bilderbuch nach der Lehrerin wirft, wird erkennbar, daß ein Rest davon noch vorhanden ist.)

(Ernst ergreift die Hand der Lehrerin und berührt sie ganz vorsichtig mit den Zähnen.)

L.: Am liebsten würdest du mich beißen (*Ernst grinst. Plötzlich küßt er ihre Hand.*) Aber du hältst es doch für besser, daß wir gute Freunde bleiben.

E.: Lies mir die Geschichte vor!

(Die Lehrerin liest ihm die Geschichte vor. Ernst macht während dieser

Zeit Geräusche von Schweinen und Wölfen nach. Als die Geschichte zu Ende ist, schleudert er das Buch quer durch den Raum. Er nimmt sich ein Stückchen Kreide und kritzelt auf die Tafel. Als die Stunde um ist, bringt ihn die Lehrerin nach Hause.)

Vom 13. bis 17. Dezember trank Ernst in der Schule seine ganze Milch aus und behielt sie bei sich. Es kam zu einer Wandlung seiner inneren Einstellung und seiner äußeren Verhaltensweisen. Er fing wieder an zu arbeiten und mit anderen Kindern zu spielen.

Es kamen die Weihnachtsferien. Ernst fuhr nicht nach Hause. Am 3., 4., 5., 6. und 7. Januar gab es beim Milchtrinken wieder Schwierigkeiten. Er trank nur noch halb soviel wie bisher, behielt aber das, was er trank, bei sich. Süßigkeiten und Eiswaffeln aß er, ohne zu spucken.

7. Januar

Ernst fehlte einen halben Tag in der Schule. Er machte wieder einen sehr deprimierten Eindruck und meinte: „Vielleicht werde ich sterben." Die Lehrerin anerkannte im Gespräch sein Gefühl von Niedergeschlagenheit und Unglücklichsein.

11. Januar

Ernst fehlte vier Tage, weil ihm die Mandeln herausgenommen wurden. Die Lehrerin besuchte ihn am Sonntag abend, um zu sehen, wie es ihm ging. Er sagte ihr, daß er bald wieder in die Schule käme und erzählte, daß er nun keine Mandeln mehr habe und spräche wie ein erkälteter Frosch. Frau R. berichtete, daß sie während Ernsts Abwesenheit ein einundzwanzig Monate altes Baby aufgenommen habe, das auch ein verlassenes Kind mit Eßschwierigkeiten sei.

17. Januar

Ernst ging wieder in die Schule. Er nahm die Lehrerin beiseite und teilte ihr mit, daß er keine Magensonde mehr habe. Er sagte: „Ich bin im Dunkeln nach unten gegangen und habe zu mir gesagt, daß ich nie wieder spucken werde." Er bat darum, nach Schulschluß dableiben zu dürfen. Der Bericht über diesen Kontakt folgt jetzt.

(Ernst holte sich eine Babyflasche, kroch auf dem Boden herum und plapperte vor sich hin. Dann setzte er sich hin und sagte:)

E. (zur Lehrerin): Als ich im Krankenhaus war, hat Frau R. noch ein Baby bekommen. Mit dem ist aber nicht viel los. Das taugt nichts.

(Das Leben versetzt diesem Kind einen psychischen Schock nach dem anderen; aber es entwickelt eine erstaunliche Fähigkeit darin, diese Schläge mit Hilfe einer therapeutischen Beziehung zu verarbeiten.)

L.: Du hältst nicht viel von ihm.
E.: Nein. Es hat Wasser im Kopf und überall Geschwüre.
L.: Es muß ein ziemlich krankes Baby sein.
E.: Es ist ein krankes Baby und kein bißchen hübsch.

(Er holte sich eine Schachtel mit Bildern und sah sie durch. Er nahm sämtliche Bilder von Babys, die er nur finden konnte, heraus und zerriß sie in ganz kleine Stücke.)

L.: Du hast es gar nicht gern, daß jetzt noch ein Baby bei Frau R. ist. Du bist eifersüchtig auf das Baby. (*Ernst dreht sich plötzlich um und sieht die Lehrerin an. Dann zerreißt er auch noch die restlichen Bilder, nimmt die Babyflasche und setzt sich mit ihr auf den Boden.*) Du wärst gerne das einzige Baby.

E.: Man darf nicht eifersüchtig sein.

L.: Jemand hat dir gesagt, daß man nicht eifersüchtig sein darf; aber auf das Baby bist du trotzdem ein bißchen eifersüchtig.

E.: Es ist ein gräßliches, albernes Baby. Vielleicht wird's sogar nicht mal am Leben bleiben.

(Diese Eifersuchtssituation hätte schwerlich besser gehandhabt werden können, als es durch die Lehrerin geschah. Man beachte, wie Ernst durch die verstärkte Bewußtmachung der widersprüchlichen Empfindungen in seinem Inneren – nämlich Haß auf das Baby und dadurch Schuldgefühle – in der Lage ist, seine mörderischen Impulse noch deutlicher zum Ausdruck zu bringen.)

L.: Du möchtest nicht, daß Frau R. das Baby behält.
E.: *Ich bin* das Baby. (*Er läßt sich auf den Boden nieder und krabbelt.*)
L.: Du tust gerne so, als ob du das Baby wärst.
E.: Kaufst du mir heute Süßigkeiten?
L.: Wirst du sie denn auch essen können? (*Er hatte die ganze Milch wieder ausgespuckt.*)
E.: Wahrscheinlich kann ich sie nicht bei mir behalten.
L.: Du glaubst, daß du sie nicht bei dir behalten kannst. Was hat es dann für einen Sinn, sie zu essen?
E.: Wenn ich nichts esse, dann kaufst du mir was zu essen. Du tust, was du nur kannst, um mir zu helfen.

(„Wenn ich nichts esse, dann kaufst du mir was zu essen" – das ist eine außerordentlich aufschlußreiche Bemerkung. Ernst hat eine neue Variante im Gebrauch seiner körperlichen Behinderung entdeckt. Sie läßt sich dazu benutzen, die Lehrerin fester an sich zu binden. Ob das nicht hätte vermieden werden können, wenn die Lehrerin eine weniger stützende Funktion ausgeübt hätte?

Nachdem das Beziehungsproblem deutlich geworden war, handhabte die Therapeutin es in konstruktiver Weise: sie anerkannte das Bedürfnis des Jungen und benutzte seine Anhänglichkeit an sie, um in ihm ein reiferes Verhalten zur Entwicklung zu bringen. Von diesem Zeitpunkt an hatte Ernst keinerlei Schwierigkeiten mehr bei der Aufnahme und mit dem Bei-sich-Behalten von Nahrung mehr. Vielleicht hatte er seine physischen Mängel bisher benutzt, um die Pflegemutter, Ärzte und Schwestern in der gleichen Weise an sich zu binden, wie er das jetzt bei der Lehrerin tat.)

L.: Du weißt, daß ich dir helfen möchte, aber du glaubst, daß ich dir nur so lange etwas zu essen kaufe, wie du Schwierigkeiten mit dem Essen hast.

E. (nickt zustimmend): Ja.

L.: Du weißt, daß ich dir helfen will; aber so wie die Dinge liegen, kann ich dir für Eßwaren immer nur dann Geld geben, wenn du sie auch wirklich ißt.

E.: ... und sie nicht wieder ausspucke?

L.: ... und wenn Du sie nicht wieder ausspuckst.

E.: Dann werde ich sie eben bei mir behalten.

(Sie kauften zusammen eine Tafel Schokolade. Ernst aß sie – und behielt sie wirklich bei sich.)

19. Januar – nach der Schule

E.: Willst du mir eine Eistüte kaufen? (*Er aß sie und behielt sie bei sich.*)

20. Januar

Ernst trank seine ganze Milch und aß eine Eiswaffel; er behielt alles bei sich. Sein ganzes Verhalten hatte sich entscheidend gebessert.

E. (in seiner Klasse): Wir haben zu Hause ein Baby, auf das ich aufpassen muß. Es kann schon ein bißchen sitzen. (*Ein ander Mal*): Ich bin für Frau R. eine große Hilfe. Ich helfe ihr bei dem Baby. Ich versteh' was davon. (*Seine Freude am Helfen wird anerkannt.*)

(Ganz allmählich wandte Ernst sich einer befriedigenderen bzw. geeigneteren Quelle von Sicherheit und emotionellen Befriedigungen zu – nämlich der Pflegemutter. Die Pflegemutter konnte in weit realistischerer Weise eine Mutterrolle übernehmen, als es der Lehrerin möglich war.

Ernst gewann eindeutig eine realistischere und reifere innere Einstellung zu seinem „Baby-Konkurrenten", weil ihm die Gelegenheit geboten wurde, seine ablehnende Haltung dem Baby gegenüber ganz frei ausdrücken zu dürfen. Außerdem gewann er das Gefühl, gebraucht zu werden und etwas leisten zu können.)

Vom 20. Januar ab hatte Ernst keinerlei Schwierigkeiten mehr mit dem Essen; er behielt alles bei sich.

Vom 31. Januar bis zum 14. Februar fehlte er in der Schule, weil er Masern hatte.

Am 14., 15. und 16. Februar kam er wieder zur Schule. Mit dem Essen ging es weiterhin gut, aber er war müde und klagte über Kopf- und Ohrenschmerzen.

Am 17., 18., 19., 22. und 23. Februar fehlte der Junge wieder, und zwar hatte er eine Infektion im Ohr; trotzdem kam es zu keinen neuen Essensschwierigkeiten.

Vom 24. Februar bis zum 6. März ging er wieder zur Schule; er war vergnügt und freundlich, die Nahrungsaufnahme ging in normaler Weise vor sich.

28. Februar

(Für Ernst war ein Brief von seiner Mutter und Schwester angekommen. Er blieb nach Schulschluß da und hörte sich an, was die Lehrerin ihm vorlas.)

L. (liest vor): „Mein lieber kleiner Sohn!

Will Dir ein paar Zeilen schreiben, weil ich an Dich denke. Wie geht es Dir? Gut, hoffe ich. Wir sind alle krank gewesen, seit Du weggefahren bist. Großvater und Großmutter hatten Grippe, und als es ihnen wieder besser ging, bekam ich und die Mädchen Masern und waren sehr krank. (Ernst lachte vergnügt. „Die hatten auch Masern!") Aber jetzt sind wir alle wieder gesund, Ernst. Wir mochten alle die Geschenke, die Du geschickt hast, leiden. Wie ißt Du jetzt? Ißt Du richtig? Wie kommst Du in der Schule vorwärts? Sei artig und höre auf Deine Lehrerin. Mutter wird Dich besuchen, sowie sie Zeit hat. Ich kann nicht so oft kommen, wie ich will, weil ich nicht Geld genug habe, komme aber, wenn ich kann; soll Dich von den Mädchen grüßen, und sie möchten Dich wiedersehen. Wir haben die Schweine und die Küken noch und eine Kuh und ein Pferd für Dich, wenn Du nach Hause kommst. Deine Lehrerin soll wieder für Dich schreiben. Bis bald in Liebe von Mutter zu Ernst.

Deine Mutter."

E. (mit den Schultern zuckend): Den können wir ein andermal beantworten.

L.: Du willst den Brief jetzt nicht beantworten.

E.: Nein.

L.: Und hier ist noch ein Brief. Der ist von Deiner Schwester.

E.: Ich hab' keine Schwester.

(In dem Maße, wie Ernst Sicherheit in der Pflegefamilie findet, zählt seine eigene Familie als Spenderin von Sicherheit nicht mehr. Das kann als ein realistischer Anpassungsvorgang gewertet werden, vorausgesetzt, daß er nicht eines Tages in sein eigenes Heim zurück muß.)

L.: Erinnerst du dich nicht an deine Schwester?

E.: Ich hab' keine Schwester.

L. (liest vor): „Lieber Bruder!

Ich will Dir schreiben. Wie geht es Dir? Ich hoffe, es geht Dir gut. Ich bin wieder gesund. Ich habe zwei Wochen und drei Tage in der Schule wegen Masern gefehlt. Frieda ist jetzt krank."

E.: Wer ist Frieda?

L.: Frieda ist deine andere Schwester.

E.: Ich hab' überhaupt keine Schwestern. Ich habe nur einen Bruder.

L.: Du meinst, daß der Junge bei Frau R. dein Bruder ist.

E.: Schwestern hab' ich nicht. Lies mal, was sie sonst noch schreibt!

L. (liest weiter): „Was macht die Schule? Hoffentlich macht sie Dir Spaß. Hier regnet es und ist furchtbar windig. Mutter geht es heute nicht gut. Großpapa und Großmama lassen Dich grüßen. Sei schön artig und gehorche Deiner Lehrerin. Für heute Schluß von Deiner Schwester."

E.: Sie ist *nicht* meine Schwester.

L.: Du willst nicht, daß sie deine Schwester ist.

E.: Ich bekam siebenunddreißig Geburtstagskarten.
L.: Du erhieltest mehr Geburtstagskarten als sie.
E.: Was schreibt sie sonst noch?
L. (liest weiter vor): „an Ernst mit Liebe."
E. (zeigt sich dem Brief gegenüber völlig gleichgültig): Unser Baby fängt jetzt an zu gehen, im Laufstall. Es hat überhaupt keine Geschwüre mehr. Frau R. sagt, daß ich eine große Hilfe für sie bin.
L.: Du möchtest lieber über dein Baby sprechen.
E.: Die Briefe werden wir später mal beantworten. (*Er ging nach Hause.*)

Ernst war am 29. Februar, 1., 2., 3. und 6. März in der Schule. Am 7. März mußte er ins Krankenhaus, wo seine Speiseröhre wieder geweitet wurde. Diesmal traten als Folge der Anaesthesie Komplikationen auf. Das Kind bekam anschließend hohes Fieber und eine Lungenentzündung. Es schwebte in Lebensgefahr; das Fieber stieg auf über 40 Grad. Zur Bekämpfung der Krankheit arbeitete man mit dem Sauerstoffzelt und mit Sulfonamiden. Die Erkrankung dauerte zehn Tage.

14. März

Die Lehrerin rief bei Frau R. an, um sich nach dem Befinden von Ernst zu erkundigen. Der Junge kam selbst ans Telefon und sagte, daß er wohl am Montag wieder zur Schule gehen dürfe. „Ich hoffe, ich kann lange genug zur Schule gehen, um mir auch noch Keuchhusten zu holen", meinte er. Frau R. lachte, als sie an den Apparat kam und sagte, der Arzt glaube auch, daß Ernst Montag wieder zur Schule gehen könne. Sie meinte, durch all das Durcheinander in der letzten Zeit mache Ernst einen etwas ängstlichen Eindruck. Sie glaubte, daß die Weitung der Speiseröhre diesmal eine ernstere Angelegenheit war als sonst, und daß der Junge deshalb beim Essen ängstlicher sei als früher; aber er äße trotzdem richtig. Seit neun Wochen sei die Magensonde nicht mehr in Gebrauch gewesen.*

20. April

Ernst führte jetzt ein ganz normales altersentsprechendes Leben. In der Schule gehörte er zu einer der Gruppen, die sich als „Banden" bezeichneten. Er bat nie mehr darum, nach Schulschluß mit der Lehrerin zusammen sein zu dürfen. Seine schulischen Leistungen waren zufriedenstellend und sein Betragen durchaus annehmbar.

---

* Man beachte, wie hier tatsächlich greifbare Erfolge erzielt wurden. Trotz der gefährlichen Erkrankung, trotz Schmerzen und Schwächezuständen entsprach sein Verhalten der Altersstufe, die er inzwischen erreicht hatte.

Als an einem Tag im April die Lehrerin der Pflegemutter einen Besuch abstattete, trug Ernst voller Stolz das Baby herein, um es ihr zu zeigen. Er legte dabei eine echte Zuneigung für das Kind an den Tag. Frau R. machte die Bemerkung, daß Ernst „eine wirkliche Hilfe bei dessen Pflege“ sei.

Ende April bat ein Psychologe darum, mit Ernst einen Rorschach-Persönlichkeits-Test vornehmen zu dürfen. Es wurde verabredet, daß die Lehrerin, gemeinsam mit einer Freundin von ihr, den Jungen für diesen Test in das psychologische Institut bringen würde. Als sie bei „seinem alten Krankenhaus“ vorbeifuhren, fragte er, ob er nicht mal „sein früheres Heim“ besuchen könne.

Die Lehrerin und ihre Freundin gingen mit Ernst ins Krankenhaus und überließen ihm die Führung. Er ging durch einen Hintereingang, stieg dann zwei Stockwerke hoch, führte sie über drei Korridore und fand schließlich das Zimmer, das er suchte. Die Tür stand auf. Im Zimmer lag ein Kind im Bett. Ernst blickte in den Raum hinein und sagte: „Da liegt jemand in meinem Bett.“ Dabei ahmte er einen der „drei kleinen Bären“ nach. Dann sagte er mit vollkommen ruhiger Stimme: „Hier habe ich lange gewohnt.“

Er führte uns dann einen anderen Gang entlang, bis er zu einigen Schwestern kam, die an einem Tisch saßen. Er blieb stehen und schaute sie an. Da drehte sich eine von ihnen um und erkannte ihn. Sie breitete die Arme aus und drückte und küßte ihn: „Seht nur, wer hier ist! Wie wohl du aussiehst! Und wie groß du geworden bist!“ Als sie ihn freigab, lachte er sie an. „Du mußt unbedingt zu Frau P. gehen. Die wird sich freuen, wenn sie dich sieht, sagte die Schwester. „Ja, das wollte ich auch“, sagte Ernst.

Ernst führte uns nach unten in die medizinische Abteilung. Die Schwester dort nahm ihn in die Arme, hob ihn hoch und drückte und küßte ihn; dabei rief sie: „Mein Baby! Nein, so ’was! Mein Baby!“ Als sie ihn wieder auf den Boden stellte und betrachtete, bedankte sich Ernst für ihre Ostergrüße. Er teilte ihr mit, daß er die zwei Mark, die sie ihm geschickt hatte, schon ausgegeben hätte. Sie erkundigte sich, wieviel Geld sie ihm denn das nächste Mal schicken solle, worauf er erklärte: „Ich glaube, mehr als hundert Mark brauche ich nicht.“ Als sie meinte, soviel Geld habe sie nicht, sagte er tröstend: „Wenn ich groß bin und Arbeit habe, werde ich dir von meinem Geld ’was abgeben.“

Als wir das Krankenhaus verließen, sagte Ernst: „Ich möchte »Klementine« noch guten Tag sagen.“ Der Hund war groß und schwarz und hatte ein glänzendes Fell. Der Junge begrüßte ihn fröhlich, indem er rief: „Hallo, Klementine! Wie geht's dir?" Er winkte ihm lächelnd zu. Dann sagte er zu seiner Lehrerin: „Komm', jetzt wollen wir gehen."

Sie verließen das Gebäude. Dabei sagte Ernst: „Nun, das war einmal mein Zuhause. Es gefällt mir aber besser, nicht mehr im Krankenhaus zu wohnen."*

Um sich vor ihrer Verabredung die Zeit zu vertreiben, gingen sie in ein Museum. Ernst interessierte sich für alles, was er dort zu sehen bekam. Im Psychologischen Institut folgte er bereitwillig dem Test-Psychologen. Nach dem Test gingen die Lehrerin, ihre Freundin und Ernst ins Café, um etwas zu essen. Das Kind stellte sich ohne jede suggestive Einwirkung der Erwachsenen sein Menü allein zusammen: Kartoffelbrei mit Sauce, Spinat, Milchschokolade, Eis und Kuchen. Beim Essen unterhielt er sich in einer reifen Weise mit den beiden Erwachsenen über alles mögliche, was er gesehen hatte. Er war vollkommen entspannt. Nach dem Essen rechnete er die drei Menüs zusammen und zählte das Geld nach, das die Lehrerin auf den Tisch gelegt hatte. Dann holte er sich Hut und Mantel und gab sie der Lehrerin. Er sagte lächelnd: „Hier! Ich bin ein Baby. Hilf mir! Zieh' mich an!"

„Manchmal macht es dir Spaß, dich wie ein Baby zu benehmen", sagte die Lehrerin und half ihm, den Mantel anzuziehen. Ernst warf sich in die Brust und meinte: „Und manchmal möchte ich auch groß sein. Wie jetzt. Laß mich die Rechnung bezahlen!" Er nahm die Bons in die Hand und bezahlte beim Herausgehen an der Kasse. Draußen sagte er ganz ernsthaft: „Das ist heute ein großer Tag für mich. Als ich in die Schule kam, hätte ich das alles nicht machen können. Damals trug ich so 'nen albernen Gummischlauch für den Magen. Aber jetzt macht's Spaß, ich freu' mich."**

Auf dem Heimweg kaufte er sich für die fünfzig Pfennige, die er

* Wer therapeutisch mit Kindern arbeitet, wird oft staunend erleben, wie sie bestimmte Situationen dazu benutzen, um symbolisch die Fortschritte in ihrer Entwicklung zu veranschaulichen. In diesem Fall nimmt Ernst ganz offensichtlich Abschied von seiner „kranken" Vergangenheit.

** Man sollte sich immer wieder bewußt machen, daß die stimulierendsten Kräfte dadurch ausgelöst werden, daß der Mensch durch ein reifes Verhalten mehr an Befriedigung (bei Kindern würde man sagen „mehr Spaß") gewinnt als durch infantiles. Es ist diese Tatsache, und zwar ausschließlich sie, durch die Therapie überhaupt möglich wird. Ernst hatte zweifellos Freude daran, seine infantilen Wünsche immer wieder ins Spiel zu bringen, und doch sind reife Impulse jetzt eindeutig vorherrschend in ihm.

von seiner Pflegemutter geschenkt bekommen hatte, ein Seifenblasenspiel.

Vor Frau R.'s Haus fragte er die Lehrerin: „Willst du noch mit Frau R. sprechen oder willst du mir hier auf Wiedersehen sagen? Dann könnte ich nämlich jetzt ein bißchen schlafen. Ich bin furchtbar müde." Die Lehrerin verabschiedete sich von ihm, und er verschwand mitsamt seinem Seifenblasenspiel im Hause.

Es war, als habe Ernst an diesem Tag seiner infantilen Vergangenheit Lebewohl gesagt, und als würde er die Therapeutin nun sozusagen entlassen. Ernst war zu einem erfreulichen Mitglied der Klassengemeinschaft geworden. Er bedurfte keiner Einzelkontakte mehr.

SPÄTERE KONTROLLUNTERSUCHUNGEN DES FALLES ERNST

Am Ende des Schuljahres, im Juni, kam Ernst ganz plötzlich und unerwartet in eine andere Pflegestelle, am anderen Ende der Stadt. Der Junge sollte dort so lange bleiben, bis die wieder fällig gewordene Weitung der Speiseröhre vorgenommen war. Das Jugendamt hatte bestimmt, daß das Kind anschließend in seine Familie zurückkehren sollte. (Über Ernsts therapeutische Einzel- und Gruppenstunden während des Sommers wurde an anderer Stelle berichtet.*)

Ein Jahr später sprachen Berichte des Arztes und des Jugendamtes von einer anhaltenden Besserung des Kindes, sowohl was seine physische als auch psychische Anpassung betraf. Ernst war eine erstaunlich gute Einordnung in seine Familie gelungen. Mutter, Schwestern und Großeltern liebten ihn. Das Leben auf dem Lande schien er außerordentlich zu genießen. Die Sozialarbeiterin formulierte Ernsts Entwicklung mit folgenden Worten: „Für seine überdurchschnittlichen Energien hatten sich konstruktive Wege gefunden."

Eine Kontrolluntersuchung nach zwei weiteren Jahren ergab eine positive Weiterentwicklung des Kindes, das nun auch keiner Erweiterungen der Speiseröhre mehr bedurfte.

FRAGEN UND SCHLUSSFOLGERUNGEN

In der Einleitung zu diesem Fallbericht wurde erwähnt, daß die geleistete therapeutische Arbeit zum Teil Fragen aufwarf und zum

---

* Siehe S. 173: Ernsts therapeutische Einzelstunde unmittelbar vor der Weitung der Speiseröhre und S. 198 Ernsts therapeutische Gruppenstunde nach dem kurzen Krankenhausaufenthalt.

Teil Fragen beantwortete. Betrachten wir jetzt einige dieser Fragen näher.

Ist es im Umgang mit einem Kind, das Anpassungsschwierigkeiten hat, möglich, gleichzeitig Lehrer und Therapeut zu sein? Die Antwort hierauf dürfte bejahend ausfallen, vorausgesetzt, daß der Lehrer in beiden Situationen eine ähnliche Rolle übernimmt, nämlich die eines annehmenden, gewährenlassenden Menschen, der Kindern ein großes Maß von Ausdrucksfreiheit und selbstgewählten Entscheidungen zugesteht. Diese Kriterien treffen auf die Mehrzahl der Lehrer nicht zu. Wo Lehrer in ihrer Unterrichtstätigkeit autoritär vorgehen, wird man selbstverständlich zwischen Schulstunden und therapeutischen Kontakten sehr viel genauer unterscheiden müssen. Entsprechende Planungen können dann auch zum Erfolg führen, bringen aber beachtliche Schwierigkeiten mit sich.

Ist die Behandlung eines schlecht angepaßten Kindes im Rahmen einer Spielgruppe möglich? In dieser Beziehung hat sich die Kombination von Gruppen- und Einzeltherapie als erfolgreich erwiesen.

Was tut ein Kind mit seiner physischen Behinderung? Ernst praktizierte in dieser Hinsicht verschiedene Möglichkeiten. Er benutzte seine körperliche Benachteiligung, um an infantilen Verhaltensweisen festzuhalten, um das Versagen in seiner normalen Entwicklung zu entschuldigen und um die Übernahme von Verantwortung abzulehnen. Er gebrauchte es außerdem dazu, Sympathie und Zuneigung zu gewinnen; ferner beherrschte er andere damit und beeinflußte Zukunftspläne, die für ihn gemacht wurden. Der Fall veranschaulicht eine Reihe von verschiedenen Arten eines unbewußten psychologischen Gebrauchs von Körperbehinderung, wie man es auch bei Kriegsversehrten beobachten kann. Es läßt sich gut verfolgen, wie Ansätze neurotischer Manifestation durch eine gute Therapie im Keime erstickt werden. Ohne eine solche Behandlung wäre Ernst auf dem besten Wege gewesen, zum Dauerinvaliden zu werden.

Wie ist es zu erklären, daß der Junge die in ihm im Ansatz bereits vorhandenen neurotischen Tendenzen überwunden hat? Was geht psychologisch während der Therapie in einer Persönlichkeit vor? Diese Fragen sind von größter Bedeutung bei der Rehabilitierungsarbeit. In Ernsts Fall lautete die Antwort: Es gelang ihm, allmählich sowohl die infantilen wie die Reifungsimpulse in seinem Inneren anzunehmen. Er verleugnete und unterdrückte keines von beiden. Weil die Therapeutin beide Aspekte akzeptierte, konnte auch Ernst sie annehmen. Er leugnete nicht, daß er manchmal gern ein Baby wäre; man zwang ihn aber auch nicht, so zu tun, als empfände er sich selbst in jedem Moment als reif. Und weil er beide Aspekte voll annehmen konnte, hatte er es nicht nötig, eine „geheime Wahl" – nämlich zu neurotischem Verhalten – zu treffen; dafür machte er die Entdekkung, daß die sozial gebilligte Erwachsenenrolle am meisten Befriedigung versprach. Die überwiegende Mehrzahl aller nicht-angepaßten Persönlichkeiten trifft die gleiche Entscheidung, wenn man es ihnen ermöglicht, ihre Verteidigungshaltung aufzugeben, und sie sich in bezug auf die Wahl ihres Verhaltens nicht unter Druck gesetzt fühlen.

Ist eine emotionell stützende Rolle mit einer fachgemäßen Therapie vereinbar? In dieser Hinsicht schneidet der Fall zwar eine Frage an, die gründlicher Überlegungen bedarf, er gibt aber keine Antwort auf sie. Es kann nicht bestritten werden, daß eine warmherzige Stützung des Klienten sich im Augenblick hilfreich auswirken kann, doch schafft sie neue Probleme, die nach neuen Lösungen verlangen. Jede innere Einstellung des Therapeuten, die Abhängigkeit beim Hilfsbedürftigen hervorruft, wird stets zu dem gleichen Ergebnis führen, nämlich zu neuen Abhängigkeiten, die dann zu gegebener Zeit aufgearbeitet werden müssen. In diesem Punkt dürfte sich die Freud'sche Theorie am stärksten von einer nicht-direktiven therapeutischen Arbeit unterscheiden. Der Freud'sche Standpunkt geht davon aus, daß ein beträchtliches Maß von Abhängigkeit und ein intensiver emotioneller Einsatz (Übertragung) zu den notwendigen Voraussetzungen einer Therapie gehören, obwohl die Übertragung vor Beendigung der Therapie wieder abgebaut sein muß. Dagegen vertritt die nichtdirektive Therapie die Ansicht, daß solche emotionelle Abhängigkeit – möge sie nun durch stützende Haltung von seiten des Therapeuten oder durch Übernahme der Verantwortung anstelle des Klienten entstanden sein – eine Behinderung für die Therapie darstellt; denn man ist der Meinung, daß ein Wandel in den Verhaltensweisen zum Besseren hin viel schneller erfolgt, wenn während des ganzen therapeutischen Prozesses das Bedürfnis des Klienten nach Abhängigkeit in genau der gleichen Weise gehandhabt wird wie seine übrigen Bedürfnisse und inneren Einstellungen, nämlich indem man ihm dazu verhilft, sich seiner Gefühlshaltungen bewußt zu werden. Im Fall Ernst arbeitete die Lehrerin weder genau nach dem einen noch genau nach dem anderen Konzept, aber es ergibt sich aus ihm ein bedeutsames Diskussionsmaterial.

Dies sind nur einige der Fragen, die sich aus dem Fall Ernst ergeben. Im Leser werden weitere Fragen auftauchen. Der wesentlichste

Beitrag zur therapeutischen Arbeit, den dieser Fall leistet, ist darin zu sehen, daß er die Resultate veranschaulicht, die erreicht werden können, wenn der Therapeut die richtige innere Einstellung für seine Arbeit mitbringt: Warmherzigkeit, die Annahme aller Verhaltensweisen und inneren Einstellungen, eine gewährende Haltung, das Vertrauen in die Fähigkeit des Individuums, soziale Anpassung zu erreichen, wenn es ihm erst einmal gelungen ist, die eigenen Gedanken und Gefühle bewußt anzunehmen.

Sachverzeichnis

Verzeichnis der Fälle

Christian Klicpera / Paul Innerhofer
Die Welt des frühkindlichen Autismus

„Dalia, Chrysanthemen, durch dunkle Wolken scheinen." – Was klingt wie ein surrealistisches Gedicht, ist einer der Sätze, die der fünfjährige autistische Donald immer wieder vor sich hinmurmelt. Sprachliche Stereotypien sind ein Hauptmerkmal des frühkindlichen Autismus. Aber auch das Sozialverhalten dieser Kinder ist gestört: Sie nehmen selten Blickkontakt auf, gestikulieren wenig, kommunizieren ohne Situations- und Hintergrundverständnis. Ihr Denken scheint wie aus dem Zusammenhang gerissen. Sie entwickeln eigenartige Interessen, sammeln merkwürdige Gegenstände, z. B. Türklinken, oder lassen stundenlang Sand durch die Finger rieseln.
In dieser Neuauflage ihres Standardwerks geben Christian Klicpera und Paul Innerhofer einen umfassenden Überblick über den aktuellen Kenntnisstand zum Autismus.

Befunde, Analysen, Anstöße

Unter Mitarbeit von Barbara Gasteiger-Klicpera

3. Auflage 2002
364 Seiten. 10 Tab.
(3-497-01614-4) kt

Aus dem Inhalt
Theoretische Überlegungen
Empirische Befunde: Darstellung und Interpretation
Intuitive Informationsverarbeitung –
die „Alinguismus"-Theorie
Diagnostik
Behandlung: Erziehung und Therapie
Abschließende Reflexionen

Manfred Endres / Gerd Biermann (Hrsg.)
Traumatisierung in Kindheit und Jugend

(Beiträge zur Kinderpsychotherapie; 32)

2. Auflage 2002
260 Seiten. 5 Abb.
(3-497-01585-7) gb

Kinder sind besonders verletzlich: Schrecklichen Erlebnissen haben sie noch wenig entgegenzusetzen. Seelische Verletzungen können die Entwicklung des Kindes behindern, ja zusammenbrechen lassen, können aber auch entwicklungsfördernde Impulse wachrufen.

Heute wird zur Traumatisierung im Kindesalter vor allem sexueller Missbrauch assoziiert. Dieses Buch greift jedoch eine Vielfalt von weiteren Aspekten auf: den Verlust von Bezugspersonen durch Tod oder Scheidung; schwere Erkrankungen im Kindesalter; Kriegsereignisse, Flucht, Vertreibung; politische Verfolgung und Fremdenfeindlichkeit.

Aus dem Inhalt
Entwicklung und Trauma

Sequentielle Traumatisierung
Psychotherapie bei Terroropfern
Die Suche nach der Geschichte der Nachkommen von Holocaust-Überlebenden in ihren Analysen: Rekonstruktion des „seelischen Lochs"
Psychotherapeutische Arbeit mit Flüchtlingskindern und ihren Familien
Schwere Traumatisierungen in den ersten Lebensjahren – Folgen für die Persönlichkeitsentwicklung und Möglichkeiten psychoanalytischer Behandlung
Kinder und Jugendliche mit komplexen Traumatisierungen in analytischer Psychotherapie
Der Opfer-Täter-Komplex im Bereich sexuellen Missbrauchs
Borderline-Erkrankungen und Adoleszenz
Trauma, Adoleszenz und Kreativität
Kinder als Zeitzeugen – eine Jugend im Berlin der 30er Jahre

John Bowlby

Frühe Bindung und kindliche Entwicklung

Es ist das Verdienst des Kinderarztes und Analytikers John Bowlby, bereits Anfang der fünfziger Jahre eindringlich auf Entwicklungsschädigungen hingewiesen zu haben, die Säuglinge und Kleinkinder in Heimen und anderen Institutionen erleiden. Für die seelische Gesundheit des Kindes ist es überaus wichtig, in den ersten Lebensjahren eine warme, intensive und beständige Beziehung zu seiner Mutter zu erleben (oder auch zu einer Mutter-Ersatz-Figur); eine Beziehung, in der sowohl Kind als auch Bezugsperson Befriedigung und Genuss finden.

Doch aus verschiedenen Gründen ist die Mutter bzw. die Familie nicht immer in der Lage, dem Kind diesen zuverlässigen emotionalen Bezugsrahmen zu bieten. Hier entwickelt der Autor, anerkannte Autorität auf dem Gebiet der Bindungslehre, Maßnahmen, wie den schädlichen Folgen einer Mutterentbehrung vorgebeugt werden kann. Die Grundprinzipien Bowlbys für Adoption, Pflegefamilien, Heimunterbringung, Kinderkrankenhäuser und Entbindungsstationen haben umwälzende Veränderungen ausgelöst und gelten heute noch als wegweisend.

Mit einem Beitrag von Mary D. Salter Ainsworth

Aus dem Engl. von Ursula Seemann

Mit einem Vorwort von Manfred Endres

(Beiträge zur Kinderpsychotherapie; 13)

4., neu gest. Auflage 2001
201 Seiten
(3-497-01566-0) kt

Aus dem Inhalt

Schädliche Folgen der Mutterentbehrung
Maßnahmen, um der Mutterentbehrung vorzubeugen
Weitere Untersuchungen über die schädlichen Folgen der Mutterentbehrung

H. Leuner/G. Horn/E. Klessmann
Katathymes Bilderleben mit Kindern und Jugendlichen

(Beiträge zur Kinderpsychotherapie; 25)

4., aktual. Auflage 1997
286 Seiten
(3-497-01438-9) gb

Das Katathyme Bilderleben (KB) ist eine seit Jahrzehnten bewährte klinisch orientierte und „gegenwärtig am besten organisierte und systematisierte Methode der imaginativen Psychotherapie", seit mehr als einem Dezennium auch in der Behandlung von Kindern und Jugendlichen.

Diese 4. Auflage des 1978 erstmals erschienenen Buches ist das Ergebnis der therapeutischen Erfahrungen und der Lehrtätigkeit der Autoren am Institut für Katathymes Bilderleben in Göttingen. Ihren Niederschlag finden diese Erfahrungen in den methodischen Grundlagen. Die Unterschiede im Verhalten von Kindern und Jugendlichen im KB werden erörtert und durch statistische Daten gestützt. Spezielle Beobachtungen wie das Vaterbild bei Kindern von allein erziehenden Müttern schließen diesen Kreis der Erfahrungen. Unter den kasuistischen Beispielen mit Darstellung des therapeutischen Prozesses treten die ambulante Psychotherapie der Anorexia nervosa und die Therapie schwer gestörter Jugendlicher hervor. Sie veranschaulichen zugleich die Effizienz des KB, dessen Schwerpunkt auf der Kurzpsychotherapie, selbst bei gravierenden Störungsformen, liegt.

Diese Beispiele werden durch einen Bericht über Gruppentherapie mit Kindern und Jugendlichen abgerundet. Weitere Themen sind die im KB praktizierte imaginative Altersregression sowie das Familienmodell in einer Vierergruppe (Elternpaar und zwei Kinder), wo der Versuch gelungen ist, das tiefenpsychologische Konzept mit dem der systemorientierten Familientherapie, bislang für scheinbar unvereinbar, theoretisch und empirisch zugleich in Einklang zu bringen.

Edith Kramer
Kunst als Therapie mit Kindern

Edith Kramer ist Pionierin auf dem Gebiet der Kunsttherapie. Schon seit den 40er Jahren arbeitet sie in den USA kunsttherapeutisch mit Kindern. Dieses Buch, das jahrzehntelange Erfahrung widerspiegelt, ist inzwischen ein Klassiker der Kunsttherapie. Das Hauptgewicht der Arbeit Edith Kramers liegt auf der heilenden Wirkung der Kunst bzw. des Kunstschaffens – im Unterschied zu jener Kunsttherapie, bei der die bildnerischen Produkte des Patienten in erster Linie als Hilfsmittel in der Psychotherapie dienen. Bewusst tritt Kramer als Kunsttherapeutin auf, nicht als Psychotherapeutin. Grundlagen und Methoden ihrer Arbeit werden klar beschrieben und anhand von Fallbeispielen und 65 z.T. farbigen Abbildungen veranschaulicht.

Aus dem Engl. von Hanna Gunther

(Beiträge zur Kinderpsychotherapie; 15)

4., erg. Auflage 1997
211 Seiten
66 teils farb. Abb.
(3-497-01405-2) gb

Aus dem Inhalt
Kunst, Kunsttherapie und Gesellschaft
Kunst, Kunsttherapie und therapeutische Umwelt
Die Kunsttherapie und das Problem der Qualität in der Kunst
Mißlingen und Erfolg in der Kunst
Verschiedene Arten, Kunstmaterial zu benutzen
Die Sublimierung
Die Rolle des Kunsttherapeuten in der Sublimierung
Kunst im Dienst der Abwehr
Kunsttherapie und Aggression
Die Grenzen der Kunsttherapie

Susanne Bloch-Aupperle
Kunsttherapie mit Kindern

Pädagogische Chancen, Didaktik, Realisationsbeispiele

2., überarb. Auflage 1999
149 Seiten. 18 Abb.
(3-497-01510-5) kt

Wenn Wörter im therapeutischen Prozess versagen, helfen Bilder oft weiter. In der pädagogischen Kunsttherapie werden die Kinder gezielt zur bildnerischen Gestaltung angeleitet. Das vorliegende Buch präsentiert in neuer Bearbeitung theoretische Grundlagen aus Pädagogik, Psychoanalyse und Kunstpädagogik. In einem ausführlichen Praxisteil versammelt es Fallbeispiele, die illustrieren, wie die kindliche Entwicklung mit den verschiedenen Methoden der Kunsttherapie gefördert werden kann.

Aus dem Inhalt

Theoretische Ansätze: Kreativität und Phantasie • Spiel als Erproben und Aneignen von Wirklichkeit • Kunsttheoretische Aspekte • Psychoanalyse und Kunst • Symbolbildung • Phantasie und Regression • Sublimierung • Die Bedeutung kunsttherapeutischer Kenntnisse für die Pädagogik

Pädagogische Chancen durch Kunst – Didaktisch-methodischer Teil: Psychohygiene durch Kunst • Die pädagogische Situation • Wirkungsfaktoren und Medien des Kunstprozesses • Material und Methode als Lernbereich und Motivation • Musikmalen – rhythmisches Erleben und Serialität • Tuschklecksbild – Emotionalität und Kommunikation • Materialbilder – Inszenierung und Symbolisierung • Gestaltung mit Faltblättern und anderem Papier – Förderung von Handlungskompetenz • Strukturiertes Gestalten mit Kreide – Gestaltbildung zum Aufbau kognitiver Strukturen • Realisationsbeispiele • Rhythmisches Sprechmalen • Das Ich als Instanz im Strukturmodell.

Dora M. Kalff
Sandspiel

Nach der Methode von Dora Kalff, der Begründerin der Sandspieltherapie, werden dem Klienten in einem Sandkasten Figuren zur Verfügung gestellt, die völlig frei zu Landschaften, Situationen und Bildern gestaltet werden können: mit Figuren von Menschen aller Länder und allen Alters, von Tieren aus allen Kontinenten, Gebäuden aller Art, Bäumen, Zäunen, Autos, Schiffen, etc. kann der Spielende seiner Phantasie freien Lauf lassen. Wie sich Empfinden und Selbstbild, Problembewältigung und Selbstfindung im Sandspiel ausdrücken, zeigt Dora Kalff an einfühlsam erzählten Beispielen aus ihrer Therapieerfahrung, veranschaulicht durch zahlreiche Abbildungen dieser faszinierenden Sandbilder.

Seine therapeutische Wirkung auf die Psyche

Mit einem Nachwort von Martin Kalff

4. Auflage 2000
166 Seiten. 79 Abb.
(3-497-01399-4) gb

Rie Rogers Mitchell/Harriet S. Friedman
Konzepte und Anwendungen des Sandspiels

Beim Sandspiel gestaltet der Klient in einer Art Tisch-Sandkasten eine Szenerie aus Sand und Miniaturfiguren. Das Sandspiel dient diagnostischen und therapeutischen Zwecken, es hat berühmte Vorläufer und wird heute in vielen Varianten und Zusammenhängen benutzt. Die amerikanischen Psychologinnen Mitchell und Friedman stellen in diesem Buch die ganze Bandbreite des Sandspieleinsatzes dar, flankiert von notwendigen empirischen Kontrollen. Vor allem geben die Autorinnen Impulse, wie das Potential des Sandspiels in der modernen psychologischen Diagnostik und der therapeutischen Praxis ausgeschöpft werden kann.

Nach Margaret Lowenfeld – Erik H. Erikson – Charlotte B. Bühler – Hedda Bolgar – Liselotte Fischer – Dora M. Kalff – Laura R. Bowyer und neueren Entwicklungen

Aus dem Engl. von Ulrike Schmid
1997. 207 Seiten
9 Abb.
(3-497-01413-3) gb

Hanna Wintsch
Gelebte Kindertherapie

Kinder- und Jugendpsychotherapeuten des 20. Jahrhunderts im Gespräch

Mit einem Vorwort von Heinz S. Herka

(Beiträge zur Kinderpsychotherapie; 31)

1998. 303 Seiten
4 Abb.
12 Portraitphotos
(3-497-01456-7) gb

Was ist eine therapeutische Beziehung? Was ist heilsam in dieser Beziehung? Diese Fragen stellt die Autorin ins Zentrum ihrer Gespräche mit zwölf bedeutenden Persönlichkeiten der Kinder- und Jugendpsychotherapie des 20. Jahrhunderts. Die TherapeutInnen gewähren einen faszinierenden Einblick in ihre Lebensgeschichte, ihre Motivation und berufliche Entwicklung und erläutern, was sie in der therapeutischen Beziehung mit Kindern, Jugendlichen und Familien als wichtig und heilsam erachten.
In Anlehnung an Winnicotts Vorstellung von der „genügend guten Mutter" fordert Hanna Wintsch die „genügend gute Therapeutin". So ist das vorliegende Buch auch ein Plädoyer für eine realistischere Gestaltung der Beziehung Therapeut/Kind, die nicht von Perfektionismus, sondern von Menschlichkeit geprägt sein sollte.

Aus dem Inhalt

Teil I: Portraits der Kinder- und JugendpsychotherapeutInnen: Jacques Berna • Gerd Biermann • Reinhart Lempp • Jakob Lutz • Marie Meierhofer • Violet Oaklander • Thea Schönfelder • Walter Spiel • Sjef P. Teuns • Hedwig Walder • Alfons Weber • Franz Wurst

Teil II: Die genügend guten Therapeuten: Theoretischer Hintergrund • Psychotherapieforschung bei Kindern und Jugendlichen • Wirkfaktoren in der therapeutischen Beziehung mit Kindern und Jugendlichen • Schlussfolgerungen